乾嘉考据学新论

漆永祥 著

自 序

我本科期间上清史课程时,曾借读梁启超《清代学术概论》,以及梁氏与钱穆的同名作《中国近三百年学术史》等书,算是接触清代学术的开始。也曾匆匆翻阅过清江藩所纂《汉学师承记》,但感觉枯燥晦涩,了无意趣,未读数页,遂还归插架。但万万没想到的是,我后来竟花了十余年时间笺释《汉学师承记》,并以清代考据学为研究方向,真是昏天盲地,造化弄人。瞬息之间,三十多年从指间流逝,青发年少,幻成华颠半老,光阴虚度,马齿徒增,而学殖荒疏,堪堪愧煞矣!

回首国内外近三十余年来的清代学术研究,可以说是喜忧参半。喜的是从清人著书的整理刊布而言,一方面如《四库全书》《续修四库全书》《四库存目存书》《清代诗文集汇编》等大型丛书相继刊行;另一方面清人经史四部书籍单行本整理出版,日见增多。相较三十年前读一部清人别集也必须到图书馆寻访并摘抄卡片的窘况而言,至少在资料收集与清人著书检读方面,已经取得了巨大的进步。同时,从清代学者个体、学术流派、经史专著等的研究上,也相继有诸多的著述问世,呈现出表面看起来还算热闹的局面。

但让人颇为忧虑的是,与清人著述的刊刻与整理相对而言,清代学术尤其是清代考据学的研究,并不那么令人满意。这其中的缘由,一是从纵向关系上说,清代学术上涉先秦,下及历代,研究清代即研究历代,一事之核究,往往兼及古今,否则几难措手足,故智者多避而不为；二是从横向而言，清代学者既博且精，他们通熟文字、音韵、训诂、目录、版本、校勘、辑佚、辨伪、金石、职官、舆地、律历诸学，一字之考证，举一反三，兼及诸学，尤其小学知识的利用是他们手中的利器，而今人治清代学术者，往往不通音训，多皮附之论；三是今日存世之古籍，十之八九是清人著述，没有三至五年的落寞沉寂，勤检苦翻，甚至不能熟知清人书名与作者姓氏。有鉴于此，专门以清代学术为职志的研究者寥寥无几，称之为"僻学"，似乎并不过分。

与此相反的是，清代学术研究的论文甚至专著却并不鲜见，但大多数往往是研究别家学术者在涉及清代时著文发声，犹如过路者站立于他家门首，并不登其堂而入其室，只是好奇地看着颓楼败院，断垣残壁，评品议论，称意指点而去。而这些论著，虽言之凿凿，但多是隔靴搔痒，并未解决多少问题。

这种清代学术研究的浅层性与表象化，又表现在两个方面：一方面对清代学术尤其是考据学，仍然以落后、琐碎、务虚，以及没有哲学思想、盲目复古等评价处置，钻弥故训、实证考据者，落于人后，几不能预流，而研究"义理"、"理论"与"主义"者，蔚然成风，挺立潮头；另一方面清人著述中已经考订解决了的问题，今人撰著中却仍然重犯错误，讹谬满纸，却了然不知。与此同时，今人较清季民国时期学者研究有所突破与取得进展的成果，却又被有意无意地忽略，学者撰文引证，对于清代学术的认识，仍笼罩在梁、钱二氏的两部《中国近三百年学术史》之下，而他们时处战乱年月，救亡图存，所阅所见古籍有限，所论多鼓荡遗民气节，表彰民族大义，对于清代学术的论述与评价，具有鲜明的时代特征，语有偏狭，论多激切，不皆公允确当之言，而今日仍视为确论定见，广泛引证。因此，清代学术的研究，从某种程度上来说，还处在"启蒙"时代而已。

也正因为如此,虽然笔者识见浅显,愚拙固陋,但这部论文集也还有梓行的必要性。此册集子取名为《乾嘉考据学新论》,有两个缘由:一是所收论文中有《乾嘉考据学新论》一文,故以篇名代书名;一是所收十八篇文章,发表时间有迟有早,虽多不能算新,但对于大多数读者而言,可能皆未寓目,故仍然算得上个"新"字,所以就勉强凑了这么个书名。所选论文,也涉及乾嘉考据学的方方面面,无论是所讨论的专题,还是资料的搜求,都力图突破前贤,对旧说多有纠补,也提出了一些自己的看法,希望能给读者起到发踪参考的些微作用。

二○一六年四月十六日漆永祥匆书于
北京大学人文苑研究室
二○一九年十二月六日补记于京北乔紫石斋
二○二一年十月再校于京北紫石斋

目 录

001		自 序
001	壹	乾嘉考据学新论
017	贰	论中国传统经学研究方法——古书通例归纳法
049	叁	从科举功名、居官实绩与现实关怀看乾嘉考据学家的事功之学
091	肆	乾嘉考据学家与桐城派关系考论
137	伍	从《汉学师承记》看西学对乾嘉考据学的影响
155	陆	清人藏书印种类例析
177	柒	从《全宋诗》的编纂看《四库全书》的文献价值
223	捌	东吴三惠著述考
295	玖	王欣夫先生《松崖读书记》蠡测
313	拾	古籍稿本的文本解读：是学术专著？还是资料汇编？——以清代学者惠栋、戴震著述为例
327	拾壹	再论戴震学术研究中的几个争议问题
349	拾贰	钱大昕音韵学述论——兼谈钱氏对少数民族语言汉译的研究
363	拾叁	清代起居注官与钱大昕的《讲筵日记》
369	拾肆	论段、顾之争对乾嘉校勘学的影响
377	拾伍	论江藩《汉学师承记》研究中的几个问题

401	**拾陆** 从赵之谦《论学丛札》看《汉学师承续记》
415	**拾柒** 《汉学师承记》之续纂、注释与翻译
439	**拾捌** 方东树《汉学商兑》新论

| 463 | **附录** 读书不谨的一次教训——关于拙文《俞樾〈古书疑义举例〉系袭江藩〈经解入门〉而成》之误 |

| 473 | **参考文献** |
| 500 | **后　记** |

壹

乾嘉考据学新论[1]

一　乾嘉考据学家之宋学背景

清代考据学盛于乾嘉时期，然追溯其在清初之源流，则一般认为与顾炎武等人有密不可分之关系，即汪中所谓"古学之兴也，顾氏始开其端"[2]。顾炎武、黄宗羲、王夫之等人，在学术宗尚方面虽汉宋兼采，但也各有所主，业师孙钦善先生综论顾炎武、黄宗羲、王夫之三人曰：

> 从总的思想倾向看，王夫之和顾、黄一样，也是反对宋明理学的。但细分起来，三人还有些差别，即：顾炎武反对陆、王，修正程、朱；黄宗羲修正陆、王，反对程、朱；王夫之则宗师张载，修正程、朱，反对陆、王。[3]

也就是说，顾、黄、王诸人，无论其宗程朱抑或宗陆王，其根底皆为宋明理学系统中人物。同时之张尔岐，其学亦"深于汉儒之经而不沿训诂，邃于宋儒之理而不袭语录"[4]。至乾嘉考据学家，自惠栋始，师法汉儒，标举"汉学"，排斥宋学，几与宋儒划清界线，此世人皆知。然细考其学术渊源，实与宋学有密不可分之关系，不少学者有宋学背景，此则或为时人隐而讳之，或为后人所忽略不道。

例如，惠栋是高举"汉学"大旗的第一人，对宋代经学大加排斥，甚至说"栋则以为宋儒之祸甚于秦灰"。但对宋儒正心诚意、立身制行之学，却采取肯定的态度并树为楷模。即所谓"六经尊服、

---

[1] 本文原载《北京大学学报（哲学社会科学版）》2013年第3期，第104—111页。

[2] ［清］凌廷堪撰，王文锦点校：《校礼堂文集》卷35《汪容甫墓志铭》，北京：中华书局1998年版，第320页。

[3] 孙钦善：《中国古文献学史》，北京：中华书局1994年版，下册，第886—887页。

[4] ［清］钱载：《张处士尔岐墓表》，［清］钱仪吉纂，靳斯标点：《碑传集》卷130，北京：中华书局1993年版，第11册，第3875页。

郑，百行法程、朱"⁵。而江永、戴震之学，本出自朱子故里，有深深的宋学烙印，江氏有《近思录集注》14卷、《河洛精蕴》9卷等书，就是最好的证明。戴震虽然痛责"酷吏以法杀人，后儒以理杀人"，但不废性理，以闻道为治学之终极目标。又如王昶"治经与惠栋同深汉儒之学，《诗》《礼》宗毛、郑，《易》学荀、虞；言性道则尊朱子，下及薛河津、王阳明诸家"⁶。其从清军征川藏，襄赞机务，战事结束，"大兵久撤，幕府清闲，乃借《性理大全》《语类》《或问》《王文成公集》读之，求天人性命修身立行之要"⁷。又如卢文弨为桑调元婿，其自述称："弱冠执经于桑弢甫先生之门，闻先生说《中庸》大义，支分节解，纲举目张，而中间脉络无不通贯融洽，先生固以为所得于朱子者如是。盖先生少师事姚江劳麟书（史）先生，劳先生之学，一以朱子为归，躬行实践，所言皆见道之言，虽生阳明之里，余焰犹炽，而独卓然不为异说所惑。"⁸然则卢氏之学，初亦为宋学根底。又如邵晋涵，章学诚《邵与桐别传》详论其学术宗旨在宋学而不在于汉学⁹。刘台拱"十岁，心慕理学，尝于其居设宋五子位，朝夕礼之，出入里闬，目不旁睐，时有'小朱子'之目。年十五，从同里王君雒师学，及见王予中、朱止泉两先生书，遂笃志程、朱之学"¹⁰。

类似这样的例子，还有很多。因此，无论惠栋、戴震、钱大昕诸儒，虽然对朱子多有讥讽，对宋代经学与理学持否定的态度，但对宋儒立身致行之学并不否定，且见诸行事。当时并未出现"汉贼不两立"的绝对状态，有之则自江藩《汉学师承记》始。皮锡瑞论曰：

> 雍、乾以后，古书渐出，经义大明。惠、戴诸儒，为汉学大宗，已尽弃宋诠，独标汉帜矣。……宋儒之经说，虽不合于

---

5 [清]王昶：《春融堂集》卷22《为顾秀才千里广圻题其兄抱冲小读书堆图》，《续修四库全书》本，集部第1437册，第587页。

6 [清]阮元：《诰授光禄大夫刑部右侍郎王公昶神道碑》，[清]钱仪吉纂，靳斯标点：《碑传集》卷36，第3册，第1063页。

7 [清]严荣：《述庵先生年谱》卷上，乾隆三十六年条，台北：商务印书馆1978年版，第27页。

8 [清]卢文弨撰，王文锦点校：《抱经堂文集》卷1《中庸图说序》，北京：中华书局1990年版，第20页。

9 [清]章学诚：《邵与桐别传》，[清]钱仪吉纂，靳斯标点：《碑传集》卷50，第4册，第1415—1418页。

10 [清]阮元撰，邓经元点校：《揅经室二集》卷2《刘端临先生墓表》，北京：中华书局1993年版《揅经室集》本，上册，第399—400页。

古义；而宋儒之学行，实不愧于古人。且其析理之精，多有独得之处。故惠、江、戴、段为汉学帜志，皆不敢将宋儒抹杀。[11]

章学诚论乾嘉考据学家，亦谓"今人有薄朱氏之学者，即朱氏之数传而后起者也"[12]。因此，乾嘉考据学家一方面坚主汉学，反对宋学；但同时对宋儒修身诚意之学并未全盘抹杀。惠栋曾说："汉人经术，宋人理学，兼之者乃为大儒。荀卿称周公为大儒，大儒不易及也。"[13] 后人执此言以为惠栋不反理学，实际上惠氏所指理学指宋儒修身诚意之学。换言之，即将汉儒训诂之学与宋儒立身之学统一起来，知行合一，方为大儒，即他所谓："章句训诂，知也；洒扫应对，行也。二者废一，非学也。"[14] 这句话可以认为是惠栋对上句话的最好注解。之所以提倡如此，是因为他看到了"自古理学之儒，滞于禀而文不倡；经术之士，汩于利而行不笃"[15] 的弊端。这正是惠栋父子在立身制行方面宗尚宋儒的原因，也是惠氏将"六经尊服、郑，百行法程、朱"书为楹联而父子皆遵行不悖的思想背景和合理解释。明白此旨，我们对乾嘉考据学家的言行，才会有更深入的认识。

二 乾嘉学者"实事求是"之局限

《汉书·河间献王传》载河间献王刘德"修学好古，实事求是"。颜师古注云："务得事实，每求真是也。"乾嘉考据学家远承汉儒，以"实事求是"为宗主，将其贯穿于治学及立身制行之始终。如卢文弨评价戴震之学"精诣独造，以求至是之归"[16]。钱大昕更是大倡"通儒之学，必自实事求是始"[17]。实事求是遂成为他们品量学术、评

---

[11] [清]皮锡瑞撰，周予同注：《经学历史》十《经学复盛时代》，北京：中华书局1963年版，第313—314页。

[12] [清]章学诚撰，仓修良编：《文史通义新编·内篇二·朱陆》，上海：上海古籍出版社1993年版，第73页。

[13] [清]惠栋：《九曜斋笔记》卷2"汉宋"条，清光绪间会稽刘氏刻《聚学轩丛书》本，第17b页。

[14] [清]惠栋：《九曜斋笔记》卷2"赵庭录"条，《聚学轩丛书》本，第39a页。

[15] [清]惠栋撰，漆永祥整理：《松崖文钞》卷2《沈君ельст堂墓志铭》，台北："中央研究院"文哲所2006年版《东吴三惠诗文集》本，第345页。

[16] [清]卢文弨撰，王文锦点校：《抱经堂文集》卷6《〈戴氏遗书〉序》，第74页。

[17] [清]钱大昕撰，吕友仁标校：《潜研堂文集》卷25《卢氏〈群书拾补〉序》，上海：上海古籍出版社1989年版《潜研堂集》本，第421页。

价时贤的主要标准与原则。当时学者,最喜将训诂考据之实与空衍义理之虚相比较。如凌廷堪云:

> 昔河间献王实事求是。夫实事在前,吾所谓是者,人不能强辞而非之,吾所谓非者,人不能强辞而是之也,如六书、九数及典章制度之学是也;虚理在前,吾所谓是者,人既可别持一说以为非,吾所谓非者,人亦可别持一说以为是也,如理义之学是也。[18]

同时阮元也有相类似的论述,阮氏云:

> 《汉书》云:"修学好古,实事求是。"后儒之自遁于虚而争是非于不可究诘之境也,河间献王竟逆料而知之乎!我朝儒者,束身修行,好古敏求,不立门户,不涉二氏,似有合于"实事求是"之教。[19]

在乾嘉学者看来,其所谓"实事求是",所针对的是科举时文之虚、理学玄谈之虚、佛道异端之虚与好名务奇之虚。即凌廷堪所谓:"伪士不可以乱真儒也,犹之鱼目不可以混美珠也;虚声不可以紊实学也,犹之燕石不可以冒良珏也。"[20] 换言之,"实事求是之学"亦即"实学",治经训诂,求学闻道,进而可推广至经国安邦,扶世济民。如阮元于嘉庆八年杭州奉御批云:"经济必从典谟中推求,无不可办之事。"[21] 考经研史,有益于世,这是从帝王至考据学家一致的观点。

但乾嘉学者言言有考、字字有据的"实事求是"之学,实际也是要大打折扣的:首先,他们的"实事求是"是建立在对孔、孟与"五经"完全信赖的基础之上;其次,是建立在对汉儒尤其是东汉如

[18] [清]凌廷堪撰,王文锦点校:《校礼堂文集》卷35《戴东原先生事略状》,第317页。

[19] [清]阮元撰,邓经元点校:《揅经室三集》卷5《〈惜阴日记〉序》,《揅经室集》下册,第687—688页。

[20] [清]凌廷堪撰,王文锦点校:《校礼堂文集》卷4《辨学》,第34页。

[21] [清]张鉴等纂,黄爱平点校:《阮元年谱》嘉庆八年九月二十六日条,北京:中华书局1995年版,第54页。

许慎、郑玄诸人充分信任的基础之上。

孔子为"万世师表","六经"为"万世教科书",圣人的权威与地位不容挑战与怀疑。乾嘉学者对诸经与旧注笼统视为同一思想体系来相互引证阐释。如戴震《孟子字义疏证》中,引用《易》、《诗》、《乐记》、《中庸》、《大学》、《论》、《孟》及郑玄、许慎之说相互疏通证明,但这些书非成于一时,其思想意识各自不同,且诸书"理"字有其专义,并非同一意义上的哲学含义。正如孙钦善先生所言:"实际上不但六经之间、经注之间的思想内容不尽相同,就是孔孟的思想也是各有其特点的,决不应混同。"[22]

又如对于《诗经》的研究,乾嘉学者多遵从《毛传》与《郑笺》,视其为周公、文王教化之典谟。例如《野有死麕》中"有女怀春,吉士诱之"。"诱"《毛传》训为"道",欧阳修释为"挑诱",深得风人之旨。然戴震《毛诗补传》卷二谓:"怀春者,设言女之情。诱之者,托言己之愿。……其吉士好色而不至于淫,其女子含贞一而不可犯干。诗于善兼之矣。"[23] 钱大昕谓:"言贞女有洁清之操,士当以六礼导行之。"[24] 此种解释,较之欧阳修与明代公安、竟陵诸家,以解"五七言"之法而读《诗经》,更是一种曲解与退步,当然从经学史的层面而言,则是另一个话题了。

乾嘉学者溯源而上,求儒学之本根,他们认为汉儒训诂释解,学有师承,去古未远,的然可信。如惠栋论曰:

> 汉人通经有家法,故有五经师训诂之学,皆师所口授,其后乃著竹帛。所以汉经师之说立于学官,与经并行。"五经"出于屋壁,多古字古言,非经师不能辨。经之义存乎训,识字审音,乃知其义。是古训不可改也,经师不可废也。[25]

---

[22] 孙钦善师:《中国古文献学史》下册,第987页。

[23] [清]戴震撰,张岱年主编:《戴震全书》,合肥:黄山书社1994—1997年版,第1册,第175页。

[24] [清]钱大昕撰,吕友仁标校:《潜研堂文集》卷6《答问三》,第72页。

[25] [清]惠栋:《九经古义·述首》,清乾隆间常熟蒋氏省吾堂刊本。

又钱大昕论云：

> 训诂必依汉儒，以其去古未远，家法相承，七十子之大义犹有存者，异于后人之不知而作也。[26]

钱氏还认为，东汉复不若西汉经学之可信，其论《春秋》曰：

> 盖宣尼作《春秋》，其微言大义，多见于《论语》，西京去古未远，犹有传其学者，今所存唯东汉诸儒之说，而《春秋》之微言绝矣。[27]

孙星衍所论较钱氏为更详，他指出汉儒承上启下的重要性与其存古之功。其云：

> 汉代诸儒，承秦绝学之后，传授经文经义，去古不远，皆得七十子之传，若伏生、郑康成，其功在经学绝续之际，较七十子为难，又迥在唐宋诸儒之上。[28]

经学与汉儒的权威性不可动摇，则乾嘉学者治学，势必依经释解，缘汉儒之说为说，虽然在训诂考据方面取得了巨大成就，也对汉儒之说多所纠正，但从本质上来说，他们是保守的而不是开放的。他们虽打碎了宋明理学的枷锁，抛弃了宋儒所维护之"道统"；但他们又戴上了汉儒经学的枷锁，维护着另一种"道统"。孙钦善先生曾论顾炎武曰：

> 他宗宋儒，法孔孟，带有卫道气息，排斥叛逆精神，远不

[26] [清]钱大昕撰，吕友仁标校：《潜研堂文集》卷24《臧玉琳〈经义杂识〉序》，第391页。

[27] [清]钱大昕撰，吕友仁标校：《潜研堂文集》卷9《答问六》，第122页。

[28] [清]孙星衍撰，骈宇骞点校：《岱南阁集》卷1《咨请会奏置立伏郑博士议》，北京：中华书局1996年版，第161页。

如黄宗羲、王夫之的思想开明。这种自相矛盾的特点，在清代正统考据学派中，一直沿袭下去。[29]

先生此言良是，无论是顾炎武、黄宗羲等人，还是惠栋、戴震、钱大昕诸家，在思想上皆不具有梁启超所比喻的欧洲文艺复兴那样的"启蒙"性质，皆具有自相矛盾的特点，而其"实事求是"，也是一种在膜拜"六经"、尊崇汉儒前提下的先验论而已。

三　著述难为稻粱谋

乾嘉考据学兴盛，世人推论其因，多归之于清廷禁书与文字狱所致。龚自珍"避席畏闻文字狱，著书都为稻粱谋"的诗话语言，后人常以为信史而引证之。陈寅恪曾谓清代史学不振，"未可悉由当世人主摧毁压抑之所致"，其论甚伟。然究其原因，陈氏复以为"往昔经学盛时，为其学者，可不读唐以后书，以求速效。声誉既易致，而利禄亦随之，于是一世才智之士，能为考据之学者，群舍史学而趋于经学之一途"[30]。依陈氏之说，则当时考据学家皆利禄之徒如汉代治经者，所谓"遗子黄金满籝，不如一经"者也。然如详辨当时考据家之情状，即知此说为不然。

即以科举功名而论，乾嘉时考据学家多功名黯然，屡败科场，其求生之手段，或入幕府，或修志书，生活无助，常困衣食者，在在而有，比比皆是。乾嘉学者多不擅时文，以江藩《汉学师承记》中所列诸人而言，掇巍科者，以金榜为最，其为乾隆三十七年一甲第一名及第，其次则王鸣盛为乾隆十九年庄培因榜、江德量为乾隆

---

[29] 孙钦善师：《中国古文献学史》下册，第868页。

[30] 陈寅恪：《金明馆丛稿二编》，北京：三联书店2001年版，第269页。

四十五年恩科汪如洋榜、洪亮吉为乾隆五十五年恩科石韫玉榜一甲第二名及第，卢文弨为乾隆十七年恩科秦大士榜一甲第三名及第，余则邵晋涵为乾隆三十六年恩科会试第一名，然殿试在二甲第三十名。他如钱大昕、王昶、朱筠、武亿等中进士者，皆在二、三甲之列，若戴震之进士名，乃清高宗之所赐。即金榜、江德量、卢文弨，虽名在三甲，然或早退林下，或著述为业，仕宦皆不显赫，更无财富利禄之可言。

他若江永、惠栋、沈彤、余萧客、江声、汪中、江藩、臧庸等，则或屡败科场，或绝意不为时文以终其身。惠栋乡试，因用《汉书》见黜。江永乃一代通儒，且其所编《乡党图考》《四书典林》，帖括之士窃其唾余，取高第掇巍科者数百人，而永以明经终老于家。又乾隆元年举博学鸿儒科，沈彤被荐入京。全祖望评曰："君平生有所述作，最矜慎，不轻下笔，几几有含毫腐颖之风，予以为非场屋之材。而君果以奏赋至夜半，不及成诗而出。"[31] 又胡虔记"戴东原震数应礼部试，分校者争欲致之门下，每于三场五策中物色之，不可得。既乃知其对策甚空，诸公以戴淹雅精卓，殆无伦比，而策则如无学者，大是异事。钱辛楣詹事曰：'此东原之所以为东原也。'戴中壬午江南乡试，年四十矣。出青田韩锡祚房，其文诘屈，几不可句读。后以征修四库书，得庶吉士"[32]。清季李慈铭曾论曰："盖汉儒之经学，为利禄之路，其从师传业者，无异今之举业。而国朝诸儒之学，则实与时背驰，宜其愈上而愈困也。"[33] 乾嘉诸儒，虽治汉学，然与汉时学术与时代皆不相同，诸人皆注全力于经史，则场屋文字不时作，比至考场，自然生疏；又科举时文，皆须烂熟"四书"朱注之类，而诸人又不喜朱子，则其落选也必矣。

乾嘉考据学家既举业无望，则其仕途之坎坷可知，李慈铭曾论之甚详，今不惮烦冗，列之如下：

31 [清]全祖望撰，朱铸禹汇校集注：《鲒埼亭集内编》卷20《沈果堂墓版文》，上海：上海古籍出版社2000年版《全祖望集汇校集注》本，上册，第361页。

32 [清]胡虔：《柿叶轩笔记》，《续修四库全书》本，子部第1158册，第38页。

33 [清]李慈铭撰，由云龙辑：《越缦堂读书记》光绪丙子二月初五日《鹤征录》，北京：中华书局1963年版，第466页。

呜呼！汉人传经，时主所好，专门授受，多致通显，上为帝师，次典秘籍。故或贿改夫漆书，或争论于讲殿，桓荣以车马夸稽古，夏侯以青紫诱明经。士风景从，犹非无故。下至宋之谈礼，宗庙以为号；明之讲学，朝廷畏其党。习俗之靡，尚缘势利。若我朝诸儒之为汉学也，则违忤时好，见弃众议，学校不以是为讲，科第不以是为取。其初开国草昧，朴学椎轮，则亭林以遗民终，潜邱以布衣死。西河、竹垞，老籍词赋，暂陪承明，旋即废退。东樵献书，仍沦草莽；玉林著述，不出里闬。吴江二长（朱长孺、陈长发），鄞江二万，青衿饰终，黄馘就木。而渊源宋儒者，二曲布衣，关中讲学，亲屈万乘，宠以大儒。潜庵、松阳，互标朱、陆，生为羽仪，殁邀俎豆。安溪以其政事，缘饰儒风，揣摩当宁，宗尚紫阳，位极鼎台，久枋国政。江阴、高安，相为提挈；榕城继席，名位益隆。望溪起于俘囚，久居讲幄；漳浦擢自闲废，遂为帝师。此则汉、宋相形，遭遇胜负，已可知矣。

高宗盛时，首辟经学，荐书两上，鹤车四出。然得官者五人：顾、陈、吴、梁，仅拜虚秩；当涂入馆，更以年例。而诸公亦皆学参汉、宋，未号专家。当时海内宗师，松厓一老，征舆未上，坛席已除。都讲弟子，仲林、艮庭，槁项卒世。婺源江君，学究天人，东南两星，与惠相望，沈沦胄序，终晦少微。高弟戴、金，最为首出。榘斋得膺上弟，旋复杜门；东原晚际昌时，公车入省校书，恩例超授翰林，天不慭年，终于吉士。至于开四库，求遗书，尤国朝儒林之一大际会也。筼河发其议，晓岚总其功，东原既以兹通籍，南江复由此升庸。然两君以外，寂无征焉。竹汀、西庄，清华通贵，而一谪九列，一终少端，皆盛年挂冠，著书林下，淡泊之操，鼎峙抱经。而歙有辅之，岱有众仲，词臣五隐，咸畅醇风，尽瘁简编，何关人事。其继掇巍科者，渊如、北江，一沈俗吏，一为戍兵，虽践金门，终饱蝉橐。吾乡瑶圃邵氏，左官投劾，声华尤暗。石渠以名臣之子，早著才称，而词曹不终，豸冠终斥。芝田、颐谷，未久西台。而懋堂、珍艺、十兰、二谷（桂未谷、武虚谷），以俗吏终矣；次仲、端临、易田、阶平，以教官终矣；溉亭、小雅、孝臣，以进士终矣；雕菰、辰叔以举人，容甫、可庵、郑堂、璞园，且以诸生终矣。笥河于乾嘉儒术为首功，而微罪贬秩，一蹶不正。其弟文正公，颇持宋学，遂跻三公。其最以儒学显用于时，河间、仪征两文达耳。而河间毕生书馆，勤于其职，及拜协揆，逾旬而殉；仪征历官使相，未尝一日当国，皆不能刿扬素风，汲引同类。稍得志者，惟嘉庆己未一科，仪征主试，大兴听从，幸逢翩翩，多班玉笋，论者谓此科得人，逾于乾隆鸿博。然惟龙首姚公、探花王公文僖、文简，皆长春官。其余则恭甫一列词垣，告归不出；兰皋户部，十年不迁；皋闻始列庶常，几于废黜；周生沈于兵曹，春桥（胡氏秉虔）没于郡佐；山尊稍以词章，得跻侍从，终亦不振。嗣是而降，大雅云亡。兰坡、墨庄，稍为后出，并跻馆职，未结主知，一退老于名山，一积劳于闽海。武进二申（李申耆、刘申甫），心壶、竹村，各述所传，位不称学。他若匪石、涧薲、简庄、拜经、晓楼、硕父之终身席帽，连惓牖下者，更如书中蠹鱼，听其自生自灭而已。即以吾浙言之，仁和诸赵，德清诸徐，临海诸洪，谈经之窟也。鹿泉致位八坐，帖括所传，或在人口；而谷林、宽夫、心田、筠轩诸先生，今犹有知其姓氏者耶！嘉兴之李（次白氏贻德），仁和之二梁（谏庵玉绳、夬庵履绳），萧山之王（谷塍氏宗炎）、之徐（北溟氏鲲）、之汪（苏潭氏继培），上虞之王（汾泉氏煦），归安之严（铁桥氏可均、鸥盟氏杰），仁和之翟（晴川氏灏）、之孙（雨人氏同元），临海之金（诚园氏鹗），此皆著述之卓然者，而乡评校议尚及其人耶！尤可异者，萧山王氏绍兰，位望通显，罢官之后，所作满家，训义邃精，几颉惠、戴，而越人仅贵之为中丞，未尝尊之为学者。

呜呼！由斯以观，诸君子之抱残守阙，斷斷纕素，不为利疚，不为势诎，是真先圣之功臣，晚世之志士！夫岂操戈树帜，挟策踞座，号召门徒，鼓动声气，呶呶陆、王之异辞，津津程、朱之弃唾者所可同年语哉！[34]

从李氏所论可知，尽管在乾隆中叶的科举考试中，对通经之士有所重视，但毕竟性理论为首选标准。清代考据学家不仅不能与汉儒较其同异，亦不能与清代尊奉宋学者比其优劣。其既出身贫贱，又不擅时文，更不善钻营，日事读书，拙于生计，则穷困潦倒也固矣。考据学虽为一时显学，但并未给他们带来生活上的裕如与富足。"著书难为稻粱谋"，方为他们一生真实之写照！

四 | 乾嘉考据学家之事功之学

古人所谓事功之学，亦称经济之学，经世济民之学。后人每谓清儒终日埋于故纸堆中以求活，于世无补，于国无益，故无事功之学。又或谓其缅颜事清，贪残污秽，了不知耻，如刘师培《清儒得失论》斥段玉裁、洪亮吉、孙星衍、刘逢禄、宋翔凤诸人者然。但细考之事

---

[34] [清]李慈铭撰，由云龙辑：《越缦堂读书记》同治甲子四月初二日《戴氏遗书》，第1026—1028页。

实，则知其说亦不然矣。今举之如下：

前已论之，乾嘉学者科举仕宦虽不如治宋学者显赫，但入中枢、统方面者，亦有其人，如纪昀、王引之与阮元等，纪氏历官至礼部尚书，其一生最重者为主持四库馆事；王引之官至礼、工、吏部尚书，为官清正，深得倚重，嘉庆帝称其"敢言人所不敢言"[35]；阮元历官至湖广、两广、云贵总督，所在修政去弊，兴学育教，驱除边患，禁绝鸦片，其功甚伟。直言极谏者，莫若王念孙、洪亮吉。王氏密劾和珅，为国除奸，时人称其为"和鸾鸣凤"；洪氏《乞假将归留别成亲王极言时政启》，声震中外，终遭戍边，与王氏后先辉映。他如王昶之从征西南，襄赞为多，后官刑部侍郎，熟于兵事刑法；孙星衍官山东督粮道权布政使，精于治理钱粮；郝懿行、胡培翚虽仅官户部主事，然其精于吏法，以能著称。至为州官者，有汪辉祖官道州知州，李文藻官桂林同知，汪喜孙官怀庆府知府，张澍官临江通判，朱绪曾官台州府同知，庄炘官兴安府知府，郑方坤官武定知府，胡秉虔官丹噶尔同知，胡承珙官台湾道等。为县令者，有段玉裁官巫山知县，邢澍官长兴知县，周春官广东岑溪知县，洪颐煊官新兴知县，钱东垣官上虞知县，桂馥官永平知县，武亿官博山知县，丁履恒官肥城知县等。除段氏有贪残之讥外，余皆所在有政声，多令誉，不愧清廉明正之官也。

从事文化教育之职，在四库馆中出力尤著者，则有戴震、周永年、余集、邵晋涵、杨昌霖、金榜、曾燠、任大椿、李潢、洪梧、孙希旦诸人。官至学政者有惠士奇、卢文弨、朱筠、钱大昕等。士奇在粤六年，深得人心；朱氏任安徽学政，教诸生治古学，又上疏请辑《永乐大典》，启修《四库全书》之轴；卢氏任湖南学政，以越职为学子请命而遭左迁，晚年职教书院，乐育英才；钱氏为广东学政，门下人才辈出，归里后掌教书院，地方大吏，每遇大事，辄咨

[35] 徐珂编：《清稗类钞·谏诤类·王文简谏圆明园增防事》，北京：中华书局2003年重印本，第4册，第1504页。

询,莫不满意而去。官府州县学教职者,如凌廷为宁国府学教授,钱塘为江宁府学教授,戚学标为宁波府学教授,沈钦韩为宁国府学训导,翟灏为衢州府学教授,刘台拱为丹徒县学训导,严可均为建德县学教谕,宋绵初为清河县学训导,汪莱为石埭县学训导等。亦莫不振兴文教,砥砺风气,勤勤恳恳,恪尽其职矣。受朝廷征召者,如顾栋高、惠栋、沈彤之举博学鸿儒,江声、陈鳣、钱大昭、胡虔之举孝廉方正,虽有中有不中,然皆学有渊源、识高品粹也。

虽仕即旋或终身不仕者,如江永之处里党,以孝悌仁让为先,人多化之。又尝劝乡人输谷立社仓,行之三十年,一乡之人不知有饥馑。余如沈大成、余萧客、汪中、汪元亮、孔广森、厉鹗、吴骞、袁廷梼、鲍廷博、黄丕烈、顾广圻、钱坫、朱骏声、朱彬、江藩、章宗源、洪震煊、钮树玉、焦氏父子循、廷琥、马氏兄弟曰管、曰璐、李氏兄弟富孙、遇孙、梁氏兄弟玉绳、履绳、臧庸等,亦皆为乡里表率,士中贤人。其虽不能以经术饰吏事,所谓"以夙昔经术,发为经济,移孝作忠,为当代名臣"[36],然亦非消极避世也明矣。如汪中曾论其志云:"中尝有志于用世而耻为无用之学,故于古今制度沿革,民生利病之事,皆博问而切究之,以待一日之遇。下至百工小道,学一术以自托,平日则自食其力,而可以养其廉耻,即有饥馑流散之患,亦足以卫其生。何苦耗心劳力,饰虚词以求悦世人哉!"[37]当时学者之心,亦多如之。

由此可见,乾嘉考据学家绝非隐士,更非因惧祸而逃避现实,这其中以焦循的言行最为典型。焦氏称自己"尚论古今循吏而心慕之,思为亲民官。虽以疾跧伏乡里,时时静察夫民之情"[38]。由于身体的原因,焦氏并未积极入仕,而是以多疾之躯治《易》以终,但坚决反对称他为隐士。他说:

[36] [清]钱大昕撰,吕友仁标校:《潜研堂文集》卷26《味经窝类稿序》,第433页。

[37] [清]汪中:《述学·别录·与朱武曹书》,《续修四库全书》本,集部第1465册,第434页。

[38] [清]焦循撰,刘建臻点校:《雕菰集》卷17《送吴生序》,扬州:广陵书社2009年版《焦循诗文集》本,上册,第318页。

余以病家处者十年，每莎笠短衣，与一二佃客杂刺船湖中，不知余姓名者或亦谓非尝刺船者也。然余逢人必告以姓名，唯恐人疑余为隐于舟者。[39]

在谈到反对隐的理由时，他又说：

人不可隐，不能隐，亦无所为隐！有周公、孔子之学而不仕，乃可以称隐，然有周公、孔子之学则不必隐。许由、巢父、沮、溺、荷蓧丈人、直郭、平原、朱桃椎、仲长统之流耳，自负其孤孑之性，自知不能益人家国，托迹于山溪林莽以匿其拙，故吟咏风月则有余，立异矫世、苦节独行则有余，出而操天下之柄则不足。巢父、许由必不能治鸿水；沮、溺、丈人必不能驱猛兽、成《春秋》以惧乱臣贼子；四皓、严光必不能与萧、曹、邓、寇并立功勋。是故耕而食、凿而饮，分也；出则为殷浩、房琯，贻笑天下。宜于朝则朝，宜于野则野，圣人之藏，所以待用也。无可用之具而自托于隐，悖也。隐，不隐者也。故曰：不可隐，不能隐，亦无所为隐也！[40]

焦循以治世致用为标准，打破了以隐为高尚的传统观念，讥刺自古以来的隐逸之士是"无可用之具而自托于隐"。乾嘉学者无论仕与不仕，都反对消极隐遁，焦氏此语足以代表他们的心理。

王念孙谓"学问、人品、政事，三者同条共贯"[41]，此儒者入世之理想。然世能兼之者，则既决于其人，亦决于其时。乾嘉诸儒，处和平之世，繁盛之局，故既不能持戈跃马，立万世之功而彪炳史册；亦不能徜徉林下，托故国之思，以歆动后人。然上列诸人，居官尽职，处里必贤，较宋学人物如清初以来熊赐履、李光地、方苞诸人

[39] [清] 焦循撰，刘建臻点校：《雕菰集》卷17《〈舟隐图〉序》，《焦循诗文集》本，上册，第322页。

[40] [清] 焦循撰，刘建臻点校：《雕菰集》卷7《非隐》，《焦循诗文集》本，上册，第126页。

[41] [清] 臧庸：《拜经文集》卷3《与王怀祖观察书》引王念孙语，《续修四库全书》本，集部第1491册，第578页。

之假道学,其相去不可以道里计。后人每谓其畏祸自全,消极避世,埋头古籍,无关民生;甚或以为其误国误民,导致晚清科技不兴,落后挨打,并戴以"落后"、"琐碎"、"务虚"、"反动"等帽子,此可谓站在今人的立场上苛绳古人的典型心理。

总前所论,乾嘉考据学的兴盛与衰微,有其复杂的时代背景,也有其学术内部发展的自身演化脉络。在急功近利的今天,面对清代遍布南北的考据学家和他们插架森森的著作,很少有人愿意读完一部他们的著述,在他们训诂考据的词语密林中,认真寻觅他们的思想火花与真知别解。因此,从当时至今日,虽然已经走过了近二百年的历史,但学术界仍未摆脱如江藩、方东树、皮锡瑞、章炳麟、梁启超、钱穆、陈寅恪等人的认识与评价,甚至对他们明显的误说偏见,也仍坚执为确说真解,屡屡引证,据为典要。我们认为,如果对乾嘉考据学家的思想与学术做不到梳理厘清与深入研究,则对近现代学术界的探究,也无法做到导源穷委,剖析肌理,因为近百年的学术界,与乾嘉考据学有着千丝万缕的渊源与系联。

贰

论中国传统经学研究方法[1]
——古书通例归纳法

一 清以前学者对古书通例归纳法的总结

[1] 本文原载蒋秋华主编：《乾嘉学者的治经方法》（上），台北：台湾"中央研究院"文哲所2000年10月版，第71—108页。

1. 先秦至唐代学者对古书通例归纳法的探索

古书通例的归纳，始于先秦。《公羊传》昭公十二年春载："齐高偃帅师，纳北燕伯于阳。"孔子以为"伯于阳"乃"公子阳生"之误；又《吕氏春秋·察传》载子夏勘正"己亥"误为"三豕"，这都是古书传抄过程中因形近而误、抄写脱漏的典型例子，说明当时学人已经注意到了古书流布中有致误错讹的现象，启发后人极大，故古书通例归纳之萌始，当出孔门。孔子、子夏之后，首推《左传》。《左传》的作者为了解释《春秋》大旨，对经文总结出如特书、不书、先书、故书、不言、不称等行文寓意并均发明条例以见义。如：

《春秋》隐公七年春，"滕侯卒"。《左传》云："七年春，滕侯卒。不书名，未同盟也。凡诸侯同盟，于是称名。故薨则赴以名，告终则称嗣也。"又：桓公五年秋，"大雩"。《左传》："凡祀，启蛰而郊，龙见而雩，始杀而尝，闭蛰而烝，过则书。"

此类不胜枚举，可见《左传》的作者是有意识地对《春秋》一书归纳义例以见其旨的。

到了汉代，一方面历时长久，古今悬隔；另一方面秦火之后，经籍残阙。故笺注之学日起日兴，汉儒在笺注诠释"五经"之时，已发现古人行文修辞，自有其例。毛公诂《诗》、许慎纂《说文》、郑玄注《礼》笺《诗》等，都已发现了大量古人行文修辞之例并循是以解经。如：

《礼记·文王世子》："庶子以公族之无事者守于公宫，正室守太庙。"郑注："或言宫，或言庙，通异语。"又"诸父守贵宫贵室；诸子诸孙，守下宫下室"。"诸父诸兄守贵室，子弟守下室，而让道达矣。"郑注："上言父子孙，此言兄弟，互相备也。"又《杂记上》："有三年之练冠则以大功之麻易之。"郑注："言练冠易麻，互言之也。"又《丧大记》："浴水用盆，沃水用枓，沐用瓦盘。"郑注："浴沃用枓，沐于盘中。文相变也。"

郑注中凡"通异语"、"互相备"、"互言之"、"文相变"等，皆为著书者参互以见义的行文之例，郑玄正是掌握了这些行文规律，才得到了准确的训释而不致产生歧解。汉儒解经，多如此类，同时他们还在笺注经典中摸索出了一系列训诂术语与通例，本文后面还要详论，此不多述。

魏晋隋唐间，义疏之学大兴。在总结古书通例方面，表现突出者晋有杜预、隋有陆德明、唐代则以孔颖达诸人为代表。刘贲《春秋释例序》曰：

有晋大儒杜预，皓首《春秋》，深明权义，乃谓学者未可与权，必先讲义，义之通明，槩有宗本，举一则推万可知，计源则众流毕会。是以礼经言凡者，谓其统之有宗也；志在可例者,谓其会之有无也。……由是立经举元,后世非以例义求之,则莫能一而贯也。

这段话既讲义例之重要性,也说明了杜预著书的目的。杜氏《释例》卷十《终篇》第四十七总结说:"邱明之《传》,首称周礼以正常者,诸称凡以发例是也;有明经所立新意者,诸显义例而不称凡者是也。"他把全书分为四十七例,前四卷总结《春秋》用字通例,如卷一即分为公即位例、会盟朝聘例、战败例、母弟例、吊赠葬例、大夫卒例等,《左传》之杜注也正是在这些义例的指导下进行诠释。同时,杜氏也间有发疑正误的例子。

孔颖达等人编纂《五经正义》时,不仅能有意识地总结古书行文修辞例,而且还能兼顾到诸经间同一用例的归纳。如:

《左传》襄公二年:"以索马牛皆百匹。"《正义》:"《司马法》:'丘出马一匹,牛三头。'则牛当称头,而亦云匹者,因马而名牛曰匹,并言之耳。经传之文,此类多矣。《易·系辞》云:'润之以风雨。'《论语》云:'沽酒市脯不食。'《玉藻》云:'大夫不得造车马。'皆从一而省文也。"

这是孔疏中相当典型的一则归纳古书通例的例子,唐人义疏中此类亦甚多。此外,汉唐以来在史书的编撰与注解中,如司马迁《史记》、班固《汉书》、荀悦《汉纪》及《史》、《汉》诸家之注等,在归纳通例方面也取得了相当的成就。

然而,尽管唐以前人在古书通例的归纳方面成就斐然,并且已经有了部分客观而规律的总结;但就这一时期的整体面貌而言,唐以前学者对古书通例的归纳仍有很大的局限性和随意性,这主要表现在：第一，《左传》、《春秋释例》诸书所总结的义例，其目的在于阐发《春秋》所谓"微言大义"，并不是真正的客观归纳，而是主观成分占决定作用的义例归纳。第二，古书通例归纳是零散的、个别的发现，而系统的、规律的总结并不多。正因为如此，他们的通例归纳，往往顾此失彼，甚或强解经义，穿凿附会。如：

《诗·大雅·桑柔》："大风有隧，有空大谷。"《郑笺》："西风谓之大风，大风之行有所从而来，必从大空谷之中。喻贤愚之所行各由其性。"

案："有空大谷"为"大谷有空"之倒句，诗中与下文"榖"、"垢"为韵，倒句以协韵，郑玄不明其例，顺释之遂凿枘不通。又：

《易·系辞上》："吉凶与民同患。"《正义》："凶虽民之所患，吉亦民之所患也。既得其吉，又患其失。故《老子》云'宠辱若惊'也。"

案：此文"吉凶"连言，乃古书因此及彼之例，"吉凶"者，凶也。今成语"患得患失"即是此义，世岂有"患得"、"患吉"之民？孔疏知"润之以风雨"、"大夫不得造车马"的用法，却不知此处"吉凶"之义，顾彼而失此，强解经义。唐人诸经之疏义承自隋代，且书出众手，体例不一，然此亦正说明了其通例归纳的随意性，可见汉唐时期在古书通例归纳方面尚处于探索阶段。

2. 宋明学者对古书通例归纳法的总结

宋代是中国古代学术发展史上一个重要时期。自北宋始，在政治上革新图变的同时，经学研究中针对前代义疏之学拘守传笺、疏不破注的传统，以欧阳修《诗本义》、王安石《三经新义》与刘敞《七经小传》等为代表，学术界掀起了打破传注拘牵、各出新意解经的疑古辨伪之风。这种变化带来的好处是：一方面使传统义疏之学墨守传注的状态大变，起到了矫学究专已守残之陋的作用，开一代学术新风；另一方面则是直接影响与推动了辨伪学的迅速发展。而在古书通例的归纳上，则主要体现在经学研究领域并向其他方面扩展，通例的归纳与运用日趋成熟，这在下举各例即可看出。

首先，宋人对前人通例归纳中的主观附会方法进行纠谬，使其向客观公允的方向发展。这种趋势始自北宋，南宋更盛。如朱熹对杜预等人多有批驳，《朱子语类》卷八三曰：

> 《春秋》大旨，其可见者，诛乱臣，讨贼子，内中国，外夷狄，贵王贱霸而已，未必如先儒所言字字有义也。想孔子当时，只是要备二三百年之事，故取史文写在这里，何尝云某事用某法，某事用某例耶？

朱熹是主张义理与考据并重的学者，他的批评是击中杜预等人要害的。如果义例归纳一味按主观思维推衍下去，势必流入穿凿附会之途，不仅不能起到应有的指导作用，反而会贻累先儒，延误后学，为害不浅。

其次，继承汉唐以来传统，对古书行文修辞及训诂通例进行归纳。在此方面，宋人书中所见极多。如洪迈《容斋随笔》卷一一"五经字义相反"条曰：

> 治之与乱，顺之与扰，定之与荒，香之与臭，遂之与溃，

皆美恶相对之字，然《五经》用之或相反。如"乱臣十人"、"乱越我家"、"惟以乱民"、"乱为四方新辟"、"乱为四辅"、"厥乱明我新造邦"、"丕乃俾乱"之类，以乱训治也；"安扰邦国"、"扰而毅"、"扰龙"、"六扰"之类，以扰训顺也；"荒度土功"、"遂荒大东"、"大王荒之"、"葛藟荒之"之类，以荒训定也；"无声无臭"、"胡臭亶时"、"其臭膻"、"臭阴达于渊泉"之类，以臭训香也；"是用不溃于成"、"草不溃茂"之类，以溃训遂也。郑康成笺《毛诗》"溃成"，与毛公皆释之"遂"；至于"溃茂"，则以为"溃"当作"汇"。"汇"，茂貌也。自为异同如此。

案：此即后世学者所言"反训"，尽管对反训能否成立，至今在训诂学界仍是个颇可争议的问题，而且洪氏所举也不一定都是反训的典型例子，但他对此类通例的总结，已经有了相当的成绩。又如宋代学者对古书"错综成文"之例的归纳，也较为特出。王楙《野客丛书》卷二"率迩逖听"条曰：

《史记》司马相如《封禅书》云："率迩者踵武，逖听者风声。"《汉书》作"听逖"。《汉书》严安书曰："合纵连横，驰车毂击。"而《史记》作"击毂"。二处各具本意所注，其承袭也久矣。所谓"率迩逖听"、"驰车击毂"之语，其亦《楚辞》"吉日时良"句法欤？

又同书卷二四"古人句法"条曰：

《礼记·曲礼》："问国君之富，数地以对；问大夫之富，曰有宰食力；问士之富，以车数对；问庶人之富，数畜以对。"其间"数车以对"独转其语曰"以车数对"，此古人错综文体。《左传》曰："我之不共，鲁故之以。"曰："是昆吾稔之日也，侈故之以。"倒用文势，如此下语。此与《匈奴传》"必我也为汉患者"，同一句法。

又沈括《梦溪笔谈》卷一四"艺文一"曰：

韩退之集中《罗池神碑铭》有"春与猿吟兮秋与鹤飞"，今验石刻，乃"春与猿吟兮秋鹤与飞"。古人多用此语，如《楚辞》"吉日兮辰良"。又"蕙肴蒸兮兰藉，奠桂酒兮椒浆"。盖欲相错成文，则语势矫健耳。

类似的条目又见于陈长方《步里客谈》卷下、王观国《学林》卷七、程大昌《考古编》卷八等，互有详略。而陈善《扪虱新话》卷五"文章贵错综"条亦曰：

《楚辞》以"吉日"对"辰良"，以"蕙肴蒸"对"奠桂酒"。沈存中云："此是古人欲错综其语，以为矫健故耳。"予谓此法本自《春秋》书"陨石于宋五。是月，六鹢退飞过宋都"。说者皆以石、鹢、五、六先后为义，殊不知圣人文字之法，正当如此。

案：诸人所引有些是属于语法关系而倒置，并非错综成文之例，但即此也可以看出宋人对行文修辞例的归纳已成为相当普遍的现象。

第三，宋人还刻意归纳一些名物典制方面的通例，如古书中人名、地名的异同，历代避讳现象及用典等通例，这其中尤以避讳通例的归纳最为详悉，诸家所论列，又以周密最为突出，他在《齐东野语》卷四"避讳"条中考察了自周至宋历代各种避讳现象，并归纳为通例。今按周氏所列，略去具体例证，稍加整理，条列于下：

> 臣下避君讳；避太子讳；避后讳；避后家讳；避国主、诸侯讳；诗、书则不讳；临文则不讳；邦国有不讳者；嫌名则有避有不避者；二名不偏讳；有避讳而易字者；有士大夫自避家讳者；家讳有不能尽避者；除官则家讳有避有不避者；有朝廷为臣下避家讳者；有后人避前贤名者；有君臣同名者；有父子祖孙同名者；避讳有不近人情者；有因避讳而易姓、易名乃至一易再易者。

这些通例，包括了国讳、私讳的各种避讳种类与方式，也包括一些不避讳或避偏讳的特例，有关避讳通例的总结。其他如宋人对自先秦以来郡县地名用字、郡县同名等规律以及先秦以来姓氏人名命名规律等的总结也非常突出，限于篇幅，此不详论。

第四，重视发疑正误通例的归纳，并熟练运用于具体校勘，在校勘实践中起着重要的指导作用。如前所论，宋人对于传世古籍皆持怀疑的态度，自北宋孙复、司马光、王安石、苏辙等疑《诗序》及《易传》始，疑辨之风盛行，故辨伪之学在宋代极盛。以南宋而论，吴棫、郑樵、朱熹、高似孙、王柏等人进行了大量的辨伪工作。朱熹还总结出了辨伪学上极其重要的两大通例，亦即两大理论指导原则。《朱文公集》卷三八《答袁机仲》曰：

> 熹窃谓生于今世而读古人之书，所以能别其真伪者：一则

以义理之所当否而知之；二则以其左验之异同而质之。未有舍此两途，而能直以臆度悬断之者也。

此虽简略两条，然实能笼罩后世诸家，影响巨大。在发疑正误例的总结上，最有成就的当属彭叔夏《文苑英华辨证》与宋廖莹中、元义兴岳氏刻《刊正九经三传沿革例》两书，堪称此方面的代表之作。彭氏之书共分用字、用韵、事证、事误、事疑、人名、官爵、郡县、年月、名氏、题目、门类、脱文、同异、离合、避讳、异域、鸟兽、草木、杂录，共二十类目，每类之下又分细目，并举大量实例为证，对《文苑英华》历代流传之讹、脱、衍、倒之致误规律进行总结。而《刊正九经三传沿革例》全书亦分为书本、字画、注文、音释、句读、脱简、考异七大类，包括了从广备众本至校勘讹误、写出校记等校勘的全过程，其发疑正误例的归纳以"音释"一门总结最为详备，该门共区分为十九类，分别为：

有字本易识初若不假音者；有音重复而徒乱人意者；有的然之音不待释者；有误音而不容尽改者；有因字画相近而疑传写之误失其本音者；有点画微不同而音义甚易辨者；有当音而不音合增入者；有一音而前后自差错者；有当音当切而比附声近者；有一字数切而自为庞杂者；有用吴音为字母而反切难者；有反切难而韵亦不收者；有不必音而音当音不音者；有当音或不音而可以例推者；有当音当切遗于前而见于后者；有经文两字同而音义有异者；有字同音异随注义以为别者；有《释文》起音之字与经文注文异者；有照注义当为初音而《释文》以为次音者。

如此严格而详细的通例归纳，清人至王念孙才可与之相比。

宋代学者在古书通例归纳上取得了很大的成就，但其缺失也非常明显，其最大的弊端在于：他们克服了杜预《春秋释例》的那种主观义例归纳，却犯了另一种主观错误。由于理学占主导地位，故学者往往不求佐证，断之以理，甚或求之于心，造成妄疑驳辨与穿凿附会。以《诗经》研究为例，如前所述，自北宋时人怀疑《诗序》起，至南宋，郑樵在《通志·艺文略·毛诗故训传》中认为，自汉以来笃信《诗序》与毛、郑，造成"事无两造之词，则狱有偏听之惑"的倾向。于是他专与毛、郑立异，《朱子语类》卷八〇引郑樵语谓《诗序》为"村野妄人所作"。朱熹受其启发，谓郑、卫之诗多为情歌，但却戴上"淫奔之诗"的帽子，到他的再传弟子金华人王柏，更是变本加厉，王氏在其《诗疑》卷一《总说》中推测道：

> 愚尝疑今日三百五篇者，岂果为圣人之三百五篇乎？秦法严密，《诗》无独全之理。窃意夫子已删去之诗，容有存于闾巷浮薄者之口，盖雅奥难识，淫俚易传，汉儒病其亡逸，妄取而撺杂，以足三百篇之数，愚不能保其无也。不然，则不奈圣人"放郑声"之一语终不可磨灭，曰"郑声淫"，又曰"恶郑声之乱雅乐也"。愚是以敢谓淫奔之诗，圣人之所必削，决不存于雅乐也审也。妄意以刺淫乱，如《新台》、《墙有茨》之类凡十篇，犹可以存之惩创人之逸志；若男女相悦之词，如《桑中》、《溱洧》之类，悉削之以遵圣人之至戒，无可疑者。所去者亦不过三十有二篇，使不得溷秽于《雅》、《颂》，淆乱《二南》，初不害其为全经也。

王氏既有如上的推理，于是竟然将《诗经》中他圈定为"淫诗"

的三十二首诗作悉数删去，他可能也觉得这种做法过于武断，遂在《诗疑》卷二《二雅辨》中自我辩解说：

> 或谓决古人之疑只有义理、证验两事，今求之义理固亦可通，责以证验绝无可考，不能不反致疑也。予应之曰：诸经悉出于煨烬之余，苟无可验，而汉儒臆度之说何可凭哉！圣人于杞、于宋尚有不足证之叹，况求之后世乎！有一于此，与其求之于汉儒臆度之说，孰若只求之于正雅之中，词气体格，分画施用，岂不晓然。其为证验莫切于此，尚何外求哉！……愚故谓变雅之不合于正雅者悉归之《王风》，其说审矣。

实际变风、变雅也只是研究《诗经》者一种说法，学术界尚有争论，王氏出于自己的看法，遂将二雅中诗任意变换，甚至划归《王风》，其解释只能更显其武断。在同书卷二《诗辨序》中，王氏又提出自己对待古书与旧说的态度曰：

> 苟轻于改而不知存古以阙疑，固学者之可罪；狃于旧而不知按理以复古，岂先儒所望于后之学者？虽后世皆破裂不完之经，而人心有明白不磨之理；纵未能推人心之理以正后世之经，又何忍徇破裂不完之经以坏明白不磨之理乎！

理为何理？照王柏之说就是"圣人之大训"，亦即他前论"人心有明白不磨之理"，然实际上就是自凭胸臆所得。前于王柏的孝宗淳熙时学者黄櫄所言更为直接，《李黄毛诗集解》卷一曰：

> 事固有可得而知者，有不可得而知者。可得而知者，吾求

之于古；不可得而知者，吾求之于心。盖传人而不信己，终身无定论；而事之以二三其传者，当以吾心为主也。

王、黄二氏所论，貌似言之凿凿、浑然成理，但"求之于心"的结果，却往往使通例归纳走上歧途。今举王柏归纳《诗经》诗题通例以明之。王氏《诗疑》卷一曰：

诸诗多以篇首字为题，独《巧言》于后章提两字为题，寻他类例，则知又有《桑中》当曰《采唐》，《权舆》当曰《夏屋》，《雨无极》当添两句，《大东》当曰《小东》，"小东"二字既在上，又以《小雅》之例比之，亦当曰《小东》，如《小旻》、《小弁》、《小宛》、《小明》是也。若以《小东》为题，则"有饛簋飧"当为第二章矣。《常武》之诗亦无"常武"二字，但有"王奋厥武"之句，恐如《雨无正》或逸句。又如《酌》、如《赉》、如《般》之《颂》，并无题字，恐是《大武》诗内之章也。

王柏既见《诗经》多以篇首二字为题，为诗题之通例，然后以此类推，凡不合者，或妄改诗题，或窜乱诗章，或断为逸句，或任意合并。这种主观附会的归纳，不仅不能起到指导经学研究或古文献的整理，相反会导致对古书的妄疑删改之弊，王柏的《诗疑》、《书疑》正是如此。在他所删的三十二首诗中，如《野有死麕》、《静女》、《桑中》、《氓》、《将仲子》、《有女同车》、《风雨》、《子衿》、《野有蔓草》、《溱洧》、《绸缪》等诗，皆是《诗经》中优秀的精品，若传《诗》者只王柏一家，那么在今天我们是断然再难欣赏到这些上古民歌中的精品了！

元明至清初，在古书通例归纳上的特色是辨伪通例的归纳达到高峰，其中群书辨伪以宋濂、胡应麟、姚际恒为代表，专书辨伪以阎若璩、胡渭为代表。现以胡氏为例以明之，胡氏《四部正讹》一书，对伪书产生的原因、种类、鉴别方法以及伪书在传世四部书中所占的比重等，都归纳为通例，给后世学者以巨大的指导作用。其在《四部正讹》卷下论伪书在四部书中所占的比例曰：

凡四部书之伪者：子为盛；经次之；史又次之；集差寡。凡经之伪，《易》为盛，纬候次之；凡史之伪，杂传记为盛，琐说次之；凡子之伪，道为盛，兵及诸家次之；凡集，全伪者寡，而单篇别什借名窜匿者甚众。

胡氏所论完全合乎传世古籍中伪书的情况，又其在《四部正讹》卷下论辨伪方法曰：

凡覈伪书之道：覈之《七略》以观其源；覈之群《志》以观其绪；覈之并世之言以观其称；覈之异世之言以观其述；覈之文以观其体；覈之事以观其时；覈之撰者以观其托；覈之传者以观其人。覈兹八者，而古今赝籍亡隐情矣。

此是对朱子辨伪原则的很大发展。在专书的辨伪上，以清初阎若璩、胡渭为代表。阎氏《尚书古文疏证》将《古文尚书》之伪一一辨明，成为定谳；而胡渭则著《易图明辨》，将图书之说全部推翻，二人在专书辨伪方法理论的建设上也做出了很大的成就。

二 乾嘉学者对古书通例归纳法的归纳与运用

1. 读书必通其例的重要性认识

至清，在顾炎武、阎若璩、胡渭等人之后，乾嘉学者把归纳古书通例并运用于治学实践，视为其治学的基本方法，这一方法的总结与运用不仅走向了客观化，而且走向了规律化。

乾嘉学者充分认识到了读书必明其例的重要性，如钱大昕在其《潜研堂文集》卷一一《答问八》中论"读古人书，必先寻其义例，乃能辨其句读，非可妄议"。又同书卷一六《秦四十郡辨》也指出，"读古人书当寻其条贯，未可执单词以为口实"。又如凌廷堪《校礼堂文集》卷二六《礼经释例序》论其治《仪礼》之法曰：

《仪礼》十七篇，礼之本经也。其节文威仪，委曲繁重，骤阅之如治丝而棼，细绎之皆有经纬可分也；乍睹之如入山而迷，徐历之皆有途径可路也。是故不得其经纬途径，虽上哲亦苦其难；苟其得之，中材固可以勉而赴焉。经纬途径之谓何？例而已矣。

此论本书之有例，不仅如此，即注疏家亦有例，顾炎武《日知录》卷二〇"史书下两曰字"条论古注引书通例曰：

注疏家凡引书，下一"曰"字；引书之中又引书，则下一"云"字。"云"、"曰"一义，变文以便读也。此出《论语》

"牢曰"、"子云"是也。若史家记载之辞，可下两"曰"字，《尚书·多方》"周公曰"、"王若曰"是也。

掌握古书义例既如此重要，而相反若读书却不知其例，则往往事倍功半，终是乱读。如阮元《揅经室一集》卷一一《汉读考周礼六卷序》曰：

言韵者多矣，顾《诗》三百篇，人人读之，而能知三百篇之韵者，或未之有也；《说文解字》一书，人人读之，而许氏全书之例未之知，则许书之可疑者多矣。

掌握古书义例与不明义例之间有着如此强烈的差别。故此，乾嘉学者极其重视总结古书通例，并以之指导治学实践，成就斐然。这其中，尤以惠栋、戴震、钱大昕、卢文弨、段玉裁、王念孙、王引之、凌廷堪、焦循、洪亮吉、顾广圻及后来的俞樾等人表现最为突出。

2. 戴震校《水经注》通例之归纳

戴震校《水经注》一书，是专书通例归纳的典型例证。《戴震文集》卷六《水经郦道元注序》中论其采用"审其义例，按其地望，兼以各本参差"的研究方法，既有具体的归纳，又有细心的绅绎和比证。戴氏弟子段玉裁在其《经韵楼集》卷七《与梁耀北书论戴赵二家水经注》中总结曰：

东原氏得其例有三：一曰独举复举之不同。经文甚简，首举水名，下不再出；注文每一水内，必详其注入之小水，以间厕其间,是以主水之名,屡举不厌,虽注入小水有所携带者相间,亦屡举小水之名,经文断无是也。一曰"过"、"迳"之不同。经必曰"过某",注则必曰"迳某",所以别于经。一曰"某县"及某县"故城"之不同也。经时之县,注时多为故城,经无言"故城"者也。执此三例,沛乎莫御厘之,有如振槁承学,读至白首不解者,豁然开朗。

戴氏既归纳此三例又运用于校勘实践,对《水经注》一书凡补其缺漏2128字,删其妄增1448字,正其臆改3715字,段玉裁所撰《戴东原年谱》谓经戴氏董理,《水经注》全书才达到了"经必统注,而注必统于经"的效果。王国维抨击戴氏不遗余力,但他在《观堂集林》卷一二《聚珍本戴校水经注跋》中也认为"谓郦书之有善本,自戴氏始可也"。《水经注》虽然非儒家经典,但戴氏所用方法,对经学研究也起到了积极的作用。

3. 卢文弨对古书行款版式通例之归纳

古人刻书,一时代即有一时代之风格与特点,卢文弨同时人彭元瑞在《知圣道斋读书跋》卷一《刊正九经三传沿革例》文中即认为:"古人有所作,必先立例;匪特著书,即刻书亦然。"卢文弨一生以校雠名家,他的特点正是往往通过为他人所忽略的古书行款版式来发现问题,总结刻书通例以求古书致误之由。如他受王应麟等人校《后汉书·马武传》中云台二十八将因两排读法不一而致误的启示,校出《史记正义·谥法解》也是两排重列而为后人误读误刻,造成讹舛。卢氏《钟山札记》卷四"两排读法"条曰:

古书两排重列者,皆先将上一列顺次排讫,而后始及于下一重，自后人误以一上一下读之，至改两重为一列，亦依今人所读而大失乎本来之次第矣。

卢氏还发现，唐宋人刊刻诗集版式也不同于后人。后人刻集，若附他人唱和之诗，一般低一格刻且附于后面，以为别识；而当时人所刻却是无论己诗他诗，都一律平格刊版，凡唱者在前而将和者之诗附于后。后人以当时行款版式律唐宋人书，遂张冠李戴，造成误解。卢氏正是利用这一通例，纠正了后人将《刘公是集》中刘敞与其弟刘颁之诗互淆的错误。

4. 段玉裁对汉儒旧注通例之归纳

段玉裁对古书通例的归纳，一是对汉儒作注术语体例之归纳，一是对《说文》体例之归纳。今举其前者，段氏《周礼汉读考序》曰：

汉儒作注，于字发疑正误，其例有三：一曰读如、读若；二曰读为、读曰；三曰当为。读如、读若者，拟其音也；……读为、读曰者，易其字也；……当为者，定为字之误、声之误而改其字也，为校正之词。……三者分而汉注可读，而经可读。

倡此说者，前有顾炎武，当时学者中尚有戴震、钱大昕等人，但皆不如段氏之划分畛域而条例明晰。段氏总结这些通例并运用于治学实践，直接推动了当时学术界对汉注训诂的研究和校勘上的便利。其总结《说文》体例以治《说文》，成就亦极突出，兹不再举例。稍后人王筠《说文释例》在此方面也做出了相当出色的成就。

5. 凌廷堪《仪礼》通例之归纳

专就某一经自身义例进行归纳，乾嘉时期影响较大的有惠栋《易例》、凌廷堪《礼经释例》和焦循《易学通释》等。以凌氏为例，他所著《礼经释例》仿杜预《春秋释例》之体例，但与杜书根本不同处在于杜氏义例多出主观，而凌氏《礼经释例序》中论其在方法上则采取"会通其例，一以贯之"的原则，严谨不苟，亦即他在《礼经释例》卷二《通例下》中所谓"但据见于经文及注者，取以为例；经注无文者，不敢为之说也"。在具体比证归类上，凌氏《礼经释例序》谓采取了"证以群经，合者取之，离者则置之，信者申之，疑者则阙之"的原则，将《仪礼》全书归纳为通例、饮食之例、宾客之例、射例、变例、祭例、器服之例和杂例八大类。今列其通例数条以见其端：

> 凡迎宾，主人敌者于大门外，主人尊者于大门内；凡君与臣行礼皆不迎；凡入门，宾入自左，主人入自右，皆主人先入；凡以臣礼见者则入门右；凡入门，将右曲揖、北面曲揖、当碑揖，谓之三揖；凡升阶，皆让，宾主敌者俱升，不敌者不俱升；凡升阶，皆连步，唯公所辞则栗阶；……凡送宾，主人敌者，于大门外，主人尊者，于大门内；凡君与臣行礼皆不送。

从凌氏总结之条例看，他把繁缛难读、纷如骤丝的礼文归纳成为简易明晰的通例，给了后学者以极大的方便。同时，凌氏还注意到诸例之间的会通与联系，并在通例指导下纠正前人之误，创获良多。故阮常生《礼经释例序》评此书多抒特见，条理秩然，此今往后,"海内学人当不苦其难读矣"。梁启超《中国近三百年学术史》第十三章中也称此书"其方法最为科学的,实经学界一大创作也"。

6. 顾广圻《毛诗》、《释名》、《易林》等书通例之归纳

顾广圻精于目录、版本、校勘诸学,他对《诗经》、毛《传》、郑《笺》之别,《通鉴》正文之误、胡注之误及后人妄改之误皆归纳通例,发疑正误。如其在《思适斋集》卷六《答张子絜问毛诗注疏书》中论读《毛诗》之法曰:

辱问《毛诗注疏》读法,久未奉答,歉甚。窃谓此书之法与诸凡注疏微有不同,何则?他经注疏皆一家之学,《毛诗注疏》则《传》、《笺》实两家之学,孔仲达作《正义》,于此处最为斟酌得宜。盖即本于二刘等者,非仲达所能创造也。今观"毛以为"、"郑以为"之所云云,用意粗可概见矣。其有须申管窥者,唯每条之分析虽明而全体之总例未显。一事而已,夫《传》也者,全是古文家法;《笺》也者,或用今文诗破《传》,或用经文他经说以破《传》,或又用古文他经说以破《传》。此自是郑氏家法:不专主古文,亦不专主今文。明乎此而后二家之体例憭然,《经》与《正义》亦憭然也已。是故《正义》解毛,不拘有传无传者,转转所受习古文家之说也;《正义》解郑,决知其破毛之意者,转转所受郑氏学之说也。近时人鲜明此者,于是往往泥《传》害《笺》,泥《笺》害《传》,甚至误执郑诗为毛诗,辄驳《正义》,余波及乎《释文》、唐石本,岂非读此书者之大病耶!

顾氏在此论《毛传》、《郑笺》与《正义》三家之异同，以及各自读之之法，条例明晰，所论极是。此非仅仅为同时人说法，即在今日，治《诗经》之学者，尚多犯顾氏所批驳之"大病"，故仍有其参考价值。顾氏尤著者，在于他对《释名》、《易林》义例之归纳。《思适斋集》卷七《释名例略》曰：

《释名》之例可知也。其例有二焉：曰本字、曰易字是也。虽然，犹有十焉；曰本字、曰叠本字、曰本字而易字、曰易字、曰叠易字、曰再易字、曰转易字、曰省易字、曰省叠易字、曰易双字。……非他也，二例之分焉者也。……易字之所由生，固生于本字而已矣。所谓"易简而天下之理得"也。读者循是而一一求焉，凡今本脱误之当补正者，无不可知也；至尤脱误而非复能补正者，亦无不可知也。

又同书卷九《焦氏易林后序》论校读《易林》之法曰：

读此书之法有三焉：以复见求之也；以所出经、子、史等求之也；以韵求之也。……又如《豫》之《丰》云："一说文山蹲鸱。""一说"即"一作"也。由是推之，凡一繇数句，而上下语意不类，盖皆脱去"一作"字而误相连并耳，此又一法也。读者苟以校宋本得之之外，循是而各各求之，思过半矣。

此可见顾氏极善于总结古书致误通例来指导校勘实践，无怪乎王引之《淮南内篇补序》中称赞他"心之细，识之精，实为近今所罕有。非熟于古书之体例而能以类推者，不能平允如是"。

7. 洪亮吉校《石经》二十四法之归纳

乾隆时，曾开石经馆，高宗谕以蒋衡所写进《十三经》为底本，于鸿都门侧建百碑以刻之，洪亮吉根据自己的治学实践，提出校《石经》误字之二十四法，其《卷施阁文甲集》卷七《上石经馆总裁书》所论列主要条例为：

经注参错，宜正也；前后倒置，宜正也；脱文，宜补也；又有因数字之脱而上下不贯者，宜补也；衍文，宜去也；又有因一句之衍而文义不续者，宜削也；因一字之别而本义全乖者，宜改也；前后宜画一也；偏旁宜急削也；字有误自魏晋以前者；字有误自唐宋以前者；字虽非俗而亦当定从本字者；同一俗字当酌去其已甚者；经不可改从注也；此经有可以彼经改者；此经有必不可以彼经改者；有因上下文而误者，亦当改正也；前代之制，宜改也；汉石经有急宜从者；唐石经有宜酌从者；两宋石经有可从可不从者；唐宋石经外刊本，宜搜罗也；字当以《说文》为本，而从否亦当斟酌者；本当以《释文》为据而录取亦当鉴别者。

洪氏精于金石之学，此二十四例不仅涉及历代石经之讹、脱、衍、倒致误通例，而且还涉及汉字的规范化问题等。

8. 王念孙、王引之对发疑致误通例之归纳

王念孙父子在古书通例归纳上，起到了对发疑正误通例集大成的作用。王念孙《读书杂志》共包括子史之书十种，他将诸书致误规律通过对《淮南内篇》的校勘体现出来。王氏认为，古书致误之

由"传写讹脱者半，凭意妄改者亦半"，故此他的六十二条通例归纳也大致为此两大类。《读书杂志》卷九《淮南内篇杂志》列其通例依次为：

有因字不习见而误者；有因假借之字而误者；有因古字而误者；有因隶书而误者；有因草书而误者；有因俗书而误者；有两字误为一字者；有误字与本字并存者；有校书者旁记之字而阑入正文者；有衍至数字者；有脱数字至十数字者；有误而兼脱者；有正文误入注者；有注文误入正文者；有错简者；有因误而致误者；有不审文义而妄改者；有因字不习见而妄改者；有不识假借之字而妄改者；有不审文义而妄加者；有不识假借之字而妄加者；有妄加字而失其句读者；有妄加数字至二十余字者；有不审文义而妄删者；有不识假借之字而妄删者；有不识假借之字而颠倒其文者；有失其句读而妄移注文者；有既误而又妄改者；有因误字而误改者；有既误而又妄加者；有既误而又妄删者；有既脱而又妄加者；有既脱而又妄删者；有既衍而又妄加者；有既衍而又妄删者；有既误而又改注文者；有既误而又增注文者；有既误而又移注文者；有既改而又改注文者；有既改而又复增注文者；有既改而又复删注文者；有既脱且误而又妄增者；有既误且改而又改注文者；有既误且衍而又妄加注释者；若夫入韵之字或有讹脱、或经妄改，其韵遂亡，故有因字误而失其韵者；有因字脱而失其韵者；有因字倒而失其韵者；有因句倒而失其韵者；有因句倒而又移注文者；有错简而失其韵者；有改字而失其韵者；有改字以合韵而实非韵者；有改字以合韵而反失其韵者；有改字而失其韵又改注文者；有改字而失其韵又删注文者；有加字而失其韵者；有句读误而又加字以失其韵者；有既误且脱而失其韵者；有既误且倒而失其韵者；有既误且改而失其韵者；有既误而又加字以失其韵者；有既脱而又加字以失其韵者。

如对王氏条例细加分析，此六十二例可概括为四大类：其一，（1）—（16）例为古书在流布中因生僻字、假借字、古今字、隶书、草书、俗书等字之不同而引起的讹误，多为后人抄写刊刻中无意造成的讹误，校理也易；其二，（17）—（27）例是后世读者或校书者因不识生僻字、假借字、古今字、不审文义、不辨句读而妄改古书造成的讹误，校理已难；其三，（28）—（44）例指前人误校误改，后人又据误书而臆改附会，以讹传讹，以致造成古书二重乃至多重讹误，校理最难；其四，（45）—（62）例专指后人不明音韵而造成的讹误，也有单纯、二重和多重错讹之别。总起来看，王氏通例的归纳由简到繁、由易到难、由单纯讹误到多重讹误，悉心体察，归纳周详，条例严明而极具特色，念孙之后，其子引之也在《经义述闻·通说下》中归纳古书读法、训诂和校勘之例十二条，分别为：

经文假借；语词误解以实义；经义不同不可强为之说；经传平列二字上下同义；经文数句平列上下不当歧异；经文上下两义不可合解；衍文；形讹；上下相因而误；上文因下而省；增字解经；后人改注疏释文。

引之此十二例，不仅是对其父六十二例之补充与完善，而且在训诂通例的总结上还向前迈出了一步。可以说，王氏父子把乾嘉时期发疑正误通例的归纳发展到了一新的高度。不仅如此，王引之《春秋名字解诂》中将古人名与字之关系归纳为同训、对文、连类、指实、辨物五体，也是发前人所未发，为后世治姓氏学者所重。

9.俞樾对古书通例集大成式的归纳

俞樾较乾嘉学者而言，属清末之学者，然由于俞氏《古书疑义举例》是综括前贤与自己研究所得的集大成之作，故在此亦一并列入。其全书七卷之条例细目如下：

上下文异字同义例；上下文同字异义例；倒句例；倒序例；错综成文例；参互见义例；两事连类而并称例；两义传疑而并存例；两语似平而实侧例；两句似异而实同例；以重言释一言例；以一字作两读例；倒文协韵例；变文协韵例；古人行文不嫌疏略例；古人行文不避繁复例；语急例；语缓例；一人之辞而加曰字例；两人之辞而省曰字例；文具于前而略于后例；文没于前而见于后例；蒙上文而省例；探下文而省例；举此以见彼例；因此以及彼例；古书传述亦有异同例；古人引书每有增减例；称谓例；寓名例；以大名冠小名例；以大名代小名例；以小名代大名例；以双声叠韵字代本字例；以读若字代本字例；美恶同辞例；高下相形例；叙论并行例；实字活用例；语词叠用例；语词复用例；句中用虚字例；上下文变换虚字例；反言省"乎"字例；助语用"不"字例；"也"、"邪"通用例；"虽"、"唯"通用例；句尾用"故"字例；句首用"焉"字例；古书发端之词例；古书连及之词例；两字义同而衍例；两字形似而衍例；涉上下文而衍例；涉注文而衍例；涉注文而误例；以注说改正文例；以旁记字入正文例；因误衍而误删例；因误衍而误倒例；因误夺而误补例；因误字而误改例；一字误为二字例；二字误为一字例；重文作二画而致误例；重文不省而致误例；阙字作空围而致误例；本无阙文而误加空围例；上下两句互误例；上下两句易置例；字以两句相连而误叠例；字因两句相连而误脱例；字句错乱例；简策错乱例；不识古字而误改例；不达古语而误解例；两字一义而误解例；两字对文而误解例；文随义变而加偏旁例；字因上下相涉而加偏旁例；两字平列而误倒例；两文疑复而误删例；据他书而误改例；据他书而误解例；分章错误例；分篇错误例；误读"夫"字例；误增"不"字例。

俞书将前人在标举大义例、行文修辞例、发疑正误例方面的成就悉数采获，同时将自己研究成果融于其中，不仅列其纲领条目，而且附入大量经籍中的例证，以证成其书，由于此书的成功，使其成为了俞氏的代表之作。

10. 乾嘉学者在古书通例归纳方面的缺失

以上笔者论述了乾嘉学者归纳古书通例并以其指导治学取得了巨大成就，但是，在此方面他们也并非尽善尽美，而是存在着缺点与不足。其主要表现在以下两点：

第一，以例为非例。乾嘉学者克服了前代学者通例归纳方面的主观化倾向，使其纯任客观，进行了系统、规律的总结。但是，通例的归纳与运用又往往被绝对化，即以例为非例，或以非例为例。一般而言，古书有通例，有特例，有些情况下甚或并无成例，对于某一部书而言更当如此。例与非例应是具体的、相对的，而不是形式的、绝对的。但乾嘉学者往往在例与特例、例与非例的处理上犯错误。我们举钱大昕论时人误读《说文》之例明之。钱氏《潜研堂文集》卷一一《答问八》曰：

问：《春秋传》"实沈主参，参为晋星；阏伯主辰，辰为商星。"于天文参在西方，商在东方，故杨子云云"吾不睹参辰之相比"也。《说文》训参为商星，何昧于天象乃尔？

曰：读古人书，必先寻其义例，乃能辨其句读，非可妄议。如此文本云"参商，星也"，参商二字连文，以证参之从晶，本为星名，非以商训参。承上篆文参，故注不重出。《说文》十四篇中似此者极多，如"胅䏣，布也"；"湫隘，下也"；"诂训，故言也"；"昧爽、旦明也"；"燋䃺，候表也"；"颛痴，不聪明也"。皆承上篆文以足句，诸山水名，云山在某郡、水在某郡者，皆连上字读之。古书简而有法，粗心人未易通晓，句读之未分，而哆口讥之，是惑之甚也。

案：《说文》释字通例，是"某，某某也"的诂式，钱氏所举"某某，某某也"的诂式可算变例，但由于许慎全书运用很多，故也就成了通例，钱氏认为像"参"、"胅"、"湫"等字皆承上篆文以足句，知其例则可，没必要补出其字以改许书。段玉裁对这种变例的训诂形式也是掌握的，但他认为"胅"、"昧"诸字误夺，故又补出。就钱氏所举以上诸例中，"胅䏣"、"昧爽"、"颛痴"、"䃺"，段玉裁均补出前一字，或有据，或依例补入。但于"参"字认为"曑，商星也"之"商当作晋，许氏记忆之误"。"诂，训故言也"。段注："训故言者，说释故言以教人，是之谓诂。"又"湫隘，下也"。段注："当作'湫隘，湫下也'。此举《左传》'湫隘'字而释湫。如《毛传》'文茵，文虎皮也'之例。"案：《诗经·秦风·小戎》"文茵畅毂"，《毛传》："文茵，虎皮也。"并无"文"字，段氏不知何据。此处依《毛传》之例改《说文》，实为大误，当从钱大昕说为是。由此数例可见，段氏对"湫隘，下也"此类通例的运用很不彻底，以至于妄疑《说文》如钱大昕所讥,以例为非例而自乱其例。另外《说文·山部》《木部》《艸部》《水部》等部中字亦多有被段氏或补或改者,都是对"某某,某某也"这一诂式未能通贯而导致的错讹。后于段玉裁的学者钮树玉在其《段氏说文注订序》中批评段氏所定之通例说:

许书解字大都本诸经籍之最先者,今则自立条例,以为必用本字,一也;古无韵书,今创例十七部以绳九千余文,二也;六书转注本在同部,故云"建类一首",今以为诸字音旨略同,义可互受,三也;凡引证之文当同本文,今或别易一字,以为引经会意,四也;字者孳乳浸多,今有音义相同及诸书失引者,辄疑为浅人增,五也;陆氏《释文》、孔氏《正义》所引《说文》多误,《韵会》虽本《系传》而自有增改,今则一一笃信,六也。有此六端,遂多更张,迥非许书本来面目,亦不能为之讳也。

第二,以非例为例。前已论之,例与非例是相对的,而非绝对的,一切以例律之,则又会使通例归纳僵化,不仅起不到指导治学实践的效果,反而会起误导作用。仍以段玉裁为例,他对《周礼注》进行归纳后得出三条汉人训诂术语之通例,已见前述。他将此三例验之以他的古音十七部,进而推广到《诗经》《三礼》及他经之注,乃至《史》《汉》《淮南子》诸书之注,认为汉注多合于他总结的通例。因此,对凡与其例不符者皆认为后人误改而加以勘正,但实际情况并非如此。洪诚先生批评段氏将汉注术语绝对化,对段氏根据多数用法确定用例,而不通盘考察,处理好例与非例之关系的做法深致不满。洪氏《训诂学》批评段氏曰:

段氏所定的用例，看起来理由很充分，科学性很强，但是我们作进一步分析，就会发现他的论断具有根本性的错误。他忘记了《周礼注》的体例是"集注"，这些术语不是使用于一人，不是产生于一时，他没有按照术语的使用者和这些使用者的时代先后，对这些术语的用法进行分析比较。他对于这个问题的研究，缺乏历史发展的观点，缺乏历史分析的方法，所以得出错误的判断，以致大量地武断改字。

类似这样的错误，乾嘉学者多有，缺乏历史发展的观点，缺乏历史分析的方法。因此，通例归纳及运用往往导致片面化和绝对化。再比如，先秦汉魏人书中多韵文，且句式讲究整齐对偶等，乾嘉学者对这些书的训诂校勘，在韵与非韵、上下文句式是否对称、字数是否相同等方面，也往往有过求整齐、苛以通例的现象。

三　古书通例归纳法之作用与意义

1. 古书通例归纳法之作用与意义

自先秦至清乾嘉时期，学者在古书通例归纳及运用方面的成就及缺失，已论述如上，现论古书通例归纳法的作用与意义如下：

第一，归纳古书通例以指导治学实践，是我国传统经学研究与古文献整理的重要方法之一。经过两千年多的发展，至乾嘉时期，总结古书通例已成为学者自觉而必备的方法手段，随着文字、音韵、训诂、目录、版本、校勘等学科的发展，为大量归纳古书通例提供了条件。同时，这些学科也需要适应各自要求的通例予以具体指导。因之，通例归纳愈益丰富而成熟，标举大义例、行文修辞例及发疑正误例的归纳都得到很大发展。可以说，读书治学必求其例是仅次于审音识字之外的考据学又一重要方法，乾嘉学者取得了前所未有的巨大成就，在方法上得益于古书通例归纳法不小。

第二，至乾嘉时期，通例归纳体现的特点是：通例归纳与专书整理研究相结合，专书通例与群书通例相结合，使古书通例归纳走向了客观化和规律化。通例归纳得诸于专书整理研究的治学实践，然后又给治学实践以具体的指导，在实践中验证和做进一步的总结，这同宋明学者以心中之义理为古书之义例的主观演绎方法完全不同，而是实事求是，纯任客观，既不凭空虚造，也不自设义例以绳古书。同时，由于古代汉语之语法、修辞、行文习惯及汉字的相对稳定性，以及古书流传中讹脱衍倒现象所具有的规律性，往往是专书通例的归纳又具有普遍的指导意义而能涵盖群书通例，所以专书通例又起着群书通例的作用。如《文苑英华辨正》、《刊正九经三传沿革例》及王念孙校《淮南内篇》的通例归纳，正是如此。而且，只有在专书通例的总结丰富成熟之后，才有了俞樾集大成式的通例归纳出现，通例归纳走上了客观化与规律化。

第三，古书通例归纳对近现代学术界产生了积极而重要的影响。其一，归纳古书通例继起之作不断出现，以补前修之未密，使其更趋完备。如俞樾之后，近代以来有刘师培《古书疑义举例补》、马叙伦《古书疑义举例校录》、杨树达《古书疑义举例续补》及姚维锐《古书疑义举例增补》等相继而作，以补俞书之未逮并纠其缺失。类似之作，精而又精，则又有陈垣《元典章校勘释例》、《史讳举例》，余嘉锡《古书通例》，孙德添《古书读法略例》，吕叔湘《标点古书评议》等，均为此方面成功之作。其二，古书通例归纳所取得的成果，不仅在经学研究与古文献整理中起着广泛的指导作用，而且在古代文学、古代汉语、古代史等学科的教学与研究方面也起着重要的指导作用和影响。"读书必通其例"的观念已深入人心，《古书疑义举例》作为集两千年古书通例归纳之大成的书籍，已成为学者案头必备的工具书和初学者的梯梁。

2. 余论

从20世纪初起，随着西学分类的盛行与西学方法的深入，经学领域的研究，已横跨于哲学、文学、史学、社会学等分支学科之中，古代学者那种传注疏证的传统治经方式，受到极大的冲击并且淡出主流，古文献的整理与研究也日受冷落，而近些年来，中西对比研究热的兴起与西学新方法的大量涌入，更使传统治学方法受到质疑与轻视。然而，这种冲击与认识带来的弊端是：前代学者的成就日趋湮没，无人董理，继承乏人；前人尚未纠正的谬误，今人仍在重犯；前人已经解决了的错讹，今人却未加重视，重蹈覆辙；而出现的新问题，则更是任其发展，研究不足。

因之，笔者认为，创新固然是学术研究必不可少的，缺乏创造力的学术研究终将走向枯竭，但对传统方法的继承、总结与发展，也极其重要；创新不是抛弃传统，而应当是在继承传统的基础上进行。具体地说：

首先，历代学者在古书通例的归纳等方面做出了巨大成就，这些成就的取得，也非一朝一夕所能为，而是不断继承、创新、总结与完善的结果，是他们贡献给我们的丰硕财富，今人应当对其加以充分重视与继承发扬。其次，前代学者的总结，并不是他们成就的全部，其通例归纳也尚不完备，除了前述如刘师培、马叙伦、杨树达、姚维锐等对俞樾《古书疑义举例》所进行的纠补外，尚有很多的工作需要去细心爬梳与加以总结。再次,在今天,一方面新材料如新发现古籍、出土文献等不断涌现;另一方面新问题如古籍标点、今注、今译、译成外语、繁简字、电脑输入、激光照排等方面造成的讹误更是前所未有,层出不穷。因此许多问题与现象是古人所未曾见到的,这就需要今人在前人基础上开新造大,陈垣、余嘉锡、孙德添、吕叔湘诸先生已经为我们做出了极好的榜样,运用新材料,解决新问题并总结其规律,则是今人应尽的责任。

叁

从科举功名、居官实绩与现实关怀看乾嘉考据学家的事功之学[1]

[1] 本文原载漆永祥、王锷主编《斯文不坠在人间——李庆善教授诞辰百周年纪念文集》,北京:北京联合出版公司2017年9月版,第299—334页。

乾嘉考据学兴盛,世人推论其因,多归之于清廷禁书与文字狱高压所致。龚自珍"避席畏闻文字狱,著书都为稻粱谋"的诗话语言,后人常以为信史而引证之。近世以来,考据学家给人们的印象就是隐身书斋,逃避现实,不关心民瘼国情,只钻研训诂校雠,充其量不过是寻章摘句的书虫而已。更有甚者,则以"学术误国"之旧调,攻击考据学家,认为晚近以来遭西方列强侵略,是因为科技落后;而科技落后的原因,则因为一代学者不究电化声光之域,而专务训诂考据,虚学误国,终致在政治、军事、经济、科技等领域全方位落败。

然而,世人在对乾嘉考据学家大肆攻击、任情讥讽的同时,却对他们在各个领域的贡献视而不见,所认可者也仅是考据学问而已。近代以来,学界在论古贤所谓"入世"与"出世"、"有为"与"无为"、"有用"与"无用"时,所依据的标准无非是:其一,从心态上看,是"入世"还是"出世"的;其二,从科举功名看,是入场应试还是放弃举业;其三,从入仕行为看,是积极入仕还是避居乡野;其四,从居官实绩看,是贪黩祸民还是廉洁有为。当然,站在今人的立场上,还可以放在更大范围内,考察被评价人的行为是顺世界潮流而进,还是逆潮流而退,等等。本文将对乾嘉考据学家的入世心态、科举功名、官职等级、居官实绩以及现实关怀等方面的表现进行全面考察、梳理与分析,以见其在事功之学方面的贡献。

一 乾嘉考据学家200人名录与收录原则

为方便考察与论述,我们特拈出乾嘉时期考据学家200人的一份大名单，他们分别为惠士奇、陈祖范、顾栋高、江永、沈彤、马曰琯、程廷祚、王峻、杭世骏、惠栋、马曰璐、沈大成、秦蕙田、齐召南、江昱、江恂、吴鼎、梁锡玙、赵一清、贾田祖、褚寅亮、卢文弨、宋鉴、庄存与、汪棣、江声、吴泰来、王鸣盛、戴震、王昶、纪昀、程瑶田、赵文哲、王复、赵翼、钱大昕、翟灏、胡匡衷、鲍廷博、朱筠、周春、李文藻、梁鸿翥、罗永符、周永年、毕沅、汪辉祖、王初桐、曹仁虎、黄文莲、陆费墀、王谟、余萧客、王鸣韶、吴骞、李惇、陆锡熊、钱塘、金榜、段玉裁、李威、桂馥、黄文旸、马宗梿、孙希旦、庄炘、金曰追、孙志祖、谢启昆、施国祁、顾九苞、任大椿、任兆麟、丁杰、孔继涵、冯应榴、汪龙、徐承庆、吴翌凤、戚学标、邵晋涵、江镠、汪照、梁玉绳、钱大昭、钱东壁、钱东垣、钱绎、王念孙、江有诰、宋绵初、洪榜、汪中、武亿、洪亮吉、赵魏、宋葆淳、徐颋、杨复吉、赵怀玉、许鸿磐、王夏、章宗源、冯集梧、梁履绳、庄述祖、洪梧、刘台拱、孔广森、汪元亮、江德量、赵绍祖、李赓芸、费士玑、孙星衍、陈鳣、朱彬、李道平、张敦仁、朱锡卣、凌廷堪、张海鹏、吴鼒、胡克家、郝懿行、汪廷珍、胡长龄、邢澍、牟廷相、李锺泗、王筠、钮树玉、王绍兰、秦恩复、张惠言、锺褱、江藩、徐复、朱锡庚、严可均、顾凤毛、焦循、黄丕烈、李超孙、李富孙、李遇孙、袁廷梼、阮元、汪光爔、宋世荦、戈宙襄、洪颐煊、何元锡、王引之、顾广圻、王聘珍、臧庸、江沅、许宗彦、龚丽正、汪莱、戴敦元、瞿中溶、李兆洛、朱琦、洪震煊、赵曾、丁履恒、李黼平、胡秉虔、陈寿祺、谢震、黄承吉、李锐、严元照、庄绶甲、汪家禧、凌曙、沈钦韩、梁章钜、刘逢禄、胡承珙、张澍、钱侗、林伯桐、宋翔凤、洪莹、董士锡、胡培翚、杨大堉、马瑞辰、钱仪吉、苗夔、雷学淇、汪喜孙、陈奂、张金吾、阮常生、刘文淇、朱骏声。

> 2 详参拙著《乾嘉考据学研究》第一章《乾嘉考据学成因(上)》第四节"乾嘉学者心态及致用观念的变化",北京:中国社会科学出版社1998年版,第32—36页;第九章《乾嘉考据学得失(上)》第四节"直面人生、关注社会的用世精神",第282—288页。

这份名单的收录原则:一是所收皆为当时考据学派学者(含后世所谓常州学派如庄存与、刘逢禄、宋翔凤诸家);二是参考江藩《汉学师承记》、赵之谦《汉学师承续记》以及《清史稿·儒林传》等书所收人物;三是其科举功名与生活时代主要在乾隆、嘉庆两朝,其中最早者为惠士奇(1671—1741),最晚者为朱骏声(1788—1858);四是非考据学家如翁方纲、章学诚、崔述、程晋芳、袁枚、姚鼐、方东树、龚自珍等人,为避嫌疑,概不收录。这200人基本上网罗了活跃在乾嘉时期的绝大部分考据学家,从惠士奇出生至朱骏声辞世,将近200年的时间,从时间跨度与横向的学者地域而言,皆具有广泛的客观性与代表性。

关于乾嘉考据学家的入世心态,笔者曾在《乾嘉考据学研究》一书中有专门的论述,认为清初学者多持遗民心态,隐居而终;然遗民不世袭,至他们子孙时,已经不断入仕以保其社会地位与经济地位。至乾隆时,考据学家主张"积极入仕,反对归隐"。他们有着直面人生、关注社会的用世精神,倡导学以致用,力主积极入世,关心社会现实,批判黑暗现象。因此,他们是关心国情民瘼的现实主义者,并非是"躲进小楼成一统,管他春夏与秋冬"的苟活者形象。关于这方面的论述,本文不再赘述。[2]

二 乾嘉考据学家之科举功名

我们对前述自惠士奇以降200名考据学家的科举功名进行了详细的统计与分析,具体统计方式为:对每一位学者,凡生员、举人、进士三项,列其功名最高者(如中进士,则不再列其举人、生员功名);凡进士获鼎甲前三名者,单独列表,以突显其尊荣与特异;凡进士、举人与特科入选者,皆列出详细的考中年份;凡生员则不列年代,仅列姓名;凡表中次序,除鼎甲名录依科举名次排序外,其余皆基本依生卒年顺次横向排列。现具体列表如下:

表一 乾嘉考据学家科举功名录1:进士鼎甲名录(17人)

姓名	科名	年代	姓名	科名	年代
毕沅	第一甲第一名	乾隆二十五年	谢启昆	第一甲第一名	乾隆二十六年
金榜	第一甲第一名	乾隆三十七年	胡长龄	第一甲第一名	乾隆五十四年
洪莹	第一甲第一名	嘉庆十四年	庄存与	第一甲第二名	乾隆十年
王鸣盛	第一甲第二名	乾隆十九年	江德量	第一甲第二名	乾隆四十五年
孙星衍	第一甲第二名	乾隆五十二年	汪廷珍	第一甲第二名	乾隆五十四年
洪亮吉	第一甲第二名	乾隆五十五年	徐颋	第一甲第二名	嘉庆十年
秦蕙田	第一甲第三名	乾隆元年	卢文弨	第一甲第三名	乾隆十七年
赵翼	第一甲第三名	乾隆二十六年	孙希旦	第一甲第三名	乾隆四十三年
王引之	第一甲第三名	嘉庆四年			

表二 乾嘉考据学家科举功名录2:进士名录(69人)

姓名	年代	姓名	年代	姓名	年代
惠士奇	康熙四十八年	顾栋高	康熙六十年	王峻	雍正二年
宋鉴	乾隆十三年	吴泰来	乾隆二十五年	戴震	乾隆四十年
罗永符	乾隆十六年	王昶	乾隆十九年	纪昀	乾隆十九年
钱大昕	乾隆十九年	翟灏	乾隆十九年	朱筠	乾隆十九年
周春	乾隆十九年	李文藻	乾隆二十六年	曹文虎	乾隆二十六年
陆费墀	乾隆三十一年	周永年	乾隆三十六年	汪辉祖	乾隆四十年
陆锡熊	乾隆二十六年	李威	乾隆四十三年	王谟	乾隆四十三年
李惇	乾隆四十五年	孙志祖	乾隆三十一年	桂馥	乾隆五十五年
顾九苞	乾隆四十六年	任大椿	乾隆三十四年	丁杰	乾隆四十六
孔继涵	乾隆三十六年	冯应榴	乾隆二十六年	戚学标	乾隆四十五年
邵晋涵	乾隆三十六年	王念孙	乾隆四十年	武亿	乾隆四十五年

续表

姓名	年代	姓名	年代	姓名	年代
宋葆淳	乾隆四十八年	杨复吉	乾隆三十七年	许鸿磐	乾隆四十六年
冯集梧	乾隆四十六年	庄述祖	乾隆四十五年	洪梧	乾隆五十五年
孔广森	乾隆三十六年	李赓芸	乾隆五十五年	张敦仁	乾隆四十年
凌廷堪	乾隆五十五年	吴鼒	嘉庆四年	胡克家	乾隆四十五年
郝懿行	嘉庆四年	邢澍	乾隆五十五年	王绍兰	乾隆五十八年
秦恩复	乾隆五十二年	张惠言	嘉庆四年	阮元	乾隆五十四年
许宗彦	嘉庆四年	龚丽正	嘉庆元年	戴敦元	乾隆五十八年
李兆洛	嘉庆十年	朱珔	嘉庆七年	李黼平	嘉庆十年
胡秉虔	嘉庆四年	陈寿祺	嘉庆四年	黄承吉	嘉庆十年
梁章钜	嘉庆七年	刘逢禄	嘉庆十九年	胡承珙	嘉庆十年
张澍	嘉庆四年	马宗梿	嘉庆六年	胡培翚	嘉庆二十四年
马瑞辰	嘉庆十五年	钱仪吉	嘉庆十三年	雷学淇	嘉庆十九年

表三 乾嘉考据学家科举功名录3：举人名录（44人）

姓名	年代	姓名	年代	姓名	年代
陈祖范	雍正元年	杭世骏	雍正二年	齐召南	雍正二年副榜
梁锡玙	雍正二年	吴鼎	乾隆九年	褚寅亮	乾隆十六年
程瑶田	乾隆三十五年	赵文哲	乾隆二十七年	鲍廷博	嘉庆十八年
黄文莲	乾隆十五年	钱塘	乾隆三十九年副榜	段玉裁	乾隆二十五年
庄炘	乾隆三十三年副榜	汪龙	乾隆五十一年	徐承庆	乾隆五十一年
盛百二	乾隆二十一年	洪榜	乾隆三十三年	赵怀玉	乾隆四十五年
章宗源	乾隆五十一年	梁履绳	乾隆五十三年	刘台拱	乾隆三十六年
汪元亮	乾隆二十七年	费士玑	嘉庆五年	陈鳣	嘉庆四年
朱彬	乾隆六十年	李道平	嘉庆二十三年	李锺泗	嘉庆七年
钱东垣	嘉庆元年	朱锡庚	乾隆五十三年	严可均	嘉庆五年
顾凤毛	乾隆五十三年副榜	焦循	嘉庆六年	黄丕烈	乾隆五十三年
李超孙	嘉庆六年	宋世荦	乾隆五十三年	赵曾	乾隆五十四年
谢震	乾隆五十四年	沈钦韩	嘉庆十二年	钱侗	嘉庆十五年
林伯桐	嘉庆六年	宋翔凤	嘉庆五年	汪喜孙	嘉庆十二年
朱骏声	嘉庆二十三年	王筠	道光元年		

（注：举人副榜一般不算中举，本表中将其与举人等同列入。）

表四 乾嘉考据学家科举功名录 4：特科（12 人）

姓名	科名	年代	姓名	科名	年代
杭世骏★	博学鸿词科	乾隆元年	齐召南★	博学鸿词科	乾隆元年
陈祖范★	博学鸿词科	乾隆十五年	顾栋高★	博学鸿词科	乾隆十五年
吴鼎★	博学鸿词科	乾隆十五年	梁锡玙★	博学鸿词科	乾隆十五年
程瑶田★	孝廉方正科	嘉庆元年	江声	孝廉方正科	嘉庆元年
陈鱣★	孝廉方正科	嘉庆元年	钱大昭	孝廉方正科	嘉庆元年
任兆麟	孝廉方正科	嘉庆元年	赵绍祖	孝廉方正科	道光元年

（注：凡带★号者表示已经考中过进士或举人，在表一、表二中已有名录。）

表五 乾嘉考据学家科举功名录 5：生员（63 人）

江永	沈彤	马曰琯	程廷祚	惠栋	马曰璐	沈大成	江昱
赵一清	贾田祖	汪棣	王复	胡匡衷	梁鸿翥	王初桐	王鸣韶
江恂	吴骞	黄文旸	金曰追	施国祁	吴翌凤	江镠	钱东壁
钱绎	江有诰	宋绵初	汪中	赵魏	王夏	朱锡卣	汪照
梁玉绳	张海鹏	牟廷相	钟褒	江藩	徐复	李富孙	李遇孙
袁廷梼	汪光爔	洪颐煊	何元锡	顾广圻	王聘珍	臧庸	江沅
汪莱	瞿中溶	洪震煊	丁履恒	李锐	严元照	庄绶甲	汪家禧
凌曙	董士锡	杨大堉	苗夔	张金吾	阮常生	刘文淇	

（注：含优贡生、拔贡生、廪膳生、国子监生、荫生、州府县学生员等）

表六 乾嘉考据学家科名比例表

科名	官职	人数统计	百分比 ％	百分比 ％
进士	前三甲进士	17	8.5	43
进士	进士	69	34.5	43
举人	举人	44	22	22
特科	博学鸿儒	6	3	6
特科	孝廉方正	6	3	6
生员	生员	64	32	32
布衣	布衣	3	1.5	1.5

续表

科名	官职	人数统计	百分比 %	百分比 %
总计		208	104.5	104.5

（注：特科8人重复计算，故两项总计为104.5%。）

按以上诸表中，根据表六的统计，全部208人次（其中特科8人重复出现），其中进士86人，占43%。分别为鼎甲前三名17人，占8.5%；其他进士69人，占34.5%。又所有进士中，康熙朝2人（惠士奇、顾栋高），雍正朝1人（王峻），其余乾隆朝60人，嘉庆朝23人。举人共44人（含副榜4人），占22%，其中雍正朝4人、乾隆朝24人、嘉庆朝15人、道光朝1人。特科12人，占6%，其中博学鸿儒科6人（皆乾隆朝）、孝廉方正科6人（嘉庆朝5人、道光朝1人）。各类生员共64人，占32%。布衣3人，占1.5%。

进士及入选特科者，皆一时之选，举族之荣，自不必论；即举人亦非易易，极是难得。各类生员虽未高中金榜，但并不代表他们不思进取，或是胸无学识，由于各种原因，使他们功名受阻，屡考不中，我们稍后再论。

在上述200人中，尤令我们关注的是布衣3人，分别为余萧客、钮树玉和戈宙襄。余氏不入科场，但晚年曾被荐入四库全书馆，惜事未偕。钮树玉少时家贫，不得已以贾为生，不事科举。戈宙襄"五岁而孤，及长，弃进取，专意以养其节母张太宜人者数十年"[3]。然则此3人之不参加科举，亦非因政治或惧祸而逃避现实，以学为隐，则是显而易见的。

由此可知，在本文所列乾嘉考据学家200人中，积极参加科举考试并获得不同等级功名的人占到98.5%，而高中进士者近1/2（其中前三甲几占1/10），举人占近1/4，两者与特科相加共141人次（其中8人重复），几占3/4。如此高的科名比例，放在任何一个封建时代，都是比重极高的。即各类生员64人，也是或屡考不

[3] [清]顾广圻撰，王欣夫辑：《顾千里集》卷24《清故孝子戈君之铭》，北京：中华书局2007年版，第395页。

中，或奔波衣食，并未放弃对科举功名的渴求。从这一组数据中反映的情况看，我们甚至可以说他们"汲汲于功名是务"，但绝不能说他们是埋头故纸而"隐居苛活"，则断断焉甚明！

三　乾嘉考据学家之居官情状与级别

在中国古代，科举功名与官职高下是相辅相成、相得益彰的，这在乾嘉考据学家身上也得到明显的验证。在我们上列200名学者中，从中央至地方，居官为宦者不在少数，我们也通过统计数据来说明。我们的统计方式是：凡官员即便在中央、地方、文教等机构中皆任过职，亦只出现一次，以避淆乱；凡历官较多者，或列其最高官职，或列其在任最久、最有实绩之职，其他则多略之。试列之如下：

1. 中央国家机关（41人次）

1）大学士、六部尚书（7人）

秦蕙田：工部尚书、刑部尚书

汪廷珍：礼部尚书，协办大学士

胡长龄：礼部尚书

纪昀：四库全书馆总纂官、礼部尚书、兵部尚书、协办大学士

戴敦元：江西按察使、刑部尚书

王引之：礼部、工部尚书

阮元：湖广、两广、云贵总督，拜体仁阁大学士，管理刑部，调兵部

2）六部其他官员（13人）

孔继涵：户部河南司主事，兼理军需

胡匡衷：户部广东司主事

郝懿行：户部江南司主事

胡培翚：户部主事

陆费墀：礼部侍郎、四库全书纂修官

庄存与：直隶学政、礼部左侍郎

任大椿：礼部仪制司主事

刘逢禄：礼部仪制司主事

许宗彦：兵部车驾司主事

王昶：刑部侍郎

褚寅亮：刑部员外郎

马瑞辰：工部员外郎

钱仪吉：工科给事中

3）都察院系及其他（7人）

陆锡熊：都察院左副都御史

王峻：江西道监察御史

江德量：江西道监察御史

孙志祖：江南道监察御史

王鸣盛：光禄寺卿

冯应榴：鸿胪寺卿

赵文哲：随军执掌书记（死木果木之难）

4）翰林院系统（14人）

邵晋涵：翰林院侍讲学士

吴蔚：翰林院侍讲学士

吴鼎：翰林院侍讲

朱珔：翰林院侍讲

齐召南：翰林院检讨

孔广森：翰林院检讨

金榜：翰林院修撰

洪莹：翰林院修撰

杭世骏：翰林院编修

孙希旦：翰林院编修

冯集梧：翰林院编修

秦恩复：翰林院编修

张惠言：翰林院编修

陈寿祺：翰林院编修

2．地方官员（50人次）

1）督抚、布政使、按察使（8人）

毕沅：陕甘、湖广总督

胡克家：安徽巡抚、江苏巡抚

李赓芸：福建布政使

王绍兰：福建按察使，后迁布政使，福建巡抚

孙星衍：山东督粮道、布政使

谢启昆：镇江、扬州知府，山西布政使，署广西巡抚

梁章钜：山东按察使，江苏、甘肃布政使，广西巡抚、江苏巡抚、两江总督兼两淮盐政

阮常生：直隶按察使

2）州府官员（20人）

江恂：徽州知府，署芜湖庐凤道

李威：广东廉州府知府

庄炘：乾州直隶州知州、邠州直隶州知州

徐承庆：山西汾州府知府

宋鉴：广东南雄府通判，署澳门同知

赵怀玉：署山东登州知府，再署兖州知府

许鸿磐：安徽颍州府同知、泗州知州

庄述祖：山东曹州府桃园同知

洪梧：沂州知府

胡秉虔：甘肃河州知州，署肃州直隶州等

朱锡庚：候补山西直隶州知州

胡承珙：福建延建邵道，调台湾道

汪喜孙：河南怀庆府知府

钱塘：乾州州判

李文藻：桂林同知

王初桐：宁海州同

费士玑：贵州都匀通判

洪颐煊：官直隶州州判、广东新兴知县

瞿中溶：辰州府通判

赵曾：摄镇江府通判

3）兵备、河道、盐法等（5人）

赵翼：贵西兵备道

龚丽正：徽州知府，擢苏松太兵备道

王念孙：直隶永定河道

张敦仁：云南盐法道

朱锡卣：福建盐场大使

4）知县（17人）

周春：广西岑溪知县

黄文莲：泌阳知县

汪辉祖：湖南宁远知县

桂馥：云南永平县知县

钱东垣：上虞知县

段玉裁：贵州玉屏、四川巫山知县

武亿：山东博山知县

李兆洛：凤台知县

邢澍：浙江永康、长兴等县知县

丁履恒：山东肥城知县

李黼平：昭文县知县

王筠：山西乡宁知县

黄承吉：兴安、岑溪知县

宋世荦：福建大田、陕西扶风县知县

雷学淇：贵州永从县知县

张澍：贵州玉屏知县，旋摄遵义、广顺

宋翔凤：湖南新宁、耒阳等县知县

3. 文教机构（28人次）

1）国子监、四库全书馆（5人）

梁锡玙：国子监祭酒

陈祖范：国子监司业（赐衔）

顾栋高：国子监司业（赐衔）

戴震：四库全书纂修官

周永年：四库全书纂修官

2）各省学政（7人）

惠士奇：广东学政

卢文弨：湖南学政

钱大昕：广东学政

朱筠：福建学政

曹文埴：广东学政

洪亮吉：贵州学政

徐颋：安徽学政

3）州、府学教授（6人）

程瑶田：太仓州学教授

王谟：建昌府学教授

翟灏：金华、衢州府学教授

丁杰：宁波府学教授

凌廷堪：宁国府学教授

宋葆淳：隰州学正，授国子监助教

4）县学教谕、训导（10人）

马宗梿：东流县学教谕

李道平：嘉鱼县学教谕

严可均：建德县学教谕

汪莱：石埭县学教谕

谢震：顺昌县学教谕

李超孙：浙江会稽县学教谕

钱东壁：署吴县学训导

刘台拱：丹徒县学训导

沈钦韩：安徽宁国县学训导

朱骏声：黟县县学训导[4]

---

[4] 案以上所列诸家官职，并不一定完全准确，容有错讹。

表七　乾嘉考据学家出仕比例统计表

官级	官职	人数统计	百分比 %	百分比 %
中央机关	大学士、六部尚书	7	3.5	21.5
	六部属官	15	7.5	
	都察院及其他	7	3.5	
	翰林院系统	14	7	
地方机构	督抚、布政使、按察使	8	4	25
	州府官员	20	10	
	兵备、河道、盐法等	5	2.5	
	知县	17	8.5	
文教机构	国子监、四库全书馆	5	2.5	14
	各省学政	7	3.5	
	州府学教授	6	3	
	县学教谕、训导	10	5	
总计		121	60.5	60.5

[5] 我们的统计数据并不完全科学准确，因为大部分官员一生履职较多，可以说在中央、地方与文教机构，都曾履职，互有交叉，但至少这些数据较为准确地反映了他们曾经达到的官级高度。

据上表统计，乾嘉考据学家在中央国家机关任职者有43人次，占全部200人的21.5%；地方官员多达50人，占25%；在各类文教机构中任职者有28人，占14%。也就是说我们所列200人中，有121人占60.5%的学者曾入官为宦。[5]

而在此200人中，如孔继涵（1739—1784）、洪榜（1745—1779）、梁履绳（1748—1793）、孔广森（1752—1786）、汪元亮、江德量（1752—1793）、李锺泗（1760—1809）、锺褱（1761—1805）、徐复、顾凤毛（1763—1788）、汪光爔（1765—1807）、臧庸（1767—1811）、洪震煊（1770—1815）、赵曾（1770—1816）等14人，寿命大多在30—45岁之间，在能够谋官求爵、施展才学的大好年华，或英年早逝，或坎坷不遇，徒令后人感慨不已。

即未曾入仕的其他65人（不包括上述14人），也分多种情形，或因个别原因放弃为官,或得官不能赴任,或未仕而卒,或身残不仕。如沈彤曾被"荐修《三礼》及《大清一统志》,议叙得九品官,耻不仕"[6]。马曰璐于乾隆元年(1736),举博学鸿儒,不赴试。吴泰来中进士,授内阁中书,不赴。惠栋曾于乾隆十六年,由两江总督黄廷桂、陕甘总督尹继善交相推荐为经明行修之士,未及进而罢归。李惇于乾隆四十五年中进士后,"注选知县,蹶被南归,不能家食"[7]。汪龙中举人,拣选知县,未能实授。庄绶甲虽为诸生,也考取过州吏目。戈宙襄未参加科举,但亦曾"以六品候选"。洪榜授中书舍人,未及赴官而卒。焦循虽中举,但以有足疾而弃仕,但他平日也是"尚论古今循吏而心慕之,思为亲民官。虽以疾跧伏乡里,时时静察夫民之情"[8]。其人生态度是现实而入世的,当时有人称他为隐士,他坚决反对。焦循在谈到反对隐的理由时说:

> 人不可隐,不能隐,亦无所为隐!有周公、孔子之学而不仕,乃可以隐称。然有周公、孔子之学,则不必隐。许由、巢父、沮、溺、荷蓧丈人、直郭、平原、朱桃椎、仲长、子光之流耳,自负其孤子之性,自知不能益人家国,托迹于山溪林莽,以匿其拙,故吟咏风月则有余,立异矫世、苦节独行则有余,出而操天下之柄则不足。巢父、许由必不能治鸿水;沮、溺、丈人,必不能驱猛兽、成《春秋》,以惧乱臣贼子;四皓、严光,必不能与萧、曹、邓、寇并立功勋。是故耕而食、凿而饮,分也;出则为殷浩、房琯,贻笑天下。宜于朝则朝,宜于野则野。圣人之藏,所以待用也。无可用之具而自托于隐,悖也。隐,不隐者也。故曰:不可隐,不能隐,亦无所为隐![9]

焦循打破了以隐为尚的传统观念,这是历代学者中对隐士持完

---

[6] [清]江藩纂,漆永祥笺释:《汉学师承记笺释》卷2《沈彤》,上海:上海古籍出版社2006年版,上册,第215页。

[7] [清]江藩纂,漆永祥笺释:《汉学师承记笺释》卷7《李惇》,下册,第705页。

[8] [清]焦循撰,刘建臻点校:《雕菰集》卷17《送吴生序》,扬州:广陵书社2009年版《焦循诗文集》本,上册,第318页。

[9] [清]焦循撰,刘建臻点校:《雕菰集》卷7《非隐》,《焦循诗文集》本,上册,第126页。

全否定态度的第一人。乾嘉学者无论仕与不仕,都主张积极入仕,反对消极隐遁,焦氏此语足以代表他们的心理。像金榜那样,高中状元,授翰林院修撰,散馆后,即乞假归,徜徉林下,著书自娱者,可谓鲜而又鲜。余萧客以布衣而终,四库馆开,有人以山阴童钰及余氏荐上,因一诸生、一布衣,格于例,不果荐。余氏"牢骚不平之气,往往托之美人香草,形于歌咏,哀音微茫,有骚人之遗意焉"[10]。可见其并不甘心如此老死乡里。因此,即使未能入仕的考据学家,也并非完全脱离官场,隐居林下,埋头古籍,不预外事。他们不可能逃避现实,而现实也不允许他们逃避,他们也无处可逃,套用焦循的话说就是"不可逃,不能逃,亦无所为逃"。

[10] [清]江藩纂,漆永祥笺释:《汉学师承记笺释》卷2《余萧客》,上册,第229页。

[11] [清]钱大昕撰,吕友仁标校:《潜研堂文集》卷26《〈味经窝类稿〉序》,上海:上海古籍出版社1989年版《潜研堂集》本,第433页。

四 乾嘉考据学家之居官实绩

向来对乾嘉考据学家的评价,是他们只知考据,日事铅椠,乐于雕虫,老死书乡,既无义理之学可言,更无事功之效可验。那么,真实的情形究竟如何呢?

1. 执掌中枢,国之干臣

在前述200名学者中,有秦蕙田、纪昀、汪廷珍、胡长龄、阮元、王引之、戴敦元7人先后执掌尚书之印,纪昀、汪廷珍、阮元还拜大学士,尊宠显赫,一时无及。秦蕙田先后为工部尚书、刑部尚书,勤谨国事,恪尽其职。钱大昕称赞其"以夙昔经术,发为经济,移孝作忠,为当代名臣"[11]。纪昀为左都御史,"畿辅灾,饥民多就食京师。故事,五城设饭厂,自十月至三月。昀疏请自六月中旬始,厂日煮米三石,十月加煮米二石,仍以三月止,从之"。此一德政,活人无算。即其因罪谪乌鲁木齐后,亦佐助军务,多所建树。"旧例:挈妻子谪遣于乌鲁木齐者,五年后释为民,单丁则终身戍役。乾隆庚寅夏,积多至六千人,颇相扇动。吾师具奏稿,请将军巴彦弼上之,六千人同日脱籍。著为令,与挈眷者同限。"[12]至于总纂《四库全书》,更是一代文治,超过前古;《四库全书总目》成为目录学经典,至今无有能出其右者。

汪廷珍官至礼部尚书、协办大学士。学有根底,"初为祭酒,以师道自居,选《成均课士录》,教学者立言以义法,力戒摹拟剽窃之习。及官学政,为《学约》五则以训士:曰辨途,曰端本,曰敬业,曰裁伪,曰自立。与士语,谆谆如父兄之于子弟。所刻试牍,取《易》修辞之旨曰《立诚编》。士风为之一变"[13]。汪氏为人,服用朴俭,"风裁严峻,立朝无所亲附。出入内廷,寮寀见之,莫不肃然。自言生平力戒刻薄,凡贪冒诡谀有不忍为,皆守母教"[14]。

又如戴敦元,嘉庆初年,任刑部主事,总办秋审处,办案严明,所审无纵无滥。道光初,任江西按察使,到官之日,"无幕客,延属吏谙刑名者以助,数月清积牍四千余事"。二年,迁山西布政使,"单车之任,舆夫馆人莫知为达官。藩署有陋规曰鳌头银,上下取给,敦元革之,曰:'官有养廉,仆御官所豢,何赢余之有?'"又调湖南巡抚,召授刑部侍郎,"自此历十年,未迁他部,专治刑狱,剖析律意,于条例有罅漏,及因时制宜者,数奏请更定。每日部事毕,归坐一室,谢绝宾客"。十二年,任刑部尚书,所治狱案均合乎情理法令。卒之日,笥无余衣,囷无余粟,庀其赀不及百金,廉洁性成。道光帝谓其居官四十年,"清介自持,恪尽职守"[15]。

阮元博学淹通,早被知遇。乾隆帝赏其才,超擢为少詹事,并称"不意朕八旬外复得一人"!阮氏在任浙江、福建巡抚期间,大

---

[12] [清] 汪德钺:《四一居士文钞》卷4《纪晓岚师八十序》,清嘉庆间刻本,第12页。

[13] 赵尔巽等纂:《清史稿》卷364《汪廷珍传》,北京:中华书局1977年点校本,第38册,第11425页。

[14] 赵尔巽等纂:《清史稿》卷364《汪廷珍传》,第38册,第11426页。

[15] 赵尔巽等纂:《清史稿》卷374《戴敦元传》,第38册,第11551—11552页。

力疏浚西湖，建湖中小岛，人称"阮公墩"。时海盗肆虐，阮元加意开浚海塘，练兵防海，击退海寇，以文官而屡立军绩。在任两广总督期间，奏请申明禁鸦片烟，加重行商责任，夷船进口，照旧认保，另饬身家殷实的四行轮流加保，如有隐徇，分别惩办，并对走私鸦片的中外商船与人员予以严惩。入朝后，拜体仁阁大学士，管理刑部，调兵部。立朝五十年，有"三朝阁老，九省疆臣"之誉。[16]

在六部属官中，有一批考据学家也是发挥着重要的作用。如王昶先后任刑部山东司主事、浙江司员外、江西司郎中，擢大理寺卿、都察院左副都御史、西安按察使、江西布政使、刑部侍郎等职，并曾随兵部尚书阿桂征缅甸等地，久在军营，著有劳绩。其在刑部，凡地方发生重大案件，如河南伊阳县民秦某等三十余人戕知县孙岳灏案，高邮州典史陈倚道揭州书吏假印重征事案，湖南湘乡县民童高门控书吏收漕折色案，湖北应城县科派敛钱事案，江陵县赵学三控书吏何良弼修方家渊堤工偷减土方案，湖南永明县贿买武童及长沙勒买常平仓谷二案等，王昶总是奔赴各地，审定案情，分别定拟奏闻，成为乾隆帝处理大案要案可信赖的刑部官员。[17]

又如胡培翚，由内阁中书升授户部主事。道光八年，充捐纳房差，书吏畏而恶之，呼为"背悔"（"背悔"见元曲，谚云"不利市"）。先是吏桑培元为户部大蠹，御史刘光三奏假照积弊，大学士英和以培元送步军统领衙门，研鞫累日，竟脱罪，仍留纳捐房，上下其手。胡培翚廉得其舞文歌法状，于除夕大书揭于外，卒革桑培元，群吏惊怛。其在户部，定一稿必对册籍，稽例案，悉合然后行，事重大则自拟稿以行。归寓，必持册籍钩核再三，夜分乃已。自言与吏为仇，不避嫌怨，清名流于天下。[18]其他考据学家官六部属僚者，也莫不兢兢业业，恪尽职守。

[16] [清]张鉴等纂，黄爱平点校：《阮元年谱》，北京：中华书局1995年版。

[17] [清]江藩纂，漆永祥笺释：《汉学师承记笺释》卷4《王兰泉先生》，上册，第333—371页；又详参[清]严荣：《述庵先生年谱》，台北：商务印书馆1978年版。

[18] [清]赵之谦纂，漆永祥整理：《汉学师承续记·胡培翚》，《汉学师承记笺释》附录二，下册，第972—976页；又赵尔巽等纂：《清史稿》卷482《儒林三·胡培翚传》，第43册，第13272—13273页。

2. 方面重任，治世能臣

乾嘉考据学家中，先后担任各省督抚、布政使、按察使者，亦不乏其人，除前述阮元诸人外，另有毕沅、王绍兰、李赓芸、谢启昆、胡克家、孙星衍、梁章钜、阮常生等8人，在不同时期担当方面重任，贡献独多。

毕沅在任陕西巡抚期间，先后平定甘肃撒拉尔回苏四十三、甘肃固原属盐茶厅回人田五阿浑之乱。在陕西十年，颇有治绩。任湖广总督期间，江决荆州，发帑百万治工。乾隆五十九年，陕西安康、四川大宁邪教并起，称传自湖北，沅赴襄阳、郧阳按治，降授山东巡抚。后世评论认为，由于毕沅等人的绥靖与治理不力，导致"白莲教"漫延至不可收拾。史谓"沅以文学起，爱才下士，职事修举；然不长于治军，又易为属吏所蔽，功名遂不终"。[19] 其实当时的清廷已是积重难返，危机四伏，将"白莲教"兴起归罪于个别官员，也非持平之论。

又如王绍兰先后任福建按察使、布政使，福建巡抚。其初授福建南屏知县，调闽县。巡抚汪志伊荐其治行，嘉庆帝曰："王绍兰好官，朕早闻其名。"召入见，以知州用，擢泉州知府。"漳、泉两郡多械斗，自绍兰治泉州，民俗渐驯，而漳州守令以械斗狱获罪，诏举绍兰以为法。擢兴泉永道，捕获蔡牵养子蔡三及其党蔡昌等，予议叙。"终官巡抚，始终未出福建。后因李赓芸事，牵连罢职。[20]

李赓芸初授浙江孝丰知县，调德清，再调平湖。下车谒陆陇其祠，以陇其曾宰嘉定，而己以嘉定人宰平湖，奉陇其为法，尽心抚字，训士除奸，邑中称神明。嘉庆三年，九卿中有密荐之者，诏询巡抚阮元，元奏："赓芸守洁才优，久协舆论，为浙中第一良吏。"后调福建，治漳州。俗悍，多械斗，号难治。赓芸调兵捕治，境内

[19] 赵尔巽等纂：《清史稿》卷332《毕沅传》，第36册，第10978页。

[20] 赵尔巽等纂：《清史稿》卷362《王绍兰传》，第37册，第11361—11362页。

悉平。其处理案件，公开透明，立平释去。即案前书狱词，无一钱费。民皆欢呼曰："李公活我！"其为官清正廉洁，所在皆有惠政。后在布政使任，遭诬陷，自经而死。[21]

孙星衍官至山东督粮道、布政使。官刑部时，为法宽恕，大学士阿桂、尚书胡季堂悉器重之。有疑狱，辄令依古义平议，所平反全活甚众。乾隆六十年，授山东兖沂曹济道。嘉庆元年七月，曹南水漫滩溃，决单县地，星衍与按察使康基田鸠工集夫，五日夜，从上游筑堤遏御之，不果决，省国家数百万帑金。寻权按察使，凡七阅月，平反数十百条，活死罪诬服者十余狱。及回本任，值曹工漫溢，星衍以无工处所得疏防咎，特旨予留任。曹工分治引河三道，星衍治中段。毕工，较济东道、登莱道上下段省三十余万。十年，补督粮道。十二年，权布政使。值侍郎广兴在省，按章供张烦扰，星衍不肯妄支。后广以贿败，豫、东两省多以支库获罪，星衍不与焉。[22]

胡克家，先后任安徽和江苏巡抚。嘉庆二十二年（1817），因疏浚吴淞口积劳成疾，殁于任上。再如梁章钜，任广西巡抚时，于道光十八年（1838），上疏主张重治鸦片囤贩之地，并积极配合林则徐禁烟，捉拿烟贩，严禁复种罂粟。道光二十一年（1841），亲自带兵防守梧州，并增兵浔州、南宁，协助广州防务。又曾疏奏琦善在广东"开门揖盗"，并认可三元里人民的抗英斗争。梁氏也是第一个向朝廷提出以"收香港为首务"的高官。后调任江苏巡抚，亲带兵至上海，会同江南提督陈化成，部署抗英，组织上海及周边各地兴办团练，严密设防，英军闻讯，不敢轻举妄动。

又如胡承珙，嘉庆二十四年（1819），授福建分巡延建邵道，编查保甲，设立缉捕章程八条，匪徒敛迹。调署台湾兵备道，缉获洋盗张充等置于法。台湾素称难治，承珙力行清庄弭盗之法，民、番

[21] 赵尔巽等纂：《清史稿》卷478《循吏三·李赓芸传》，第43册，第13045—13047页。

[22] 赵尔巽等纂：《清史稿》卷481《儒林二·孙星衍传》，第43册，第13224—13225页。

安肃。自承琪去后,彰化、淡水即复以械斗起衅。[23] 其在台时日虽短,也为台湾的发展做出了贡献。

3. 勤政为民,廉洁奉公

乾嘉考据学家中,有一大批学者曾经长期担任地方州府与县级官员,亦莫不勤政为民,廉洁奉公。如江恂历官至徽州知府,署芜湖庐凤道。乾隆四十五年,乾隆帝南巡,曾召见详询涡河治理原委,江氏熟于河务,所言悉当圣意。宋鉴以廉能升广东南雄府通判,署连州,又署澳门同知,又署潮阳县。所至有政声,士民为立生祠,称颂遗爱。以亲老告归,囊无长物,携书数千卷而已。周春,授广西岑溪知县,任内革除陋规,统一斗秤,清理田户,兴修水利,使百姓受益。李文藻,官桂林同知,以廉能称。

又如汪辉祖,官湖南宁远县。县杂瑶俗,积逋而多讼,又流丐多强横。辉祖下车,即捕其尤,驱余党出境。民纳赋不及期,手书劝谕,民感其诚,不逾月而赋额足。又学以致用,用经义断案。治事廉平,尤善色听,援据比附,律穷者,通以经术,证以古事。如据《汉书·赵广汉传》钩距法,断县民匡学义狱;据《唐书·刘蕡传》断李、萧两氏争先陇狱,判决皆曲当,而心每欿然。每决狱,纵民观听。又延绅耆问民疾苦、四乡广狭肥瘠、人情良莠,皆籍记之。宁远例食淮盐,直数倍于粤盐,民食粤私,大吏遣营弁侦捕,辉祖白上官,以盐愈禁则值愈增,私不可纵,而食淡可虞,请改淮引为粤引。两署道州,又兼署新田县,皆有惠政。史称"辉祖少尚气节,及为令,持论挺特不屈,而从善如转圜"。[24] 为有清一代循吏之典范。

张敦仁,治江西吉安。沿赣江多盗,遴健吏专司巡缉,责盗族擒首恶,毋匿逋逃,崔苻以靖,民德之。再署南昌,寻实授。所属

---

[23] 赵尔巽等纂:《清史稿》卷482《儒林三·胡承珙传》,第43册,第13262—13263页。

[24] 赵尔巽等纂:《清史稿》卷477《循吏二·汪辉祖传》,第43册,第13029—13030页。

武宁民妇与二人私，杀其夫，前守以夫死途中，非由妇奸报。敦仁覆鞫词无异，而其幼子但哭不言，疑之。请留前守同谳，遂得谋杀移尸状，狱乃定。道光二年，擢云南盐法道，寻以病乞致仕。孙希旦为官，"洁身不阿，清正廉明"。庄炘，任乾州直隶州知州、邠州直隶州知州等。在官政务宽静，民感其德。龚丽正为徽州知府，擢苏松太兵备道，有清名。

汪喜孙为汪中之子，官至河南怀庆府知府。道光十九年，奉命东河学习，往河南防汛。行抵原武，风大水溢，将溃堤，主簿奔告，君曰："去，溺职，心何安？"屹立堤上，誓以身御，倏风定，水退三丈余，一时惊以为神。阮元闻之，与之书曰："此读书人实事求是之一端也！"[25]官怀庆，下车之始，日坐堂皇，审结积案百数十起。暇辄巡行郊野间，问民疾苦。浚济河，使复故道。义引沁流至王曲村，溉田数百顷，民称之曰："新开汪公河。"后以积劳病卒。

胡秉虔署泾州直隶州。泾州贡生某素豪猾，官不能制，君至，立诘以法，某惭悔匿迹，后卒改行。道光初元，调张掖，擢河州知州，河州番回错处，民刁悍，夙号难治。秉虔牧河州年余，厉廉耻，严刑法，民咸服之，狱讼衰息。又在平定张格尔之乱中，安民赏兵，使兵民始相安，数百里赖以无事。事平，旨以同知直隶州升用，署肃州直隶州。将行，百姓扶老携幼，涕泣牵挽者数千人，肩舆不得前，论者谓百年中所未见也。[26]

乾嘉学者中，担任知县者最夥。如戚学标，官河南涉县知县。县苦阔布征，学标请于大府得减额。权林县，有兄弟争产者，集李白句为斗粟谣以讽，皆感悔。性强项，多与上官龃，卒以是罢。钱东垣官上虞知县，有政声。武亿在博山县，讼无留牍，祷雨即降。有人贿以二千金者，曰："汝不闻雷声乎！我惧雷击我也。"暇日，召耆老问土俗利病，革除民供煤炭及馈里马草豆诸秕政。博山民煮

[25] [清]赵之谦纂，漆永祥整理：《汉学师承续记·汪喜荀》，见《汉学师承记笺释》附录二，下册，第942页。

[26] [清]赵之谦纂，漆永祥整理：《汉学师承续记·胡秉虔》，见《汉学师承记笺释》附录二，下册，第963页。

27 [清]江藩纂,漆永祥笺释:《汉学师承记笺释》卷4《武亿》,上册,第437、440—441页。

28 [清]赵之谦纂,漆永祥整理:《汉学师承续记》,见《汉学师承记笺释》附录二,下册,第933页。

糯米汁为土玻璃,作钗珥瓶盎灯球鹭于市,及妇孺嬉戏之物,不足以供玩好之式。乾隆中叶,有好事者为山东巡抚,取以入土贡,遂为例,每岁按额征之,民苦其扰。乃为民请于大吏,力白其害,遂不入贡。创范泉书院,立程课教诸生,亲往讲学,励以读书、立品、为善士。后以得罪和珅走卒而罢官。[27]

邢澍任浙江永康、长兴等县知县,在长兴长达十年之久,为官清正,民称"邢青天"。王筠,官山西乡宁县知县。乡宁在万山中,民朴事简,讼至立判。张澍授贵州玉屏知县,以劳叙选四川屏山,历任兴文、大足、铜梁、南溪。再任江西永新、泸溪。所至称治,民以为神。澍性强直,治事以刚果闻。宰遵义时,里多巨猾,值趁虚则结外方奸民,劫人于市。澍初至,吏民以其少也,且易之。澍乃召里甲,斥其素桀黠者,而选其愿悫者,令绝饮博,守塞。戒曰:"容匪类,警不协力,被盗匿不报,皆罪无赦,且责倍偿。失者不务捕,务侦,侦盗所在,必捕,捕必获,获有赏;贿脱盗则罪之,亦责倍偿。"于是巨盗把地、王赛、曹操等皆就擒,余党震恐,散遁桐梓、正安、绥阳诸县。[28] 像张澍这样的官员,虽品低俸微,但所在为民谋利,安定地方,可谓贡献良多。

4. 刚正不阿,直声立朝

乾嘉考据学家治学,讲求实事求是,无征不信。他们将这种精神与理念,也运用到居官为政当中,刚正不阿,敢于直言极谏,不曲循苟且。如乾隆八年,因久旱无雨,乾隆帝循例下诏求直言,开御史试。时编修杭世骏上《时务策》,言:"意见不可先设,轸域不可太分,满洲才贤号多,较之汉人,仅什之三四,天下巡抚尚满汉参半,总督则汉人无一焉,何内满而外汉也?三江两浙天下人才渊薮,边隅之士间出者无几。今则果于用边省之人,不计其才,不计其操履，不计其资俸。而十年不调者，皆江浙之人，岂非意见轸域？"杭氏将当时极其敏感的"满汉畛域"问题，明白揭出，乾隆帝大怒，斥责其"怀私妄奏"，免死革职回乡。

又如嘉庆皇帝亲政，洪亮吉入京修《高宗实录》，教习庶吉士，时朝廷大开言路，洪氏遂上《乞假将归留别成亲王极言时政启》，陈时政数千言，谓故福郡王所过繁费，州县供亿，致虚藏帑；故相和珅擅权时，达官清选或贽门下，或屈膝求擢等事。[29] 又谓嘉庆帝"自三四月以来，视朝稍晏，又窃恐退朝之后，俳优近习之人荧惑圣听者不少"，又称"乾隆初年，纯皇帝宵旰不遑，勤求至治"等语。此则直刺嘉庆帝晏于视朝，身近俳优，为宵小所惑，而乃父则勤求至治，岂不又暗含之子不肖之讥，无怪乎嘉庆帝震怒不已，免死遣戍伊犁。而洪氏此疏，一时盛传京师，竞相传写，人心之向背于此可见。[30]

同时，在嘉庆四年（1799），王念孙鉴于当时川、楚"白莲教"活动日益兴盛，陈进剿六事，并首劾大学士和珅，疏语援据经义，大契圣心，为嘉庆帝嘉纳。和珅既除，王念孙遂为名御史，直声中外，时人称之为"凤鸣朝阳"。其子引之，尊从父训，以实心行实政，官至礼、工、吏部尚书，为官清正，深得倚重，嘉庆帝称其"敢言人所不敢言"。[31]

程廷祚于乾隆元年，举博学鸿儒，至京师，有要人慕其名，嘱密友达其意曰："主我，翰林可得也。"廷祚拒之，卒报罢。[32] 邵晋涵官翰林院侍讲学士兼文渊阁直阁事。在日下，钱大昕谓其"性狷介，不踏权要之门，以教授生徒自给，退食之暇，执经者环侍左右，君随问曲谕，人人皆得其意，君亦以师道自任，莫敢以非义干者"。[33]

在面对权贵的威逼利诱时，考据学家也能果勇刚直，不为所屈。如乾隆五十四年，散馆，试《厉志赋》，孙星衍用《史记》"訚訚如

---

[29] ［清］江藩纂，漆永祥笺释：《汉学师承记笺释》卷4《洪亮吉》，上册，第458页。

[30] ［清］洪亮吉：《卷施阁文甲集》续卷《乞假将归留别成亲王极言时政启》，见刘德权点校：《洪亮吉集》，北京：中华书局2001年版，第1册，第223—224页。

[31] 徐珂编：《清稗类钞·谏诤类·王文简谏圆明园增防事》，北京：中华书局2003年重印本，第4册，第1504页。

[32] 赵尔巽等纂：《清史稿》卷480《儒林一·程廷祚传》，第43册，第13133页。

[33] ［清］钱大昕撰，吕友仁标校：《潜研堂文集》卷43《日讲起居注官翰林院侍讲学士邵君墓志铭》，第787页。

畏",大学士和珅疑为别字,置三等改部。珅示意欲使往见,星衍不肯屈节,曰:"主事终擢员外,何汲汲求人为?"汪喜孙刚健笃实,猛志疾邪。嘉庆二十二年,在中书,大学士曹振镛荐试军机章京,忌者有言,遂不入试。曹氏复奏充武英殿总校,固辞。及校玉牒,告成,列一等,往见提调某公,某送君出大门,引入曲径。喜孙谓:"君盍行此?"遂不复见。

武亿在博山时,大学士和珅兼步军统领,闻妄人言山东王伦未死,密遣番役四出踪迹之。于是副头目杜成德、曹君锡等十一人,横行州县。至博山,宿逆旅饮博,手持铁尺,指挥如意,莫敢谁何。武亿率役往收之,成德等持器械拒捕,役不敢前,亿手扑之仆,缚以归。命役挞其胫,始伏地请罪。武亿也因此罢职。

张澍摄兴文时,代玉屏令陈某,黩货无厌,虐民多死。洎澍还,民争赴愬。澍素疾恶,将发之,陈先以事诬澍,澍揭陈婪赃毙命凡六百余案,陈之党仇澍,咸致毒焉。大府素知澍,奏陈某革职,澍解任待质。案定,陈从轻而徒,澍事卒白。又尝挟巡抚前驱索金者。布政使仆某殿催丁银,至澍署,澍痛棰之。上书辨是非,语若严师教弟子,上官多优容之,顾心弗善也。坐是一官三十年,不获上考,澍落落不以介意。曰:"吾行吾志,无愧百姓而已!"尝语其友潘君挹奎曰:"余幼负志,耻为文人,幸籍科第,鞅掌簿书,思稍有树立。"潘规之曰:"子方而不员,无以获上,人且龁子矣,乌能行所学哉!"二人的对话,处今日之世,益令我们感叹不已!

5. 倾心文教,兴学育才

乾嘉考据学家以学问见长,担任学职,振兴文教,是他们当行本色。惠士奇任广东学政,毅然以经学倡。三年之后,通经者多,文体为之一变。又谓今之校官,古博士也。博士明于古今,通达国体，今校官无博士之才，弟子何所效法。访诸舆论，有海阳进士翁廷资，其学品胜校官之职，具疏题补韶州府教授，得以诱进多士。吏部以学臣向无题补官员之例，格不行。雍正帝特旨："惠士奇居官声名好，所举之人，谅非徇私，着照所请补授，后不为例。"任满还都，送行者如堵墙。既去，粤人设木主，配食先贤；广州于三贤祠、惠州于东坡祠、潮州于昌黎祠，元旦及生日，诸生肃衣冠入拜。其得士心如此。后受冤罢官，家道中落，其子惠栋还曾到广州寻求扶救，得到惠士奇当年弟子们的热忱捐助。

卢文弨为湖南学政，以学政言事不合例，部议左迁，实际也是冤案。因为卢氏奏州县官责处生员应申报学臣，维护学子，乾隆帝以为"今该学政复多方附会，有心为不肖青衿开宽纵之渐"，着即撤回，交该部严加议处。程瑶田选授太仓州学正。以身率教，廉洁自持。朱筠督学福建。以经学六书训士，口讲指画，无倦容。有某生为摄令某坐以杀人，锻炼成狱，发其奸，雪某生冤，闽中士人称道之。洪亮吉拜贵州学政，黔省僻远，无书籍，为购经、史、《通典》、《文选》诸书置各府书院，黔人争知好古，皆出洪氏之教。

乾嘉考据学家中，有部分学者甚至自愿选"冷官"，以课徒兴学为终身之职。如王谟中进士，本授知县，但不重功名，请改学职，改建昌府学教授，历二十年。凌廷堪成进士，出朱珪、王杰之门，殿试三甲例授知县，凌氏投牒吏部，自请改教授，遂铨授宁国府教授。其他如程瑶田、翟灏、丁杰、马宗梿、李道平、严可均、汪莱、谢震、李超孙、钱东壁、沈钦韩、朱骏声等，或为府学教授，或为县学教谕、训导，也莫不兴学乐教，以人才培养为务。

除上述在官学任教职者外，许多乾嘉考据学家在各地书院任教，最为普遍。如王峻主讲安定（泰州）、云龙（徐州）、紫阳（苏州）诸书院，以古学倡；杭世骏主讲安定、粤秀两书院最久；卢文弨主讲钟山（南京）、龙城（常州）书院，造士多多；盛百二晚居齐鲁间，主讲山枣、藁城书院十数年，多所造就；王昶在京师时，与朱筠互主骚坛，门人著录者数百人，有"南王北朱"之称，晚田后又主讲娄东（太仓）、万松（杭州）书院讲席。其他如王鸣盛主讲笠泽（金华），赵翼主讲安定，钱大昕主讲娄东、紫阳，黄文旸主讲梅花（桐城），汪龙主讲紫阳（歙县），吴翌凤主讲南台（浏阳），汪照历主讲陕西华原、横渠，武亿主讲启文（东昌），赵怀玉主讲石港（通州），秦恩复主讲乐仪（仪征），龚丽正主讲紫阳，李兆洛主讲江阴，朱珔历主讲锺山、正谊、紫阳，梁章钜主讲浦南（浦城），张澍主讲兰山（兰州），赵绍祖主讲秀山、翠螺，董士锡历主讲紫琅（通州）、广陵（扬州）、泰州，胡培翚主讲钟山、惜阴（博山），马瑞辰历主讲白鹿洞（九江）、峄山（山东）、庐阳（安徽），钱仪吉主讲大梁（河南），苗夔主讲肃宁（直隶）等，他们或以教习书院为生，或为归田后和入主书院，培养出了大批的杰出人才。

五　乾嘉考据学家之居乡生活与行迹

前列乾嘉考据学家200人中，有三分之一的学者未入仕途，久处乡间。但无论贫富，他们也往往以儒风耆德，垂范乡里，德被四邻。如江永为人和易近人，处里党以孝悌仁让为先，人多化之。尝援《春秋传》丰年补败之义，劝乡人输谷立义仓，行之三十年，一乡之人不知有饥馑。江声性耿介，不慕荣利。交游如王鸣盛、王昶、毕沅等，皆重其品藻，而江氏未尝以私事干之，所以当事益重其人。嘉庆元年，举孝廉方正，为乡里表率。王鸣盛归田后，卜居苏州阊门外,不与当事通,亦不与朝贵接。家本寒素,卖文谀墓以自给,余则一介不取。性俭素,无声色玩好之娱,晏坐一室,呻唔如寒士。胡承珙归乡九载,不出里门,以事著述。然遇修城郭、置书院、凶年平籴,必勇成之。胡培翚主讲江宁,束修所入,捐置义仓;直岁歉,邑人赖以活。嘉庆十二年,常州旱,有司勘不成灾,饥民剥树皮以食。时洪亮吉编管居乡,毅然请当事率绅士捐资赈济,所活饥民数十万,邑人称颂不衰。

乾嘉考据学家,所治为汉学,他们崇尚汉人为人为学,居乡多能孝悌忠信,移风易俗。江声、程瑶田、钱大昭、陈鳣四人,于嘉庆元年,同举孝廉方正,为世所称。而汪中、洪亮吉、汪辉祖、凌廷堪、刘台拱、孔广森等,俱以孝闻于乡里。

汪中自幼在母亲抚养下长大,对孤儿寡母的艰辛生活有着最深切的体验,因此他主张成立倡设立贞节堂以养孤儿、全妇节。汪辉祖侍养双母,极尽色养,为世所称。洪亮吉生六岁而孤,依外家读书,晚自塾归,母氏篝灯课读,机声轧轧,与书声相间不断。年十八,祖妣赵及祖相继下世,亮吉水浆不入口,杖而后起。后母猝病卒,时在浙江学使杰幕中,得病耗,驰归里门。有以死告者,大恸,失足落水,遇汲者救苏。既以不得视含敛为终天之恨,遂绝粒。或喻以毁不灭性,始啜粥,居苦枕凷,不入内,不饮酒食肉,里中称为孝子。刘台拱性至孝,六岁,母朱氏殁,哀如成人。事继母锺氏,与亲母同。选丹徒县训导,迎两亲学署,雍雍色养,年虽五十,有孺子之慕。母病危甚,乃悉心奉汤药,衣不解带者数旬,母病遂愈。逮丁内外艰,水浆不入口。既殓,枕苫啜粥,哭泣之哀,震动邻里。居丧蔬食五年,出就外寝,以哀毁过情卒。王昶称其有"曾、闵之孝"。

孔广森,年少入官,性淡泊不与要人通谒。告养归,不复出。及居大母与父丧,竟以哀卒。朱彬居父忧,殓葬尽礼,三年蔬食,不内宿。凌廷堪任宁国府教授，迎生母王至学署，先意承志，得亲欢心。母偶不怿，必长跪以请，俟母笑乃起。母没，哀毁骨立，一目为眚。林伯桐事亲孝，道光六年，试礼部归，父已卒，悲恸不欲生。居丧悉遵古礼，蔬食不入内者三年。自是不复上公车，一意奉母。与两弟友爱，教授生徒百馀人，咸敦内行，勉实学。

戈宙襄五岁而孤，及长，弃进取，专意以养其节母张太宜人者数十年，母以寿终，哭泣过哀，遂以毁卒（顾广圻《清故孝子戈君之铭》）。

乾嘉考据学家之处友朋之道，亦多善举。如黄景仁一生落魄，每至艰难时期，好友洪亮吉总会解其急难。景仁客居北京间，其母亲妻儿往返与常州，盘费诸事皆为洪亮吉所筹措，而洪氏自己也窘迫潦倒，并不富裕。乾隆四十七年，黄氏客死山西解州，已经中举的洪亮吉借马飞驰，赶去为好友安排丧事，并设法运棺回常州安葬。此后，黄景仁诗文的整理和家眷甚至子女的嫁娶，都得到洪亮吉的帮助，可谓不负死友。

李惇，久困诸生，以高第将贡于国学，试之前夕，执友贾田祖死，惇不入试，亲为棺殓，送归其家。汪中称其"勇于为义，有过贲、育"。刘台拱与汪中为文章道义之交，中殁，抚其孤喜孙长大，终成良吏。臧庸兄弟穷困无助，台拱常恤其穷，饮食教诲，十几年如一日，庸感激不已。梁玉绳家世贵显，然不志富贵，自号清白士。尝语弟履绳曰："后汉襄阳樊氏，显重当时。子孙虽无名德盛位，世世作书生门户，原与弟共勉之！"这与清季湖南学者王先谦、叶德辉之横霸一方、鱼肉乡民，可谓是天壤之别。

马瑞辰以治《毛诗》名，晚年发逆陷桐城，众惊走，贼胁之降，瑞辰大言曰："吾前翰林院庶吉士、工部都水司员外郎马瑞辰也！吾命二子团练乡兵，今仲子死，少子从军，吾岂降贼者耶？"贼执其发蓺其背而拥之行。行数里，骂愈厉，遂死，年七十九。事闻，恤荫如例，敕建专祠。其忠烈刚勇，完全不是人们想象中偷生苟活的考据家形象。

六　乾嘉考据学家之现实关怀

笔者曾论乾嘉考据学家思想时认为，他们有"愈往前古、愈得其真的儒学求本化思想"，"正本清源、董理群籍的学术思想"与"膜拜六经、通经治世的致用思想"。[34] 经术治国、古为今用是他们如此执着于考据学的最大动力，他们对汉儒"以经求饰吏事"的功业表示由衷的向往。如惠栋曾论西汉学者贾谊、董仲舒云：

> 汉之贾生、董子，能明道本。故刘向《别录》称此两人有王佐之才，虽伊、吕无以加，管、晏之属，相者之佐，殆不及也。其言甚当，使文、武能用贾、董，汉家治道，必无杂霸之讥。[35]

惠氏对汉廷未用贾、董表示不满，实际上这也是一种夫子自道的遗憾，惠栋友人陈黄中即为惠氏抱不平，认为其"终身学汉人之学，曾不得一遭汉人之遇"。从清初的顾炎武、中叶的惠栋至清季的孙诒让等人身上，都浓厚地体现出这种法古以致用的思想观念。

即使不能尊为"帝师"，贵为国相，不能将自己的理念与想法付诸实践，考据学家也仍然从大至朝政得失、地方利弊与民情风俗，小到修路架桥、减税省工与赈灾捐粮等，都有着深切的关注，并参

---

[34] 参拙著《乾嘉考据学研究》第八章"乾嘉考据学思想"，第210—245页。

[35] ［清］惠栋：《周易述》卷15《系上传》疏，《景印文渊阁四库全书》本，台北：台湾商务印书馆1982—1986年版，经部第52册，第161页。

与其中。对许多常人认为正确无误或相沿不改的陋习,他们也能超越时人眼光,发现问题,并提出解决之道。我们试以当时为人所忽略的有关妇女被奸、失节、犯罪等为例,来看看乾嘉考据学家超出时人的新见与人性关怀。

自《大戴礼记》有"七出"之说,为丈夫休妻找到了理由。而自元明以来,程颐"饿死事小,失节事大"一语,遂衍化成"忠臣不事二主,烈女不事二夫",不知害死多少所谓的"节妇烈女"。钱大昕曾有专文论妇人"七出"之说,其曰:

"七出"之文,先王所以扶阳抑阴,而家道所以不至于穷而乖也。夫父子兄弟,以天合者也;夫妇,以人合者也。以天合者,无所逃于天地之间;而以人合者,可制以去就之义。……先王设为可去之义,义合则留,不合则去,俾能执妇道者,可守从一之贞;否则,宁割伉俪之爱,勿伤骨肉之恩。故嫁曰归,出亦曰归。以此坊民,恐其孝衰于妻子也。然则圣人于女子,抑之不已甚乎? 曰:去妇之义,非徒以全丈夫,亦所以保匹妇。后世同里之妇,失爱于舅姑,谗间于叔妹,抑郁而死者有之;或其夫淫酗凶悍,宠溺嬖媵,凌迫而死者有之。准之古礼,固有可去之义,亦何必束缚之,禁锢之,置之必死之地以为快乎! 先儒戒寡妇之再嫁,以为饿死事小,失节事大。予谓全一女子之名其事小,得罪于父母兄弟其事大。故父母兄弟不可乖,而妻则可去。去而更嫁,不谓之失节。使其过在妇欤,不合而嫁,嫁而仍穷,自作之孽,不可逭也;使其过不在妇欤,出而嫁于乡里,犹不失为善妇,不必强而留之,使夫妇之道苦也。[36]

> 36 [清]钱大昕撰,吕友仁标校:《潜研堂文集》卷8《答问五》,第108—109页。

尽管钱大昕仍是站在封建礼教的立场上说话，但其所论显然是对"七出"不合理礼制的批判与修订，其说虽无男女婚姻平等的观念，但处处替冤屈的妇女着想，尤其那些为舅姑、叔妹、暴力丈夫迫害而"抑郁而死"或"凌迫而死"者，抱有深深的同情。

钱大昕之后，臧庸更是直斥"饿死事小，失节事大"既非圣人本意，也与人情不合，是残害孤儿寡母。其曰：

> 若夫死，妻稚子幼，又无大功之亲而不许其适人，必母子交毙矣。人生本乎天，故为天民，圣人不轻责人死，匹夫匹妇，无罪而禁之穷饿以至殒灭，是谓夭夭之民，圣人之心不若是之忍也。[37]

再如关于妇女遭到强奸，无论何种情景之下，人们或抱以同情，或斥之以鼻。嘉庆八年（1803），兵部尚书纪昀奏曰：

> "妇女猝遭强暴，捆缚受污，不屈见戕者，例无旌表。臣谓捍刃捐生，其志与抗节被杀者无异。如忠臣烈士，誓不从贼，而扎缚把持，虽使跪拜，可谓之屈膝贼廷哉？请敕交大学士九卿科道公议，与未被污者昭示区别，量予旌表。"大学士保宁等议奏："如凶手在两人以上，显系孱弱难支，与强奸被杀者一体予旌。饬交各督抚勘明情形，请旨定夺。"报可。[38]

纪氏此奏，是对那些被污辱夺命的女性最大的体谅与同情，旌表她们，不仅是对她们冤屈灵魂的安慰，也是对她们活着亲人的莫大慰藉。

再如汪辉祖佐幕半生，在处理刑狱钱粮等案方面有着丰富的经

37 [清]臧庸：《拜经文集》卷1《夫死适人及出妻论》，《续修四库全书》本，集部第1491册，第492页。

38 [清]江藩纂，漆永祥笺释：《汉学师承记笺释》卷6《纪昀》，下册，第581页。

验，他所纂《佐治药言》一书，为清代吏员幕宾的必读之书。汪氏在谈到如何审理女犯人时，曾曰：

> 提人不可不慎，固已事涉妇女，尤宜评审，非万不得已，断断不宜轻传对簿。妇人犯罪则坐，男夫具词则用，抱告律意，何等谨严，何等矜恤。盖幽娴之女，全其颜面，即以保其贞操；而妒悍之妇，存其廉耻，亦可杜其泼横。[39]

汪氏此段告诫，强调在审理女性犯罪有关的案件时，要充分考虑到其既为罪犯，又为女性；既正确量刑，又应护惜其颜面与廉耻，给她们以日后改正的机会与生活的勇气。可谓既依法断案，又充满人性关怀，即使放在今天来看，也不失参考价值。

汪中七岁父亲即逝，在母亲抚养下长大，他回忆"母教女弟子数人，且绩屦以为食，犹思与子女相保。值岁大饥，乃荡然无所托命矣。再徙北城，所在止三席地，其左无壁，覆之以苫。日常使姊守舍，携中及妹，儳然匄于亲故，率日不得一食。归则藉稿于地，每冬夜号寒，母子相拥，不自意全济，比见晨光，则欣然有生望焉。""方中幼时，三族无见恤者，母九死流离，抚其遗孤，至于成立。母禀气素强，不近医药。计母生七十有六年，少苦操劳，中苦饥乏，老苦疾疢；重以天属之乖，人事之湮郁。盖终其生，鲜一日之欢焉。论其摧剥，金石可销，况于血气！"[40]正因为如此，汪中对孤儿寡母相依为命的童年生活有着切肤之痛，他认为寡妇抚养幼子，饥寒愁痛，斫削万端，不得一日遂其性，而当幼子长大成人，"安乐之日，则妻子仆妾皆得与享之，而亲转不能坚其命，岂非生人之至痛哉！是虽日用三牲之养，曾不若及其壮而日一再食之为美也"。

为此，汪氏以为"虚文无济，未足以充子之志"。他提出非常

---

[39]〔清〕汪辉祖：《佐治药言·妇女不可轻唤》，《续修四库全书》本，史部第755册，第288页。

[40]〔清〕汪中：《述学·补遗·先母邹孺人灵表》，《续修四库全书》本，集部第1465册，第421—422页。

具体的优奖政策以及"贞苦堂"、"孤儿社"的设施机构与管理办法。汪中平素和母亲一起谈论的也是这一话题,母亲寄望他"它日得志,或行之一府一县,使四方以为法;或告于上而颁之天下,以为令典。使经世大法,《诗》《书》所载,三代圣王之所不及,而今日行之"。[41]但汪氏终身未仕,他与母亲的设想也只能停留在"虚文无济"的层面。

因此,我们认为乾嘉考据学家对现实持有热切的关注,从国家政事,至民间疾苦,都在他们所关注的视野之内,他们并没有远离现实社会,他们也不可能脱离现实社会。

[41] [清]汪中:《述学·别录·与剑潭书》,《续修四库全书》本,集部第1465册,第433—434页。

[42] 陈寅恪:《金明馆丛稿二编》,北京:三联书店2001年版,第269页。

七 著述难为稻粱谋
——乾嘉考据学家之困顿生活

前已述之,乾嘉考据学家多既科举得志,又居官显赫。但其中仍有三分之一的学者,或阻于功名,或不得寿考。陈寅恪曾谓清代史学不振,"未可悉由当世人主摧毁压抑之所致",其论甚伟。然究其原因,陈氏复以为"往昔经学盛时,为其学者,可不读唐以后书,以求速效。声誉既易致,而利禄亦随之,于是一世才智之士,能为考据之学者,群舍史学而趋于经学之一途"。[42]依陈氏之说,则当时考据学家皆如汉代治经者,因攻考据而得利禄,所谓"遗子黄金满籝,不如一经"者。但实际情况绝非如此。

乾嘉时考据学家中,即以江永、惠栋、戴震而论,其为学界大师,然却功名黯然,屡败科场,这其中重要的原因:一是他们精于考据却疏于八股,这以江永、戴震师徒最为典型。江永曾编《乡党图考》《四书典林》,帖括之士窃其唾余,取高第掇巍科者数百人,而永以明经终老于家。戴震自乾隆二十七年中举,其后至乾隆四十年间,先后六次会试不第。时人记载:"戴东原震数应礼部试,分校者争欲致之门下,每于三场五策中物色之,不可得。既乃知其对策甚空,诸公以戴淹雅精卓,殆无伦比,而策则如无学者,大是异事。钱辛楣詹事曰:'此东原之所以为东原也。'戴中壬午江南乡试,年四十矣。出青田韩锡祚房,其文诘屈,几不可句读。后以征修四库书,得庶吉士。"[43] 又如乾隆元年举博学鸿儒科,沈彤被荐入京。全祖望评曰:"君平生有所述作,最矜慎,不轻下笔,几几有含毫腐颖之风,予以为非场屋之材。而君果以奏赋至夜半,不及成诗而出。"[44] 另一个原因就是他们在八股文中,不愿意用程朱旧说,而是欲另立新说,其结果可想而知。如乾隆九年(1744),惠栋参加乡试,因用《汉书》见黜,由是息意进取。再如臧庸,一生屡试不中,嘉庆十五年(1810),他在自己当年的落卷上题跋说:"或曰:'君著述自足不朽,不藉科第为重。'此无聊慰藉,余岂足当之。且国家以制艺取士,而文不合格,屡摈有司,亦己之过也。"[45] 翌年,臧氏即抱憾离世。因此,惠栋、臧庸等人屡售不中,是因为他们不愿尊从程朱之说,试图在科举试卷上表达自己的见解,其落选是僵化固陋的科举制度所造成。

在中国古代,科场失利,如果家无余赀,则基本意味着一生颠沛流离,衣食无着。其谋生之手段,或入幕府,或修志书,或课生徒,或业于贾,而常困衣食者,在在而有,比比皆是。即金榜、江德量、卢文弨,虽名在三甲,然或早退林下,或课徒为业,亦无财富利禄之可言。清季李慈铭曾论曰:"盖汉儒之经学,为利禄之路,其从师传业者,无异今之举业。而国朝诸儒之学,则实与时背驰,宜其愈上而愈困也。"[46] 乾嘉诸儒,虽治汉学,然与汉时学术与时代皆

---

[43] [清]胡虔:《柿叶轩笔记》,《续修四库全书》本,子部第1158册,第38页。

[44] [清]全祖望撰,朱铸禹汇校集注:《鲒埼亭集内编》卷20《沈果堂墓版文》,上海:上海古籍出版社2000年版《全祖望集汇校集注》本,上册,第361页。

[45] [清]臧庸:《拜经文集》卷4《刻庚午落卷跋》,《续修四库全书》本,集部第1491册,第597页。

[46] [清]李慈铭撰,由云龙辑:《越缦堂读书记》光绪丙子二月初五日《鹤征录》,北京:中华书局1963年版,第466页。

不相同，诸人皆注全力于经史，则场屋文字不时作，比至考场，自然生疏；又科举时文，皆须烂熟"四书"朱注之类，而诸人又不喜朱子，则其落选也必矣。

乾嘉考据学家既举业无望，则其仕途之坎坷可知，李慈铭曾论之甚详，今不惮烦冗，列之如下：

呜呼！汉人传经，时主所好，专门授受，多致通显，上为帝师，次典秘籍。故或贿改夫漆书，或争论于讲殿，桓荣以车马夸稽古，夏侯以青紫诱明经。士风景从，犹非无故。下至宋之谈礼，宗庙以为号；明之讲学，朝廷畏其党。习俗之靡，尚缘势利。若我朝诸儒之为汉学也，则违忤时好，见弃众议，学校不以是为讲，科第不以是为取。其初开国草昧，朴学椎轮，则亭林以遗民终，潜邱以布衣死。西河、竹垞，老籍词赋，暂陪承明，旋即废退。东樵献书，仍沦草莽；玉林著述，不出里闬。吴江二长（朱长孺、陈长发），鄞江二万，青衿饰终，黄馘就木。而渊源宋儒者，二曲布衣，关中讲学，亲屈万乘，宠以大儒。潜庵、松阳，互标朱、陆，生为羽仪，殁邀俎豆。安溪以其政事，缘饰儒风，揣摩当宁，宗尚紫阳，位极鼎台，久枋国政。江阴、高安，相为提挈；榕城继席，名位益隆。望溪起于俘囚，久居讲幄；漳浦擢自闲废，遂为帝师。此则汉、宋相形，遭遇胜负，已可知矣。

高宗盛时，首辟经学，荐书两上，鹤车四出。然得官者五人：顾、陈、吴、梁，仅拜虚秩；当涂入馆，更以年例。而诸公亦皆学参汉、宋，未号专家。当时海内宗师，松厓一老，征舆未上，坛席已除。都讲弟子，仲林、艮庭，槁项卒世。婺源江君，学究天人，东南两星，与惠相望，沈沦胄序，终晦少微。高弟戴、金，最为首出。槩斋得膺上弟，旋复杜门；东原晚际昌时，公车入省校书，恩例超授翰林，天不慭年，终于吉士。至于开四库，求遗书，尤国朝儒林之一大际会也。筠河发其议，晓岚总其功，东原既以兹通籍，南江复由此升庸。然两君以外，寂无征焉。竹汀、西庄，清华通贵，而一谪九列，一终少端，皆盛年挂冠，著书林下，淡泊之操，鼎峙抱经。而歙有辅之，岱有众仲，词臣五隐，咸畅醇风，尽瘁简编，何关人事。其继掇巍科者，渊如、北江，一沉俗吏，一为戍兵，虽践金门，终饱蝉橐。吾乡瑶圃邵氏，左官投劾，声华尤闟。石渠以名臣之子，早著才称，而词曹不终，豸冠终斥。芝田、颐谷，未久西台。而懋堂、珍艺、十兰、二谷（桂未谷、武虚谷），以俗吏终矣；次仲、端临、易田、阶平，以教官终矣；溉亭、小雅、孝臣，以进士终矣；雕菰、辰叔以举人，容甫、可庵、郑堂、璞园，且以诸生终矣。筠河于乾嘉儒术为首功，而微罪贬秩，一蹶不正。其弟文正公，颇持宋学，遂跻三公。其最以儒学显用于时，河间、仪征两文达耳。而河间毕生书馆，勤于其职，及拜协揆，逾旬而殉；仪征历官使相，未尝一日当国，皆不能剸扬素风，汲引同类。稍得志者，惟嘉庆己未一科，仪征主试，大兴听从，幸逢翩翩，多班玉笋，论者谓此科得人，逾于乾隆鸿博。然惟龙首姚公，探花王公文僖、文简，皆长春官。其余则恭甫一列词垣，告归不出；兰皋户部，十年不迁；皋闻始列庶常，几于废黜；周生沈于兵曹，春桥（胡氏秉虔）没于郡佐；山尊稍以词章，得跻侍从，终亦不振。嗣是而降，大雅云亡。兰坡、墨庄，稍为后出，并跻馆职，未结主知，一退老于名山，一积劳于闽海。武进二申（李申耆、刘申甫），心壶、竹村，各述所传，位不称学。他若匪石、涧蘋、简庄、拜经、晓楼、硕父之终身席帽,连惓廉下者,更如书中蠹鱼,听其自生自灭而已。即以吾浙言之,仁和诸赵,德清诸徐,临海诸洪,谈经之窟也。鹿泉致位八坐,帖括所传,或在人口;而谷林、宽夫、心田、筠轩诸先生,今犹有知其姓氏者耶!嘉兴之李(次白氏赒德),仁和之二梁(谏庵玉绳、央庵履绳),萧山之王(谷塍氏宗炎),之徐(北溟氏鲲),之汪(苏潭氏继培),上虞之王(汾泉氏煦),归安之严(铁桥氏可均、鸥盟氏杰),仁和之翟(晴川氏灏),之孙(雨人氏同元),临海之金(诚园氏鹗),此皆著述之卓然者,而乡评校议尚及其人耶!尤可异者,萧山王氏绍兰,位望通显,罢官之后,所作满家,训义邃精,几颉惠、戴,而越人仅贵之为中丞,未尝尊之为学者。

呜呼!由斯以观,诸君子之抱残守阙,欪欪缣素,不为利疲,不为势诎,是真先圣之功臣,晚世之志士!夫岂操戈树帜,挟策踞座,号召门徒,鼓动声气,呶呶陆、王之异辞,津津程、朱之弃唾者所可同年语哉! [47]

47 [清]李慈铭撰,由云龙辑:《越缦堂读书记》同治甲子四月初二日《戴氏遗书》,第1026—1028页。

从李氏所论可知,尽管在乾隆中叶的科举考试中,对通经之士有所重视,但毕竟性理论为首选标准。清代考据学家不仅不能与汉儒较其同异,亦不能与清代尊奉宋学者比其优劣。李慈铭所论朱筠、朱珪兄弟,朱筠"微罪贬秩,一蹶不正",而朱珪"颇持宋学,遂跻三公",即为最典型的例子。考据学家既出身贫贱,又不擅时文,更不善钻营,日事读书,拙于生计,则穷困潦倒也固矣。考据学虽为一时显学,但并未给他们带来生活上的裕如与富足。"著书难为稻粱谋",方为他们一生真实之写照!

总前所论,本文从乾嘉考据学家的入世心态、科举功名、居官实绩与现实关怀诸方面进行了多角度的探讨,认为他们的心态是现实的、平和的、入世的;对科举功名是"治经之暇,便习时文;考古之余,兼求制艺"[48],他们既需要功名也渴求功名;考据学家中在中央与地方各部门任职者,各司其职,刚正不阿,廉洁奉公,政绩斐然;即归里或居乡者亦皆孝悌忠信,儒风处世,率先垂范,德被乡邻。即科举无果、家贫困厄者,亦或课徒书院,或入幕为生,或晨耕暮读,或以贾为生,仍在艰难困苦中从事学术,养家糊口。治学是贯穿他们一生、矻矻不休的事业,以学术为职业者自不必言,即居官为宦者,也多是"退直之暇,辄理旧业",并非在声色犬马中纵情享乐。他们不像宋明以来的道学家那样,表面道貌岸然,实际蝇营狗苟,较宋学人物如清初以来熊赐履、李光地、方苞诸人之假道学,其相去不可以道里计。他们信守"学问、人品、政事,三者同条共贯"的理念[49],"以实学、实心而行实政"[50]。在各自的职位与环境中,洁身自爱,矻矻不休,为国家发展与社会进步做出了应有的贡献,"康乾盛世"的到来与繁荣,也与他们的努力有着密不可分的关系。

如果放眼全球,在当时的世界格局中,西方开始了工业革命,进入蒸汽时代;而中国仍是传统的农业社会。当西方已经乘着火车飞速发展时,"天朝大国"仍在坐着马车晃晃悠悠地缓慢蠕行。康熙、雍正、乾隆、嘉庆诸帝与戴震、纪昀、钱大昕、阮元诸人,从未料到"天朝"会出现亡国灭种的危机,没有料到西方侵略者会从海上乘船攻入中国,没有料到考据训诂不可能发明电化声光,没有料到他们在后世背上误国祸民的罪责。放在当时的环境中,一方面对外部世界懵懂无知,另一方面国内局势安定富足,他们也对此没有太大的需求。中国落后西方的原因,是一个复杂的治国行政与经济文化系统出了问题,而不只是某一环某一节的问题。而睁开眼睛

---

[48] [清]凌廷堪撰,王文锦点校:《校礼堂文集》卷22《上冼马翁覃溪师书》,北京:中华书局1998年版,第195页。

[49] [清]臧庸:《拜经文集》卷3《与王怀祖观察书》引王念孙语,《续修四库全书》本,集部第1491册,第578页。

[50] [清]臧庸撰:《拜经文集》卷3《与王怀祖观察书》,《续修四库全书》本,集部第1491册,第578页。

看世界并明白中国已经落后,还要等到"鸦片战争"后强敌环伺、国门洞开局势下的林则徐、魏源等人。对于乾嘉时期的考据学家而言,他们只是在他们的国度,他们的时代做了他们应做的合理的事情。如此而已,岂有他哉!

肆

乾嘉考据学家与桐城派关系考论[1]

清乾嘉时期，考据学家（汉学家）与桐城派之关系以及他们之间发生的争鸣[2]，是学术界讨论与关注较多的议题，其中涉及汉、宋之争，义理、考据与词章之争，尊德性与道问学之争，道统与学统之争等诸多问题，这些问题或重叠、或相错、或交织、或矛盾，再夹杂学者之间的个人恩怨，以及后人的描摹与论说，于是变得更加扑朔迷离，雾霭重重。对真相的考辨并不是越辩越真，而是愈往后世，歧说愈多，也离真相愈远。本文拟分九个问题，就此议题展开考辨与论述，以期还原部分事实真相，纠误补阙，并提出一些新的看法，供学术界参稽。

[1] 本文原载《文学遗产》2014年第1期，第94—115页。

[2] 案"考据学"与"汉学"是两个不同的概念。但一般情况下，清代考据学家与汉学家的身份大部分是重叠的，本文中所论"考据学家"与"汉学家"使用的就是大致趋同的泛概念，特此说明。

[3] ［清］江藩纂，漆永祥笺释：《汉学师承记笺释》卷5《江永》，上海：上海古籍出版社2006年版，上册，第492页。

一 江永与方苞"论礼交恶"真相考

姚鼐在初创桐城派时，将其清代的源头追溯到了方苞、刘大櫆，即所谓"桐城三祖"中的前两位。世人每论考据学家与桐城学者结怨，始于江永与方苞在京师之论礼学不合，而其依据，则主要是江藩《汉学师承记》的记载。江藩记江永尝一游京师：

> 是时，三礼馆总裁方侍郎苞自负其学，见永，即以所疑《士冠礼》、《士昏礼》数事为问，从容答之。苞负气不服，永哂之而已。[3]

考清廷于乾隆元年（1736）开三礼馆，命大学士鄂尔泰、张廷玉、朱轼、兵部尚书甘汝来为总裁，礼部尚书杨名时、礼部左侍郎徐元梦、内阁学士方苞、王兰生为副总裁。二年，三礼馆檄取江永

《礼书纲目》。五年八月,江永入都,翌年归里[4]。方苞问礼之事,即发生在此时。刘大櫆《江永传》曰:

> 尝一至京师,朝廷方开《三礼》之馆,卿士预修《三礼》者,就质所疑,先生为置辨,皆畅然意满称善。[5]

刘大櫆未言质疑者为谁,江永弟子戴震《江慎修先生事略状》曰:

> 先生尝一游京师,以同郡程编修恂延之至也。三礼馆总裁桐城方侍郎苞素负其学,及闻先生,愿得见,见则以所疑《士冠礼》、《士昏礼》中数事为问,先生从容置答,乃大折服。[6]

又王昶《江慎修先生墓志铭》曰:

> 先生年六十,尝偕友人入都,时开三礼馆,总裁方阁学苞以经术自命,举《冠礼》、《昏礼》数条为难,先生从容详对,方公折服。[7]

又钱大昕《江先生永传》曰:

> 尝一游京师,同郡程编修恂延主其邸,桐城方侍郎苞素以《三礼》自负,闻先生名,愿一见。见则以所疑《士冠礼》、《士昏礼》中数事为问,先生从容置答,乃大折服。[8]

诸家之说,大同小异。考方苞《仪礼析疑·士冠》、《士昏》二

---

[4] 江锦波等纂:《江慎修年谱》,《北京图书馆藏珍本年谱丛刊》本,北京:北京图书馆出版社1999年版,第92册,第52—53页。

[5] [清]刘大櫆:《海峰文集》卷6《江永传》,《清代诗文集汇编》本,第286册,第170页。

[6] [清]戴震撰,赵玉新点校:《戴震文集》卷12《江慎修先生事略状》,北京:中华书局1980年版,第181页。

[7] [清]王昶:《春融堂文集》卷55《江慎修先生墓志铭》,《续修四库全书》本,集部第1438册,第217页。

[8] [清]钱大昕著,吕友仁标校:《潜研堂文集》卷39《江先生永传》,上海:上海古籍出版社1989年版《潜研堂集》本,第705—706页。

篇中，唯引郑注与敖继公说，或申或驳，极少引及他家之说，也未引江永论礼之语。又笔者曾细核今藏上海图书馆之江永《善馀堂文集》抄本，其中有《随笔札记》，即当时与方苞等人往复讨论《三礼》之条目，但其中亦无任何鄙视方氏之文字。

又江藩《汉学师承记》在言及沈彤时，谓当时"有人荐修《三礼》及《大清一统志》，议叙得九品官，耻不仕"[9]。考惠栋《沈君果堂墓志铭》称"著《群经小疏》若干卷，凡所发正，咸有义据，侍郎方公苞绝重之"[10]。又沈廷芳撰沈彤《墓志铭》曰：

雍正间至京师，望溪方公见其所疏三经，谓得圣人精奥；读其文，又谓气格直似韩子。乾隆初元，辑《三礼义疏》，遂荐入馆，名动辇下。[11]

又据李富孙《鹤征后录》，沈彤"由内阁学士吴家骐荐举"[12]。又吴德旋谓"冠云以诸生应博学鸿词举，至京师，最为方侍郎灵皋所推重，荐修《一统志》"[13]。然则荐举沈彤入京者为吴家骐，而荐入三礼馆者，则实为方苞也。

由上述诸例可知，方苞始终礼敬江永、沈彤等人，且荐其入馆修书。即后来之姚鼐，在述及江永时，仍是一片赞扬之语。其曰：

婺源自宋笃生朱子，传至元明，儒者继起，虽于朱子之学益远矣，然内行则崇根本而不为浮诞，讲论经义，精核贯通，犹有能守大儒之遗教而出乎流俗者焉。近世若江慎修永，其尤也。[14]

此可知终乾隆朝，论江永、沈彤等人与方苞之关系，诸家记载，

---

9 [清]江藩纂，漆永祥笺释：《汉学师承记笺释》卷2《沈彤》，上册，第215页。

10 [清]惠栋撰，漆永祥整理：《松崖文钞》卷2《沈君果堂墓志铭》，台北："中央研究院"文哲所2006年版《东吴三惠诗文集》本，第344—345页。

11 [清]沈廷芳：《征士文孝沈先生墓志铭》，钱仪吉纂，靳斯标点：《碑传集》卷133，北京：中华书局1993年版，第11册，第3980页。

12 [清]李富孙：《鹤征后录》卷9，《四库未收书辑刊》本，第2辑第23册，第738页。

13 [清]吴德旋：《初月楼续闻见录》卷1，《丛书集成三编》本，台北：新文丰出版公司1997年版，第76册，第542页。

14 [清]姚鼐：《惜抱轩全集·文后集》卷5《吴石湖家传》，北京：中国书店1991年版，第240页。

皆无异辞。唯独嘉庆时江藩《汉学师承记》中多诬方氏，故或讳而不举其名，或直接将钱大昕等文中"乃大折服"改为"苞负气不服，永哂之而已"。然则于方苞学问人品，俱有所诬。后人所谓桐城学者与考据学家交恶始于江永、方苞之论礼，乃江藩篡改史料之结果，远非事实可知。至于后来刘声木又称沈彤"师事方苞"[15]，此则为壮大桐城派之势力，以沈氏为方苞弟子，较之江藩，亦所谓过犹不及焉。

15 刘声木：《桐城文学渊源考》卷2《沈彤》，《丛书集成三编》本，第6册，第730页。

二 姚鼐"拜师事件"新解

1. 姚鼐"拜师事件"始末

江永与方苞在京师研讨礼学，气氛融洽，并无交恶之事。后人又谓至乾隆朝，姚鼐欲入戴震门下，震严拒不纳，故一俟戴氏卒，姚氏即严斥戴学，以为报复。如章炳麟曰：

> 震始入四库馆，诸儒皆震竦之，愿敛衽为弟子。天下视文士渐轻，文士与经儒始交恶。而江淮间治文辞者，故有方苞、姚范、刘大櫆，皆产桐城，以效法曾巩、归有光相高，亦愿尸程、朱为后世，谓之桐城义法。震为《孟子字义疏证》，以明材性，学者自是薄程、朱。桐城诸家，本未得程、朱要领，徒援引肤末，大言自壮，故尤被轻蔑。范从子姚鼐，欲从震学；震谢之，犹亟以微言匡饬。鼐不平，数持论诋朴学残破。其后方东树为《汉学商兑》，徽章益分。阳湖恽敬、陆继辂，亦阴自桐城受义法。其余为俪辞者众，或阳奉戴氏，实不与其学

相容。[16]

案章氏此说，亦模棱两可之论，与事实大有出入。考乾隆十九年（1754），王鸣盛、钱大昕、纪昀等高中进士；姚鼐亦同时入都应试，惜未第。也恰在是年，戴震避仇入京，困于逆旅，时往钱大昕寓所，二人论学竟日，钱氏叹为"天下奇才"，推荐戴氏参与编纂秦蕙田主持的《五礼通考》，并把他介绍给卢文弨、朱筠、王鸣盛、王昶等人，戴氏名噪一时，自此"海内皆知有戴先生矣"[17]。

翌年乙亥秋间，戴震与姚鼐相识[18]，姚氏提出拜戴氏为师，并就戴氏《考工记图》一书提出具体意见。据戴震《考工记图后序》末题"时柔兆摄提格日在南北河之间"[19]，则知《考工记图》草成于丙寅（乾隆十一年，1746），然藏之箧中，并未刊行。纪昀亦于乾隆二十年初识戴氏，见其《考工记图》图后附以己说而无注，纪氏"奇其书，欲付之梓"[20]。以是之故，戴震向姚鼐言欲改订《考工记图》，姚氏致书戴氏，"意主不必汲汲成书"，戴氏闻听此言，"若雷霆惊耳"，遂复信谢之。姚氏信中称欲拜戴氏为师，戴氏曰：

> 至欲以仆为师，则别有说："非徒自顾不足为师；亦非谓所学如足下，断然以不敏谢也。古之所谓友，固分师之半。仆与足下，无妨交相师，而参互以求十分之见，苟有过则相规，使道在人不在言，斯不失友之谓，固大善。昨辱简，自谦太过，称夫子"，非所敢当之，谨奉缴。承示文，论延陵季子处，识数语，并《考工记图》呈上，乞教正也！[21]

戴氏婉谢姚鼐入其门下，此即姚鼐拜师被拒事件之经过。姚鼐信中如何"自谦太过"，因此信不载于姚氏《惜抱轩文集》，故不可知。然通观戴氏回札,则谦和有礼,并无任何辱谩轻蔑之词。戴震甚至在某种程度上接受了姚鼐不必急于成书的建议,《考工记图》复经一年多的补注,终成定稿,由纪昀刊行。[22] 姚鼐在事后多年,还曾提到此事。其曰:

> 休宁戴东原作《考工记图》,余读之,推考古制,信多当,然意谓有未尽者。……余往时与东原同居四五月,东原时始属稿此书,余不及与尽论也,今疑义蓄余中,不及见东原而正之矣,是可惜也。[23]

戴、姚"同居四五月"正是这一时期,可知"拜师事件"并未影响二人正常往来。例如戴震考《尚书·尧典》"光被四表",以为"光"当作"横",古"桄"与"横"通,然苦无证佐,后得钱大昕、姚鼐分别为其列举《后汉书·冯异传》与班固《西都赋》为证。戴震校《水经注》成,"入都即以示纪文达、钱晓征、姚姬传及玉裁,不过四五人。钱、姚皆录于读本"[24]。据此可知,戴震虽未纳姚鼐为入室弟子,但仍非常引重,视为不可多得之数数学友之一。王达敏兄谓"拜师见拒对姚、戴关系并未产生严重后果","如果把多年后姚、戴或桐城派、汉学派之间的冲突追根到此,则未免言重"[25]。其言良是矣。

2. 戴震拒绝姚鼐原因新解

姚鼐因何要拜戴震为师?就当时情势而论,戴震在京师声誉日隆,而姚鼐为刚刚落第的举子,更无成熟的学术定见,在与戴氏接触并闻其"高论"后,寄予很高的期望,即其诗所谓"群士盛衰占硕果,六经明晦望萌芽"[26]者。笔者认为,对姚鼐拜师的动机,也不

---

22 据纪昀称,戴氏经两个半年的修订,最后成定稿。但考虑到戴氏书初稿成于乾隆十一年(1746),在二十年欲谋付梓后,又经一年余的修改,则其慎重之意可知,从某种程度上说也算是接受了姚鼐的建议,戴氏复姚鼐札,自谓"重违知己之意,遥欲删取成书"者,乃谦词也。

23 [清]姚鼐:《惜抱轩全集·惜抱轩文集》卷5《书考工记图后》,第57—58页。

24 [清]段玉裁纂:《戴东原先生年谱》,[清]戴震撰,赵玉新点校:《戴震文集》,第234页。

25 王达敏:《姚鼐与乾嘉学派》,第21页。

26 [清]姚鼐:《惜抱轩全集·诗集》卷6《赠戴东原》,第400页。

可有太多的推测，更无特殊的深意，视为一位求学青年向一位经学之师求教，足矣。

戴震拒绝姚鼐拜师事件，后来更被无限放大，至喻为考据学家与桐城诸家在乾隆朝交恶之标志。至于拒绝的原因，也多以为戴氏主考据，反宋学；姚鼐主宋学，批考据。故二人学术宗尚不同，方法门径相异，且姚氏于戴学，持有保留态度。戴既不纳姚入室，姚以之为受辱，故戴氏卒后，即转而攻戴，考据学派与桐城派之关系，终成水火。[27]

这些说法貌似有理，但问题是：古人欲拜某人为师，必是虔心诚意地敬仰其人其学，才甘愿入室为弟子；而姚鼐既然对戴学持有保留态度，又无人逼迫，那因何别别扭扭非要拜其为师呢？莫非是为了"入其室，操其戈而伐其人"？抑或竟是为自取其辱吗？

实际上，如果将戴震拒绝姚鼐事件，放在清代学术的大背景下来看，就会明白这既非戴氏之故为客套与谦虚，也非学术宗尚的原因。清代考据学家认为，明朝中后期学术界广收门徒，讲学结社，理学玄谈，空言误国。因此，清初顾炎武即不喜为师，以为"士而不先言耻，则为无本之人；非好古而多闻，则为空虚之学。以无本之人，而讲空虚之学，吾见其日从事于圣人而去之弥远也"[28]。所以，对于"效嚚者二三先生招门徒，立名誉，以光显于世，则私心有所不愿也"[29]，以是之故，顾氏"不坐讲堂，不收门徒"[30]，且行之终身。

乾嘉考据学家深受顾炎武影响，亦不喜讲学结社，广纳门徒。与戴震同时之钱大昕，当有人欲拜其为师时，也认为"古之好为师也以名，今之好为师也以利"，二者皆非己愿为，又称："如以仆粗通经史，可备刍荛之询，他日以平交往还足矣。直、谅、多闻，谓之三益，不识仆之戆直，得附足下益友之一否？"[31]此语与戴震婉拒姚鼐所言，话语完全相同。

[27] 详参王达敏：《姚鼐与乾嘉学派》中引用诸家之说及相关论述，第21—30页。

[28] ［清］顾炎武撰，华忱之点校：《顾亭林诗文集·亭林文集》卷3《与友人论学书》，北京：中华书局1959年版，第41页。

[29] ［清］顾炎武撰，华忱之点校：《顾亭林诗文集·亭林文集》卷3《与友人论门人书》，第47页。

[30] ［清］顾炎武撰，华忱之点校：《顾亭林诗文集·亭林馀集》，第168页。

[31] ［清］钱大昕撰，吕友仁标校：《潜研堂文集》卷33《与友人论师书》，第595页。

戴震不喜为师，从段玉裁拜师一事也可以看出。乾隆三十一年（1766），段氏向戴氏呈札问安，并求请业，自称弟子。戴震再三辞之，并谓："在吾兄实出于好学之盛心，弟亦非谦退不敢也。古人所谓友，原有相师之义，我辈但还古之友道可耳。"段氏还特意拈出姚鼐拜师一事，引为例证，说："观于姬传及玉裁之事，可以见先生之用心矣。"[32] 至三十四年，段氏敬谒戴氏，再三提出拜师之请，戴氏才勉从之。

乾嘉考据学家极其重视师承，这成为他们治学的鲜明特征之一，这似乎与反对好为人师自相矛盾。但他们所谓师承，一方面是继承汉儒重小学训诂、学有本源的特点，另一方面则是在经学研究中注重专门之学。如汉《易》因郑玄、荀爽、虞翻诸家，各不相同，必有所专主，才能深研其学，即皮锡瑞所谓"传家法则有本源，守颛门则无淆杂"[33]。这与别立门户、拥徒自重、讲学玄谈的师弟关系，是有本质区别的。因此，乾嘉考据学家中，除了朱筠椒花吟舫聚徒高会，门庭若市外，很少有人像袁枚那样有意识地树旗结派、广纳弟子。惠栋、江永、戴震诸人，亲传弟子唯数人而已，即钱大昕、卢文弨、段玉裁等人，后半生多在书院课徒，但其师生关系与宋明理学家前呼后拥、聚众设坛的格局完全不同。江藩曾对其师王昶不加拣择而滥收弟子，当面谏止，也是出于这样的原因。[34]

因此，从顾炎武至戴震、钱大昕诸人，皆一脉相通，不喜为讲学之师，戴氏之拒纳姚鼐入门墙，放在此背景下考察，则入情合理，戴氏不以是为非，姚氏亦不以是为恨。上述段玉裁举戴震屡拒自己为弟子时，很自然地引证到姚鼐的例子，也只是为说明其师不愿收徒，并无任何引为荣光或贬低姚氏之意。在当时学界，也从未有人对戴、姚关系提出过异议，王达敏兄认为："在时人眼里，姚、戴及其分属的宋、汉营垒的不和，根源于二者思想和治学祈向的对立，

32［清］段玉裁纂：《戴东原先生年谱》，载［清］戴震撰，赵玉新点校：《戴震文集》，第227页。

33［清］皮锡瑞撰，周予同注：《经学历史》十《经学复盛时代》，北京：中华书局1959年版，第321页。

34 详参［清］江藩纂，漆永祥笺释：《汉学师承记笺释》卷4《王兰泉先生》，上册，第377页。

而与个人之间的恩怨无甚关联。"[35] 笔者甚至认为，在时人眼里，姚、戴拜师事件及其关系，根本就不是一件什么大事，既不关涉个人恩怨，更不关乎汉、宋营垒，表面也未失和。故谓姚鼐"遭到戴逊辞坚拒，在学林大失面子，终身切齿，所撰《惜抱轩尺牍》等多收痛诋戴震和考据学的文字"[36] 显系夸大不实之词。

三 戴震对姚鼐之影响与姚鼐之攻驳戴震

1. 戴震对姚鼐的影响——挥之不去的"影子"

如上所述，戴震、姚鼐之间发生的"拜师事件"，至少表面看起来是风平浪静，无任何交恶的迹象。但戴氏对姚氏产生过什么影响，"拜师事件"在姚鼐心中留下了什么阴影，则是另外的问题。笔者认为，在姚鼐一生中，戴震的确是挥之不去的"影子"，使姚氏终身皆背负压力。戴氏对姚氏产生的影响或者说刺激，主要在如下几方面：

其一，姚鼐义理、考证、文章三分学术之说，直接来自戴震的影响。乾隆二十年（1755），戴震即提出："古今学问之途，其大致有三：或事于理义；或事于制数；或事于文章。"[37] 余英时认为："在乾隆时代，正式提出义理、考证、词章之三分法，东原似为最早，其后姚姬传与章实斋皆各有发挥。"究其实，乾嘉学者围绕义理、考据与词章，在宋以来诸家说的基础上，如王鸣盛、钱大昕、卢文弨、段玉裁、顾广圻、孙星衍、焦循、阮元等，都有各自的看法[38]。就戴震与姚鼐而论，戴氏认为义理必须经考证，才能明晰，即其所谓：

---

[35] 王达敏：《姚鼐与乾嘉学派》，第21页。

[36] 朱维铮：《汉学与反汉学——江藩的〈汉学师承记〉、〈宋学渊源记〉和方东树的〈汉学商兑〉》，载朱维铮：《求索真文明——晚清学术史论》，上海：上海古籍出版社1996年版，第14页。

[37] [清]戴震撰，赵玉新点校：《戴震文集》卷9《与方希原书》，第143页。

[38] 余英时：《论戴震与章学诚：清代中期学术思想史研究》，北京：三联书店2000年版，第128页。其实当时学者持如此说者甚众，称谓诸说不一，然大要皆围绕义理、考据、词章三者而展开讨论，详参拙著《乾嘉考据学研究》，第210—229页。

"故训明则古经明,古经明则贤人圣人之理义明,而我心之所同然者,乃因之而明。贤人圣人之理义非它,存乎典章制度者是也。"[39] 至于"事于文章者,等而末者也"[40]。而姚鼐则认为,义理不必非经过考证才能明晰,且三者"苟善用之,则皆足以相济,苟不善用之,则或至于相害"[41]。至于文章,乃姚氏一生之追求,他曾借姚椿之语夸赞自己,谓"以宋元以来学问、文章之统相属"[42]。其弟子更喻之以当代韩愈、欧阳修,推褒不遗余力。

其二,在考据学南北呼应、日盛一日的大背景下,尤其是戴震后来在四库馆中的地位与影响,使姚鼐倍感压力,如芒刺背。学术界以为:"在汉学大潮涌动于京师之时,姚鼐起意拜汉学权威戴震为师,此事的确可视为其学术生涯的分水岭。此前,姚鼐的学术兴趣在辞章;此后,其学问重心逐步转向了汉学考据。"[43] 窃以为姚鼐的兴趣,重点在辞章,并未有前后如此大的改变,只是在当时戴氏及考据学氛围之中,不甘示弱,无论是从"预流"的角度,还是从争胜角力的考量出发,姚氏也不能免俗地从事一些考据,如著《九经说》诸书,以示自己的考证功夫不弱于考证诸家。但这点事实证明并不成功,我们稍后再论。

其三,在戴震与考据学派强大的压力之下,姚鼐产生了树旗立帜、建立桐城文统的强烈意识。姚鼐在四库馆中,面对如日中天的戴氏与汉学炽盛的局面,孤寂难耐,终至辞职南归,但此时开宗立派的意识已经萌动。"如果深入考察就会发现,姚鼐在宋学旗帜下建立桐城文统,欲在学坛别立一军,包含着与汉学派相抗的深刻动机。"[44] 毫无疑问,正是考据学鼎盛的氛围,使姚鼐创立山头,与其分庭抗礼的动机和决心更为坚定。

---

[39] [清]戴震撰,赵玉新点校:《戴震文集》卷11《题惠定宇先生授经图》,第168页。

[40] [清]戴震撰,赵玉新点校:《戴震文集》卷9《与方希原书》,第143页。

[41] [清]姚鼐:《惜抱轩全集·文集》卷4《述庵文钞序》,第46页。

[42] [清]姚鼐:《惜抱轩全集·文后集》卷3《复姚春木书》,第224页。

[43] 王达敏:《姚鼐与乾嘉学派》,第21页。

[44] 王达敏:《姚鼐与乾嘉学派》,第107页。

2. 姚鼐对戴震的攻击——从商略学术到辱及人身

从戴震、姚鼐相识至戴震辞世，双方的学术往来中，姚氏对戴氏有所批驳，但也均可视为学术争鸣的正常范围。但姚鼐非常明白，在汉学炽盛的局面下，要建立桐城文统并产生影响，则必须先要"有立"，即描摹出桐城学统的师承源流与规模统系；同时要"有破"，即必须要有批判与打击的主要对象。正如惠栋在打出"汉学"旗号时，对"宋学"与宋儒进行了火力极猛的攻击，姚鼐在选择攻击点时，便将重点放在了困扰他的"影子"戴震身上。就当时影响最大的考据学大师，主要为惠栋、戴震、钱大昕三人。姚鼐虽未见过惠氏，但批评其《左传补注》"特嫌其所举太碎小"[45]；姚氏也与钱氏在有关秦郡的考辨方面，意见不一，并斥其反复论争，"于身心家国初无关涉，哓哓致辨，夫亦何为"[46]。但惠氏早逝，钱氏并无专著攻驳理学，唯戴震《孟子字义疏证》诸书，"欲言义理，以夺闽洛之席"[47]。这也是最让"学行继程朱之后，文章在韩欧之间"，并且隐然以道统正脉自许、以程朱为"父师"的姚鼐所切齿的，因此集矢而攻击戴震，无论于公于私，都是最合适的人选。同时，姚鼐曾说："国朝经学之盛在新安，古文之盛在桐城。"[48]新安学术的代表人物为江永、戴震，江氏是朱筠在任安徽学政时，加以表彰后才为世所重，并附弟子戴震之名才有了持续的影响力。因此，如果要在维护程朱理学的旗号下建立桐城文派，则打倒新安经学这一"拦路虎"势在必行。姚氏弟子方东树在《汉学商兑》中谈到毛奇龄与惠栋时曾曰：

（毛奇龄）指名而攻驳者，惟顾炎武、阎若璩、胡渭三人，以三人皆博学重望，足以攻击，而馀子则不足齿录也。又惠定宇教江声曰："罗愿非有宋大儒，不必辨。"按若是必择大儒而

---

[45] [清]姚鼐：《惜抱轩尺牍》卷5《与陈硕士（其四）》，上海：上海商务印书馆民国十四年(1925)铅印本，下册，第6b页。

[46] [清]姚鼐：《惜抱轩尺牍》卷4《与刘东明》，上册，第12b页。

[47] [清]姚鼐：《惜抱轩尺牍》卷6《与陈硕士（其三十一）》，下册，第13b页。

[48] [清]吴定：《紫石泉山房文集》卷10《翰林院修撰金先生墓志铭》，《清代诗文集汇编》本，第408册，第383页。

攻之，然后乃足立名，此近日学者著书攻朱子之本谋也。[49]

毛奇龄、惠栋本意所指如何，我们在此不论，但"择大儒而攻之"，却正是方东树最擅长的方法，也是桐城学人最喜用之法，姚鼐之大肆攻讦戴震，亦当如是看。而最引起后来争议的，就是他直斥毛奇龄、李塨、程廷祚、戴震等人"生平不能为程朱之行，而其意乃欲与程朱争名，安得不为天之所恶，故毛大可、李刚主、程绵庄、戴东原，率皆身灭嗣绝，此殆未可以为偶然也"[50]。此种攻驳之词，大失学人态度，已经超出学术争鸣的范围了。

四　姚鼐"桐城派"之创立与在当时的影响

一般认为，乾隆四十二年（1777），姚鼐撰《刘海峰先生八十寿序》，是他对桐城文统最早的勾勒与描绘。其曰：

> 曩者，鼐在京师，歙程吏部、历城周编修语曰：为文章者，有所法而后能，有所变而后大，维盛清治迈逾前古千百，独士能为古文者未广，昔有方侍郎，今有刘先生。天下文章，其出于桐城乎！[51]

尽管是借程晋芳、周永年之口，但"天下文章出于桐城"之说终于出炉。四十四年，姚氏编《古文辞类纂》成，为其树立桐城派的标志性纂述。后吴敏树论曰：

---

[49][清]方东树：《书林扬觯》卷下《著书争辨》，《四库未收书辑刊》本，第9辑第15册，第29页。

[50][清]姚鼐：《惜抱轩全集·文集》卷6《再复简斋书》，第78页。

[51][清]姚鼐：《惜抱轩全集·文集》卷7《刘海峰先生八十寿序》，第87页。

今之所称桐城文派者，始自乾隆间姚郎中姬传，称私淑于其乡先辈望溪方先生之门人刘海峰，又以望溪接续明人归震川而为《古文辞类纂》一书，直以归、方续八家，刘氏嗣之，其意盖以古今文章之传系之己也。[52]

乾隆四十五年（1780），姚氏主讲安庆敬敷书院。乾隆五十三年（1788），主歙县紫阳书院。第二年，主江宁钟山书院，自后主钟山前后二十年。乾隆五十七年（1792），陈用光刊姚氏《春秋说》、《春秋三传补注》。嘉庆元年（1796），姚氏有《复秦小岘书》倡义理、考证、文章三分说。二年，《九经说》刊行。四年，刻《诗集》五卷。五年，江宁诸生为刻《文集》十六卷。自主讲钟山起，姚鼐才有了一个相对稳定的课徒之地，其后慕名来学者日多，后人评曰：

门弟子知名甚众，其尤著者，上元管同、梅曾亮，同邑方东树、刘开，而歙县鲍桂星、新城陈用光、江宁邓廷桢，最为显达。至私淑称弟子者，则宜兴吴德旋、宝山毛岳生、华亭姚椿、同邑张聪咸，皆以文学著述称名。[53]

姚鼐弟子方东树夸赞其师，谓"乾嘉中，海内学者以广博宏通相矜放，而言古文独推桐城姚氏，自中朝搢绅及于乡曲后进无异辞"。[54]刘开曾在论其师扭转风气的作用时说：

天下风气之变，其势及于数十百年，而其始则起于一人之定向。方其习之未变，举世安于固陋而不知振，有明道者为之抉其蒙而发其聩，而大义之微者以昭；及其弊之既成，举世习知为非而不能正，有明道者为之挽其颓而矫其失，而流俗之靡

---

[52]［清］吴敏树：《枬湖文集》卷6《与筱岑论文派书》，《清代诗文集汇编》本，第620册，第360页。

[53]［清］郑福照：《姚惜抱先生年谱》，《北京图书馆藏珍本年谱丛刊》本，第107册，第624—625页。

[54]［清］方东树：《考槃集文录》卷10《管异之墓志铭》，《清代诗文集汇编》本，第507册，第288页。

者以兴。故夫人才之盛衰，学术之明晦，悉视其人之一身。而其身之存，天且默相之，以系世运。[55]

但平心而论，此类对姚鼐的歌颂及夸赞，都来自桐城姚门弟子，有点自卖自夸的味道。实际无论从姚鼐著述的传播及其古文影响而论，终乾隆一朝都未产生过大的动静，即嘉道时期，也未产生流布南北的轰动效应。但与汉学家不擅时文，阻于科举功名不同，姚门弟子中，则有一批金榜高中并深居要职者，如陈用光、姚莹、邓廷桢、鲍桂星、姚元之、康绍镛、李宗传、周兴岱等，皆至显宦，权倾一时。他们利用自己在官场与科场的话语权，对姚鼐古文及其学说的传播，起到了很大的作用，但汉学一统的学术格局并未彻底改变。桐城派影响的扩大与传播的深远，还要等到曾国藩等人势力起来之后，以"下规姚曾，上师韩欧"的宗旨进行再传播，影响才及大江南北；而下一波影响则要到马叙伦、姚永概等人入主新式大学，与林纾等人相应和，与"桐城谬种"的骂声一起在学林传播并逐渐淡出。

[55] [清]刘开：《孟涂文集》卷6《姬传先生八十寿序》，《清代诗文集汇编》本，第543册，第540页。

五　姚鼐的落寞抗争与考据学家之无视其学

1.《赠钱献之序》——姚鼐向考据学家挑战的宣言书

姚鼐生前，无论其学术与古文观念如何变化，他坚举宋学，维

护程朱,在这点上是始终一贯的。四库馆开,汉学浸盛,姚鼐曾回忆其在都下与戴震等辩论时,批评考据诸家曰:

> 宗汉学为至,以攻驳程朱为能,倡于一二专己好名之人,而相率而效者,因大为学术之害。……博闻强识,以助宋君子之所遗则可也,以将跨越宋君子,则不可也。鼐往昔在都中,与戴东原辈往复尝论此事,作《送钱献之序》,发明此旨,非不自度其力小而孤,而义不可以默焉耳。[56]

研究姚鼐者,对《赠钱献之序》所论甚少,但此文在姚氏思想发展脉络中,起着分水岭的作用,可以看作是当时"力小而孤"的姚鼐,面对强大的汉学阵营,在四库馆离职前向考据学派发出了强烈的抗议书与宣战书。

乾隆三十九年(1774),钱坫出都,归江南而适岭表。也在此年,姚鼐乞病解官,绝意离开京城。《赠钱献之序》实际是一篇经学史论文,姚鼐以为自汉至唐,经学蒙蔽,未得真解。"宋之时,真儒乃得圣人之旨,群经略有定说。元明守之,著为功令。"姚氏接着说:

> 明末至今日,学者颇厌功令所载为习闻,又恶陋儒不考古而蔽于近,于是专求古人名物制度训诂书数,以博为量,以阙隙攻难为功。其甚者,欲尽舍程朱而宗汉之士,枝之猎而去其根,细之蒐而遗其钜,夫宁非蔽与![57]

姚鼐通过对经学史的梳理,来否定汉唐经学,褒扬宋儒尤其是朱熹的功绩,并对当代考据学提出严正批驳。清季学者张星鉴曾

---

[56] [清]姚鼐:《惜抱轩全集·文集》卷6《复蒋松如书》,第73页。

[57] [清]姚鼐:《惜抱轩全集·文集》卷7《赠钱献之序》,第84—85页。

论曰：

桐城姚姬传，不好汉学，以宋学传授生徒，其《赠钱献之序》痛斥汉儒之谬，为生平论学大端，其见非不卓然矣。然姬传尝师事戴先生东原，迨其殁也，姬传致书友人云东原毁谤朱子，是以乏嗣，其斥东原不遗余力，是岂姬传之学识先后矛盾欤？抑别有憾于东原欤？未可知也。[58]

张氏谓《赠钱献之序》为姚氏"生平论学大端"，可谓慧眼别识，乃姚鼐之解人。钱坫为钱大昕之侄，姚氏借其南归赠文，以阐明其宗程朱而贬汉学的观点，不仅是给钱坫看的，而且是在京师四库馆与戴震等人争论的同时，向在南方主持风会的钱大昕等人的一种宣示与挑战。不久，姚氏亦辞官出都，与汉学家公然异途；同时培植后进，沉潜蓄力，开始将树旗立帜，建立桐城文统的想法付诸具体行动。

2. 姚鼐生前落寞与考据学家无视其学

如上所述，尽管姚鼐力图发出自己的声音，向汉学家公开挑战，但在此后很长一段时间里，甚至至其故去，却是应者寥寥，汉学家几乎视如不见。有以下数事可证：

其一，姚鼐在四库馆时，力图与戴震辈相抗衡，但争执的结果是"力小而孤"，只好辞官归里，以谋另立山头。其二，姚鼐处心积虑所撰《赠钱献之序》，不但没起到"吹皱一池春水"的作用，甚至没有泛起一丝的涟漪。其三，姚鼐为王昶所撰《述庵文钞序》，再次强调他的义理、考证、辞章三分之说，并对王氏文集甚有期待，结果是王氏刊集，竟然不用姚序，令姚鼐情不能堪！其四，为表示自

[58] [清]张星鉴：《仰萧楼文集·赠何愿船序》，清光绪刻本，第14a—15a页。

己亦深于考证，精通经学，姚氏撰《九经说》，以考论经说，然竟无人读其书。姚柬之曾论《九经说》："容有未协于人意者，当先生存时已无人重之者。今先生下世二十八年矣，读者益寡。"[59] 考据学派诸家，在论学及引证时，也极少有人引用姚氏经说，其书始终被冷落。其五，即姚鼐所倡古文，亦并未达到"家家许郑"的盛况。姚氏弟子吴旋德曾曰：

> 方德旋年二十许时，见吾郡诸前辈言及古文，无不啧啧称美侯、魏、汪、姜及董文友、邵青门诸子，而于望溪、海峰，曾不置之齿颊间。自皋文交王悔生，而后知古文之学在桐城。数十年来，学者稍稍称说望溪、海峰、惜抱三先生，为能学古人而得其正。然世人好三先生之文者，终不敌好侯、魏诸家之文之众。[60]

自乾隆至咸丰间，总集类书如徐斐然《国朝二十四家文钞》、石韫玉《国朝十家文》、朱琦《国朝古文汇钞》、吴翌凤《国朝文征》、李祖陶《国朝文录》与《续文录》等，其所选作家与古文，方苞、刘大櫆、姚鼐等，或一篇不收，或略收数篇，皆不以其为大家，更不以之为文宗，故"天下文章出桐城"，亦仍不出桐城诸人自卖自夸而已。

因此，姚鼐终其一生，都寂寞异常。他对于自己的考据成果也极为珍视，并希望得到考据学家的重视与褒扬。如对秦郡的考证，与钱大昕有异，姚氏自言："近时史学无过钱辛楣，然吾有所辩论，殆足俪之，恨吾书彼不得见耳。"[61] 后钱大昕读姚鼐《庐江九江二郡沿革考》，并复信称："先生当代宗师，一言之出，当为后世征信。敢献所疑，幸明以示我。"[62] 虽故为谦抑，未贬低姚氏，但并不认同姚

---

[59] [清] 姚柬之：《伯山文集》卷8《书惜抱轩九经说后》，《清代诗文集汇编》本，第549册，第133页。

[60] [清] 吴德旋：《初月楼文续钞》卷2《复耶溪书二》，《清代诗文集汇编》本，第486册，第101页。

[61] [清] 姚鼐：《惜抱轩尺牍》卷6《与陈硕士》，下册，第18b页。

[62] [清] 钱大昕撰，吕友仁标校：《潜研堂文集》卷35《与姚姬传书》，第634页。

说。姚鼐讥刺钱氏所辨"于身心家国初无关涉,哓哓致辨,夫亦何为"⁶³。实际姚氏也屡屡言及此事,同样哓哓不已。

姚鼐既不得考据学家肯定,其经学考证诸书也不为学界所认可,其闷闷不平之情可知。他曾自谓:"鼐以生平用心所隐,冀相知于不可知之异世者,而竟得于同时乎!以四海之广,消然相望于旷邈沉寥之中,有不使更感叹而增欷者乎!"⁶⁴ 类似的话语,在姚氏集中屡见。对姚鼐而言,最痛苦孤寂的不仅仅是终其一生也未得到像戴震在四库馆,或者钱大昕在江南那样举足轻重的学术地位与话语权力,而且还为考据诸家所轻视,如同在空谷旷野发出强烈的呼喊声,都被消解在汉学大潮的风雨中。

63 [清]姚鼐:《惜抱轩尺牍》卷4《与刘东明》,上册,第12b页。

64 [清]姚鼐:《惜抱轩全集·文集》卷7《复东浦方伯书》,第81页。

65 [清]方苞撰,刘季高校点:《方苞集》卷1《书辨正周官戴记尚书后》,上海:上海古籍出版社2009年版,上册,第34页。

六 钱大昕、汪中等人对方苞的蔑视

乾嘉考据学家,无论戴震、钱大昕还是其他诸家,皆未向姚鼐发难,或显斥其学。但他们对方苞却自始至终没有好的评价,尤其以钱大昕、汪中为最。考据学家以郑玄为"素王",但方苞对汉儒与郑玄深为不满。其曰:

> 汉儒之治经,莫勤于郑氏;然以莽事训《周官》,而于周公践阼,文王受命称王,皆笃信焉,而益漫其支流,况《毛序》、《孔传》之伪杂乎?世俗之贸儒,尚或以经说惟汉儒为有据,而诋程朱为凭臆,非所谓失其本心者与?⁶⁵

方苞此说,是建立在相信《周官》为刘歆伪造的基础上的。方氏主持三礼馆，以礼学称，著有《周官集注》十二卷、《仪礼析疑》十七卷与《礼记析疑》四十六卷，并皆收入《四库全书》。然考据学家对方氏礼学成果评价并不高。《四库提要》论曰：

（《周官集注》）成于康熙庚子，后苞所著《望溪集》指《周官》之文为刘歆窜改，以媚王莽，历指某节某句为歆所增，言之凿凿，如目睹其笔削者。自以为学力既深，鉴别真伪，发千古之所未言，而究不免于臆断，转不及此书之谨严矣。[66]

《四库提要》对方苞《仪礼析疑》的评价要稍高些，虽然对其驳郑注提出反驳，但认为书中所论"皆细心体认，合乎经义，其他称是者尚夥，检其全书，要为瑜多于瑕也"[67]。对于方苞《礼记析疑》，《提要》举其删《文王世子》经文，是继承朱熹、王柏、吴澄删经之弊习，讥其"不师宋儒之所长而效其短，殊病乖方。今录存其书，而辨其谬于此，为后来之炯戒焉"[68]。此几乎将其置于妄改经文的反面典型了。

按实论之，方苞词章有名当时，然其经学，后人不甚重之。如全祖望曰："然世称公之文章，万口无异辞，而于经术已不过皮相之。"后来严元照甚至评论曰："方公实无所谓经术，非皮相也。"[69]

钱大昕一生，少论人过，但对方苞的批评则非常严厉。钱氏曾引临川李绂（巨来）讥方苞所撰《曾祖墓铭》之说，以为今县以"桐"名者有五：桐乡、桐庐、桐柏、桐梓，不独桐城，而方苞文中省桐城曰"桐"，"'后世谁知为桐城者。此之不讲，何以言文！'望溪默然者久之，然卒不肯改，其护前如此"。又引金坛王若霖语曰："灵皋以古文为时文，以时文为古文。"钱氏直称："论者以为深中望溪之病。"[70]不仅如此，钱氏《与友人书》还直斥方苞。其曰：

前晤吾兄，极称近日古文家以桐城方氏为最。予常日课诵经史，于近时作者之文，无暇涉猎，因吾兄言，取方氏文读之，其波澜意度，颇有韩、欧阳、王之规橅，视世俗冗蔓獿杂之作，固不可同日语。惜乎其未喻乎古文之义法尔。……盖方所谓古文义法者，特世俗选本之古文，未尝博观而求其法也。法且不知，而义于何有！昔刘原父讥欧阳公不读书，原父博闻，诚胜于欧阳，然其言未免太过。若方氏乃真不读书之甚者。吾兄特以其文之波澜意度近于古而喜之，予以为方所得者，古文之糟粕，非古文之神理也。[71]

钱氏以为方苞所得，"为古文之糟粕，非古文之神理"，而姚鼐则称"望溪先生之古文，为我朝百余年文章之冠，天下论文者，无异说也"[72]。二人观点，可谓河汉悬远矣。

汪中对于时贤恒多否而少可，并大言："吾所骂皆非不知古今者，盖恶莠恐其乱苗也。若方苞、袁枚辈，岂屑屑骂之哉！"[73]此足见其对方、袁二氏之极度蔑视。方苞以礼学称，但汪氏针对方氏"家庙不为妇人作主，以为礼也"的观点，引《公羊传》等书中证据，进行反驳，认为"妇人有主，明矣"[74]。即凌廷堪在与姚鼐讨论《司马法》版本问题时，也明确表示对"方望溪义法之说，终不能无疑也"[75]。至于江藩，则更是歪曲史料，将方苞刻画成一个既不学无术，而又护己妒贤、气量狭窄的人，此已见前述。

姚鼐对钱大昕、汪中诸人的言论，当然不可能满意，对钱氏有所指责，也就可以理解了。至于汪中，姚鼐无所持论，但嘉庆十六年（1811），汪中子喜孙在钟山书院拜谒姚鼐，并欲入其门下，姚鼐用戴震当年对待他的方式，亦"缴纳"其所呈文册，婉拒喜孙之请，并对汉学"搜求琐屑，征引猥杂，无研寻义理之味，多矜高自满之

[71]［清］钱大昕撰，吕友仁标校：《潜研堂文集》卷33《与友人书》，第606—608页。

[72]［清］姚鼐：《惜抱轩全集·文后集》卷1《望溪先生集外文序》，第205页。

[73]［清］凌廷堪撰，王文锦点校：《校礼堂文集》卷35《汪容甫墓志铭》，北京：中华书局1998年版，第320页。

[74]［清］汪中：《述学·内篇一·妇人无主答问》，《续修四库全书》本，集部第1465册，第391页。

[75]［清］凌廷堪撰，王文锦点校：《校礼堂文集》卷24《复姚姬传先生书》，第220页。

气"提出批评[76]。而对汉学诸家大事攻驳，为其师出头舒气者，则有方东树也。

七 江藩《汉学师承记》与方东树《汉学商兑》之编纂与影响

1.《汉学师承记》与《汉学商兑》的编纂动机与目的

乾隆初，随着官版《明史》修订完成与刊行，修《明史》不再成为有吸引力的话题。但当朝《国史·儒林传》应该以何标准编纂，将哪些学者置身其中，哪些学者置诸局外，却颇多争议。如翁方纲主张"今日《儒林》之目，必以笃守程朱为定矩也"[77]。嘉庆十五年（1810），夺职在京的阮元自愿兼任国史馆总辑，纂辑《儒林传》，他向自己的好友焦循、臧庸、朱锡庚、弟子张鉴等人函札征求意见。焦氏以为："太史公创《儒林列传》，推本孔子，尊崇'六艺'，班氏踵之，所列之人皆经学也。"[78]因此，主张应以"经学"为准的。而阮元主张"崇宋学之性道，而以汉儒经义实之"[79]。这是站在官方立场上说话，貌似持汉宋之平，实际仍是以考据学为主。而江藩的《汉学师承记》正是在此氛围中产生的。

自乾隆中后期起，随着清廷开馆修《四库全书》，考据学达到鼎盛。在北京与江南，形成考据学两大中心，一时之间产生所谓"家家许郑"的局面。然而，无论在朝廷国史馆还是民间私撰之书，却都没有能显示考据学兴盛这一现实。康熙朝的理学名臣所撰之书，

---

[76] [清]姚鼐：《惜抱轩全集·文后集》卷3《复汪孟慈书》，第227页。

[77] [清]翁方纲：《复初斋文集》卷11《与曹中堂论儒林传目书》，《清代诗文集汇编》本，第382册，第106页。

[78] [清]焦循撰，刘建臻点校：《雕菰集》卷12《国史儒林文苑传传议》，扬州：广陵书社2009年版《焦循诗文集》本，上册，第213页。

[79] [清]阮元撰，邓经元点校：《揅经室一集》卷2《拟国史儒林传序》，上册，北京：中华书局1993年版《揅经室集》本，第37—38页。

如魏裔介《圣学知统录》、汤斌《洛学编》、张夏《洛闽源流录》、熊赐履《学统》、张伯行《道统录》与《伊洛渊源续录》等，仍然是朱子《伊洛渊源录》之续编。黄宗羲《明儒学案》虽然从体裁上改变了一种叙事方式，但其所述仍是宋明理学之统绪，这显然不是江藩与考据学派学者所想看到的一代学术传记。

不仅如此，嘉庆时清王朝也由盛转衰。而与此形成正比的是，随着《四库全书》的编纂完成，以及江永、惠栋、戴震、钱大昕这些具有领袖气度与典范作用的大师之凋谢，考据学家开始趋于在某一领域做窄而深的研究。考据学走向衰微，训诂碎屑、毛细罗列成为学界自夸与掩饰的另一种虚浮风气，学术界对考据学的抨击也日增一日。因此，在考据学派内部，学者也开始有意识地总结当代学术，分析利弊得失，其中以江藩《汉学师承记》影响最大。

汉学的最终目的是"契夫先圣之微言，七十子后学之大义"[80]，此亦江藩《汉学师承记》"汉学"之大义。江藩书名"师承"有两层深意：一是远绍汉儒家法之学，即"汉世儒林家法之承授"；二是近述清儒传授源流，即"国朝学者经学之渊源"[81]。因此，《国朝汉学师承记》用一句话来概括就是：用传记体史著之体裁，用正史儒林传史法，记述清朝汉学派学者之经学传授渊流、师法与经学成就的一部当代学术史。由此可知，江藩编纂《汉学师承记》的动机与目的，就是在道学传记类史著充斥的学界，为汉学争地位，其着眼点并不是与桐城派争天下也明矣。

江藩《汉学师承记》并不主要针对桐城诸家，但方东树《汉学商兑》却以《汉学师承记》为标靶和取证材料，向汉学家发难。清中叶宗朱子者甚众，却为何是方东树纂辑《汉学商兑》，向汉学家发难呢？简单来说，可以归结为五个原因：一是方东树学宗朱子，以卫道者自居，不容他人对程朱理学有丝毫批评；而汉学家蔑视性理

[80] 王欣夫撰，鲍正鹄、徐鹏整理：《蛾术轩箧存善本书录·甲辰稿》卷3《松崖读书记》，上海：上海古籍出版社2002年版，下册，第1317页。

[81] [清]阮元：《汉学师承记序》，见[清]江藩纂，漆永祥笺释：《汉学师承记笺释》卷1，上册，第4页。

之学,奚落朱子。方氏对学术是非的判断,有着极深的门户之见,他衡量学人学说的标准,即是否尊奉程朱,"故见后人著书,凡与朱子为难者,辄恚恨,以为人性何以若是其蔽也"[82]。二是桐城学者以方苞为大宗,而汉学家蔑视方苞;即方东树之师姚鼐,也不受汉学诸家重视,落寞至极。这些积怨至方东树,终于爆发。三是方东树本人的性格,轻率易怒,喜好驳辩,争强斗狠。他曾自谓:"余性轻脱率易,又精神短浅,虑患不深,疏放不慎,不但轻言易忿,即于阅人文字,及与人书札,尤草率轻易。"方氏归结为"坐果于自信,高识敏性",自戒兼以自夸[83]。四是当时汉学大盛,并得到阮元等封疆大吏支持,令方东树感到极大的焦虑与不安。五是江藩《汉学师承记》等书在广州的刊行,以及阮元学海堂等的开办,直接刺激了方东树。

嘉庆二十三年(1818)末,《汉学师承记》八卷与《经师经义目录》一卷刊行;道光三年(1823)正月,阮元《揅经室集》刻成;同年,江藩《汉学师承记》再版,《宋学渊源记》初刊;道光四年(1824)十二月,学海堂建成;道光五年(1825)八月,阮元主持辑刻《皇清经解》。方氏在广州期间,曾上书阮元,希望他"正八柱而扫粃糠",纠正汉学歪风,但未获理睬,备受冷落[84]。所有这些都引起了方东树的极度愤慨,成为方氏编纂《汉学商兑》与《书林扬觯》等书的直接动力。

2.《汉学师承记》的攻驳宋学与《汉学商兑》之批判汉学

江藩《汉学师承记》为汉学家树碑立传的同时,全面抨击宋学,不遗余力。《汉学师承记》开卷,对自先秦至明的经学史进行了简明的回顾,对宋明经学,是完全否定的。其曰:

---

[82] [清]方东树:《书林扬觯》卷下《序纂》,《四库未收书辑刊》本,第9辑第15册,第49页。

[83] [清]方东树:《未能录》卷上《敬事五》,清光绪十七年(1891)重刻《仪卫轩全集》本,第3a页。

[84] [清]方东树:《考槃集文录》卷6《上阮芸台宫保书》,《清代诗文集汇编》本,第507册,第227页。

宋初承唐之弊，而邪说诡言，乱经非圣，殆有甚焉。如欧阳修之《诗》，孙明复之《春秋》，王安石之《新义》是已。至于濂、洛、关、闽之学，不究礼乐之源，独标性命之旨，义疏诸书，束置高阁，视如糟粕，弃等弁髦，盖率履则有余，考镜则不足也。元、明之际，以制义取士，古学几绝，而有明三百年，四方秀艾，困于帖括，以讲章为经学，以类书为博闻，长夜悠悠，视天梦梦，可悲也夫！在当时岂无明达之人、志识之士哉，然皆滞于所习，以求富贵，此所以儒罕通人，学多鄙俗也。[85]

因此，江藩断然认为，魏晋以来，经术衰微，迟至"本朝，三惠之学盛于吴中，江永、戴震诸君继起于歙，从此汉学昌明，千载沉霾，一朝复旦"[86]。有鉴于此，江藩书中摒斥主张宋学的人物，不为立传，同时在史料选择上，对宋学派人物所写传状、墓志等，一概不加参考。在同一史料中，选择对汉学有利之材料，删削对宋学有利之材料。例如阮元称王昶"治经与惠栋同深汉儒之学，《诗》、《礼》宗毛、郑，《易》学荀、虞；言性道则尊朱子，下及薛河津、王阳明诸家"[87]，而江藩采录时只录"从惠征君定宇游，于是潜心经术，讲求声音训故之学"[88]。此皆江氏有意为之。不仅如此，江藩还不惜歪曲史料来抬高汉学，例如前举凡涉方苞者，屡鄙薄之，以致肆意改篡史料。

江藩有明显的门户之见，宗汉而贬宋。而方东树《汉学商兑》，则更是明火执仗，大肆攻驳汉学，可以称之为"汉学批判"，或者"汉学流毒大揭发大批判"。方氏曰：

此书本止一卷，首尾脉络相贯，以篇叶较多，分为三帙。首溯其畔道冏说之源；次辨其依附经义小学，似是而非者；次

---

[85] [清]江藩纂，漆永祥笺释：《汉学师承记笺释》卷1，上册，第12—15页。

[86] [清]江藩纂，漆永祥笺释：《汉学师承记笺释》卷1，上册，第34页。

[87] [清]钱仪吉纂，靳斯标点：《碑传集》卷36《诰授光禄大夫刑部右侍郎王公昶神道碑》，第3册，第1063页。

[88] [清]江藩纂，漆永祥笺释：《汉学师承记笺释》卷4《王兰泉先生》，上册，第336页。

为总论,辨其诋诬唐宋儒先,而非事实者。[89]

案今《汉学商兑》一书,其中卷上六条,卷中上二十五条,卷中下二十五条,卷下十条,总六十六条,间有同一条中列引汉学家数家之说者,先列汉学家观点,然后逐条批驳,并为宋儒辩护,最后为"总论",即是方氏全书攻击的核心。他综论汉学诸家攻宋儒之弊曰:

> 近世有为汉学考证者,著书以辟宋儒、攻朱子为本,首以言心、言性、言理为厉禁。海内名卿巨公,高才硕学,数十家递相祖述,膏唇拭舌,造作飞条,竞欲咀嚼。究其所以为之罪者,不过三端:一则以其讲学标榜,门户分争,为害于家国;一则以其言心、言性、言理,堕于空虚心学禅宗,为歧于圣道;一则以其高谈性命,束书不观,空疏不学,为荒于经术。[90]

围绕此"三端",方氏在《汉学商兑》中,引证立说,反复诘难;且不惮烦冗,又析之为汉学家"六蔽",并兼具"七识"[91]。所谓"六蔽",也就是上述"三端"再重言叠语而已。在总结"六蔽"之后,方东树进而痛责曰:

> 今汉学家首以言理为厉禁,是率天下而从于昏也。拔本塞源,邪说横议,较之杨、墨、佛、老而更陋,拟之洪水猛兽而更凶。何者?洪水猛兽害野人,此害专及学士大夫。学士大夫之学术昧,则生心发事害政,而野人无噍类矣。[92]

方东树对清代汉学家的研究成果,基本上是全面否定,而攻击

---

[89] [清]方东树:《汉学商兑》,《万有文库》本,上海:商务印书馆1937年版,《序例》,第4页。

[90] [清]方东树:《汉学商兑》,《万有文库》本,《序例》,第1页。

[91] [清]方东树:《汉学商兑》卷下,《万有文库》本,第149—150页。

[92] [清]方东树:《汉学商兑》卷下,《万有文库》本,第161页。

最力的则是汉学研究为世所认可的小学、训诂、名物、典制诸方面的成就，尤其是汉学家治《说文》及古音分部等。如《汉学商兑》初刊本中，还称赞"近人说经，无过高邮王氏《经义述闻》，实足令郑、朱俛首，自汉唐以来，未有其比也"[93]。此段文字为后世研究者广泛称引，但世人不知在方氏后来所撰《汉学商兑刊误补义》中，已将此段删汰。他对汉学家小学成就的些微肯定，也是说他们"皆本之宋儒"[94]，只是在抄撮汉魏以来朱子成果的基础上，略有发明而已。

3.《汉学师承记》与《汉学商兑》各自的影响

江藩《汉学师承记》对自清初至清中叶汉学之学术渊源、师承关系、学术宗旨、代表人物及成就得失等，用传统传记体进行了详尽的论述，是最早对清代汉学进行全面总结与评价的专著。清季李慈铭称其书"谨守汉学，不容一字出入，殊有班氏《儒林传》《艺文志》家法，非陆氏《释文叙录》等书所得比肩"[95]。黄式三认为："凡前儒经说之创获者，靦缕述之，不矜裁削，于后儒所讲起收虚实之法不拘焉。后之为《艺文志》《儒林传》者，将必取法于是也哉。"[96] 后来如梁启超、章炳麟、支伟成、钱穆以及近现代人有关清代学术与思想的著述，莫不受江藩影响，台湾周骏富主编《清代传记丛刊》以《汉学师承记》为首选，足以说明该书在清学研究领域的地位与作用。是书出版至今，在不到二百年的时间里，据笔者统计已经有60余种不同的版本，一部学术著述刊行版本如此之多，也从侧面证明了其作用与影响。

对《汉学师承记》持批评意见者，主要是从江藩有门户之见、立例不严、篡改史料、记载有失，以及过分关注扬州学者等，而驳难最多者，则为方东树。如其论曰：

---

[93] [清]方东树：《汉学商兑》卷中之下，道光十一年(1831)初刻本，第33b页。

[94] [清]方东树：《汉学商兑》卷下，《万有文库》本，第164—165页。

[95] [清]李慈铭撰，由云龙辑：《越缦堂读书记》同治癸亥十月初四日《国朝汉学师承记》，北京：中华书局1963年版，第57页。

[96] [清]黄式三：《儆居集》卷4《子集三·读江氏隶经文》，清道光刻本，第3册，第31b页。

> 江藩曰：顾亭林、黄太冲，"两家之学，皆深入宋儒之室，但以汉学为不可废耳。多骑墙之见，依违之言，岂真知灼见者哉"云云。意甚憾其不专宗汉学，已为谬见。又称其深入宋儒之室，益为无见之谈。以余论黄、顾二君，盖得汉学之精，而宋学之粗者也。如江氏、惠氏，乃拾汉学之渣秽者也。后有真儒，必以余言为信。[97]

方东树是站在程朱理学的立场上说话，所以指斥江氏为"汉学之渣秽"。

反观方东树《汉学商兑》一书，初刊于道光十一年（1831），后来受曾国藩表彰与支持，经方宗诚校订，由吴棠、涂宗瀛等分别再刊，一时传布大江南北，是书至今亦有二十余种版本行世。对此书的作用与影响，学术界向来肯定者有二：一是《汉学商兑》的出版，给汉学以沉重一击，导致其从此衰微；二是受《汉学商兑》的影响，学术界主张汉宋调和的呼声日渐强烈。

前一种观点，源自方东树子方闻、其侄弟子方宗诚等，认为自《汉学商兑》出，"于是汉学之气焰始衰。虽崇尚之者，亦无敢公然诋毁矫诬矣。嘉道间海内著述有功于圣道者，以此为第一"[98]。此后学术界即以为，汉学衰微与《汉学商兑》的出版有密切的关系。而民国以来学术界则多以为该书的面世，使人们认清了汉学的流弊，开始走向汉宋调和。如梁启超称方东树"正值正统派炙手可热之时，奋然与抗，亦一种革命事业也"[99]。林庆彰谓："方氏的说法，为后来的汉宋之争或汉宋调和起了引导作用。"[100] 又王汎森谓"在《汉学商兑》出版半世纪后，人们还是把它当作是要求汉宋融合的嚆矢"[101]，等等。

客观而言，方东树对汉学的攻驳，的确使人们更为清楚地认识到汉学弊病丛生，有一定的积极作用，但也非常有限。因为对汉学

---

[97]〔清〕方东树：《汉学商兑》卷上，《万有文库》本，第22页。

[98]〔清〕方宗诚：《柏堂师友言行记》卷1，《续修四库全书》本，史部第540册，第552页。

[99] 梁启超：《清代学术概论》，上海：上海古籍出版社2005年版，第58页。

[100] 林庆彰：《方东树对扬州学者的批评》，《清代经学研究论集》，台北："中央研究院"文哲所2002年版，第372页。

[101] 王汎森：《中国近代思想与学术的系谱》，台北：台湾联经出版公司2002年版，第22页。

家的攻驳，并非始于姚鼐、方东树等人，而早在他们之前的袁枚、翁方纲、章学诚诸人，就已经对汉学弊端进行了相当严厉的批评。同时，在汉学家内部如戴震、钱大昕、段玉裁、焦循、凌廷堪、阮元诸人，也已经清醒地认识到汉学弊端并进行纠偏。因此方东树对汉学诸家及其学术的批评，并非先行者，而且其攻驳只是一味漫骂，并无新意可言，因此称其为"革命事业"，显有夸大的嫌疑。

　　清代汉学发展到道光时期，早已过了全盛期。汉学的两大中心是北京与江南，随着《四库全书》的纂成与惠栋、戴震、钱大昕、段玉裁、王念孙等人的凋谢，加之"太平天国"的扫荡，江南的南京、苏州、扬州、杭州等地藏书之家，经兵燹焚余之后，书籍流散，故家毁亡，汉学赖以生存的环境遭到极大的破坏。随着湘军挺进江南，曾国藩、皮锡瑞、王先谦、叶德辉等人继起，湘学成为学术界的新兴力量；今文经学兴起，学者研究《公羊》、三家《诗》与诸子学等蔚然成风；而随着西方列强的侵略与家国兴亡的刺激，研究西北地理、海国疆域等方面的专题成为时尚。汉学早已不复乾嘉全盛期的光景，已经走向了衰微。所以，汉学衰微与《汉学商兑》的攻驳，也不存在必然的联系。

　　就汉宋调和而论，事实上主张此说也不始于阮元，乾隆朝纪昀等人，就主张汉宋持平与调和，但他们所谓"汉宋调和"只不过是一种官方味道的说辞而已，实际二人皆汉学中人，崇汉而弃宋。而且事实是方东树上书阮元，并未得到阮氏支持，更不存在阮氏受方东树的影响而转变观念的事实[102]。即便勉强说主张义理、考证、词章、经济四分说的曾国藩等，受《汉学商兑》的影响，但也不可能做到真正的汉宋调和甚至融合。清季与民国初始，家国巨变，国将不国，学术界在找寻清朝衰亡与国力不济的原因时，认为汉学的发达与学者埋头考据是导致亡国的重要因由，因此对汉学进行全面清

[102] 如王汎森以为《汉学师承记》与《汉学商兑》皆由阮元刊刻，并称"有趣的是，针锋相对的两本书都由阮元所刊行，这或许象征着阮元后来逐渐显露出的一种同时包容汉宋之学的趋向"，且以为这"不能不说是石破天惊之举了"。（详参王氏《方东树与汉学的衰退》一文，载《中国近代思想与学术的系谱》，第11—12页。）案此说无据，实际方东树并未得到阮元的支持，方宗诚谓东树以书上之，而阮元"不悟"。（[清]方宗诚：《柏堂集前集》卷7《仪卫先生行状》，清光绪六年刻《柏堂遗集》本，第8a页。）况道光六年(1826)六月十三日，阮元接部咨奉上谕云贵总督任，时《汉学商兑》尚未完稿，更不可能刊行。笔者据方东树《汉学商兑刊误补义》等考证，《汉学商兑》在道光四、五年间，有部分成稿，此后不断修改，于道光十一年方才初刊，与阮元没有任何的关联。（详参拙文《方东树〈汉学商兑〉新论》，《文史哲》2013年第2期。）

算，而《汉学商兑》的适时流传，以及书中的极端攻击的言论，足以满足各方厌恶汉学的需要，达到了戏剧性的"效果"，所以将其书的作用进一步夸大。究其实，汉学衰微与汉宋调和等，与《汉学商兑》并无直接关联。

八　乾嘉考据学家与桐城派关系综论

1. 汉学家与桐城诸家争执中的攻守形势——究竟是谁攻谁守？

前已述之，近今人认为桐城学者与考据家交恶，或埋祸于江永、方苞之论礼不合；或始于戴震、姚鼐之"拜师事件"；或爆发于江藩、方东树之交相攻击。甚或以为在乾隆朝戴震卒后的三十年里，汉学家面对姚鼐等人的攻击，或沉默，或轻蔑，或隐忍，或采取守势应对。如朱维铮曰：

> 应该说，在戴震于一七七七年去世后，姚鼐对他进行猛烈抨击，甚至辱及人身，而戴门弟子和朋友都报以沉默。……在那些潜心考证的汉学家看来，此辈依仗权势，"本未得程朱要领，徒援引肤末，大言自壮"，岂足与校？以无言示轻蔑，自在意中。……（姚卒）他有没有想到桐城派已被众多"崇学之士"，下意识地排除在"国朝宋学"之外？人们不得而知。但汉学家在忍受他和他的支持者攻讦四十年后，已难以继续隐忍，则也是事实。

从清学史的角度来看，从戴震去世以后的三十多年间，汉学家面对讲道学者的种种攻击，总的说来是采取守势，避免直接论战。江藩二书刊行，才算他们对于这类攻击的首次全面回应。……读江藩二书，令人感到意外的，并非他以桐城诸家为回应对象，而是他的回应，同在前的姚鼐、在后的方东树相较，可说是够温和的。他指名批评对手，不过在《汉学师承记》和附录中，各出现一次，只点方苞一人；《宋学渊源记》没有点到桐城、阳湖诸家任何姓名。但也许正是这种彬彬有礼的态度，激怒了姚鼐四门徒之三的方东树。[103]

这段话叙述汉学家与桐城派之关系，给读者造成之印象：一是在戴震卒后，桐城派气盛，而汉学派无论是"沉默"还是"轻蔑"，总之是隐忍吞声四十年，至江藩纂《汉学师承记》终不能默，方起而回应；二是在乾隆朝，自始至终存在着严重的汉、宋对立与争执，双方剑拔弩张，势同水火，且桐城诸家大有凌驾于汉学诸家之上的态势。

有意思的是，方东树在《汉学商兑》中，也有意识地制造气氛，绘声绘色地描摹出汉学派气势汹汹、持械来犯的惊险战争场面。其论汉学家曰：

举凡前人所有成说定论，尽翻窠臼，荡然一改，悉还汉唐旧规，挑宋而去之，使永远万世，有宋不得为代，程朱不得为人，然后为快足于心。大抵以复古为名，而宇内学者，耳目心思为之一变。不根持论，任意讥弹，颠倒是非，欺诬往哲。当涂者树名以为招，承流者怀利以相接，先进者既往而不返，后起者复习俗而追之。整兵骇鼓，壁垒旌旗，屯营满野，云梯、

[103]《汉学与反汉学——江藩的〈汉学师承记〉、〈宋学渊源记〉和方东树的〈汉学商兑〉》，载朱维铮：《求索真文明——晚清学术史论》，第24—28页。

火牛、厌胜、五禁之术，公输、墨翟、田单、郦生之俦，纵横捭阖，苏、张游说之辨百出。新学小生，本无是非之心，亦无恩仇之报，但随俗波靡，矜名走利，相与哆口睒目，曳梃攘臂而从之。扬风纵燎，欲以佐斗，为鏖战而决胜，灭此朝食，廓清独霸。而程朱之门，独寂然不闻出一应兵。夫习非胜是，偏听成惑，若守文持论，败绩失据，吾恐此道遂倾矣。[104]

[104]［清］方东树：《汉学商兑》卷下，《万有文库》本，第147页。

方东树竭力描绘汉学家气势汹汹地扛着十八般兵器来袭，大有席卷碾压之势，"而程朱之门，独寂然不闻出一应兵"，"败绩失据"，此道将倾。这与朱维铮的说法，同一事件，恰成对立。那么历史事实究竟如何呢？是否真存在双方强攻强守或者攻守易势的局面呢？

2. 汉学家与桐城诸家的对抗——一场"关公战秦琼"式的假想战争

为方便论述，我们不惮繁碎，在此再将考据学家与桐城诸家代表人物与标志性事件，按时间顺序罗列如下：

乾隆五、六年间（1740—1741），江永与方苞在京师讨论礼学；二十年，戴震、姚鼐相识，姚恭请入戴氏门下，戴谦辞谢之；也在此前后，戴氏提出义理、考证、文章三分之说，刻《考工记图》行世；二十二年，戴震在扬州，作《题惠定宇先生授经图》，赞同惠氏有关汉学的主张；三十八年，朝廷开四库全书馆，戴、姚皆入馆充纂修官；翌年秋，姚解官归，并撰《赠钱献之序》，向汉学家发起挑战；四十一年，姚鼐主扬州梅花书院；四十二年五月，戴震卒于北京，也恰在是年，姚鼐作《刘海峰先生八十寿序》，桐城派呼之欲出；四十五年，姚氏纂《古文辞类纂》成；嘉庆二年（1797），《九经说》十二卷刻成；十五年，作《程绵庄文集序》，严斥戴震；二十年，姚鼐以八十五岁高龄卒于江宁；二十三年，江藩赴广东主修《广东通志》，刊行《汉学师承记》与《经师经义目录》；翌年，方东树亦应邀赴粤分纂《广东通志》；道光三年（1823），江氏《师承记》再版，《宋学渊源记》初刊；四年十二月，阮元学海堂建成，诸生治学其中，汉学气氛浓盛；五年八月，阮元主持辑刻《皇清经解》；十年，江藩卒；十一年，方氏《汉学商兑》初刊；十七年，方氏赴广东邓廷桢幕中；咸丰元年（1851），方东树以八十岁卒于里中。

　　根据前文论述与以上时间线索，我们可以得出如下结论：第一，江永、方苞在京师论礼，并无不合，所谓方苞"负气不服"，纯属江藩篡改史实，为子虚乌有；第二，姚鼐欲入戴震门下，震谦辞谢之，在当时人及戴、姚二人看来并无不妥，属正常现象；第三，戴震生前，对姚鼐仍相当器重，虽然有学术争论，但双方有正常的学术交往，亦未因"拜师事件"而交恶，但戴震从此成为姚鼐心中挥之不去的"影子"，为日后攻驳戴氏埋下胎基；第四，姚鼐在四库馆，曾与戴震等辨汉宋之别，维护程朱理学，并撰《赠钱献之序》，向戴震、钱大昕诸人发起挑战，但不获理睬，面对汉学一统之局，姚氏深感势孤力单，遂辞官归里；第五，乾隆四十二年（1777），戴震卒于京师，而恰好此年姚鼐初树"桐城派"旗帜，并于此后厉词攻驳戴震；第六，姚鼐生前乃至嘉庆末年，无论影响还是著述流传，都未达到"天下文章在桐城"的程度；第七，江藩与方东树在广东阮元幕中，亦曾一起论学，方东树称："江藩尝谓余曰：'吾文无他过人，只是不带一毫八家气息。'"[105] 这让方东树极感不快，但二人生前亦并未有激烈的争论；第八，道光十年（1830），江藩卒，而翌年方氏《汉学商兑》才刊行面世。

　　因此，无论是巧合还是其他原因，戴、姚、江、方诸人以及他们著述面世的时间，恰如走马灯似的"你方唱罢我登台"，从个人交

[105]［清］方东树：《汉学商兑》卷下，《万有文库》本，第146页。

往与代表性事件来看，乾嘉间并无桐城诸人与考据学家的严重对立，不存在当面交锋、唇枪舌剑的学术辩论，更未到"大打出手"的程度；汉学诸家自惠栋、戴震、钱大昕以还，也未曾与桐城诸家或其他宋学人物，有过擂鼓攻杀的血战场景。这主要是因为：一方面桐城尚未成派，难以自成一军；另一方面汉学家从未将姚鼐等视为攻驳之对象。方东树描写的汉学家大举进犯的热闹场面，也是他竭力烘托出来的战场效果；而方氏《汉学商兑》也不过是自设擂台，赤膊上阵，空拳击影的独角戏。后人论桐城派与考据学家角力相抗，你死我活，也不过是一场"关公战秦琼"式的想象与造势而已。

九 | 乾嘉时期汉、宋之争的形势与结局

在乾隆朝汉学兴盛后，汉、宋之争时显时隐，但的确一直存在，并且相当激烈。或站在程朱理学立场上，或在考据与义理之争中以义理为尚的学者，代表人物有钱载、袁枚、翁方纲、彭绍升、姚鼐、程晋芳、章学诚等。钱载并无明确的学术主张，姚鼐观点已见前述，彭绍升不过是一位佞佛的居士，而章学诚之说也为学界熟知，在此，我们以袁枚、翁方纲、程晋芳为主，试论述如下：

1. 袁枚与考据学家之间的公开争论

乾嘉时期的学术界，旗帜鲜明地全盘否定考据学并与考据学家发生激烈冲突者，实际仅袁枚一人而已。首先与袁枚发生争论的是惠栋，惠氏曾函札劝告袁枚以"穷经为最"，虑其"好文章，舍本而逐末"[106]。但袁氏却不认同，其回札曰：

[106] [清]袁枚撰，王英志校点：《袁枚全集·小仓山房文集》卷18《答惠定宇书》，南京：江苏古籍出版社1993年版，第2册，第305页。

闻足下与吴门诸士，厌宋儒空虚，故倡汉学以矫之，意良是也。第不知宋学有弊，汉学更有弊，宋偏于形而上者，故心性之说近玄虚；汉偏于形而下者，故笺注之说多附会。虽舍器不足以明道，《易》不画，《诗》不歌，无悟入处。而毕竟乐师辨乎声诗，则北面而弦矣；商祝辨乎丧礼，则后主人而立矣。艺成者贵乎？德成者贵乎？而况其援引妖谶，臆造典故，张其私说，显悖圣人，笺注中尤难偻指。宋儒廓清之功，安可诬也！[107]

袁氏如此侮谩汉儒，蔑弃笺注，当然是惠栋所难以接受的，故惠氏再次回信论袁氏云："士之制行，非经不可，疑经者非圣无法。"此说显然也激怒了袁枚，他复信论"六经中惟《论语》、《周易》可信，其他多可疑。疑，非圣人所禁也"。并讥刺惠氏《读大礼议》、《六宗说》等文袭毛西河、郝京山之说，请其"毋以说经自喜"[108]。

不仅如此，袁枚还以"考据"与"著作"中分学术，认为"钞撮故实为考据，抒写性灵为著作"[109]。他说：

著作之文形而上，考据之学形而下。各有资性，两者不能兼。[110]

一主创，一主因；一凭虚而灵，一核实而滞；一耻言蹈袭，一专事依傍；一类劳心，一类劳力；二者相较，著作胜矣。且先有著作而后有书，先有书而后有考据。以故著作者，始于"六经"，盛于周、秦；而考据之学，则自后汉末而始兴者。郑、马笺注，业已回冗，其徒从而附益之，挦弹踳驳，弥弥滋甚。孔明厌之，故读书但观大略；渊明厌之，故读书不求甚解。二人者，一圣贤，一高士也。余性不耐杂，窃慕二人之

[107] [清]袁枚撰，王英志校点：《袁枚全集·小仓山房文集》卷18《答惠定宇书》，第2册，第306页。

[108] [清]袁枚撰，王英志校点：《袁枚全集·小仓山房文集》卷18《答定宇第二书》，第2册，第306—308页。

[109] [清]孙星衍撰，骈宇骞校点：《问字堂集》卷4《答袁简斋前辈书》，北京：中华书局1996年版，第90—91页。

[110] [清]袁枚撰，王英志校点：《袁枚全集·小仓山房续文集》卷28《〈随园随笔〉序》，第2册，第497页。

所见，而又苦本朝考据之才之太多也。盍以书之备参考者尽散之！[111]

袁枚将著作、考据加以比较，一前一后，一褒一贬，并将考据学之范围划为"备参考者"，即钞撮辑佚之学。袁氏提倡"性灵"，而考据学家却对此说极为反感。尽管此"性灵"非彼"性灵"，但考据学家认为，自晚明钟惺、谭元春等人标榜"性灵"，以五七言之法解经，适足以乱经。袁枚之说，招致汪中、焦循、凌廷堪、孙星衍等人的攻击。

《论语·述而》："子曰：述而不作，信而好古。"朱熹《集注》云："述，传旧而已；作，则创始也。"沈彤在同方苞讨论二者之关系时云：

《六经》之所未尝言而能言之，言之而有裨于《六经》之道；《六经》之所尝言而能开之演之，开之演之而大显乎《六经》之旨。若是者，皆谓之立言，一倚焉一不倚焉耳。《传》曰："作之者谓之圣，述之者谓之明。"倚不倚虽有异，其为立则均也。[112]

沈彤将前人作高于述的观点加以改变，使二者在立言上居于平等的地位，也就是说推阐义理是立言，而考核训诂同样是立言。而焦循更指出，记述更非易事，其《述难》云：

孔子之世，所作于前者，已无不备，孔子从而明之，使古圣人之教续延于万世，非不作也，时不必作也。……宋、元以来，人人读孔子之书，皆自以为述孔子，而甲诋乙为异端，乙

---

[111] [清]袁枚撰，王英志校点：《袁枚全集·小仓山房续文集》卷29《散书后记》，第2册，第505—506页。

[112] [清]沈彤：《果堂集》卷4《与望溪先生书》，《清代诗文集汇编》本，第264册，第371页。

斥甲为杨、墨，究之孔子所以述伏羲、神农、尧、舜之教者，果有能得之者乎？述孔子者，果能述孔子之所述乎？吾知其难矣。[113]

尽管如此，但焦循却对"考据"一词视如仇寇，极言其称之不当。他说："自周秦以至于汉，均谓之学，或谓之经学，无所谓考据也。"焦氏接着又说：

> 本朝经学盛兴，在前如顾亭林、万充宗、胡朏明、阎潜邱，近世以来，在吴有惠氏之学，在徽有江氏之学、戴氏之学，精之又精，则程易畴名于歙，段若膺名于金坛，王怀祖父子名于高邮，钱竹汀叔侄名于嘉定。其自名一学著书授受者，不下数十家，均异乎补苴掇拾者之所为，是直当以经学名之，乌得以不典之称之所谓考据者混目于其间乎？若袁太史所称，择其新奇随时择录者，此与经学绝不相蒙，止可为诗料、策料，在"四部"书中为"说部"，世俗考据之称，或为此类而设，不得窃附于经学，亦不得诬经学为此概以"考据"目之也。[114]

焦氏此文是写给孙星衍的信，一则批驳袁枚，二则有劝告孙氏之意，因为孙星衍是同意用"考据学"一词的，但孙氏所论考据学也不同于袁枚所论之考据学。孙星衍在同袁枚书信争执的同时，又给凌廷堪写信告知此事。凌氏回书论云：

> 窃谓近者学术昌明，士咸以通经复古为事，本无遗议。而一二空疏者流，闻道已迟，向学无及，遂乃反唇集矢，谓工文

[113] [清]焦循撰，刘建臻点校：《雕菰集》卷7《述难（一、二）》，《焦循诗文集》本，上册，第133—134页。

[114] [清]焦循撰，刘建臻点校：《雕菰集》卷13《与孙渊如观察论考据著作书》，《焦循诗文集》本，上册，第246—247页。

章者不在读书,瀹性灵者无须考证。此与卧毳桑而侈言屏膏粱,下蚕室而倡论废昏礼者何异。不知容有拙于藻缋之儒林,必无昧于古今之文苑也。来教所云某君者,其弊似亦类此,所谓道不同不相为谋者也。[115]

"道不同不相为谋",正好说明了凌廷堪等人与袁枚之间水火不容的观点,不存在求同存异之处,但袁枚仍坚执自己的观点,孙星衍信札与其争论,为"考据"二字反复辨证,袁氏颇为厌倦地讽刺说:"如再有一字争考据者,请罚清酒三升,飞递于三千里之外,何如?"[116] 袁氏还有讽刺考据学长诗曰:

东逢一儒谈考据,西逢一儒谈考据。不图此学始东京,一丘之貉于今聚。《尧典》二字说万言,近君迷入公超雾。八寸策讹八十宗,遵明朅朅强分疏。或争《关雎》何人作,或指明堂建某处。考一日月必反唇,辨一郡名辄色怒。干卿底事漫纷纭,不死饥寒列章句?专数郢书燕说对,喜从牛角蜗宫赴。我亦偶然愿学焉,顷刻挥毫断生趣。捃扯故纸始成篇,弹弄云和辄胶柱。方知文字本天机,若要出新先吐故。鲁人无聊把渖拾,齐士谈仙将影捕。作《尔雅》非磊落人,疏《周官》走蚕丛路。当时孔圣尚阙疑,孟说井田亦臆度。底事于今考据人,高睨大谈若目睹?古人已死不再生,但有来朝无往暮。彼此相殴昏夜中,毕竟输赢谁觉悟。次山文碎皇甫讥,夏建学琐乃叔恶。男儿堂堂六尺躯,大笔如椽天所付。鲸吞鳌掷杜甫诗,高文典册相如赋。岂肯身披腻颜裕,甘逐康成车后步!陈迹何妨大略观,雄词必须自己铸。待至大业传千秋,自有腐儒替我注。或者收藏典籍多,亥豕鲁鱼未免误。招此辈来与一餐,锁向书仓管书蠹。[117]

这是袁枚七十岁时所作,后来初刻《小仓山房文集》,大概是迫于考据学派的压力,并未收录此诗,但袁枚的观点自始至终并未发生任何的改变。

2. 翁方纲对汉学的批判

江藩《汉学师承记》中,曾将翁方纲也挂名在汉学家之列,此则因其与考据学家多有往来,且治金石诸学。但翁氏之学,却以义理为上,尊奉程朱。其曰:

> 考订之学,以衷于义理为主。其嗜博嗜琐者非也,其嗜异者非也,其矜己者非也。……凡所为考订者,欲以资义理之求是也。[118]

在谈到惠栋等人治汉《易》时,翁氏讥刺曰:

> 此所谓汉学者,事经千载以前,付之不论可耳。乃近日惠栋撰《易述》,亦多仿效之。即如百姓日用而不知,《系下》云乾为百,坤为姓,其文理不通,谬妄至于此极,而嗜异者犹称其书,何也?[119]

又曰:

> 近日学者于《易》学既不能虚衷研核诸家之说矣,顾转欲高谈荀、虞者,盖徒欲立异于《程传》、《朱义》之外,故为此

[117] [清]袁枚撰,王英志校点:《袁枚全集·小仓山房诗集》卷31《考据之学莫盛于宋以后,而近今为尤。余厌之,戏仿太白〈嘲鲁儒〉一首》,第1册,第733页。

[118] [清]翁方纲:《复初斋文集》卷7《考订论上之一》,《清代诗文集汇编》本,第382册,第74页。

[119] [清]翁方纲:《苏斋笔记》卷1,《四库未收书辑刊》本,第4辑第9册,第182页。

以矫之耳。[120]

在论及戴震与钱载的争执时，翁氏做出持其平的态度。但他又批评汉学曰：

> 诂训名物，岂可目为破碎？学者正宜细究考订诂训，然后能讲义理也。宋儒恃其义理明白，遂轻忽《尔雅》《说文》，不几渐流于空谈耶？况宋儒每有执后世文字习用之义，辄定为诂训者，是尤蔑古之弊，大不可也。[121]

翁方纲认为："学者束发受书，则由程朱以窥仰圣籍，及其后见闻稍广，而渐欲自外于程朱者，皆背本而骛末也。"翁氏也承认宋儒"学不富"，那么"吾今既知朴学之有益博综考订，勿蹈宋后诸家之弊，则得之矣"[122]。他批评戴震"乃其人不甘以考订为事，而欲谈性道以立异于程朱"[123]。他对卢文弨比较认可，因为"予不惟君之精且博是叹，而独叹其弗畔于朱子也"[124]。因此，翁氏治学的基本态度就是"穷经以博综汉学，而归于勿背程朱为主"[125]，义理为上，考据次之。所谓"天下古今，未有文字不衷于义理者也"[126]。"凡为学之要，自必以恪守程朱为正路也。"[127]

3. 程晋芳对汉学的批判

江藩《汉学师承记》录程晋芳入汉学家之中，盖因其为江都人，又与朱筠关系亲密，与当时治汉学者多有往还之故，但实际程氏学术主张在宋学而不在汉学。程氏有《周易知旨编》三十卷，今不传。晋芳论《易》，力主王弼注并参以宋儒之说。其曰：

---

[120] [清]翁方纲:《苏斋笔记》卷1,《四库未收书辑刊》本,第4辑第9册,第187页。

[121] [清]翁方纲:《复初斋文集》卷7《附录与程鱼门平钱戴二君议论旧草》,《清代诗文集汇编》本,第382册,第81页。

[122] [清]翁方纲:《复初斋文集》卷6《自题校勘诸经图后》,《清代诗文集汇编》本,第382册,第70页。

[123] [清]翁方纲:《复初斋文集》卷7《理说驳戴震作》,《清代诗文集汇编》本,第382册,第80页。

[124] [清]翁方纲:《复初斋文集》卷12《送卢抱经南归序》,《清代诗文集汇编》本,第382册,第123页。

[125] [清]陈用光:《太乙舟文集》卷5《寄姚先生书》,《清代诗文集汇编》本,第489册,第592页。

[126] [清]翁方纲:《复初斋文集》卷7《考订论上之二》,《清代诗文集汇编》本,第382册,第75页。

独念《易》经辅嗣之廓清,又得康伯、仲达纂续疏解,宋贤辈出,大义愈明。我朝安溪讲肆于前,家绵庄剖晰于后,凡诸乘承比应之拘牵,阳位阴位之傅会,与夫互卦、卦气、卦变、方圆、先后、图位,固已一举而空之,宜乎四圣人之心思昭揭千古矣。而三十年来学士大夫,复倡汉学,云《易》非数不明,取辅嗣既扫之陈言,一一研求,南北同声,谓为复古,使其天资学力果能上逮九家,吾犹谓之不知《易》也。况复好奇骋异,志在争名,徒苦其心,自堕于茫智之域,不可叹耶?且六十四卦象既备矣,《系辞》《说卦》所发挥数可知矣,而学者必欲于所既有之外,阐所本无,曰不知数无以知来也。噫!诸君子穷极汉学,果克知来也耶?[128]

又程氏《礼记集释序》曰:

天之生宋贤也,既使彰孔、孟之绝学以昭示来兹,又使阐注疏未罄之藏刮垢而磨光,使人不蔽于章句,而又将开数百年制艺之学,为士子登仕之阶,故其所著书,不独理明典备,亦简括易读,假使以注疏为功令,俾士子习以作时文,必有难于措手者矣。[129]

这与汉学家观点完全不同。程晋芳《正学论》七篇,详论其学术观点,言程朱之学为正,陆王为偏,又论当时汉学诸家之弊,皆时人所不言者。如其指责汉学家曰:

劳劳终日,惟外之求,而不知身心性命之所在。试之以事,而颠顿茫昧,鲜不陨越;临之以恐惧患难,而失所操持。

[127] [清]翁方纲:《苏斋笔记》卷1,《四库未收书辑刊》本,第4辑第9册,第184页。

[128] [清]程晋芳:《勉行堂文集》卷2《周易知旨编序》,《清代诗文集汇编》本,第343册,第449页。

[129] [清]程晋芳:《勉行堂文集》卷2《礼记集释序》,《清代诗文集汇编》本,第343册,第452页。

由其玩物丧志在平时，故了无肆应曲当之具。以此为儒，果足为程朱供拼扫役乎？[130]

程晋芳还将学者分为儒者与学人儒两类，"有儒者，有学人"[131]，二者用处不同，然以儒者为高。此即古人所谓人师、经师之别，亦即义理、考据之别和汉、宋之别，这显然也与考据学家的观点更是大相径庭的。

4. 汉、宋之争的形势——"一盘散沙"对"一块铁板"的战争

综而论之，乾嘉时期的汉、宋之争，双方争执的焦点主要为：

第一，主宋学者以为，程朱理学为不易之真理，乃道统之正极，即方东树所谓："孔子订六经，收拾上古以来；唐人定注定本作疏，收拾汉魏八代以来；朱子集《四子书》，订周、程、张诸儒之说，直接孔子、曾子、子思、孟子以来。是为古今三大治。"[132]而汉学家以为："经术一坏于东、西晋之清谈，再坏于南、北宋之道学，元、明以来，此道益晦。"[133]

第二，宋学者以卫道者自任，攻驳汉学家最力的就是他们不尊程朱，离经叛道，"专与宋儒为水火"，"名为治经，实足乱经；名为卫道，实则畔道"[134]。而汉学家并不避讳这一点，如惠栋称"栋则以为宋儒之祸，甚于秦灰"，戴震谓"酷吏以法杀人，宋儒以理杀人"，江藩称宋儒"邪说诡言，乱经非圣，殆有甚焉"。

第三，宋学者讥汉学家小道破碎，弃本贵末，所谓"众口一舌，不出于训诂、小学、名物、制度。弃本贵末，违戾诋诬，于圣人躬行求仁修齐治平之教，一切抹杀"；汉学家讽宋学者空疏无本，虚理凿空，"濂、洛、关、闽之学，不究礼乐之源，独标性命之旨，义疏

诸书，束置高阁，视如糟粕，弃等弁髦，盖率履则有余，考镜则不足也"[135]。

宋学派以为，汉学家最大之阴谋，就是要"桃宋儒之统"，故道统所系，卫道之士，不得不争；汉学家则以为，汉儒上承孔孟，为学统正脉，魏晋以来，经学淆乱，必欲正学，则汉学不得不复。

但双方也有交汇共通之处，这表现在：第一，宋学者以为义理至高无上，其实汉学家的最高境界也是义理，即戴震所谓之"大本"，如王鸣盛分学术为四类，其云："譬诸木然：义理，其根也；考据，其干也；经济则其枝条；而词章乃其萌叶也。譬诸水然：义理，其原也；考据，其委也；经济则疏引溉灌，其利足以泽物；而词章则波澜沦漪，潆洄演漾，足以供人觐玩也。四者皆天下之所不可少，而能兼是者，则古今未之有也。"[136] 所不同者，宋学者所谓义理即程朱理学，而汉学家所主张的义理，并非程朱理学。

第四，当时主宋学者，翁方纲、姚鼐、章学诚诸人，虽然观点并不一致，但并不全盘否定考据，并与考据诸家多有往来。如姚鼐谓："天下学问之事，有义理、文章、考证三者之分，异趣而同为不可废，一涂之中，歧分而为众家，遂至于百十家。"[137] 其弟子陈用光更言："本朝之有考据，诚百世不可废之学也。"[138] 完全否定考据之学者，唯袁枚一人而已。

第五，考据学家对宋代经学采取否定态度，对程朱理学则一分为二，否定其道学，而对其正心诚意之学，则并不否定，树为楷模。江藩《宋学渊源记》前论曰：

儒生读圣人书，期于明道，明道在于修身，无他，身体力行而已，岂徒以口舌争哉！……近今汉学昌明，遍于寰宇，有一知半解者，无不痛诋宋学。然本朝为汉学者，始于元和惠

---

[135] [清]江藩纂，漆永祥笺释：《汉学师承记笺释》卷1，上册，第12页。

[136] [清]王鸣盛：《西庄始存稿》卷25《王慧思先生文集序》，《续修四库全书》本，集部第1434册，第327页。

[137] [清]姚鼐：《惜抱轩全集·文集》卷7《复秦小岘书》，第80页。

[138] [清]陈用光：《太乙舟文集》卷5《寄姚先生书》，《清代诗文集汇编》本，第489册，第590页。

氏,红豆山房半农人手书楹帖云"六经尊服、郑,百行法程、朱",不以为非,且以为法,为汉学者背其师承,何哉!藩为是记,实本师说。[139]

此与所谓"经师"、"人师"之分,"道问学"与"尊德性"之争,有密不可分的关系。惠栋曾谓:"汉人经术,宋人理学,兼之者乃为大儒。荀卿称周公为大儒,大儒不易及也。"[140]又说:"自古理学之儒,滞于禀而文不昌;经术之士,汩于利而行不笃。"[141]这正是惠氏将"六经尊服郑,百行法程朱"书为楹联而父子皆遵行不悖的思想背景和合理解释。

但就当时的争论而言,汉学家虽然被后世分为吴、皖两派,其学术观点与治学方式也并不尽同,但他们尊崇汉儒、反对宋学,以小学为先导与枢纽,小学之中又绝重音韵学;四部书中经史子集兼治但又以经史为主;考据与义理兼治但又偏重考据;词章之学与释道之学受到排斥,在文字、音韵、训诂、目录、版本、校勘、辨伪、辑佚、注释、名物典制、天算、金石、地理、职官、避讳、乐律诸学方面,都成果丰硕。他们对汉唐以来经学,纠谬补阙,成果显著;即他们所言义理,如戴震之说"理",阮元之释"仁",凌廷堪之解"礼",皆为自家义理,论说颇新。而宋学者只是一味卫道,或者以"离经畔道"之名,大扣帽子;或者咒反对程朱者,即无君父,以为威胁。理学衰微,势难扶起,而诸家说词,又陈腐而毫无新意。因此,他们的攻驳就显得有气而无力。余英时在谈到当时反对戴震讲义理的学者时,曾有过一段论述。其曰:

大体言之,乾、嘉学人反对东原讲义理者,可以分为两派。一派是从传统的程、朱观点攻击东原的"异端",如姚鼐

---

[139] [清]江藩撰,钟哲整理:《国朝汉学师承记(附:国朝经师经义目录、国朝宋学渊源记)》,北京:中华书局1983年版,第153—154页。

[140] [清]惠栋:《九曜斋笔记》卷2,《丛书集成续编》本,台北:新文丰出版公司1989年版,第20册,第635页。

[141] [清]惠栋撰,漆永祥整理:《松崖文钞》卷2《沈君果堂墓志铭》,《东吴三惠诗文集》本,第345页。

（1732—1815）、彭绍升（1740—1796）以至翁方纲诸人皆是。这派人是用旧义理对抗新义理。对于来自这一方面的挑战，东原并不为所动；不但不为所动，而且他晚年还主动地要与程、朱义理划清界线。事实上，在东原生前，旧义理派虽也有一二人和他持异，但在考证派反宋学的风气下，他们的力量非常微弱，故东原也无所顾忌。[142]

余氏此语，深得当时之实情。双方的力量、能量与影响力不在一个层面上。再就宋学者言之，表面看起来在维护程朱理学方面，他们似有共同的主张与观点，但他们既非理学家，又非经学家，袁枚之倡"性灵"，翁方纲之标"肌理"，姚鼐之主"义法"，章学诚之主"六经皆史"，其学术主张，又各个不一。不仅如此，他们之间，还互相诋毁，如袁枚在当时，不仅对汉学家，即对其他人也多有非议，章学诚批袁枚："彼以纤佻倾仄之才，一部优伶剧中才子佳人，俗恶见解，淫乱邪说，宕惑士女，肆辱圣言，以六经为导欲宣淫之具，败坏风俗人心，名教中之罪人，不诛为幸！彼又乌知学问、文章为何物？所言如夏畦人议中书堂事，岂值一笑！"他非常蔑视袁枚，痛斥其为"诗佛诗仙浑标榜，谁当霹雳净妖氛"[143]。姚门弟子，也讽刺翁方纲："于古文无所得；其治经亦似纤细处多，而下笔苦于缭绕不休；其论诗亦似有晦涩之病，有喜人同己之意。"[144]

因此，就乾嘉时期的学术生态而论，汉学家是一个整体，是一块厚实刚劲而无坚不摧的铁板；而宋学者虽然倾心卫道，大声疾呼，但又各有所图，零枪细沙，少有劲道，一盘散沙而已。一方气势盛壮，论新学富；一方衰微不振，陈腐不堪。故宋学派虽厉斥疾呼，高举高打，而汉学家竟不为所动，视如无物。所以，这场争执的胜负与结局，就更不言而喻了。

[142] 余英时：《论戴震与章学诚：清代中期学术思想史研究》，第108页。

[143] [清]章学诚著，仓修良编：《文史通义新编》，上海：上海古籍出版社1993年版，第209页。

[144] [清]陈用光：《太乙舟文集》卷5《寄姚先生书》，《清代诗文集汇编》本，第489册，第593页。

以上本文分九个方面，就乾嘉考据学家与桐城派之关系进行了广泛而翔实的论述。笔者认为，学术史、思想史的讨论，必须建立在尊重与还原史实的基础上，必须了解与厘清当事人在当时环境下的言行及动机，进行纵横交错的探源、比较与研究，才能得出可靠而信实的结论。希望本文的探讨，能对清代学术史、乾嘉考据学与桐城派等的研究，起到一些参考与助益的作用。

伍

从《汉学师承记》看西学对乾嘉考据学的影响[1]

[1] 本文原载黄爱平主编《西学与清代文化》，北京：中华书局2008年1月版，第306—313页。

[2] [清]江藩撰，漆永祥整理：《江藩集》附录二，《炳烛室杂文续补·算迪序》，上海：上海古籍出版社2006年版，第272—273页。

江藩（1761—1830）是清嘉庆时期学者，以纂《汉学师承记》一书而闻名于世。《汉学师承记》突出表彰了清代尤其是清中叶考据学家的经学研究成就。在这些学者中有部分人包括江藩在内，在致力经史的同时又兼擅天文、历法与数学，他们或中西兼通，或专明中法，取得了相当出色的成就。本文即从《汉学师承记》对当代考据学家天算学成就的记述以及他们对西学的认识等方面，来考察西学对乾嘉考据学的影响。

一　江藩本人的天算学观念与水平

江藩，初名帆，字雨来，亦作豫来，后字子屏，一作国屏，号郑堂，晚字节甫，又自署竹西词客、炳烛老人等，祖籍安徽旌德，后为甘泉（今江苏扬州）人。少受业于薛起凤（1734—1774）、汪缙（1725—1792），学诗古文词；后师从惠栋（1697—1758）弟子余萧客（1729—1777）与江声（1721—1799），治汉学，为惠氏再传弟子。又曾从朱筠（1729—1781）、王昶（1724—1806）游，在京时又久馆于王杰（1725—1805）府邸。江氏既转益多师，故其学博而能精，于经史、小学、词章等兼擅其能。然而就天算学而言，江氏并无有师承，他的业师余萧客、江声以及太老师惠栋皆不精此学。虽然惠栋之父士奇（1671—1741）精于历算，但惠栋本人在此点上并未能继承家学。江藩曾曰：

如松崖徵君虽淹贯经史，博综群书，然于算数、测量则略知大概而已。此乃余古农师之言也。[2]

余萧客叙述自己的老师,当然不会是故意贬抑,我们从惠栋的著述中,也看不出他在天算学方面有何特出的成就。即余萧客、江声二人而论,余氏的代表作为《古经解钩沈》30卷,江声代表作《尚书集注音疏》12卷,皆未有天算学专著。江藩的天算学,自称是得之于与他同时的扬州学者汪中之启发与鼓励,江氏《汉学师承记》记其与汪中之交往时曾曰:

> 藩弱冠时即与君定交,日相过从,尝谓藩曰:"予于学无所不窥,而独不能明九章之术。近日患怔忡,一构思则君火动而头目晕眩矣。子年富力强,何不为此绝学。"以梅氏书见赠。藩知志位布策,皆君之教也。[3]

江藩受汪氏鞭策才治算学,但汪中也正如他自己所说对此学不甚专门,其《述学》中涉及此方面的问题很少。但江藩却与当时治天算有名的"谈天三友"——焦循(1763—1820)、汪莱(1768—1813)与李锐(1773—1817)都有着密切的关系。江氏与焦循皆以淹博经史,为艺苑所推,时称"二堂"。[4] 江、焦又与黄承吉(1771—1842)、李钟泗(1771—1809)嗜古同学,辄有"江焦黄李"之目。[5] 江藩与汪莱为"密友"之关系。[6] 他与李锐也是学友,当时的两广总督阮元(1764—1849)得知李氏已卒的消息,还是江藩告知于他的。[7] 同时,江藩与精于天算学的凌廷堪(1757—1809)、阮元也是挚友关系。江藩在"志位布策"方面有所提高的话,应该与和他们的交流与切磋有很大关系。

江藩的天算学观点,与时人并无二致。一方面在谈到历学与算学之关系时,也认可西方天算学的成就。他说:

---

3 [清]江藩纂,漆永祥笺释:《汉学师承记笺释》卷7《汪中》,上海:上海古籍出版社2006年版,下册,第727页。

4 江藩友人王豫曾云:"里堂与江郑堂皆以淹博经史,为艺苑所推,时有'二堂'之目。"见王氏《群雅集》卷19《焦循》注,第5册,第8a页,嘉庆十三年王氏种竹轩刻本。

5 江氏挚友黄承吉亦称:"予与里堂,弱龄缔交,中岁论艺,俦辈中晨夕过从尤契洽者,则有江君子屏、李君滨石。当时以予四人嗜古同学,辄有'江焦黄李'之目。或遗子屏而列钟君蓝厓,则称'钟焦黄李'也。"见黄氏《梦陵堂文集》卷5《孟子正义序》,第2册,第1a页,1939年燕京大学铅印本。又黄氏有诗称:"当时好事漫称许,俪以黄李兼江焦。"见黄氏《梦陵堂诗集》卷20《挽焦里堂》,第5册,第5b页,咸丰元年刻本。

6 [清]江藩纂,漆永祥笺释:《汉学师承记笺释》卷6,《洪榜》,下册,第627页。

[7] 阮元曰:"嘉庆二十三年夏,江君子屏来岭表,谓予曰:'尚之殁矣!'"见〔清〕阮元撰,邓经元点校:《揅经室二集》卷4《李尚之传》,上册,北京:中华书局1993年版,第483页。

[8] 〔清〕江藩:《炳烛室杂文·毛乾乾传》,见《江藩集》,第112页。

[9] 〔清〕江藩:《续隶经文·与阮侍郎书》,《江藩集》,第93页。

[10] 〔清〕凌廷堪著,王文锦点校:《校礼堂文集》卷1《悬象赋并序》,北京:中华书局1998年版,第5—6页。

[11] 〔清〕江藩:《炳烛室杂文·释椭序》,《江藩集》,第108页。

历学之不明,由算学之不密,虽精如祖冲之、耶律楚材、郭守敬、赵友钦,而犹不密者,算法之不备也。自欧罗巴利玛窦、罗雅谷、阳玛诺诸人入中国,而算法始备,历学始明。[8]

另一方面,江藩也有西学中源的观点,他曾论:"夫句股,《九章》之一也。以御方圆之数,历象用以割圆、八线等术,皆出于句股。"[9]至于江氏本人的天算学研究与成绩,我们现在可考见的是他在北京游幕期间,曾与凌廷堪共客王杰府第,研治天算。凌廷堪云:

乾隆癸丑,廷堪从座主韩城公于滦阳,公下直之余,恒谈论至夜分,往往谓廷堪曰:"顾亭林云:三代以上,人人皆知天文。'七月流火',农夫之辞也。'三星在天',妇人之语也。'月离于毕',戍卒之作也。'龙尾伏晨',儿童之谣也。后世文人学士有问之而茫然者,此亦儒者之所耻也。"语次辄举象纬之名以授廷堪,而未甚究心也。及寓公京邸,公季子更叔承家学,复相指示,遂与旌德江国屏共学焉。乃取《灵台仪象志》、《协纪方书》及《明史》、《五礼通考》互为比勘,昼则索之以图,夜则证之于天,阅日四旬,大纲精得。[10]

此所谓江国屏即江藩。另外我们从江氏流布的文章中,也可得到数篇与天算学有关的文字。嘉庆三年,焦循《释椭》一卷完成,该书专门讨论传入中国的意大利天文学家卡西尼(G.D.Cassini, 1625—1721)学说中的椭圆知识。江氏曾为制序,认为昔年秦蕙田《五礼通考》中《观象授时》一门虽出戴震之手,但未能述及椭圆,是其缺失,今读焦氏书"以求日躔月离交食诸轮,无晦不明,无隐不显矣"[11]。江藩在和阮元通信时,曾经对程瑶田"倨句之形生于圆半周图说"表示不能苟同。另有《毛乾乾传》,记载明末清初江西星子人毛乾乾"于学无所不窥,尤精推步,通中西之学"。毛氏明亡后隐阳羡山中,梅文鼎(1633—1721)造访,与之论"周径之理,方圆相穷相变诸率,先后天八卦位次不合者,文鼎以师事之"[12]。除此而外,江氏并无其他天算学的专门著述与文章传世。

由以上论述可知,就江藩本人而言,他有一定的天算学知识,也对当时西方传入的天算学说有大致的了解,同时也与当时天算学专家多有往来,但从江氏所论及其著述的情况来看,其天算学观念与水平亦仅此而已!

12 [清]江藩:《炳烛室杂文·毛乾乾传》,《江藩集》,第111—112页。

二 《汉学师承记》所载考据学家之天算学成就与著述

《汉学师承记》一书,以人物传记的形式记载清代考据学家的经学成就与著述,这些学者中,也不乏精通天算学的大师与专家,如果以时间顺序为次,在正传、附传及又附(指原卷目录中不列而每卷末述及之人)的人物中,或精于天算,或兼通此学并有相关著述的学者分别为黄宗羲(1610—1695)、陈厚耀(1648—1722)、惠士奇(1671—1741)、江永(1681—1762)、褚寅亮(1715—1790)、戴震(1723—1777)、钱大昕(1728—1804)、孔广森(1752—1786)、凌廷堪、焦循、阮元、汪莱、李锐等人。江藩对他们的天算学成果之记载,或略或详,笔者在此试一一加以论析。

黄宗羲 《汉学师承记》论黄宗羲在明末"日夕读书,《十三经》、《二十一史》及百家、九流、天文、历算、道藏、佛藏,靡不究心焉"。其叙列黄氏有关天算学的著述有"《授时历故》一卷、《大统历推》一卷、《授时历假如》一卷、《西历假如》一卷、《回历假如》一卷、《气运算法》、《勾股图说》、《开方命算》、《测圆要》诸书"。[13] 至于黄氏具体成就与特点，《汉学师承记》中并无发明。黄氏数学著作今皆不传，其《授时历故》4卷，是对元代《授时历》的研究，其"水平未超过《授时历》，但是他的贡献是保留了前人的思想方法，并弥补某些不足"[14]。

陈厚耀 陈厚耀是《汉学师承记》中所记人物在清初治天算学最为专门的学者。《汉学师承记》记载他曾从梅文鼎受历算，通中西之术。由李光地（1642—1718）推荐给康熙皇帝（1653—1722）召见，帝命其绘制三角形图并求其中线之长，回答有关弧以及弧所对弦等问题的计算方法。厚耀具札进呈，称旨。后又特命来京，厚耀提出定步算诸书，以惠天下，康熙帝采纳了他的意见，召梅毂成等入京共同修书，书成特授陈氏为翰林院编修。康熙六十年（1721），厚耀等修成《律历渊源》100卷，其中《数理精蕴》53卷、《历象考成》42卷、《律吕正义》5卷，这些书籍尤其是《数理精蕴》的出版，基本上是一部初等数学全书，就其资料来源而论，从整体上说是西方数学著作的编译作品。陈氏另有《陈厚耀算书》，包括《勾股图解》、《算法原本》、《直线体》、《堆垛》与《借根方比例》等，其中大部分被《数理精蕴》所采纳。[15] 江藩书中，还重点介绍了陈氏《春秋长历》10卷，此书乃纠补杜预《长历》而作，对研究《春秋》时天文与历法等有重要的参考价值。

惠士奇 在论及惠士奇时，江藩称惠氏："幼时读《廿一史》，于《天文》、《乐律》二志，未尽通晓。及官翰林，因新法究推步之原，著《交食举隅》二卷。"[16] 案惠氏《交食举隅》未见传本，诸家著录，或曰一卷，或曰二卷，或曰三卷，当为研究日月食的专著。惠

---

[13] [清]江藩纂，漆永祥笺释：《汉学师承记笺释》卷8《黄宗羲》，下册，第788、819页。

[14] 李迪主编：《中国数学史大系》第七卷《明末到清中期》第二编《中国数学家的会通中西工作》，北京师范大学出版社2000年版，第95页。

[15] 详参李迪主编：《中国数学史大系》第七卷《明末到清中期》有关陈厚耀的部分，第351—357页。

[16] [清]江藩纂，漆永祥笺释：《汉学师承记笺释》卷2《惠士奇》，上册，第159页。

氏《春秋说》卷11末凡列春秋时期自鲁隐公三年（前720）至定公十五年（前495）间所发生的日食共34次，并言"详见《交食举隅》"。可见确有成书，后来大概散佚了。

江永 江永是清中叶考据学派的代表人物，他在天算学方面的著述有《推步法解》5卷以及《七政衍》、《金水二星发微》、《冬至权度》、《恒气注历辨》、《岁实消长辨》、《历学补论》、《中西合法拟草》各1卷。江永对梅文鼎的学问十分推崇，对其历算著作有深入的研究，但对梅氏一些观点存有疑问和不同认识，特别是对梅氏以中法牵强附会西法的说法多不认同。江永在其《梅翼》（又名《数学》）8卷中专门讨论梅氏的著作，其卷2"岁实消长辨"系对梅氏"岁实消长"论之质疑。江藩论江永辨梅文鼎之说曰：

> 其论宣城梅氏所言岁实消长之误曰："日平行于黄道，是为恒气恒岁实，因有本轮、均轮、高冲之差而生盈缩，谓之视行。视行者，日之实体所至；而平行者，本轮之心也。以视行加减平行，故定气时刻，多寡不同；高冲为缩末盈初之端，岁有推移，故定气时刻之多寡，且岁岁不同，而恒气恒岁实，终古无增损也。当以恒者为率，随其时之高冲以算定气，而岁实消长可勿论。犹之月有平朔平望之策，以求定朔定望，而此月与彼月，多于朔策几何，少于朔策几何，俱不计也。"[17]

17 [清]江藩纂，漆永祥笺释《汉学师承记笺释》卷5《江永》，上册，第477页。

案此段文中所谓本轮、均轮、高冲、盈缩等，都是自明末清初以来从西方传入的丹麦天文学家第谷（B.Tycho,1546—1601）的天文体系概念。它采用本轮、均轮等一套小轮系统来解释天体运动的变化。此所谓岁实即回归年长度，岁实消长是指它将随着年代推移发生缓慢变化。宋代《统天历》与元代《授时历》都采用了所谓"消长法"计算回归年长度：

$$T = 365.2425 - 0.000002t$$（t 为从初始起用年开始经过的时间）

按此法计算，将逐渐缩短，亦即岁实消长。对于此公式之物理意义，当时历算家从未给出过解释。由于式中第二项的值非常小，自明朝《大统历》后，即忽略不予考虑。梅氏是消长法的支持者，但对岁实单方向减小持怀疑态度。他接触到西方天文知识后，开始从物理意义方面对消长法进行探讨，提出了自己的看法。江永不同意梅氏的观点，因此专题加以讨论。日本学者中山茂认为，直到江永"才首次给予消长法以近代化的评价"。[18]

褚寅亮 《汉学师承记》在叙述褚寅亮天算学成就时曰：

寅亮精天文、历算之术，尤长于句股和较相求诸法，作《句股广问》三卷。钱少詹著《三统术衍》，寅亮校正刊本误字，如"中月相求六扐之数"句，"六扐"当作"七扐"；"推闰余所在，加十得一"句，"加十"当作"加七"。少詹服其精审。[19]

案褚氏《句股广问》一书，今亦无传。所谓句股和较相求诸法，和指相加之和，较为相减之差。《数理精蕴下编》卷12有"句股和较相求诸法"篇，主要讨论直角三角形和句股弦及其与差的相求问题。如设句为 a，股为 b，则句股较为 b-c，句股和为 a+b，句股弦 c-a，还可以有其他和较关系，这样句、股、弦及其和较共有 13 种情形。如果已知其中两个条件（两种情形），即可求出其他未知的情形。褚氏之书，大概也是在《精理精蕴》基础上的推演与释解而已。

戴震 江藩在记述戴震时，论戴氏天算学著作有《原象》1卷、《句股割圜记》3卷、《策算》1卷、《九章补图》1卷、《古历考》2

---

[18] 关于消长法的内容与意义，详可参［日］中山茂《消长法研究——东西方观测技术的比较》，载李国豪等主编《中国科技史探索》，上海：上海古籍出版社1986年版，第161—189页。

[19] ［清］江藩纂，漆永祥笺释：《汉学师承记笺释》卷2《褚寅亮》，上册，第255—256页。

卷、《历问》2卷等。论其成就时曰：

> 《周髀》言"北极璇玑四游"，又言"正北极枢璇玑之中"，后人多疑其说。解之曰："正北极者，《鲁论》之北辰，今人所谓赤道极也。北极璇玑者，今人所谓黄道极也。正北极者，左旋之枢，北极璇玑，每昼夜环之而成规。冬至夜半，在正北极下，是为北游所极；日加卯之时，在正北极之左，是为东游所极；日加午之时，在正北极之上，是为南游所极；日加酉之时，在正北极之右，是为西游所极：此璇玑之一日四游所极也。冬至夜半，起正北子位；昼夜左旋一周，而又过一度，渐进至四分周之一，则春分夜半，为东游所极；又进至夏至夜半，为南游所极；又进至秋分夜半，为西游所极：此璇玑之一岁四游所极也。《虞夏书》'在璇玑玉衡，以齐七政'。盖设璇玑以拟黄道极，世失其传也。"[20]

案戴氏此说，问题多多，笔者在此稍加释解。《论语·为政》所指"北辰"，清以前学者皆以为赤道北极。晚近注《论语》者则多解为北极星，但孔子时代北极附近没有明亮的星，因此将其释为北极星，显然不妥。戴氏解释为黄极，与实际更不相符。与西方早期的黄道坐标体系不同，中国传统天文学坐标体系是赤道坐标体系，在西方天文学传入之学，一直没有明确的黄极概念。至于《周髀算经》之"北极璇玑"，近代学者多认为是庶子星（小熊座 α 星），尚不能确定。但戴震释之为黄道极，实际上是借用西方天文学概念来释"北极璇玑"，显然更不准确。至于《尚书·舜典》"在璇玑玉衡，以齐七政"，西汉学者或认为是北斗七星，以魁四星为玑，杓三星为衡。北斗七星绕北极环行，观其方向可建四时，以定历法；东汉以

[20] [清] 江藩纂，漆永祥笺释：《汉学师承记笺释》卷5《戴震》，下册，第533—534页。

宋代学者则认为是浑仪，浑仪上之圆盘为玑、望管为衡。各有其理，迄今无定论。但戴震另立黄极之新说，则更无根据。

算学方面，戴震的代表作为《句股割圜记》3卷，凡图55幅，术49题。此书虽承梅文鼎《平三角举要》《弧三角举要》而作，但不同处在于梅氏多用西法，而戴氏却多以中法证西法。全书以中国传统的句股弧矢、割圆术为立法根据，推演三角学之基本公式，以求中西算学之会通。上卷论平面三角的基本概念、公式及平面三角形之解法，其中包括正弦定理和正切定理；中卷论球面直角三角形解法，介绍"方直仪"等立体模型之用法；下卷论球面三角形之解法，其中包括球面三角正弦定理和正矢定理。戴震对梅氏书有两点不满：一是其书繁难不清，二是只言西学三角而不言中法之句股。其实梅氏《平三角举要》之序也称"必先知句股而后可以论平三角"，但不像戴氏要"以句股御三角"而已。后来凌廷堪论戴氏此书"唯斜弧两边夹一角及三边求角用矢较不用余弦，其余皆梅氏成法，亦即西洋成法，但易以新名耳"[21]。凌氏所举，即《句股割圜记》下篇最后第48、49两术。笔者曾演算戴氏第48术，本术即在球面上知两边与夹角求对边，戴震不用西法的余弦定理，而是将其放在句股法范围内，创"矢较法"以求解，所得结论与西法余弦定理完全相同，用以证明他的西学中源、中优于西的天算学认识与实践。[22] 又如在谈到中土句股法与西方三角形之关系时，江藩引戴氏之说曰：

> 今人所用三角、八线之法，本出于勾股，而尊信西术者，辄云勾股不能御三角。折之曰："《周髀》云：'圜出于方，方出于矩，矩出于九九八十一。'三角中无直角，则不应乎矩，无例可比矣。必以法御之，使成勾股而止。八线比例之术，皆勾股法也。"[23]

---

[21]〔清〕凌廷堪著，王文锦点校：《校礼堂文集》卷24《与焦里堂论弧三角书》，第213页。

[22] 参拙著《乾嘉考据学研究》第六章"戴震考据学述论"有关戴氏天算学的部分，中国社会科学出版社1998年版，第168—175页。

[23]〔清〕江藩纂，漆永祥笺释：《〈汉学师承记〉笺释》卷5《戴震》，上册，第535页。

案戴氏在其《与是仲明论学书》一文中也称："中土测天用句股，今西人易名三角、八线，其三角即句股，八线即缀术。然三角之法穷，必以句股御之，用知句股者，法之尽备，名之至当也。"[24] 与戴氏之说相近的同时著名学者，还有钱大昕等人。

钱大昕　江藩在记载钱大昕时，对其天算学成就所论极少，他说钱氏：

> 在京师，与同年长洲褚寅亮、全椒吴烺讲明九章算学，及欧罗巴测量弧三角诸法。时礼部尚书大兴何翰如久领钦天监事，精于推步，时来内阁与先生论李氏、薛氏、梅氏及西人利玛窦、汤若望、南怀仁诸家之术，翰如逊谢，以为不及也。[25]

钱氏天算学著作，今传有《三统术衍》3卷、《钤》1卷。汉时刘歆就《太初历》造《三统历》，其书不传，然《汉书·律历志》全本其书，历代释《汉志》者，错讹甚炽，钱氏遂为广采诸家，兼申己意，撰为是书，以纠谬正误，演算草示，助其成书者则有褚寅亮。在谈到中西之学时，钱氏所论与戴震完全相合无二。他说："以有定之勾股，御无定之三角，三角相求，特勾股中之一术，而说者谓勾股不能御三角，岂其然乎！"[26]

"谈天三友"——焦循、汪莱与李锐　在《汉学师承记》中，对其他几位精于天算学者如孔广森、凌廷堪等人，江藩在他们的传记中没有提及其天算学成就。另如焦循、阮元、汪莱、李锐等人，因为当时尚健康存世，按不为在世之人立传的体例，江藩未给他们立传，但在又附的人物中，对他们的学术也都简单提及。如其论焦循之学曰：

[24]〔清〕戴震：《东原文集》卷9《与是仲明论学书》，黄山书社1995年版，《戴震全书》本，第6册，第371页。

[25]〔清〕江藩纂，漆永祥笺释：《汉学师承记笺释》卷3《钱大昕》，上册，第270页。

[26]〔清〕钱大昕撰，吕友仁点校：《潜研堂文集》卷17《杂著一》，上海：上海古籍出版社1989年版，第279—280页。

声音、训诂、天文、历算，无所不精。淡于仕进，闭户著书，五经皆有撰述。刊行者，《群经宫室图考》《理堂算学》《北湖小志》。[27]

又江藩述"谈天三友"中汪莱与李锐之学及二人间关于算学之争论曰：

（洪）榜同邑有汪莱者，字孝婴，藩之密友也，优贡生。大学士禄康荐修《国史·天文志》，议叙，以教官用，选石埭县训导。深于经学，《十三经注疏》皆背诵如流水，而又能心通其意。人有以疑义问者，触类旁通，略无窒碍。尤善历算，通中西之术，著有《衡斋算学》刊行于世。与元和李尚之锐论开方题解，及秦九韶立天元一法不合，遂如寇仇，终身不相见。噫！过矣！然今之学者，大江以南惟顾君千里与孝婴二人而已，乌可多得哉！[28]

案焦循算学代表作为《里堂算学记》，包括《释轮》2卷，主要讨论传入中国的第谷天文学说中的本轮、次轮的几何原理；《释椭》1卷专门讨论传入中国的意大利天文学家卡西尼学说中的椭圆知识；《释弧》3卷，则在梅文鼎、戴震等人基础上讨论三角八线的产生与球面三角形的解法。"这三种论著总结了当代天文学中的数学基础知识。"[29] 焦氏另有《天元一释》2卷与《开方通释》1卷，阐述李冶的天元术与秦九韶的正负开方术。汪莱《衡斋算学》的研究涉及方程论、球面三角、三角函数表造法、组合、进位制以及《九章算术》校勘等几个方面。其方程等的研究工作"标志着中国传统数学的方程分支由算法研究进入理论研究，谓之该分支发展史上的一个里程

---

[27] [清]江藩纂，漆永祥笺释：《汉学师承记笺释》卷7《凌廷堪》，下册，第774—775页。

[28] [清]江藩纂，漆永祥笺释：《汉学师承记笺释》卷8《洪榜》，下册，第627—628页。

[29] 钱宝琮：《中国数学史》第十六章"传统数学的整理和发展"，北京：北京科学出版社1981年版，第286页。

碑殆非虚誉"[30]。李锐是钱大昕天算学的传人，他的代表作为《开方说》3卷，"不仅是一本介绍开方法的专著，更是一部研究高次方程理论的专著"[31]。在清中叶考据学家中，应该说只有他们三人尤其是汪莱与李锐才是真正以算学名家并终身以之的学者。

阮元 江藩在述及阮元之学时曰：

> 于学无所不通，著有《考工车制考》、《石经校勘记》、《十三经注疏校勘记》、《曾子注》、《论语论仁论》、《畴人传》等书。[32]

案阮元在天算学方面的最大贡献是主持编纂了《畴人传》46卷，但是书资料收集与编纂工作仍主要是由李锐来完成的。全书以人物传记方式从三皇五帝时起，到清嘉庆四年（1799）止，记载了中国天算学家275人，西洋历算学家41人，是一部集大成式的中国古代天算学成就总结性著述。

因为江藩编纂《汉学师承记》主要集中在嘉庆十二年到十六年（1807—1811）间，全书订稿后于二十三年（1818）在广州刊版行世。嘉、道时期的考据学家与天算学家，在此书中就无有明确的记载了。

三 乾嘉考据学家的西学观念

以上笔者对江藩本人以及《汉学师承记》所记学者的天算学成就、著述与观念进行了论述，如果就该书的价值取向再联系清代学术界的大环境，我们可以归纳为如下几点：

---

[30] [清]汪莱撰，李兆华校正：《衡斋算学校证·导言·汪莱及其〈衡斋算学〉》，西安：陕西科学技术出版社1997年版，第9页。

[31] 李兆华主编：《中国数学史大系》第八卷《清中期到清末》，北京：北京师范大学出版社2000年版，第64页。

[32] [清]江藩纂，漆永祥笺释：《汉学师承记笺释》卷7《凌廷堪》，下册，第777页。

第一，如果就江藩以及他在《汉学师承记》中立传的学者之心理及学术表现来看，用中国传统训诂考据方法研究儒家经典在他们看来是天经地义、唯此唯大的第一等学问，天算学只是在经学研究起一定的辅助性作用。戴震曾论"经之难明，尚有若干事"，即包括天文、历法、文字、音韵、训诂、名物典制、地理、算学、乐律等方面的知识，他认为儒者对这些知识"不宜忽置不讲"[33]。正因为如此，江藩在《汉学师承记》中选择人物的标准也是以经学研究成绩来取舍，例如他将陈厚耀入选，主要是因为他著有《春秋战国异辞》56卷、《春秋长历》10卷。江藩主要介绍陈氏《春秋长历》也是因为此书为研究《春秋》有用之书。又如江氏为惠士奇立传并介绍他的《交食举隅》，是因为其书研究《春秋》中记载的日食现象。又江氏为褚寅亮立传，也是因为其著有《仪礼管见》一书。而江藩为之立传的考据学家，有半数以上的人如惠栋、沈彤、卢文弨、王昶、朱筠、段玉裁、王念孙、王引之、江声、余萧客、洪亮吉、孙星衍、臧庸等，对天算学有的粗知皮毛，有的根本就不涉此学，对西学接触更少。而清代以天算学著名的学者如薛凤祚（1599—1680）、王锡阐（1628—1682）、方中通（1634—1698）、梅珏成（1681—1763）、明安图（约1692—约1764）、李潢（？—1812）等人，则为江藩所弃。由此可见，在清代正统考据学家心目中，天算学远未占到举足轻重的地步。不仅如此，随着《算经十书》等的发现，自明末以来即有的"中法原居西法先"的观点似乎得到更强有力的证据支持。[34] 从黄宗羲称："句股之术乃周公、商高之遗而后人失之，使西人得以窃其传"[35]，梅文鼎谓学习西学是"礼失求野之意"。到乾嘉时期戴震、钱大昕等人大倡所谓"以句股御三角"，这种观点似乎越来越有说服力。而阮元《畴人传》虽然是专为天算学者立传，但他却把上述观点更进一步强化。于是这种西学中源、中优于西的认识论在当时遂

---

[33]［清］戴震：《东原文集》卷9《与是仲明论学书》，《戴震全书》本，第6册，第371页。

[34]［清］阮元：《揅经室四集》卷4《赠周朴斋治平》，《揅经室集》本，下册，第817页。

[35]［清］全祖望撰，朱铸禹汇校集注：《鲒埼亭集》卷11《梨洲先生神道碑文》引黄宗羲语《全祖望集汇校集注》本，上海：上海古籍出版社2000年版，上册，第222页。

成为牢不可破的定论，天朝大国无所不有无所不包的自大心理，是导致西学不受重视的重要原因。

第二，从明末清初到嘉庆时期天算学界的大环境看，大致可以分为三个时期：自明季学者如徐光启（1562—1633）、李之藻（1565—1630）等与利玛窦（Matteo Ricci, 1552—1610）、熊三拔（Sabbarthin de Ursis, 1575—1620）等外国传教士合作翻译《万国舆图》、《几何原本》、《同文算指》等始，到稍后汤若望（Johann AdamSchallvonBell, 1691—1666）等编订《崇祯历书》，可以说是西方天算学著作大量被翻译到中国的时期。从梅文鼎等人进行"会通中西"的研究，到康熙时的"中西之争"以及《数理精蕴》等书籍的编纂，可以说是对西学进行会通、消化与研究的时期。《数理精蕴》等书的刊布标志着明清以来西算输入告一段落，同时也是第二阶段西洋数学传入中国的成果。[36] 从乾隆时从辑《永乐大典》到修《四库全书》，随着《算经十书》与宋元以来天算学著作如李冶《测圆海镜》、朱世杰《四元玉鉴》等书的发现、整理与刊布，以戴震、钱大昕、焦循、汪莱、李锐、李潢等人为代表的天算学家，在中国传统天算学著述中找到了与西方学者著述中相同的命题，对这些传统著作用纯考据的方式进行校勘、注释与演算。如果对照这三个时期，就会发现甚为有趣的现象：第一阶段书籍的翻译与编纂以及朝廷钦天监历法的修订与历书的编纂等，大部分都是中西学者共同合作翻译与编纂的；第二阶段这种合作与交流已经减弱，学者在已翻译著述的基础上，进行会通、消化与研究；而第三阶段则基本上是学者个人对某一种中国古代天算学著作进行个案式的整理、演算与研究，也取得了相当的成就。诚如数学史家李俨所论："这些成就的取得，虽然从时间上说可能比西方要晚些，但都是中国数学家们在闭关自守的情况下独立进行思考和钻研的结果。而且从他们所用的

[36] 详参李迪主编：《中国数学史大系》第七卷《明末到清中期》第三编《康熙帝与数学》，第249—255页。

> [37] 李俨、杜石然：《中国古代数学简史》，北京：中华书局1964年版，下册，第304页。
>
> [38] 李迪主编：《中国数学史大系》第七卷《明末到清中期》第一编《西方数学的第一次系统传入》，第18页。
>
> [39] 李迪主编：《中国数学史大系》第七卷《明末到清中期·第七卷前言》，第2页。

方法上讲，也具有和西方数学家分道扬镳、殊途同归的特色。"[37] 然而，就天算学界的整体情形而言，中国与西方不仅没有产生越来越多的交流，反而有着明显的渐行渐远之态势。

第三，从当时来到中国的西方学者的心理及他们传入的天算学著述来看：其一，因为他们中的绝大多数为传教士，其根本目的在于传教，宣扬西学只是其接近和欢动中国士大夫和皇帝的手段，故他们不仅不敢大张其鼓地宣传西学的先进性，反而言辞多要迎合中国士大夫的心理，这直接导致他们翻译书籍时有一定的删改、摘编与曲从，要迎合中国所谓之"大统之型模"，使所译书籍的完整性与科学性受到一定程度的破坏。其二，从书籍翻译的过程来看，"当时中国人不懂外文，因此翻译都是一中一外，外国教士看看书中用中国话说出来，中国人用笔做记录，中间当然商量译法和名词术语的确定。这样，翻译什么主要由教士选择，中国人是被动的"[38]。其三，从进入中国的天算学知识来看，由于传教士们本身此方面知识有限，故他们所翻译的书籍远远落后于同时期西方的天算学水平。如天文学方面采用的第谷体系，数学也是初等数学，而解析几何、微积分、初等概率等尚未为中国学术界接触与接受。以数学而论，这直接导致了"中国数学研究脱离了世界主流，后来越离越远，18世纪以来外国数学的迅速发展，中国人竟然毫无所知"[39]。

第四，从清朝当时的国情来看，虽然经"康乾盛世"后至嘉庆朝已国势日衰，但在对世界形势并不了解的情形下，从皇帝到士大夫仍然生活在天朝大国的心态与生活中，无论社会政治还是经济等各个方面，也都没有产生革新图变的土壤与气候，学子勤奋努力的功课仍是八股时文，学者矻矻不休钻研的学问仍是经籍之训诂。此种情形之下，西学的传播与交流就很难在帝王与主流学界产生很大的影响。正如英国学者李约瑟（Joseph Needham，1900—1995）在谈到西学东渐的影响时所指出的，中国过去虽然同西方及南方邻国有接触，但"这种接触从来没有多到足以影响它所特有的文化及科学的格调"[40]。无独有偶，在20世纪70年代末期，法国汉学家谢和耐（Jaeque Gernet）在谈到西方数学对中国的影响时也说："西方的数学知识甚至在两个世纪中导致了有关中国数学史上的一场大运动，这些新鲜事物并没有动摇实质性的内容，即他们自己的世界观。"[41]

因此，就清初至江藩所在时代而言，西学对当代考据学家产生的影响极其有限。民国以来学者称西学细密的数理逻辑方法对考据学方法产生过重大影响，研究传教士者又认为，传教士们的布教以及宣传西方科学技术的活动，对中国人改变自己的世界观也产生了相当大的作用，笔者认为这些说法都有所夸大。中国人真正重视西学与认识西学的先进性并主动向西方学习，是到鸦片战争后国门洞开，面临亡国灭种关头以后的事情。

[40] [英]李约瑟主编：《中国科学技术史》（第二分册），北京：科学出版社1978年版，第337页。

[41] [法]安田朴、谢和耐等著：《明清间入华耶稣会士和中西文化交流》（耿昇译），成都：巴蜀书社1993年版，第84—85页。

陆

清人藏书印种类例析[1]

[1] 本文原载《北京大学中国古文献研究中心集刊》第13辑，北京：北京大学出版社2014年版，第185—197页。

[2] 本文体例，先列藏书印印文文字，后括注藏书家姓名；而于印章形制与印文颜色等，不再注明；又诸家藏印甚多，每类之中，一般只列其一枚藏书印文字。

印章之用，滥觞于先秦，由来旧矣。而藏书印之始，或言起始于汉魏，或称始于唐代，而盛于宋以后，尤以闲章最为流行多样。印章分类，则或以形制，有正方、长方、正圆、椭圆、连珠、葫芦、亚字、子母、六面、八角、琵琶、钟形、鼎形、瓶形、瓦当、扇形、钱形及种种杂形；或以印文内容，有姓名、字号、楼堂、鉴赏、校读、仁履、里居、箴言等；或以印料之材质，有金属、石料、玉料、骨质、陶瓷、竹木等；或以印文书法，有甲骨、金文、篆（又有大小篆与鸟虫文等）、隶、楷、草、宋体等；或以时代，则有战国古玺、秦汉、魏晋、唐、宋、元、明、清印等；或以印文种类，有汉文、契丹、满文、满汉合文、藏文、其他少数民族文字、英文等外国文字；或以印文字数，有一字、二字、三字、四字、多字等；或以印文颜色，有朱文（阳文）、白文（阴文）、墨色、青绿、蓝色等；或以印文图案，有肖形、拟物、图文兼备等；或以盖印位置，有封面、引首、压角、压卷等；另有封泥、花押、数字及其他特殊印类。印章形制千奇百怪，文字内容五花八门，林林总总，争艳斗巧，风行艺苑，蔚为大观。

笔者日事古籍，尤喜藏书印，每于古书中见一印，皆悦目爽心，钞模记载，妙叹流连；而于诸家研究印学之著述，亦偶有涉及。虽于篆刻艺术，乃门外隔岸之人，然对印文所反映的古人藏书文化与藏家心态，若得书之欣喜，散佚之失落，以及刊印流布之艰辛等，却关注较多且兴味浓甚。今择清人藏书印若干，根据文字内容，分为九类，叙之如下。[2]

一 | 常见正宗藏书印

古来藏书之家，多专为藏书而刻印，明清以来尤甚。藏家每得一书，往往钤自家藏印，若"藏书印"、"收藏印"、"藏书记"、"珍藏书画记"、"图书记"、"图籍"等，最为常见，或可命之曰"正宗藏书印"。如：

余姚黄氏石库藏书印（黄宗羲），四明谢氏博雅堂藏书（谢象三），北海孙氏珍藏书画印（孙承泽），不寐道人收藏（金俊明），赖古堂图书记（周亮工），季寓庸珍藏书画印（季寓庸），槜李曹氏倦圃藏书（曹溶），蕉林玉立氏图书（梁清标），虞山钱曾遵王藏书、述古堂图书记（钱曾），天都陈氏承雅堂图籍、颍川陈氏较定典籍之章（陈昂），季振宜藏书（季振宜），仪封大宗伯赠礼乐名臣加太子太保谥清恪张公正谊堂藏书（张伯行），闽中蒋氏三径藏书（蒋玠），昆山徐氏乾学健庵藏书（徐乾学），琅玡王氏图书（王士禛），渤海陈奕禧字子文别号香泉翰墨图书（陈奕禧），吾研斋藏书印、御儿吕氏讲习堂经籍图书（吕葆中），海宁查升山图书（查升），华山马氏仲安家藏善本（马思赞），州来氏藏书印（吴允嘉），楝亭曹氏藏书（曹寅），义门藏书（何焯），永清朱玖聃珍藏金石经籍书画记（朱㹁之），小山堂书画印（赵昱），果亲王府图籍（弘曕），红豆斋收藏（惠栋），武陵怀古书屋收藏印记（顾若霖），王孝咏慧音藏书印（王孝咏），金氏星轺珍藏图书记（金檀），虞山席鉴玉照氏收藏、扫叶山房藏书（席鉴），玲珑山馆丛书楼珍藏图籍记、小玲珑山馆马佩兮珍藏（马曰琯），古盐张氏松下清斋印（张载华），瀛海纪氏阅微草堂藏书印（纪昀），四明卢氏抱经楼藏书记（卢址），歙西长塘鲍氏知不足斋藏书印、天都鲍氏困学斋图籍（鲍廷博），大兴朱氏竹君收藏之印（朱筠），萧山汪氏环碧山房珍藏印（汪辉祖），严长明用晦甫图书记（严长明），济南周氏藉书园印（周永年），衍圣公书画记（孔昭焕），海虞吴氏拥书楼图史（吴蔚光），高邮王氏藏书印（王念孙），江都汪氏问礼堂收藏印（汪中），皇十一子永瑆鉴赏古书真迹珍藏之印（永瑆），阳城张氏省训堂经籍记（张敦仁），萧山王氏十万卷楼藏书（王宗炎），隋文选楼阮氏藏碑帖文防之印章（阮元），洪氏小停云山馆珍藏金石书画碑帖砖瓦之印信（洪颐煊），九井斋瞿氏收藏金石图书（瞿中溶），韩应陛鉴藏宋元名钞名校名善本于读有用书斋印记（韩应陛），朝经暮史昼子夜集楼收藏印（朱昌燕），武原马氏汉唐斋收藏书籍（马玉堂），归安吴氏二百兰亭斋鉴藏图书（吴云），会稽赵氏双勾本印记（赵之谦），东郡杨氏海源阁藏（杨绍和），至圣七十世孙广陶印（孔广陶）等。

二 以姓名字号等为藏书印

　　古人篆印，以姓名字号所刻最多，此则不仅用于藏书故也。或以姓名，或以字号，或单以姓、字、号中择一字，而治为印。如钱谦益、牧翁蒙叟、钱受之（钱谦益），郑印敷教、郑敷教印（郑敷教），退谷逸叟（孙承泽），朱印之赤（朱之赤），周亮工印、亮字伯安（周亮工），顾炎武印、亭林（顾炎武），西河季子之印、毛甡之印（毛奇龄），金侃亦陶印（金侃），钱曾之印（钱曾），冯印文昌、字砚祥（冯文昌），朱彝尊印（朱彝尊），乾学之印（徐乾学），何焯之印（何焯），惠栋之印（惠栋），钱印大昕、竹汀（钱大昕），周印书昌（周永年），孔继涵即荭谷（孔继涵），顾千里以字行（顾广圻）

等。有姓名或字号为连珠印者，如宾、王（宋宾王），江、声（江声），丕、烈（黄丕烈），之、谦（赵之谦），祖、荫（潘祖荫）等有以姓、名、字号中某一字为印者，如徐（徐乾学），禛（王士禛），焯（何焯），筠（宋筠），瞿（瞿中溶），鼐（姚鼐），馥（钱馥）等。

三　有以姓名字号生辰籍贯职官等入印如小传者

姓名别号之章，又有记小字别名、籍贯里居、堂号室名、官爵生辰等者，文字皆在四字以上，甚至有长达数十字，类如人物小传者。如：钱孙保一名容保（钱孙保），季振宜字诜兮号沧苇（季振宜），仁和沈廷芳字畹叔一字荼园（沈廷芳），一字述庵别号兰泉、青浦王昶字曰德甫一字述庵别号兰皋大理寺卿经训堂王氏之印（王昶），渤海陈奕禧字子文别号香泉翰墨图书（陈奕禧），海宁查声山名升（查升），海宁查慎行字夏重又曰悔余（查慎行），书昌一字书愚（周永年），吴骞幼字益郎（吴骞），一名人杰字昌英（郑杰），海昌朱昌燕原名昌龄（朱昌燕），原名拱端字孟公（张孟公），名余曰莹兮字余曰韫辉（查莹），八砖精舍履仁乡张仲乾隆丙辰五月五日生名镇字起心亦字芍野号南亭（张镇，廷济先人），嘉兴张廷济字叔未行三乾隆戊子生嘉庆戊午科浙江乡举第一（张廷济），于陵袁守德字惠人号静斋别号梧轩、于陵郡职典堂时和园主人袁守德行二字惠人一字和村号静斋一号梧冈又号鲁存别号品石山人又谓之专心弟子小字永亦曰贤村居士（白大方，其家居孝水贤村）、袁守德第五字惠人和村号静斋品石和园雪舟梧冈鲁存梦号纯素真人醒谓专心弟子小字永亦曰长山懒散人本族冀北瀛海广川今居山左齐州于陵之孝水贤村尧夫氏识（袁守僡），永清朱梫之字淹颂号九丹玖聃一号琴客又号皋亭行四居仁和里丛碧簃所蓄经籍金石书画印信（朱梫之），杨以增字益之又字至堂晚号冬樵行一（杨以增）。

有纪出生年月或其他年数事件者。如：维七十五甲子之乙巳岁降生浙西织里（吴晋德），生于甲子（熙元），雪婆婆同日生（郑爕），癸巳人（周星诒），甲寅人（周喜寅，星诒子），癸巳生（吴荣光），强圉涒滩（丁申）、强圉柔兆（丁丙），雄甲辰（吴昌硕），同治辛未千秋节日生、惟庚寅吾以降（袁克文）。存斋四十五岁小像（陆心源，肖像印），八十一翁（孙承泽），四十归里（潘遵祁），年开七秩、年已七十矣、七十三年矣（钱大昕），年二十七罢官（梁鼎芬），二十二通籍三十八省亲归里四十陈情乞养四十二致仕（祁寯藻），四十学书五十学诗六十学词七十学画（邓邦述）。

四　以藏书楼为藏书印

古代文人学士，多构藏书楼。家藏万卷，坐拥百城，可谓嬛嫏福地，惬意人生。而藏书之所，则曰楼、曰阁、曰室、曰馆、曰院、曰斋、曰轩、曰堂、曰宅、曰廛、曰庐、曰园、曰房、曰巢、曰屋、曰亭、曰舍等。取名则或征之于古典，或创之于新义；或因事而起，或因书而有；或实有其楼，或虚无其阁。故文征明谓"我之书屋，多于印上起造"。而清代藏家如黄丕烈辈，可谓书屋多于书上起造，得一奇书，即取一室名；而有一室名，则模一印范，为经常之事。如：

汲古阁（毛晋），绛云楼、青藜阁（钱谦益），秋水轩（郑敷教），博雅园、天赐园（谢象三），正气堂（朱之赤），石叟室、半生阑亭（郑梁），朴学斋（叶万），徐氏传是楼（徐乾学），赐书楼（蒋继轼），勤有堂（顾若霖），闲止楼（鱼元傅），山光塔影楼（吴塨），艺芸书舍（汪士钟），研经室、节性斋、泰华双碑之馆、文选楼（阮元），兰雪轩、王兰仙馆、倦舫（洪颐煊），思适斋（顾广圻），养一斋（李兆洛），敦和堂（程云翔），津逮楼（甘福），味梦轩（钱天树），鸣野山房（沈复灿），款冬书屋（贝墉），深柳读书堂（徐松），带经草堂（陈征芝），吾园、信斋（乔载繇），三间草堂（陆芝荣），周玉齐金汉石之馆（汪喜筍），四经四史之斋、宋存书室（杨以增），清爱堂、味经书屋（刘喜海），四雨亭（胡惠孚），读史清舍（马玉堂），东洲草堂、云龙万宝书楼（何绍基），汇英堂、茹古精舍（蒋维基），读骚如斋（章绶衔），香雪草堂（潘遵祁），红雨山房（郭柏苍），还读书堂、万五千卷书屋（潘祖同），香南室（杨绍和），八求精舍（潘祖荫），八千卷楼、求己室、汉晋唐斋（丁丙），小仓山房（袁枚），拥书楼（吴尉光），摩柯精舍（袁守傲），士礼居藏（黄丕烈），御题印心石屋（陶澍），佞宋斋（潘祖荫），嘉业堂（刘承幹），后百宋一廛、寒云庐（袁克文）等。他若"扬州阮伯元氏藏书处曰琅嬛仙馆藏金石处曰积古斋藏砚处曰谱砚斋著书处曰掣经室"（阮元），"长沙叶氏郋园藏书处曰丽廔藏金石处曰周情孔思室藏泉处曰归货斋著书处曰观古堂"（叶德辉），则将诸家堂馆，荟萃于一印之中者也。

五 以抄、拓、校、读、刻书等为藏书印

藏书之家，人各不同，而藏书之目的，亦各各有异。洪亮吉分藏书家为考订、校雠、收藏、鉴赏与掠贩五类，自有其理。藏家或借阅手抄，或校勘审定，或观读赏鉴，或刻版流布，或鉴定甲乙，或辨别真伪，皆刻印钤卷，留踪纪念。若细分之，则又有如下数类：

1. 有抄书、拓书之印

周元亮抄本、无党抄手（吕葆中），抄书老更痴（谢浦泰），每爱奇书手自抄（鱼元傅），白首尚抄书（卢文弨），以文手抄（鲍廷博），甘泉汪氏抄秘书之一（汪中），研古楼抄本（张载华），著书不如抄书（张宗祥），惠定宇手写本（惠栋），芑堂手拓（张燕昌）等。

2. 有校读之印

新安陈氏校定典籍之章、颍川陈氏较定典籍之章（陈昂），绣谷手典（吴焯），红豆山房校藏善本（惠栋），果亲王益寿主人月读左传一过、果亲王读本（弘瞻），武陵卢氏手校、文弨校正、抱经堂校定本、文弨读过（卢文弨），春帆校正（纪昀），竹汀复校（钱大昕），校书余暇（余集），容夫校定（汪中）、武原顾千里校本、顾千里经眼记（顾广圻），邵二云正定经文（邵晋涵），尧圃手校（黄丕烈），守吾过眼（朱之赤），免床经眼、吴骞读过（吴骞），元本鳣读（陈鳣），枚庵流览所及（吴翌凤），善才读过（王昙），张敦仁读过（张敦仁），王铁夫阅过（王芑孙），王宗炎所见书（王宗炎），茉升过眼（黄锡蕃），袁廷梼读过（袁廷梼），锡庚阅目（朱锡赓），宗炎

校读（王宗炎），君直手痕（曹元忠）等。

3. 有借观、鉴定、鉴赏之印

惠定宇借观（惠栋），文弨借阅（卢文弨）；周亮工鉴定真迹（周亮工），北平翁方纲审定真迹（翁方纲），臣元奉敕审内府金石文字（阮元），绩溪胡澍川沙沈树镛仁和魏锡曾会稽赵之谦同时审定印（赵之谦），鸿隐楼夫妇鉴赏（王昺），宋本、元本、甲、毛氏正本（毛晋），雪苑兰挥藏书善本（宋筠），赵宋本（席鉴），千元十驾人家藏本、宋本（吴骞），秘本（吴翌凤），小琅環福地缮钞珍藏（张燮），扬州阮元录天一阁秘本（阮元）等。

4. 有纪念藏书所得时间之印

玖聃三十年精力所聚（朱棨之），振绮堂兵燹后收藏书（汪宪），己卯庚辰（李文藻），尧圃卅年精力所聚（黄丕烈），乾隆五十七年遂初堂初氏记（初彭龄），钱唐何氏梦华书馆嘉庆甲子后所得书（何元锡），光绪戊子湖州陆心源捐送国子监之书匦藏南学（陆心源），咸丰庚申以后收藏（蒋维基），鄞徐时栋柳泉氏甲子以来所得书画藏在城西草堂及水北阁中（徐时栋），嘉兴唐翰题庚申后所聚（唐翰题），魏塘钟氏信美斋庚申以后所得书（钟文烝），钱唐何氏梦华书馆嘉庆甲子后所得书（何元锡），萧山王端履四十岁后所见书（王端履），上海徐氏寒木春华馆道光壬午后收藏（徐渭仁），方扶南入京后所得（方世举），魏塘钟氏信美斋庚申以后所得书（钟文烝），光绪甲申海宁蒋光焴命子望曾检书记（蒋光焴），庚申劫火之余、桐西居士庚申后印记、潘荣坡——遭寇难——遭火劫后重置之书（潘介繁），庚申以后次侯所得（赵宗建），同治元年购（杨浚），杨星吾日本访书之记（杨守敬）等。

5. 有"曾在某某处"之印

曾在李鹿山处（李馥），曾在辛斋处、辛斋曾寓目焉（蒋重光），是书曾藏周元亮家（周亮工），蒋绚臣曾经校藏、是书曾藏蒋绚臣家（蒋玢），旧为新城王氏藏本（王士禛），曾在张甄山处（张兴载），永瑢曾观（永瑢），曾经玉几考藏（陈撰），竹汀居士曾观（钱大昕），曾在鲍以文处（鲍廷博），曾在姚古香处（姚瑚），曾在东吴袁寿阶处（袁廷梼），曾在吴石云处（吴荣光），曾在萧山陆氏香圃处（陆芝荣），少穆曾观（林则徐），曾藏洞庭葛香士家（葛祚增），曾寄申江郁氏处、曾在上海郁泰峰家（郁松年），曾经我眼即我有（陈介祺）。

6. 有护惜书籍之印

唐杜暹家书跋尾，皆自题诗以戒子孙之爱惜古书，有曰"清俸买来手自校，子孙读之知圣教，鬻及借人为不孝"。其语流传，影响甚大，后来藏家，多有以此类爱惜告诫之语，刻印钤书中者，或为数字，或为一句，或为诗作，或为数语，寄望子孙，语重心长。如：在在处处有神物护持（毛晋），愿流传勿损污、性命以之（吴焯），得者宝之（孙从添），遗稿天留（沈廷芳、鲍廷博），构书良不易子孙守勿替（吕葆中），知不足斋主人所贻吴骞子子孙孙永宝（吴骞），子子孙孙承之永珍（袁守僡）。

"忠端是始黎州足，续难□不忘鄺贫。不忘宝□不忘读，子孙孙鉴此心。羲"（黄宗羲）"吾存宁可食吾肉，吾亡宁可发吾椁。子子孙孙永无鬻，熟此直可供饘粥。"（万斯同）"我性最喜读书，所藏数十万，皆从减衣缩食而来。每当披览，拭几焚香，松雪六勿之戒，毕生谨守弗替。子孙得我书者，岁必繙阅，暑必曝晒，慎毋滥借亲朋，慎毋涂鸦损坏，慎勿善贾求沽，世世保之，守而勿坠，真我孝子顺孙也。时康熙丙戌七夕前三日莲泾居士识。"（王闻远）"藏之名山，传之后其人，以身守之罔敢失坠"，"天地奇文，圣贤遗泽。蓼亭藏之，珍若圭璧。爱日轩中，以朝以夕。传诸后人，其永无致"，"茶社未忘铜井约，草堂比似玉山灵。家藏四世以身守，谁得吾书视此铭。"（肖梦松）"寒无可衣，饥无可食，至于书不可一日无，此昔人诒厥之名言，是可为拜经楼藏书之雅则"（吴骞）"聚书藏书，良匪易事。善观书者，澄神端虑。净几焚香，勿卷脑，勿折角，勿以爪侵字，勿以唾揭幅，勿把秽手，勿展衾案，勿以作枕，勿以夹刺。随损随修，随开随掩。后有得吾书者，并奉赠此法"（汪宪）。"积书也劬，惜书也迂，鬻书也愚。书乎书乎将焉如？吾铭而识之，以俟诸如我之徒。"（胡赓善）"得此书，费辛苦，后之人，其鉴我。"（陈鳝）"平生减产为收书，三十余年万卷余。寄语儿孙勤雒诵，莫令弃掷饱蟫鱼。荛夫氏识"（黄丕烈）"积书万卷无不有，子孙读之惟所取。文章道德期不朽，才或未逮贵能守。万不得已求主售，读书养亲瞻戚友。得钱他用天不佑，鬼神殛罚安其疚，顾得书人其三复。嘉定钱季子藏书记。"（钱侗）"昔司马温公藏书甚富，所读之书终身如新。今人读书恒随手抛置，甚非古人遗意也。夫佳书难得易失，稍一残缺，修补甚难，每见一书或有损坏，辄愤惋浩叹不已。数年以来搜罗略备，卷帙颇精。伏望观是书者倍宜珍护，即后之藏是书者亦当谅愚意之拳拳也。謏闻斋主人记。"（顾锡麟）"平生减产为收书，三十年来万卷余。寄语儿孙勤雒诵，有一令弃掷蟫鱼。荛友识"（张燮）。"烟屿楼藏书约：勿卷脑，勿折角，勿唾揭，勿爪伤，勿夹别纸，勿作枕头，勿巧式装潢，勿率意涂抹，勿出示俗子，勿久借他人。"（徐时栋）"十年作吏仍糊口，百金购书收散亡。老矣不能穷雨简，一廛幽僻得深藏。"（方功惠）"禄易书，千万值。小胥钞，良友诒。阁主人,清白吏。读曾经,学何事。愧蠹鱼,未食字。遗子孙,承此志。"(杨以增)"宝翰垂千秋,人无百年寿。展玩聊自娱,岂计收藏久。我闻唐杜暹,撰铭书卷首。鬻借为不孝,惟属后人守。又闻赵吴兴,作诗题卷后。但禁他室买,戒以弃勿取。二公诚爱书,而我意则否。子孙为凤麟,嗜古意必厚。我爱彼更爱,搜采成丛薮。何待我贻留,彼自能寻剖。子孙若豚犬,压架已孤负。推烧或化薪,弃置更覆瓿。尤物遭轻亵,贻者执其咎。不如付赏音,什袭重瑶玖。品题增光辉,益令传不朽。由来天下宝,不妨天下有。但祝得所归,勿落俗士手。"(孙文川)"手钞积万卷,数世之苦心。流落不知处,壁出绿竹音。"(丁白)"无水火兵灾,无蟫蚁鼠劫。永离一切苦,如我佛所说。治廧居士和南说谒。"(叶昌炽)"予席先世之泽,有田可耕,有书可读,自少及长,嗜之弥笃。积岁所得,益以青缃旧蓄,插架充栋,无虑数十万卷,暇日静念,差足自豪。顾难聚而易散,即偶聚于所好,越一二传,其不散佚殆尽者亦鲜矣。昔赵文敏有云:'聚书藏书,良非易事。善观书者,澄神端虑,净几焚香,勿卷脑,勿折角,勿以爪侵字,勿以唾揭幅,勿以作枕,勿以夹刺。'予谓吴兴数说,爱惜臻至,可云笃矣,而未能推而计之于其终。请更衍曰:'勿以鬻钱,勿以借人,勿以贻不肖子孙。'星凤堂主人杨继振手识,并以告后之得是书而能爱而守之者。"(杨继振,长方巨印钤卷首)。"勿皱皮,勿捲角,勿爪侵而涎滴,勿墨渍而油汙。愿我同志,鉴此箴言。郲朩子白。""列典籍,有定处。读看毕,还原处。虽有急,卷束齐。有缺坏,就补之。"(刘声木)

7. 有宝玩稀珍或夸示其特藏入印

希世之珍(毛晋、席鉴),无上上品(顾若霖),墨妙笔精(席鉴),珍藏宝玩(郑杰),百宋廛清赏(黄丕烈),奇书无价(鲍廷博），拥书万卷何假南面百城、好书到手不论钱（方功惠），铭心绝品、湖帆宝此过于明珠骏马（吴翼燕），传家一卷帝王书（钱沅），金石录十卷人家（江立、鲍廷博、阮元、汪诚、赵魏、韩泰华、潘祖荫），临安志百卷人家、千元十驾人家藏本（吴骞），宋临安三志人家（马瀛），四经四史之斋（杨以增），一宋一廛（方尔谦），一廛十驾（赵钫），梅花一卷（吴尉光），分廛百宋、迻架千元（潘祖荫），皕宋书藏、后百宋一廛（袁克文）。

8. 有祖孙父子夫妇兄弟递藏之印

肖蓼亭四世家藏图籍（肖梦松），笥河府君遗藏书画、笥河府君遗书记（朱锡赓），袁又恺藏书授子之章（袁廷梼），古娄韩氏应陛载阳父子珍藏善本书籍印记（韩应陛），甲子丙寅刊德钧夫妇两度携书避难记（韩应陛后人印），鸿隐楼夫妇鉴赏（王昺），铁夫墨琴夫妇印记（王芑孙），灵鹣阁夫妇所藏书画（江标），克文与梅真夫人同赏（袁克文），江昱江恂（江昱），莫科莫祁莫棠之印（莫棠）。

六 　有夸耀门阀、科第、官爵等为印

魏晋以来，世家大族，遥遥华胄，以门阀相阅；即寒门蓬户，亦莫不攀援附会，远托贵胄。而科举功令，又向为士人所重，翰苑清选，人所倾慕；名公钜卿，扶遥青云。故藏书印鉴，多有旌门阀、耀功名、夸官爵者。

1. 有夸示门阀华胄者

叔郑后裔（毛晋），有商子孙（金俊明），明经别驾书经解元临济三十四彭祖九十七世、陆终彭祖后人、光禄河阳里第（钱陆灿），彭城世家（钱曾），陈先生后人、东皋先生后人（陈昂），忠勤公之世孙（王士禛），宋少保石林公二十一世孙裕、子华后人（叶裕）。武烈王孙（陈奕禧），平滦世家（曹寅），兰陵世家（肖梦松），右军后人（王闻远），汉留侯裔（张孟公），右军后人（王闻远），开封十世孙（鱼元傅），渭南伯后（陆时化），清何伯子（张燮），淮海世家（王念孙），恭毅公元孙（赵怀玉），陈黄门侍郎三十五代孙（顾广圻），宫保世家（英和），泰泉后人、粤岳子（黄培芳），忠宣第三十七世孙（陆芝荣），织帘先生四十九世孙（沈炳垣），文正曾孙文清从孙文恭冢子（刘喜海），清河世家（张蓉镜），有周甸正之后（陈介祺），祖孙父子兄弟叔侄翰林之家（潘祖同），少宰后人、少宰希范先生曾孙（张兴载），钱塘清望世家（丁丙），唐越国公四十二世子孙（杨绍和），史官世家（史宝安），镇南王后裔、成吉思汗之子孙（冒广生），宋沂国公之后（王祖询），皇六子（永瑢），皇十一子（永瑆），上第二子、皇二子（袁克文）。

2. 有夸示科举功名者

己丑进士（宋筠、潘奕隽），己未翰林（袁枚），甲戌榜眼（王鸣盛），辛巳进士（李文藻），壬辰进士（杨复吉），对策上第（洪亮吉），丁未一甲进士、丁未对策上第（孙星衍），嘉庆甲戌进士官翰林院庶吉士（王端履），甲戌翰林（祁寯藻），海内翰林第二（俞樾），壬辰进士（杨复吉），康熙秀才雍正举人乾隆进士（郑燮），道光庚戌茂才咸丰庚申明经同治庚辰进士（李慈铭），二十举乡三十登第四十还朝五十出守六十开府七十归田（梁章钜），癸未入邑庠戊子登乡榜乙未贡春官戊戌成进士（朱寿彭），二十射策三十登坛（黄牧甫）。

3. 有宣耀官爵荣宠者

文渊阁大学士（赵国麟），宫詹学士、国子祭酒、御史中丞、御史大夫、大司成、经筵讲官（王士禛），体仁阁大学士、总制淮扬楚粤等处十省军门（阮元），青宫太保致仕大学士（祁寯藻），宫保之章、宫保大司马三江总制之章、干国良臣（陶澍），河东节帅江左中丞、词臣开府、读书东观视草西台、管领江淮河汉、吴越秦楚齐梁使者（林则徐），三晋提刑（宋筠），执金吾印、南斋翰林左翼总兵（英和），暂为御史再入翰林（钱桂森），民部尚书郎（汪士钟），刑部尚书郎（吴荣光），吏部司封员外郎（叶德辉），鸾台学士、大中丞印（梁清标），文渊阁校理（查莹），讲官学士（李宗翰），经筵讲官（彭启丰），光禄卿之章、通议大夫（王鸣盛），纶阁舍人、瀛州学士、东宫亚相、南海衡文、文学侍从（钱大昕），秘阁校理、恩加二品重讌琼林、内阁学士内阁侍读学士翰林院侍读学士、文渊阁直阁事翁方纲覃溪、礼部侍郎、三任广东学政（翁方纲），癸丑词臣（张燮），太史之章、绿衣执法大夫印、东方廉使、旧史氏、东方漕使、东鲁观察使者（孙星衍），石经详复官（洪亮吉），文章太守（张敦仁），石阡太守（陈奕禧），史官、太史氏（毛奇龄），县学教谕宫学教习国学典籍（王芑孙）。

4. 亦有官微俸薄自嘲自乐者

七品官耳（朱彝尊），闲官养不才（何焯），一官长憎处非才（宋筠），三十七岁致仕（袁枚），我作通判过否（唐翰题），三品服四品阶五品秩六品俸（王鹏运），一月安东令（吴昌硕）、弃官先彭泽令五十日（吴昌硕）。

七　有以山川、里居、性情、爱好入印者

1. 有记载里居城镇乡村山水风光者

家在万岁楼前（钱谦益），休宁千秋里人（朱之赤），纺车泾上人家（钱陆灿），吴下阿升（查升），家在凤岗之北、家在桃花西坞（何焯），吴下阿霖（顾若霖），吴下汪三（汪士钟），东海居士（马国翰），淞北倦民、甫里佚民（王韬），梅会里朱氏别业小长芦之南皀皮山之东东西夹石大小横山之北（朱彝尊），家在元沙之上（周在浚），太原仲子（王孝咏），范阳卢氏（卢文弨），越中童子、白马山长（童钰），乌夜村农（张载华），河间纪昀（纪昀），生长湖山曲（鲍廷博），内乐村农（周春），水香村夫（彭元瑞），小桐溪上人家（吴骞），东吴布衣（毛襄），曾治老聃黄歇故里（姚荣誉），湖东不住住湖西（王宗炎），松风亭长（姚椿），本庐江何氏（钱仪吉），关西节度系关西（杨以增），扶风书隐生（马玉堂），古郭子之苗裔（章绶衔），凤栖里人（叶名澧），小桥流水即沧州（郭协寅），家住吴中八百年（袁宝璜），甫里逸民（王韬），东门莱侬、书库抱残生（丁丙），华严山下人家、家居产圣村（黄瑞）。

2. 有彰显个性风格异类者

狂奴（朱之赤），吴下狂生（何焯），身在书生侠士间（金檀），古之伤心人（杨复吉），木强人（李鉴），上下三千年纵横一万里之斋（李恒良），上下三千年纵横二万里之轩（洪亮吉），天下第一强项人（王心镜），天下第一愚人（刘愚），天壤第二王郎（王韬），不避世桃源中人（采人），世界一个人（黄世仲），世界罪人（陈景华），古今第一痴人（彭玉麟）、名教罪人（钱名世）、江南第一风流公子（杨继振），死庵（元玉、屈大钧），钱塘苏小是乡亲（袁枚），放翁同里人（童钰），太史公牛马走（沈颢），青藤门下牛马走（郑燮），赢得青楼薄幸名（王礼培），我与我周旋室（李隆萼），非非（黄知彰），一恨名山未游二恨异书未读三恨美人未遇（黄瑞）。

3. 有幽隐闲散淡泊名利者

乾坤一布衣（魏禧），春水老人（杭世骏），乐幽居士（顾若霖），辑荷散人（戴震），自谓是羲皇主人（周春），渎井复民（桂馥），更生居士、蓬壶散仙（洪亮吉），红蕙山农（袁廷梼），天瘝居士（黄丕烈），石云山人（吴荣光）、松风亭长（姚椿），止巢居士（乔载繇），观奕道人（许乃普），小西山第一闲人（胡惠孚），扶风隐书生（马玉堂），湖山过客（郭柏苍）、福地谪仙（郭柏苍），春在老人（俞樾）、曲园居士（俞樾）、曲园居士俞楼游客右台仙馆主人（俞樾），淞北倦民（王韬）、甫里佚民（王韬），九涛十八涧中人（潘祖荫），黄山山长（丁菊甦）。

4. 有专好经史词赋者

图史富书生（郑杰），词人茝谷（孔继涵），诗龛居士（法式善），拙经老人（黄廷鉴），研经老人（阮元），拜经老人（吴荣光），石经蛀虫（冯登府），茹古主人（蒋维基），书库抱残生（丁丙），沤梦词人（邓邦述）。

5. 有夸示丰富阅历者

万里行脚僧小浮山长统理天下名山风月事兼理仙鹤粮饷不醒乡侯（成果），九岁朝天子（孔庆镕），词垣珥笔秘殿抽书版部持筹云楼定律（张燮），环游地球夏官大夫（傅云龙），身在万里半天下（英和），维新百日出亡十四年三周大地游遍四洲经三十一国行六十万里（康有为），一扈木兰两登泰岱再游黄海三宿五台（潘奕隽）。

八　有以前人诗文、警语入印者

藏书印中，以闲章为多，也最能反映藏书者心态之种种。闲章所刻文字，五花八门，应有尽有，而语有渊源，以前人诗文、警语入印者，最为常见。

1. 有勤学苦读从增修养者

汲古得修绠、笔研精良人生一乐（毛晋），书经解好梦、斯文亦吾病（钱陆灿），校书亦已勤、立志读书（孙潜），观其大略（梁清标），老去诗篇浑漫与（朱彝尊），心好异书性乐酒德、士风清佳、闲官养不才（何焯），卓荦观群书、生平心力尽于文（谢浦泰），性命以之、疏雨薰习（吴焯），朝朝染翰（陈邦彦），细嚼梅花读杜诗（宋筠），悔不十年读书（鱼元傅），学然后知不足（席鉴），一盏秋灯夜读书（永瑢），不学便是面墙、不学便老而衰（卢文弨），甚欲读书奈懒何、金篆香清好读书（张载华），不解解人（范希哲），心与古人会（纪昀），图史富书生（郑杰），老眼向书明、好书堆案转甘贫（鲍廷博），左经右史、空读南华第二篇（李文藻），深柳读书（金弘勋），得之千载外正赖古人书（汪文琛），图史有余清、焚香读异书、检书（袁守偲），时思误书亦是一适、好书堆案转甘贫（顾广圻），朗清汲古所在（陆芝荣），一经传旧德、晚知书画真有益（冯登府），使我怀古之情更深（钱仪吉），莫为功名始读书（谭献），以学愈愚（王祖询），来生恐在蠹鱼中（陈群），南州高躅海岱清风、必遵修旧文而不穿凿、用儒雅文字章句之业取天下先（徐恕）。

2. 有洒脱自足与世无争者

平生不做皱眉事、出入几重云水身（钱陆灿），谁与玩此芳草（金俊明），青毡是我家旧物、拥书岂薄福所能（王闻远），清旷之域、茅屋纸窗（冯文昌），半窗明月（季振宜），门无剥啄松影参差禽声上下午睡初足（查升），寒山一片石（吴允嘉），士风清佳（何焯），闲中日月醉里乾坤，澄之不清挠之不浊、偃息琴书之侧、杜门谢客斋居一室气味深美山华野草微风动摇以此终日、名山草堂萧然独居门地车马室有图书沉酣枕藉不知其余俯仰今昔乐且宴如肖蓼亭铭（肖梦松），此外何求（魏维新），疏窗绿影、江枫雨菊、户映花丛当下帘、风月无边竹交翠（宋筠），身在书生侠士（金檀），白玉兮为镇疏石兰兮为芳（戴震），个是耕夫手种田（许焞），人当风雨散花到别离开、与朋友共（李文藻），代薪汲泉亦是名士（赵怀玉），闲来无事不从容（潘奕隽），平生爱我无如酒凡事输人不但棋（洪亮吉），岂为声名劳七尺（张绍仁），宠辱皆忘、肯使细故胸中留（林则徐），读异书饮美酒赏名花对丽人（何绍基），飞白觞而醉月、一生心事花鸟知、晚院花留立春山月伴眠、一榻梅花鹤梦间（张蓉镜），春冰竞畅秋水澄鲜（李慈铭），美人香草（劳权）。

3. 有以鉴诫、励志、规箴语入印者

宁静以致远（洪颐煊），平生不做皱眉事（钱陆灿），不求闻达（孙潜），古道自持（叶万），傲惰矫轻（毕泷），结客皆苍老（顾至），达辞而已（余集），布衣暖菜根香读书滋味长（何元锡），敛身正坐缓视微吟虚心玩味切己省察（姚椿），予性专而好古（陈介祺），弗学不知其善（徐时栋），畏天畏人心怯积书积德名家（刘承幹），澄怀观道（潘介繁），实事求是多闻阙疑（劳格），维桑与梓必恭敬止（郭协寅），多闻阙疑实事求是（刘庠），必遵修旧文而不穿凿、用儒雅文字章句之业取天下先（徐恕），毋为小人儒（溥儒）。

4. 有自评自傲特长者

万幅梅花万首诗（童钰），冷香飞上诗句（陈撰），检书烧烛短看剑引杯长（袁守傪），诗里求人龛中取友我怀如何王孟韦柳（法式善），才不才之间（毛裛），闭门索句（陈渔珊），游好在六经（马玉堂），但读离骚可无烦（章绶衔），新诗改罢自长吟（叶名澧），金石日击撞（唐翰题），别出新意成家（郭协寅），纶音殚心著述（俞樾），我思古人令闻令德（方濬师），天香云外用之则行（丁丙），汉后隋前有此人（赵之谦），意在三代两汉六朝之间（丁菊甦）。

九　其他藏书印

藏书印中，尚有其他文字生僻或文字简略者，亦有以释道二藏语自喻或警切入印者，甚或有以生理残疾入印以谐趣者。如明代祝允明右手长一小指，即俗称"六爪子"，祝氏自号为"枝山"，并刻有"枝山"、"枝指山"、"指山道人"等章，以戏谑为趣。清人模仿者，亦所在多有。

1. 有以僻怪文字入印者

厈蘁（张鲲）、凹凸山房（吴效英）、孖翁（黄炳章）、刕堂（邹宪）、丂工山人（朱辉）。

2. 有以极简略文字入印者

人也（冯行、廖燕）、乃人（曾华盖）、又人（吴尔康）、了了此生（李廷立）、个子（樊达斋）、小羞（陶篴）、中也（汪大燾）、及一（钱选）、叫天子（潭志道）、正也（石颐、吕贞、詹崇政）、生之（王肇震）、自一（周元初）、亦人（李根云、李国昌、孙杰、徐美大）、其人（毛式玉）。

3. 有以佛道为喻或以佛道语入印者

如来真子天子门生（钱谦益），我是如来最小之弟（傅山），在家道人（朱之赤），提起最上一层（钱陆灿），前身是罗浮头陀（马思赞），定光佛在坠落娑婆世界凡夫（赵之谦），象莲花未开形、知一念即无量劫（沈曾植）。

4. 有以生理缺陷谐趣入印者

枝指生叶祖仁读书记（叶裕），其于人也为寡发为广颡为多白眼（孙辰东），一臂思扛鼎、左手代之、左军司马（高凤翰），个相如吃、口如扁担（朱耷），尚留一目看花梢（汪士慎），听有音之音者聋（吴昌硕），夔一足（邓散木），一窍不通（吴湖帆）。

以上笔者将清人藏书印分九类，进行了归纳与分析。其中所论，类例或不尽当，藏印亦恐有张冠李戴之误，但应当有助于对藏书印的研究，而且对古籍版本鉴定、藏书过程、收藏始末、古籍流布、藏家心态与古籍典藏文化等，也当有一定的参考与借鉴作用。

柒

从《全宋诗》的编纂看《四库全书》的文献价值[1]

由全国高校古籍整理研究工作委员会重点资助、北京大学古文献研究所编纂的大型古籍整理科研项目——《全宋诗》，从1984年项目创议、1986年正式起动到1998年全部出版，前后已有14年之久。笔者在《全宋诗》编纂后期，参与了400余位宋人诗作的整理，也切实地体味到了其中的甘苦。1999年夏，笔者曾用最愚笨、最费时的方法，一页一页地口读手算，统计《全宋诗》的作者人数、全诗数量、全部字数等工作，前后两月而毕。[2] 同时，在《全宋诗》编纂及平日的读书中，与《四库全书》也多有接触，深切地感受到《四库》本并不像以往人们的评价那样是差劣之本。现将笔者对《四库全书》从《全宋诗》整理角度进行的研究，以及平素思虑所得，草成此文，以就教于学界前辈与时贤。

一　从《全宋诗》所用底本看《四库全书》的版本价值

古籍整理，首先要重视的，就是底本的选择。《全宋诗》在首册的《编纂说明》中曰：

我们要求整理者考清版本源流，然后选择底本和参校本，并把版本情况和点校说明扼要地写入小传。这项工作如做得好，对了解宋人诗集版本将有一定学术价值。我们要求保存底本原貌，分卷、篇目、篇章结构，一般不做更动，这样可以使读者通过这部《全宋诗》，见到现存传世的多种宋集善本的概况。……对于版本，则从实际情况出发，具体对待，不盲目信

---

[1] 本文原载北京大学中国古文献研究中心、复旦大学中国古代文学研究中心、台湾淡江大学中文系主编：《海峡两岸古典文献学学术研讨会论文集》，上海：上海古籍出版社2002年版，第405—447页；又载田澍主编：《中国古代侃论萃——庆贺历史学家金宝祥先生九十华诞论文集》，兰州：甘肃人民出版社2004年版，第464—502页。

[2] 据笔者粗略统计，《全宋诗》全书72册3785卷，共收作者9079人，凡得诗247183首、残诗5983句(联)、存目323首(句)，3945.40万字（据每册版权页字数统计）。所收诗人是《全唐诗》的4倍，诗作是《全唐诗》的5倍，字数更是《全唐诗》的10倍。无论是从体例安排、小传撰写、诗作的辑佚与校勘等方面，都从数量与质量上超过了《全唐诗》，虽然不能说是做到了"不遗不漏"，但现存有宋一代诗歌的全貌，已经呈现在了读者面前。关于笔者统计的其他各项数字与对《全宋诗》的评价，详见拙文《〈全宋诗〉的编纂与学术价值》，见全国高校古委会秘书

古。譬如一般以为四库本多有问题，但也不尽然。（1/16—17）

《编纂说明》是写在《全宋诗》整理的前期，当时仅出版了前5册，对全部宋诗的版本虽有基本估计，但尚未能做到完全心中有底，因此《说明》中的语言小心而谨慎，但这一对版本的基本评估被实践证明是绝对正确的，且贯彻到了整部大书的整理之中，而对《四库全书》版本的利用，则更能说明问题。笔者在《全宋诗》全部出版后，曾论全书选择底本体例曰：

考察版本源流，选择善本、足本为底本，确定有价值的本子为参校本，然后进行认真细致的比勘对校。无论是寻常版本还是宋元椠本，皆不为成见所囿，而是根据实际情况比勘以确定底本，如《四库全书》中宋人别集，向来被学术界认为因删改太多，在版本校勘方面无太大价值，但通过《全宋诗》的整理，却得出与此不同的结论。如《全宋诗》大家整理中，以《四库》本作为底本的，据笔者统计达250家左右，这其中除《永乐大典》辑本127家因无其他版本，只能用《四库》本外（也有少量有他本流传者），其余则不乏有自宋至清历代刻本或钞本者，之所以仍以《四库》本作为底本，是经过认真的研究与比勘后的选择。不仅如此，《全宋诗》中以《四库》本作为重要或次要的参校本也达203次之多，有时还以文渊阁本与文津阁本互相比勘。这些数字足以说明，《四库》本虽有草率从事、删改漏略等缺失，但绝不是全无价值，而是古籍整理中不可忽视的重要版本，有些甚至是可以信赖的善本。[3]

笔者如此说，比《说明》要大胆也肯定，这是因为既有了具体

处信息研究中心编《高校古籍工作通报》[北京]，1999年12月 第60期；又参笔者《简论〈全宋诗〉的编纂特色与学术价值》一文，载全国古籍整理出版规划领导小组办公室编《古籍整理工作简报》[北京]，2000年第5期(总351期)。二文所论基本相同。

[3] 参拙文《〈全宋诗〉的编纂与学术价值》，见《高校古籍工作通报》[北京]第60期，第4页；《简论〈全宋诗〉的编纂特色与学术价值》，《古籍整理工作简报》[北京]，2000年第5期(总351期)，第10页。以上两文中的统计数字，与本文所述个别数据略有出入。

整理宋诗中对《四库全书》本的真切感受，又对《全宋诗》中所依据的底本做了普查后得出的信实结论。

在论述《全宋诗》中选择《四库全书》本为底本的情况之前，本文先对《四库全书》中的《永乐大典》本略作述论。《大典》本宋人别集，向来研究者颇多，笔者在此仍不惮烦冗，列表如下：

表一 《四库全书》收录宋人别集与《永乐大典》辑本比例表

	北宋		南宋		总数	
	《四库》本宋人别集		《四库》本宋人别集		《四库》本宋人别集	
	其他版本	《大典》本	其他版本	《大典》本	其他版本	《大典》本
作者人数（人）	116	35	274	93	390	128
所占比例（%）	69.8	30.2	66.1	33.9	67.2	32.8
书籍部数（部）	122	35	278	93	400	128
所占比例（%）	71.3	28.7	66.6	33.4	68	32
原有卷数（卷）	3381	1293	4984	1873	8365	3166
所占比例（%）	61.8	38.2	62.4	37.6	62.2	37.8
所辑卷数（卷）	［3381］	761	［4984］	1219	［8365］	1980
所占比例（%）	77.5	22.5	75.5	24.5	76.3	23.7
原卷不详（部）				35		

从上表即可清楚地看出，在全部《四库全书》收录的宋人别集中，《大典》辑本所占比例相当大，作者人数占全部宋代作者的32.8%，书籍部数占32%，均达到了1/3以上。从原有卷数的统计来看，《大典》本占37.8%，即就辑佚后的卷数计算，也占到了23.7%。这也就说明，在乾隆朝开四库馆前，传世宋人别集已经有1/4的在人间罕见了。

如果再从《大典》本原有卷数与所辑卷数比较，则更能说明问题。《大典》本中宋人别集，历代藏家著录的卷数，北宋1293卷，共辑得761卷,占原卷数的58.9%;南宋1873卷,其中35部卷数不详,共辑得1219卷,占原卷数的65.1%。南北宋合计原有卷数3166卷,共辑得1980卷,所辑占62.5%。如果考虑到原书35部卷数不详,则比例会较此为低,但大致而言,《大典》本所辑占到50%,应该是没有任何怀疑的。馆臣对于辑本,常曰或"十得一二"、或"十得三四"、或"十得七八"、或"几几乎还其旧矣"。试想,如果没有《大典》本的辑佚,宋代作者如赵湘、夏竦、二宋(宋庠、宋祁)、胡宿、二刘(刘敞、刘攽)、陆佃、华镇等128家之诗文,后人恐不得而见,甚至有的宋代作者,后世"谈宋文者,多不能举其名"。倘若没有《大典》本,宋代学术的研究,显然是今人所不可想象的。即《全宋诗》中《大典》本126家,计654卷,在全书3785卷中占17.3%,没有《大典》本宋诗的《全宋诗》,同样是不可想象的!

然而,《大典》本的重要性及版本价值即使说一万次,亦不能改变世人对《四库全书》的攻讦,人们堂而皇之的理由是:《大典》本乃孤本,即使再不好,也只能用,别无选择。那么,笔者尚有更好的理由说明《四库》本之价值。试看下表:

表二 《全宋诗》底本、校本及辑佚引用本统计表

	人数(人)	所占比例(%)	底本(种)	所占比例(%)	主要校本(种)	所占比例(%)
全部大家	635	60.8	740	65.8	846	76.5
四库底本(含大典本)	249	39.2	253	34.2	199	23.5

由上表可以看出,《全宋诗》成集大家635人中[4],用《四库》本为底本的有249家,占全部大家的39.2%;635家共用底本740种,其中《四库》本为253种,又占34.2%;而主要参校本为846种,其中《四库》本为199种,占23.5%。更能说明问题的是,《全宋诗》

[4] 漆案:《全宋诗》整理中,编纂人员习惯以"大家"与"小家"来区分宋诗作者。"大家"是指有诗集传世的作者,"小家"是指无诗集而通过辑佚所得的作者。此635人的"大家",是指《全宋诗》中至少有1卷诗作的诗人,其中有的诗人原诗并不成卷,据辑得之诗编纂成卷者,也包括在内;也有个别诗人原有专卷,但因其诗太少(如《两宋名贤小集》中的一些诗人),在《全宋诗》中散入小家者,不在此635人之内。

中所采《四库》本为底本的，除了《大典》本126家外，其中还不乏有自宋至清初历代流传的本子，但《全宋诗》在经过认真谨慎的比勘之后，仍采用了《四库》本为底本，因为这些底本不仅版本整饬齐全，而且校勘别白精审。今举20例如下：

1. 卷一一五—一二二杨亿诗，前五卷以影印文渊阁《四库全书》本《武夷新集》本为底本，校以明刻本《杨大年先生武夷新集》、清法式善编《宋元人诗集·武夷新集》存素堂钞本、清钞本等。（3/1319）

2. 卷三三九—三四四赵抃诗，以影印文渊阁《四库全书》本《清献集》为底本，校以宋景定元年陈仁玉刻元明递修十六卷本、明成化七年阎铎刊本、明嘉靖四十一年杨准序汪旦刊本、一九二二年赵氏仿宋重刊本等。（6/4125）

3. 卷六九〇—七〇八王令诗，以影印文渊阁《四库全书·广陵集》三十卷为底本，校以明钞本、一九二二年吴兴刘氏嘉业堂刊本，并采用沈文绰点校本《王令集》校记。（12/8067）

4. 卷七一五程颢诗，以影印文渊阁《四库全书》本为底本，校以明弘治八年陈宣刻本、明万历二十年蒋春芳刻本、清同治十年涂宗瀛六安求我斋刻本等。（12/8229）

5. 卷九五〇—九七五李之仪诗，以影印文渊阁《四库全书·姑溪前后集》为底本，校以明吴氏丛书堂钞本、清杨守敬跋明黄汝亨钞本、清丁丙藏并跋之清研经楼钞本、清咸丰武崇曜校刊《粤雅堂丛书》本、清宣统吴尉金陵督粮道署校刊本。（17/11151）

6. 卷一一四四—一一四八杨时诗，以影印文渊阁《四库

全书》本《龟山集》为底本，校以清顺治八年杨令闻雪香斋刊本、光绪九年延平府署刊本。（19/12916）

7. 卷一一五五——一一八七张耒诗，前二十五卷以影印文渊阁《四库全书》本《柯山集》为底本；第二十六卷至三十一卷以清光绪广东广雅书局重印武英殿珍聚版《柯山集》附录"拾遗"、"续拾遗"为底本。参校明小草斋钞本《宛丘先生文集》、清康熙吕无隐钞本《宛丘先生文集》等。（20/13027）

8. 卷一四九六——一五三六周紫芝诗，以影印文渊阁《四库全书·太仓稊米集》文字最为整饬，故用为底本。参校清叶德辉跋明钞本，清金氏文珍楼钞本、清徐时栋跋钞本及《两宋名贤小集》等。（26/17081）

9. 卷一五四七——一五七一李纲诗，以影印文渊阁《四库全书》本为底本，校以清初蓝格钞《梁溪先生文集》、道光十四年刊本、宋刻残本，参校明崇祯刻左光先等辑《宋李忠定公奏议文集选》、日本安政六年刻赖襄选《李忠定公集钞》、清何秋涛校朱彝尊影钞本等。（27/17519）

10. 卷二〇九〇汪应辰诗，以影印文渊阁《四库全书》本为底本，校以明嘉靖夏浚刊本。（38/23572）

11. 卷二五五九——二五六七王炎诗，王氏《双溪文集》各本卷次不一，以《四库全书》据明万历王孟达刻二十七卷本除有少量讳改外，编次文字最为整饬。故以《四库》本为底本，校以明嘉靖十二年王懋元刻本。（48/29685）

12. 卷二六七八黄榦诗，以影印文渊阁《四库全书·勉斋集》为底本，校以元延祐二年重修本，参校《两宋名贤小集》卷二二〇《勉斋先生集》所收诗。（50/31469）

13. 卷二七一四——二七一七陈文蔚诗，以影印文渊

阁《四库全书》本为底本，校以明张时雨崇祯十七年刻本。（51/31916）

14. 卷二八〇六—二八一〇刘宰诗，以影印文渊阁《四库全书》本为底本，校以明正德任佃刻嘉靖王皋续刻本、万历三十二年范崙刻本。（53/33342）

15. 卷二九六〇—二九六三杜范诗，以影印文渊阁《四库全书》本为底本，校以明刻《杜清献公集》，并酌校《两宋名贤小集·清献集》。（56/35259）

16. 卷三〇九四—三〇九八戴昺诗，以影印文渊阁《四库全书》本为底本，校以明万历四十三年潘是仁刻《宋元四十二种》本，并酌校《两宋名贤小集》卷三七〇《农歌续集》、《宋诗钞》卷四《农歌集钞》等。（59/36967）

17. 卷三一一八—三一二七林希逸诗，第一卷以汲古阁影宋钞《南宋十六家小集·竹溪十一稿诗选》为底本；第二至九卷以影印文渊阁《四库全书·竹溪鬳斋十一稿续集》为底本，校以明谢氏小草斋钞本。（59/37228）

18. 卷三四二二—三四二四刘黻诗，以影印文渊阁《四库全书·蒙川遗稿》为底本，校以清丁丙跋明钞本。（65/40678）

19. 卷三五二六—三五二八何梦桂诗，以影印文渊阁《四库全书》本为底本，校以清顺治十六年何令范重修本。（67/42136）

20. 卷三五四二汪梦斗诗，以影印文渊阁《四库全书·北游集》为底本，校以明隆庆三年汪廷佐刊《北游诗集》。（67/42358）

通过上列数据以及所举之例，不用笔者再过多的饶舌，已经充分地说明了《四库全书》在《全宋诗》整理中重要的版本价值,从而也凸显出了《四库全书》在整理我国古代典籍中无可替代的重要地位与作用。

二 从《四库全书》中的案语看全书的文献价值

如前所述,在《全宋诗》整理中,还有许多诗集,虽然不用《四库》本为底本,但仍以其为重要参校本,而且校勘是正,所得良多。如沈辽诗中,底本的错讹多为形似而误,正是据《四库》本多所改正。举例如下:

《全宋诗》卷七一六沈辽诗,《秦望阁》:"凭高结华构。"华,原作叶,据四库本改(下引诸例同)。(12/8244;1117/5171)《送师说兄弟西归》:"睢边弄朱樱。"边,原作远。(12/8246;1117/518)《重赋》:"居然蹈忧渗。"渗,原作冷。(12/8250;1117/522)《寄赠舒州徐处士》:"毋忘绛囊赠。"绛,原作锋。(12/8251;1117/8250)《寄赠伊先生》:"吾非久寐客。"久,原作人。(12/8251;1117/522)《杂诗》六首其一:"葱蒨竹林下。"蒨,原作旧。其二:"乐府声寂寥。"乐府声寂,原作府乐寂声,据四库本乙。(12/8252;1117/523)又"人生若朝露。"人,原作大。(12/8252;1117/523)又"使我为由巢。"由巢二字原缺,据四库本补。(12/8252;1117/523)其五:"有非利所樱。"樱,原作缨。(12/8252;1117/523)《养猿》："动静得真性。"真，原作直。（12/8254；1117/524）《清晨》："倒影见欹魄。"欹，原作欺。（12/8254；1117/525）《崧山》："顿惊羁旅迹。"顿，原作须。（12/8255；1117/525）

沈辽诗中据《四库》本改者尚多，此仅举其中一卷而已。《全宋诗》整理者还经常引用到文津阁本《四库全书》，有时以文渊、文津两本对校。尽管文渊阁本被认为是七分书中最全面整饬之本，但亦偶有文津阁本全而文渊阁本反缺之例。如笔者所整理之王铚《雪溪集》即是如此：

《全宋诗》卷一九〇五王铚一《和江子我见送诗》：放舟弄清沘，始觉南风清。白云认乡树，永念随父兄。一梦三十载，将老犹远（《全宋诗》注：原缺，据文津阁《四库全书·雪溪集》补。）行。聊将郑卫耳，一听新蝉鸣。空怀烟霞想，下及飞鸿征。多公久要谊，献纻复班荆。茅屋照野水，寒窗抱深明。相期脱羁网，岂肯缚簪缨。此生才一戏，万物何营营。我行别良友，执袂中心怦。公来贻新诗，折柳何多情。他时簦还盖，莫忘岁寒盟。（《全宋诗》注：多公久要谊句始，原仅断续残存二十五字，据同上书改补。）（34/21289；1136/552）。

同上卷《送和斜川诗二首》其一：两脚垂天际，愁云惨不休。寻幽抱奇癖，欲继斜川游。中原苦兵革，谁能障倒流。野老且吞声，踪迹逐闲鸥。策杖过短壑，蜡屐登高邱。临风一长啸，慨然伊吕俦。神交溯二子，新诗还寄酬。鱼绁生春色，风流似旧否。恰喜心期合，且缓杞人忧。我曹非天厄，伐木求友声。（《全宋诗》注：此诗原仅断续残存三十二字，据文津阁《四库全书·雪溪集》改补。）（34/21292；1136/554）

笔者还注意到，在《四库全书》的宋人别集中，有相当一部分的集子，四库馆臣还加了大量的案语。按《四库全书》的编纂体例，一般是不加案语的；《全宋诗》的体例亦然，校语尽量简明。但《四库》本中这些案语，《全宋诗》仍然几乎全部采录，因为这些案语或校勘是正，或析义释疑，多有胜义，有助学林。笔者选其中一些例子归为10类，罗列如下：

5 案：以下诸按语（案语）皆为四库馆臣所加，下文不再说明。若笔者所加案语，则以"漆案"以别之。

1. 校正原本因不明生僻字而误例

卷一二六七吴则礼二《垧邀公卷煎茶》："阿垧手持都堂胯。"按[5]：宋姚宁宽云，茶之极精好者，每胯工价近三十千。唐庚《斗茶记》，茶不问團胯，要之贵新。周必大集，以诗送北苑八胯。皆从月不从金。原本胯作銙，今改正。（21/14298；1122/433）

又卷一二六八吴则礼三《至青阳先寄韩子苍》："树头树底鸣栗留。"按：陆玑《疏》，黄鹂留俗呼黄离留，或谓之栗留。《说文》莺一名鹂䴏。未闻以鶒鹂称者。若鶒鹩，枭也。《尔雅》鸟少美长丑为鶹鷅。注一作留离。陆玑《疏》，自关而西谓枭为流离。是鶒鹂与栗留，判然两物也。原本作鶒鹂，误，今改正。（21/14315；1122/445）

又四库本华镇《云溪居士集》卷一《感春赋》："其土塗泥，疏而不暎。"按：暎原本作映，语不可解，韵亦不叶。当是暎字之讹。暎，而宣切。亦作壖、壖。暎，沙土也。于义正合，韵亦适谐。缘字与映相类，故原本误作映耳。（1119/347）

又卷一〇八五华镇七《元丰六年二月检田凌塘中马上口占因简德器主簿》："景阳不放融怡色，密雨犹矜料峭寒。"按：原本"融怡"作"蜗恬"，二字不可晓。孔武仲诗云："春色着人寒料峭，日光生野暖融怡。"是宋人常以"料峭"对"融怡"。作"蜗恬"误。（18/12329；1119/382）

又卷一〇八八华镇一〇《鱼戏动新荷》："密倚织茄转，轻翻绿影俄。"按：茄，《尔雅·释草》，荷芙蕖，其茎茄。原本作葭，误。（18/12353；1119/401）

2. 考释地名、人名、部族名等例

卷一〇八二华镇四《云溪行》。按：《绍兴府志》、《会稽县志》皆无所谓云溪者，考若耶溪亦名五云溪，唐徐浩游此叹曰："曾子不居胜母之里，吾岂游若耶之溪。"遂改其名。疑云溪即五云溪也。（18/12306；1119/366）

卷一七〇二洪皓二《浈阳寓居》。按：浈阳见《汉·地志》，属桂阳郡。原本作贞，盖宋时避仁宗讳，今改正。（30/19184；1133/409）

卷一二八〇洪刍一《题黄稚川云巢》。馆臣注：《豫章续志》分宁县樱桃洞黄公准读书处，公准字稚川，双井人。结茅于洞之颠，号曰云巢。《永乐大典》作雅川，误。（22/14478；1127/381）

卷一七〇一洪皓一《节至思亲不觉泪下……去秋和议王侍郎南去……呈都兼简监军》。馆臣于"王侍郎南去"下曰：按，王侍郎即王伦。《宋史》，伦与朱弁同使金见留。绍兴二年，因和议，伦先归。皓奉使在建炎己酉，至是适五年，以时考之正合。（30/19171-72；1133/398）

卷一〇七九华镇一《神功圣德诗》其二十五："绵绵句丽。"按：《通典》高丽本名句丽，以高为氏。《后汉书》作高句丽，《魏志》、《唐书》皆作高句丽。（18/12290；1119/352）

3. 以史释诗例

卷一六八〇刘才劭一《次韵陈久道秋雨书事二首》其一："天祸

有时悔,妖氛会清廓。"按:史称高宗即位,才邵以亲老归侍,闲居十年,诗中有云"区区恋阙心",当为归养时所作。又第四句原注云"传闻诸将并力北征",疑即指建炎四年岳飞、韩世忠等屡败金师而言。附识于此。(29/18828;1130/408)

卷一六八一刘才邵二《慈宁寿庆曲》。按:《宋史·高宗本纪》及《韦贤妃传》,绍兴十二年(漆案:年,《全宋诗》误作月,涉下而误,当改。)八月壬午,皇太后还慈宁宫。十月甲申,皇太后生辰,上寿于慈宁宫。《宋史全文续通鉴》引何补《中兴龟鉴》曰,慈宁居养,侍乙夜而忘疲,寿庆启宴,称觞举仪。盖当时有寿庆之宴,故才邵献此曲以侑觞耳。附识于此。(29/18841;1130/418)

卷一六八一刘才邵二《慈宁寿庆曲》:"龙舟移棹渡淮水。"按:《宋史全文续通鉴》,绍兴十二年八月丙寅,皇太后渡淮,遣后弟韦渊往迓,遂扈从以归。(29/18841;1130/418)又,"临平山色映雕辇。"按:《宋史全文续通鉴》,八月辛巳,上奉迎皇太后于临平镇,上初见后,喜极而泣,军卫欢呼,声震天地。(29/18841;1130/418)又,"由来孝弟能通神,圣主成功在得人。谁云高高难感格,一德协谋天所因。皇帝盛德动天地,丞相嘉谋无比伦。昭然独断纳远策,重见元恺承华勋。"按:《宋史·奸臣传》,建炎四年,秦桧与妻王氏及仆婢自军中归行在,帝曰"桧朴忠过人,朕得之喜而不寐。"此所谓"圣主功成在得人"者也。桧言欲主和议,乞专与臣议,勿许群臣预。此所谓"一德协谋天所因"者也。桧于绍兴元年拜同平章事,二年落职,八年复拜,此所谓"重见元恺承华勋"者也。史谓才邵为时相所忌,出知漳州,而此诗乃颂桧若此,想是授旨而作。附识于此。(29/18842;1130/419)又,"圣情孜孜天不倦,宫中预建慈宁殿。"按:《宋史·韦贤妃传》,绍兴八年,王伦使金回,言金主许归后,遂豫作慈宁殿,遥奉太后宝册。《枫窗小牍》云:九年十月二十一日诏，皇太后宫殿名慈宁，三十日毕工。（29/18842；1130/419）又，"孝心锡类兆民赖，湛恩协气充人寰。"按：《宋史全文续通鉴》：绍兴十二年九月壬寅，大赦天下。（29/18842；1130/419）

4. 以诗证史例

《四库》本华镇《云溪居士集原序》末题曰："绍兴癸亥八月晦日资政殿学士左朝奉大夫知绍兴军府事两浙东路安抚使马步军都总管楼炤序。"按：《宋史·楼炤传》，炤字仲晖，永康人。登进士第。绍兴十四年以资政殿学士知绍兴府事，过阙入见，除签书枢密院事。而炤序题云"绍兴癸亥知绍兴军府事"云云。镇子初成状跋云"兹者枢密资政楼公来帅会稽"，末亦题云"绍兴十三年癸亥"。是炤即于是年知绍兴，而旋复内擢，史称十四年者，误也。（1119/340—41）

卷一〇九〇华镇一二《会稽览古诗》，按：镇有《会稽览古诗》一百三篇，《永乐大典》未经收入，今从厉鹗《宋诗纪事》中录出，仅存九篇，鹗乃钞诸《会稽志》者，每题下各系本事。考《宝庆会稽续志》称《会稽览古诗》百余篇，历按史策，旁考传记，以及稗官琐语，咸见採摭。是镇作诗时，亦必自有解题，然于《双笋石》题下乃载高宗末年及孝宗末年事，镇于元丰二年登时彦榜进士，其《上章待制书》有云"叨窃名第二十八岁矣"，《上丰祭酒》亦云。然以年考之，镇生当在仁宗皇祐三年，历高宗之末年，当百十四岁，孝宗之末年，则百四十三岁，镇即获寿考，亦焉能及睹隆兴以后事，况镇子初成于绍兴十三年以镇遗集乞序于楼炤，则在高宗中镇死已久矣显然可证，其所解题本出《会稽续志》，原文特引镇诗以证之，故载有高、孝两朝时事。厉鹗初弗深考，而直据《志》漫录，纰缪甚矣。然竟削去解题，恐无以备稽核，今仍依《纪事》本附录题下，而谨附辨正于此。（18/12365；1119/412）

5. 以史证文例

华镇《云溪居士集》卷二十一《上崔学士书》。按：《宋史·崔公度传》，"字伯阳，高邮人。闭户读书，欧阳修得所作《感山赋》，示韩琦，琦上之英宗，授和州防御，累迁集贤校理，知太常礼院。"镇书有云，"明公啸傲淮海之上，以弦诵自适，裹足怀刺，不游高门，一言之出，人乐传诵。浸以先达于京师，君相览而悦之，下优厚之诏，置之造士之地。"高邮正当淮海之上，且所言出处大概，正与公度相合。其为上公度书，无疑也。（1119/497）

又同上书卷二十四《上蔡枢密书》："元符末年，横议复兴，籍籍诪张，图坏成烈。主上天锡睿智，灼见是非，群言孔多，渊衷不惑。复倚元老，入总枢机，谋谟嘉密，朝夕启沃。神考之志，有继而无坠；熙宁之事，有述而无废。文公之道益明，而利泽施于无穷。"按：元符三年春，徽宗即位，向太后临朝，用崔鶠、陈瓘等言罢京等，镇所谓"横议复兴"者也。建中靖国元年，复召京为翰林承旨。崇宁元年，以京与赵挺之为尚书左右丞，寻晋尚书右仆射，京阴托绍述之柄，箝制天子，籍元祐、元符党人，禁元祐役法，复绍圣法。三年，以王安石配享孔子，复方田法，皆京所为。镇以为"谋谟嘉密，朝夕启沃……文公之道益明"者也。（1119/555）

6. 以文证史例

华镇《云溪居士集》卷二十二《上国子丰祭酒书》。按：镇子初成《状》云，"元丰之末，中书舍人孙公、国子祭酒丰公以先君应诏。"楼炤《序》亦云，"元丰间，孙觉、丰稷荐君堪博士。"则所谓"丰祭酒"者，必稷无疑。而《宋史·丰稷传》乃无稷为祭酒之文。盖《宋史》列传往往不详历官，亦阙事也。（1119/513）

又同上书卷二十四《上蔡枢密书》："先皇帝患之，首召知院枢密，入参政柄。明国典以昭示天下，振丕绪以缉熙帝业。熙宁、元丰之典章法度，粲然复显于世者，阁下之功也。"按：绍圣元年，时哲宗始亲政，首召蔡京权户部尚书，复免役法，镇所谓"熙宁、元丰之典章法度，粲然复显于世"者也。然考《宋史》，未尝典枢密，惟崇宁元年，京弟卞为枢密使，亦非首召，且书中所称，乃元符以前事，与京行事皆相合，岂为尚书亦兼枢密，史偶有阙文耶？（1119/555）

7. 考释诗韵例

卷一六八〇刘才劭一《次韵陈久道秋雨书事二首》其二："长烟拂秋晕，小雨滑溪涸。"按：此诗乃叠前韵，前一首第四句"漠"字韵，此首用"涸"字韵而句意皆稳适，不可移易，似非传写之误，或作诗时偶失检耳。谨附订于此。（29/18828；1130/408）

卷一六八一刘才邵二《咏白莲花》："勤勤问讯难留滞，欲去徘徊伸素约。"按："伸素约"与上第十四句韵脚重复（漆按：第十四句为"偏得月娥怜绰约"），而句意皆稳适，似非传写之讹，或当时失检耳。（29/18855；1130/430）

卷一〇八〇华镇二《咏古十六首》其六："铦铓释纷难，未足论明哲。"按：哲读去声，音制。傅玄（漆案：玄《四库》本作元，为避康熙帝讳而改，《全宋诗》已改回。）《祀景帝登歌》："执竞景皇，克明克哲。旁作穆穆，惟祗惟畏。"（18/12292；1119/354）

8. 引本集诗文或他书互证例

卷一六八〇刘才劭一《书翠波亭》。按：才邵《罗守道墓志铭》有云，"作堂与亭阁，聚书教子。"且曰所居颇有溪山之胜，欲得公诗以发挥幽致，因赋《翠波亭》以赠之。盖即此诗也。守道，名安强，庐陵人。（29/18836；1130/414）。卷一六八一刘才邵二《书翠波亭》。按：才邵前有《书翠波亭》五古一首，盖为罗安强赋者。此首当亦同时所作，因系各体，故后人析而为二耳。附识于此。（漆案：此二诗盖原为同时所作，本集中当在一处。《四库》本析而为二者，盖因《大典》本所辑以诗体分卷而然耳。）(29/18841；1130/418）

卷一六八一刘才邵二《夜梦一道人见访……作诗纪其事》。（本诗末）按：吴宏《独醒杂志》云，刘尚书美中尝梦与方士谈禅，既寤，颇异其事，遂纪以诗，诗中皆问答之语。即此篇也。附识于此。（29/18852；1130/428）

9. 考作诗时间与次序例

卷一六八二刘才邵三《立春内中帖子词皇太后六首》。按：《宋史全文续通鉴》，绍兴十三年春正月辛丑立春节，学士院进春帖子词。自建炎以来久废，至是始复之。此词第五首有"豫建慈宁"、"果庆回鸾"之语，当即十三年所进者。附识于此。（29/18866；1130/438）又《皇帝阁六首》。案：春帖子前六首切韦太后还临安时事，知为十三年春所进。此六首只叙"偃武"、"施惠"，而不及太后回銮事，当非同时所作。且第五首有"海国""入贡"之语，考绍兴十二三年均无外国入贡之事，其非十三年立春无疑也。附识于此。（29/18866；1130/439）其五："海国佔风慕圣明，先春入贡竭丹诚。梯航万里不辞远，要趁新年贺太平。"按：《宋史·外国传》，绍兴间唯元年大食国入贡，二年高丽入贡，二十五年占城入贡，二十六年三佛齐入贡。则此词当作于二十五六年间。又考本集中赐三佛齐敕书有"春寒，卿比好否？"与"先春"之语正合，或即二十六年所进耶？附识于此。（29/18866-67；1130/439）

又同上卷《皇后阁五首》。按：《宋史全文续通鉴》，十三年闰四月己丑，立贵妃吴氏为皇后。此春帖子当系十三年以后所进，与太后阁六首亦非一时之作也。附识于此。（29/18867；1130/439）其三："绮阁靓深无一事，观书临帖过芳春。"按：《宋史·宪圣吴皇后传》：后博习书史，又善翰墨。故第四句云云。附识于此。（29/18867；1130/439）又《端午内中帖子词皇帝阁》。按：周密《乾淳岁时记》：端午先期，学士院亦供帖子词，宫中以青罗作赤口白舌帖子，与艾人并悬门楣，以为禳襘。（29/18867；1130/439）其五："天申佳节继天中。"按：《宋史》：绍兴十三年天申节，始上寿赐宴如故事。周密《乾淳起居注》：五月二十一日，太（《全宋诗》注，当作高。）宗皇帝天申节。故此云"天申佳节继天中"也。附识于此。（29/18867—68；1130/439—40）

卷一七〇一洪皓一《次大风韵》：按：集中次韵诗原作姓名往往不载，岂当时龚之流后皆降仕，故削而不录，抑诗散佚者多，或详彼略此。今无可据考，姑仍旧文。（本诗末）按：此诗至《汶河石桥》，疑皆皓奉使途中作。（30/19165；1133/393）《汶河石桥》。按：汶水出常山石邑井陉东南，入于泒，见《说文》及《前汉·地理志》。据皓本传，至太原留几一年，此其经涉之地也。（30/19166；1133/394）

卷一七〇一洪皓一《次韵春日即事六首》。按：此诗当是在云中作。皓前后两至云中，未知诗作于何时。（30/19167；1133/394）[6]

10. 考书名、篇名、书籍存佚例

卷一七〇二洪皓二《灵棋卜》。按：《隋经籍志》有《十二灵棋卜经》一卷。（30/19179；1133/404）

《四库》本华镇《云溪居士集》卷十四《论志》。（小题之下）：

---

[6] 案：《四库全书》中的《永乐大典》辑本，依当时辑书体例，皆为按诗体排编成卷，洪皓诗为例外。《四库全书总目》卷157集部别集类一〇《鄱阳集提要》："今从《永乐大典》所载，裒辑编次，共为四卷，凡其始奉使时，途次所经及迁居冷山以及归国后南窜之作，有年月可考者，悉以年月排比，或年月不可考而确知其为奉使后作、南迁后作者，亦皆以类相从，其不知作于何时者，则别缀于后，而以迤跋语冠于卷端焉。"北京：中华书局1965年影印本，下册，第1353页。

按：《论志》一篇，总叙著论之旨。为目三十有四，篇四十。今缀辑编次，得三十一篇，而佚去《论相》、《论事》、《论人材》、《论科举》、《论教化》、《论财用》、《论兵》、《论边事》、《论言》等九篇。（1119/414）

华镇《云溪居士集》卷三十九《方时发尚书索至序》。按：方时发《尚书名数索至序》署曰，"此编旧出于贤关。"又曰，"余自潮归隐，温旧书，惟此编江广罕得其传，由是载加考订，付之剞劂。"镇此《序》亦云，"比阅贤关诸公，取书中应该名数者，夷考意指，名曰《索至》。"则是书非时发所著，特经时发重订而刻之耳。然镇亦云"谨镂诸版，以遗同志"，而不言及时发，或镇与时发同任镌刻之事，抑时发已刻于前，镇复为重梓耶？是书著录于《菉竹堂书目》，题曰"无名氏"。《经义考》云，"未见。"盖亦不传矣。谨附志于此。（1119/604）

以上按语，若不了解宋代史事，不熟读作者诗文，没有深厚的整理古籍之功底，没有严谨求实的学风，是不可能写出来的。因此，可以认为《四库全书》在编纂过程中，大多数馆臣乃是以认真严谨的态度从事于斯，并不像后人所言皆潦草塞责而已。尤为值得注意的是，这些按语不仅考释诗义，而且也反映出了四库馆臣对于史事的态度，如上引刘才邵《慈宁寿庆曲》中注刘氏谀佞秦桧之辞，华镇《上蔡枢密书》中详华氏称颂蔡京之语，馆臣皆考辨史实，加以按语，虽未明言褒贬，然贬斥之意，已然可知。此类案语，实可称之为馆臣之"春秋笔法"！即此类按语而论，《四库全书》的校勘价值与文献价值，亦可窥一斑。

三　从《四库全书》中的删改看全书的缺失

《四库全书》中的删改，是全书最大之缺失，也是最为世人诟病的地方，更被视为乾隆皇帝与四库馆臣蓄意阉割中华文化之最大罪证。

应该说，在古籍整理中，最大的忌讳就是轻改、妄改古书，四库馆臣中如纪昀、陆锡熊、戴震、邵晋涵这样的学术大家，并非不知此常识，他们对明朝中后期妄改古书之风深恶痛绝，如馆臣论郑侠《西塘集》曰：

> 其集本二十卷，明季重刊，叶向高更为删汰，存奏疏杂文八卷，诗一卷，附本传谥议祠记等为一卷。……惜横遭芟薙，旧帙遂亡，竟不得而全见之。是则前明隆、万以来，轻改古书之弊也。[7]

叶向高删去郑氏原书大半，馆臣大为不满，然而他们在对待同为宋人的别集上，所做却与叶氏相差无几，且更有甚之。如馆臣论刘跂《学易集》曰：

> 今恭承圣训，于刊刻时削去青词，以归雅正。……（又部分疏文）皆迹涉异端，与青词相类，亦概为削除，重加编次，釐为八卷。用昭鉴古斥邪之训，垂万世立言之准焉。[8]

此书原从《永乐大典》中辑出十二卷，而入《四库全书》时只

---

[7] [清]永瑢等纂：《四库全书总目》卷154集部别集类七《西塘集提要》，北京：中华书局1965年影印本，下册，第1334页。

[8] [清]永瑢等纂：《四库全书总目》卷155集部别集类八《学易集提要》，下册，第1337页。

删存八卷，馆臣既劳心费力地从《大典》中录出，又复删去，实有不得已之苦衷，馆臣将乾隆帝责令删改《学易集》的圣谕置于本集卷首，表明圣意难违，非出本愿。他如胡宿《文恭集》、葛胜仲《丹阳集》、楼钥《攻媿集》等，皆大量整卷删去。[9] 如果按删除之程度而言，可分为全书删除、部分删除、整篇删除、全句或数字删除、全句或数字删改。终宋一代，与辽、西夏、金、元之间，战火不断，因此文学作品中对这些"夷狄"之国常常进行攻驳与污蔑，而这些文字正好是四库馆臣挖补删改的重点。所以《四库全书》中删改者，宋人作品可以称得上是重灾区。如前所述刘跂诗文中，所删者并非皆为"青词"，而是大量馆臣难以改易处理的诗文。刘跂有《虏中作》18首，馆臣改原题为《使辽作》，而且将其中第2、6、12、18计4首诗删去，其原诗如下[10]：

文物燕人士，衣冠汉典仪。举知缯絮好，深厌血毛非。形势今犹古，规模夏变夷。谁言无上策，会是有天时。

甘作河南犬，休为燕地人。举能羞石晋，谁复怨嬴秦。地扼辽东海，星占析木津。悲伤上邦旧，会遣一朝新。

人物分多种，迁流不见经。已无燕代色，但有犬羊腥。海马生难驭，山苗煮始青。舜韶方九奏，异类合来庭。

闻有官军士，生存仍宦胡。羞言陇西李，忍对杜陵苏。椎髻心何似，环刀意岂无。陈汤那复得，卫津不胜诛。
（18/12213-4）

在《四库》本中，此类例子尚多，下面再举数例以明之。如《全宋诗》卷五三一苏颂一三《和晨发柳河馆憩长源邮舍》、《契丹帐》、《广平宴会》、《虏中纪事》4首，皆为苏氏使辽时作，《四库》

[9] 详参乾隆四十年十一月十六日《谕内阁〈学易集〉等有青词一体迳涉异端钞本姑存刊刻从删》之诏，见影印文渊阁《四库全书》，第1121册，第533—534页。又见中国第一历史档案馆编：《纂修四库全书档案》，上海：上海古籍出版社1997年版，上册，第473页。又参乾隆《御制题胡宿文恭集》："教坊致语宁忠告，道院青词实异端。（自注：胡宿文笔颇佳，允以刊以传世，其集中兼及道场青词殊乖正道，且代教坊致语及为内中侍御贺词，则尤为琐狎，自当存其正者刊行，全集钞存可耳。）去取之间存旌瘅，示兹大略示儒官。"见影印文渊阁《四库全书》，第1088册，第609页。又《四库全书总目》卷156集部别集类九《丹阳集提要》："故所著作，往往阐明佛理。惟青词、功德疏、教坊致语之类，沿宋人陋例，一概滥载于集中，殊乖文体，流传既久，姑仍其旧，付诸无讥之列可矣。"见《总目》下册，第1346页。又《总目》卷159集部别集类一二《攻媿集提要》中亦曰，楼钥集中共前后四卷有青词、朱表、斋文、疏文之类凡一百六十七篇，"均非文章之正轨，谨禀承圣训，概从删削，重编为一百一十二卷"。

本悉删去：

> 君逢嘉景思如泉，欲和渐无笔似椽。山谷水多流乳石，旃裘人鲜被纯绵。服章几类南冠系，星土难分列宿躔。安得华风变殊俗，免教辛有欸伊川。（自注：虏中多掠燕、蓟之人，杂居番界，皆削顶垂髮以从其俗，惟巾衫稍异，以别番汉耳。）（10/6415）
>
> 马牛到处即为家，一卓穹庐数乘车。千里山川无土著，四时畋猎是生涯。酪浆羶肉夸希品，貂锦羊裘擅物华。种类益繁人自足，天教安逸在幽遐。（10/6420）
>
> 胡中宫室本穹庐，暂对皇华辟广除。编曲垣墙都草创，张旃帷幄类鹑居。朝仪强效鹓行列，享礼犹存体荐馀。玉帛系心真上策，方知三表术非疏。（10/6422）
>
> 夷俗华风事事违，矫情随物动非宜。腥羶肴膳尝皆遍，繁促声音听自悲。沙昧目看朱似碧，火熏衣染素成缁。退之南食犹成咏，若到穷荒更费辞。（10/6423）

又如《全宋诗》卷一四四三韩驹五《某已被旨移蔡贼起旁郡未果进发今日上城部分民兵阅视战舰口号五首》，亦皆为《四库》本删除：

> 永安城外山危立，赤壁矶边水倒流。此地能令阿瞒走，小偷何敢下芦洲。
>
> 病守虽闲鬓未苍，尚能谈笑坐胡床。指挥一扫妖氛尽，便自关山向汝阳。
>
> 昨夜黄州得蜡书，老臣恨已解兵符。莫将箭污偷儿血，留

见《总目》下册，第1373页。凡此之类，全书中删除尚多。

[10] 陈新先生《由宋人别集浅论〈四库全书〉》一文，对此数首诗已有论述与举例，可参看。见北京大学中文系古典文献专业、古文献研究所编《古典文献论丛》，北京：北京大学出版社1995年3月版，第7—8页。

与官家北射胡。

百忧前日总薰心，一笑朝来得好音。绝域不须遮虏障，今年自有杀胡林。

沙场腊送亡胡月，泽国春生贺汉年。说与胡儿莫轻出，黄冈直下有戈船。（25/16636）

此类诗作，是无法通过改数字或一两句来减弱或消弥其敌意与蔑视的，所以馆臣就全部删除了事。陈垣先生《旧五代史辑本发覆》曾举《四库》辑本《旧五代史》中忌胡、虏等字之例甚多，今亦依其例，将《全宋诗》编纂中所见《四库》本中删改的有关典型字词归纳如下：

1. 忌虏及相关字

卷五三一苏颂一三《和仲巽过古北口杨无敌庙》：威信仇方名不灭，至今奚虏[边塞]奉遗祠。[11]（10/6414；1092/212）

卷五三一苏颂一三《中京纪事》：边关本是苦寒地，况复严冬入虏[异]乡。（10/6420；1092/216）

卷一一五五张耒一《于湖曲》：日围万里缠孤壁，虏[兵]气如霜已潜释。（20/13028；1115/20）

卷一三五六许景衡二《过新息》：伤哉彼美人，国破为人虏[隶圉]。（23/15516；1127/173）

卷一四四二韩驹四《次抚州高使君韵》：代北犹屯虏[戍]，山东有末臣。（25/16625；1133/799）

卷一四四二韩驹四《次韵钱逊叔侍郎见简》其三：胡虏[北骑]近闻归绝漠，洛阳无得化为烽。（25/16627；1133/800）

11 案：所举例中，加点的字为原诗正文，[ ]内字为《四库》本所改，下同。

卷一五〇二周紫芝七《夜宿东寺雪作寒甚》：今日招提境，当年逆虏［敌骑］营。（26/17139；1141/50）

卷一五〇六周紫芝一一《次韵罗叔共纪事见寄》：相公既降虏［敌］，盗贼俱官军。（26/17168；1141/72）

卷一五一〇周紫芝一五《王静翁言客有赋食虎肉诗者词甚壮要余同作》：六郡良家家好武，相试翘关来征虏［恃负驽］。（26/17207；1141/103）

卷一五一一周紫芝一六《官军屡捷淮寇渐平五首》其一：北来骁虏尽成禽，九庙行闻奏凯音［遥传班马动归心，铙歌马上静喧阗。］（26/17211；1141/102）

卷一五一一周紫芝一六《刘公祠》：峥嵘但见虏可擒［谓气可吞］，仓卒不知身已仆。（26/17214；1141/109）

卷一八三七张嵲二《防江二首》其一：兵退［虏去］田事始，夜来春雨匀。（32/20461；1131/358）

卷一八七四胡寅四《和仁仲舟中三绝》：如今天险如平地，雠虏［敌国］深谋只用和。（33/20985；1137/319）

卷二八三八赵万年《却敌凯歌》：黎明一炬为平地，虏酋［敌皆］丧气若有忘。（54/33793；1364/708）

卷三二五一李曾伯九《记十五日夜星犯月》：入斗前史验虏［下］走，入月韩诗应虏［敌］灭。（62/38793；1179/808）

2. 忌胡及相关字

卷五二五苏颂七《送冀州向团练》：河外诸藩北控胡［卫帝居］，美君家世领鱼书。（10/6360；1092/171）

卷九〇五彭汝砺一二《望云岭自古北口五十里至岭上南北使者各置酒三盏乃》：更远小人褊心肝，心肝咫尺分胡［秦］

越。(16/10636;1101/319)

卷一四九六周紫芝一《昭君行》：胡［朔］天漫漫沙漠远，空抱琵琶说别离。(26/17086;1141/8)

卷一四九七周紫芝二《五溪道中……以补乐府之阙》：将军官大马亦壮，肯使胡儿［敌骑］窥汉疆。(26/17090;1141/12)

卷一五〇三周紫芝八《次韵似表谢胡士曹分梅》：但愁急管吹羌胡［边隅］，便应买酒烦长须。(26/17143;1141/52)

卷一五〇六周紫芝一一《次韵罗叔共纪事见寄》：中原困胡虏［干戈］，此事昔固闻。(26/17168;1141/72)

卷一五〇八周紫芝一三《感韩碑用李义山韵》：自从胡［群］骑入中土，侥幸岁月宽诛夷。(26/17185;1141/86)

卷一五一〇周紫芝一五《王将军以李伯时二马遗张天民》：蹴如历块一过都，使恐谈笑无狂胡［肯以鞭鞯烦圉奴］。(26/17203;1141/99)

卷一五一一周紫芝一六《立春日闻捷》：兵已知胡［尘］远，欢应与岁新。(26/17211;1141/102)

卷一五一一周紫芝一六《刘公祠》：昔岁金胡［人］始南渡，官军夜遁如脱兔。(26/17214;1141/109)

卷一五一二周紫芝一七《秋晚念归》：胡马又肥［惆怅西风］秋欲老，旅巢无定客思归。(26/17222;1141/115)

卷二五五九王炎一《明妃曲》：胡天［塞云］惨淡气候别，风沙四面吹穹庐。(48/29688;1155/423)

卷二五五九王炎一《关山月》：阴山萧萧木叶黄，胡儿［风高］马健弓力强。(48/29689;1155/423)

卷二五五九王炎一《饮马长城窟》：胡儿［边城］区脱静；

胡［边］骑角弓劲；筑城备强胡［匈奴］；胡来［匈奴］无已时。（48/29689；1155/424）

卷二八〇七刘宰二《和真州太守营屋新成之韵三首》其二：一自胡雏饮［边兵渡］江水，遂令卒武杂民居。（53/33371；1170/300）

卷二八〇七刘宰二《代柬答合淝苏刑曹兼呈淮西帅同年赵宝谟二首》其二：北望凄凉悲［皆］故土，南来睥睨几狂胡［调剂待新符］。（53/33378；1170/305）

卷二八〇九刘宰四《再韵谢和章》：寇攘虽息尚游魂，胡虏已衰闻喋血［边兵虽暂罢横戈，塞马犹闻驰汗血］。（53/33416；1170/336）

卷二八〇一刘宰五《挽京口使君丰郎中十首》其六：惨淡胡沙草木腥［边尘草木惊］，长淮坐断倚贤城。（53/33429；1170/790）

卷二八〇一刘宰五《挽京口使君丰郎中十首》其七：残胡失驭走群雄［却临淮水想丰功］，人物争归掌握中。（53/33429；1170/790）

卷二八〇一刘宰五《挽许马帅二首》其一：只今淮浦耕桑满，胆落胡儿不敢争［近北何人却敢争］。（53/33431；1170/791）

卷二八三八赵万年《腊八危家馈粥有感》：襄阳城外涨胡［烟］尘，矢石丛中未死身。（54/33791；1364/707）

卷二八三八赵万年《毁土山》：筑土为山号巨堙，胡儿［敌人］痴计要攻城。（54/33792；1364/707）

卷二八三八赵万年《却敌凯歌》：脱鞍解甲马下睡，胡鼻［鼻中］齁齁辊雷鸣。（54/33793；1364/709）

3. 忌夷狄及相关字

卷五三一苏颂一三《和国信张宗益少卿过潭州朝拜信武殿》：夷裔陵［朝著等］边久，文明运算高。（10/6413；1092/211）

卷五三一苏颂一三：《和宿牛山馆》夷音［边方］通夏楚，汉地接平营。（10/6415；1092/213）

卷五三一苏颂一三《和过打造部落》：奚夷［边人］居落瞰重林，背倚苍崖面曲浔。（10/6417；1092/214）

卷六九二王令三《别老者王元之》：尝闻古人第气类，皆以夷狄禽兽［化外不足］论。（12/8080；1106/407）

卷一四三三汪藻一《次韵周圣举过苏次元四首》其一：功名四夷［方］知，无愧越裳操。（25/16508；1128/297）

卷一五〇二周紫芝七《寄题折将军家忠勇堂……因以名堂》：折侯古将家，雄算詟夷虏［边土］。（26/17139；1141/50）

卷一五〇五周紫芝一〇《读枢密张公梅雪二诗公讳叔夜》：功名无成落夷虏［边土］，此老此功谁更数。（26/17163；1141/69）

卷一五〇六周紫芝一一《次韵罗叔共纪事见寄》：五年三避狄［敌］，十室九见焚。（26/17168；1141/72）

卷二八〇一刘宰五《挽齐斋倪尚书》：国势欲自强，不受夷虏［外敌］诳。（53/33422；1170/785）

卷三四〇三姚勉六《谢久轩蔡先生惠墨九首》其四：平世膺戎狄［管晏流杂霸］，事功止当年。（64/40484；1184/115）

4. 忌寇、贼寇及相关字

卷一五〇九周紫芝一四《淮寇［军］及境而退喜甚成诗》：近喜横戈寇［队］，南来偃旆旌。（26/17196；1141/94）

卷一五一一周紫芝一六《刘公祠》：孤城何啻累卵危，贼至［劲敌］不殊群蚁附。（26/17214；1141/109）

卷一五一一周紫芝一六《刘公祠》：平明横槊属两鞬，疋马驰从贼［敌］营去。（26/17214；1141/109）

卷一七八六张元幹三《次韵奉呈公泽处士》：雪夜剧谈金贼入［烽火急］，风江绝叹铁衣寒。（31/19914；1136/603）

卷二一〇六崔敦礼《楚州龙庙迎享送神辞》：（序）绍兴辛巳，金人来寇［二字原删去，据《大典》本补］。（38/23780；1151/802）

卷二八〇九刘宰四《送赵居父入淮东漕幕》：水浮陆走舟车驰，转输十九资残寇［边饷縻］。（53/33410；1170/331）

5. 忌犬羊、蛇豕、禽兽、腥臊、羶腥等字

卷五三一苏颂一三《奚山道中》：渐使犬羊归［黔黎安］畎亩，方知雨露遍华戎。（10/6419；1092/215）

卷一三五八许景衡四《次韵经臣见赠》：犬羊无故事［边城无事故］喧争，惆怅中原失太平。（23/15552；1127/196）

卷一五〇六周紫芝一一《次韵罗叔共纪事见寄》：何尝大江南，犬羊［代马］动成群。（26/17168；1141/72）

卷一五〇六周紫芝一一《七月十八日夜独坐静寄月出麻姑背开户徜徉夜久不寐》：谁能殪蛇豕［请缨剑］，故地收关河。（26/17169；1141/73）

卷一五〇六周紫芝一一《次韵元素自东皋寄新诗贼退犹未久》：北风胡［代］马自长鸣，月到南枝鸟共惊。（26/17172；1141/76）

卷一五〇七周紫芝一二《秋暑卧病示庄簿》：兵戈既静洗，不复腥犬羊［忧边防］。（26/17183；1141/84）

卷一五〇七周紫芝一二《雨后微凉再示庄簿》：自从羯胡乱［两河割］，四海失故疆。（26/17183；1141/84）

卷一五一二周紫芝一七《亲征诏下朝野欢呼六首》其一：茫茫禹迹混殊方，谁遣中华识犬羊［作战场］。（26/17222；1141/115）

卷一五一四周紫芝一九《恭闻已迎原庙圣容入行在所》："戎气腥京洛［兵气满京洛］，桥山万木悲"。（26/17245；1141/134）

卷一八七一胡寅一《瓦炉》：一从胡［战］尘涨，岱华腥膻［风烟］隔。（33/20926；1137/269）

卷二一〇六崔敦礼《楚州龙庙迎享送神辞》：若有妖［物］分震奔沛，吹逆浪兮扬膻腥［回旌］。（38/23780；1151/802）

卷二八〇七刘宰二《奉酬友人登多景楼见怀》：犬羊万里知离穴［兵戈几处能安枕］，稻蟹三吴正得秋。（53/33381；1170/307）

卷三三九二王奕一《登黄龙峰》：安得驾虬鞭霹雳，涨翻溟渤洗腥臊［逞雄豪］。（64/40370；1195/638）

卷二八三八赵万年《十三日纳合道僧携印来降》：屹若金汤不可攻，犬羊［军中］谁肯自投降。（54/33792；1364/707）

卷三二五一李曾伯九《记十五日夜星犯月》：昭然垂象不轻示，适验天心厌胡羯［悔祸亟］。（62/38793；1179/808）

6. 忌少数名族人名、首领名、部族名等

卷一四九六周紫芝一《昭君行》：不知万里嫁胡儿［单于］，憔悴蛾眉葬秋草。（26/17086；1141/8）

卷一四九六周紫芝一《昭君行》：捐金得宠固可耻，委身胡酋［绝域］不如死。（26/17086；1141/8）

卷一五〇五周紫芝一〇《读枢密张公梅雪二诗公讳叔夜》：胡狂［单于］敢挽射日弩，当年谁上东封章。（26/17163；1141/69）

卷一五一二周紫芝一七《亲征诏下朝野欢呼六首》其一：今日澶渊寻旧役，会看一矢殪戎王［兵气扫欃枪］。（26/17222；1141/115）

卷一五〇二周紫芝七《寄题折将军家忠勇堂……因以名堂》：誓言月支胡［大宛马］，唾手端可取。（26/17139；1141/50）

卷一七八五张元幹二《上张丞相十首》：其五，蠢尔天骄子［扰扰干戈际］，中原祸太深。（31/19908；1136/598）

卷一七八六张元幹三《次韵奉呈公泽处士》：何年天上旄头落，并灭穹庐旧契丹［何年塞上烟氛静，薄海苍生庆乂安。］（31/19914；1136/603）

卷三三九二王奕一《题维扬》：花明靴巷新番［朝］市，草暗城隅旧敌楼。（64/40370；1195/638）

卷二八三八赵万年《十三日纳合道僧［敌人势蹙］携印来降》。（54/33792；1364/707）

卷二八三八赵万年《却敌凯歌》：虏首蒲察与葛札［军中横尸遍原野］，或贯其脑斧其吭。（54/33793；1364/708）

卷三二四四李曾伯二《丁亥纪蜀百韵》：胡儿［敌人］忽令名，见谓鞑靼［蒙古］属。（62/38697；1179/432）

7. 忌华、华人、中华、中外、华夷、胡汉、非族类等字

卷九〇五彭汝砺一二《妇人面涂黄而吏告以为瘴疾问云谓佛妆也》：华人怪见［南人见怪］疑为瘴，墨吏矜夸是佛妆。（16/10635-36；1101/319）

卷九〇五彭汝砺一二《望云岭自古北口五十里至岭上南北使者各置酒三盏乃》：天地万物同一视，光明岂复华夷［疆域］别。（16/10636；1101/319）

卷五三一苏颂一三《和过打造部落》：汉节经过人竞看，忻忻如有慕华［可能知得使臣］心。（10/6418；1092/214）

卷五三一苏颂一三《某向忝使辽于今十稔再过古北感事言怀奉呈姚同事阁使》：正当胡虏百年运［同持汉使双符节］，又过秦王万里城。（10/6418；1092/215）

卷五三一苏颂一三《沙路》：从来天地分中外［南朔］，今作通逵近百年。（10/6421；1092/216）

卷五三一苏颂一三《奚山道中》：拥传经过白雪东，依稀村落有华［乡］风。（10/6419；1092/215）

卷五三一苏颂一三《奚山路》：皇恩百岁加荒景，物俗依稀欲慕［想梦］华。（10/6420；1092/216）

卷一七八五张元幹二《上张丞相十首》其六：宇宙尊文物，华夷［关山］界土风。（31/19908；1136/598）

卷二五五九王炎一《明妃曲》：天生胡汉族类异，古无汉女为胡姬［玉鞍红颊空回首，乌孙公主王明妃。］（48/29688；

1155/423）

卷二八三八赵万年《二月三日登城郊外春色可人而虏[敌]骑未退》：触目旌旗非族类[纷战斗]，无言桃李少精神。（54/33792；1364/707）

8.字无忌讳义而改例

卷一七八六张元幹三《次江子我闻角韵》：胡[悲]笳怨处风微起，浊酒醒时梦易惊。（31/19914；1136/603）漆案：胡笳，乐器名。自汉以来，历代沿用，并无他义。改"胡"为"悲"，失其义矣。

卷一八〇五李若水一《杂诗六首》其一：虽云官爵高，当以羊豕[伮蕨]待。（31/20102；1124/677）漆案：李氏此诗，前数句曰："风流李东山，磊落也北海。身逐烟云飞，名与日月在。彼哉世上儿，平生抱惭悔。虽云官爵高，当以羊豕待。"诗人讥讽世人逐名趋利，虽官高爵显，仍如羊豕，极言其轻视也。此句并无讳碍，改作"伮蕨"，其义转弱，且以生僻词易之，诗义反晦矣。

卷一七八五张元幹二《丙午春京城围解口号》：要知龙虎踞[凤聚]，不受犬羊[虎狼]侵。（31/19904；1136/595）漆案：此诗后句改"犬羊"为"虎狼"，而前句"龙虎踞"，本不讳，然与后句"虎"字重。遂改"虎"为"凤"，连带而及，复改"踞"为"聚"矣。

卷二一〇六崔敦礼《楚州龙庙迎享送神辞》：地平天静兮日月清夷[明]，（38/23780；1151/802）漆案：清夷者，清明、清平之义也。"夷"本不讳，然与"清"字相及，则在馆臣目中为刺眼矣，故亦并改之。此类尚多，限与篇幅，不再举例。

9. 其他特例

卷五二五苏颂七《送冀州向团练》：惟宣圣主威怀德，长使无声謦虖［布斗］墟。（10/6360；1092/171）卷一八七一胡寅一《题全州砦岩》：盖山限华夷［峰巘］，夷［漓］水不得出。（33/20927；1137/269）。漆案：以上二例，及前举易"犬羊"为"貀獯"例，皆以生僻字改忌讳字，诗义反涩。

卷一五一三周紫芝一八《次韵静翁雪晴有作》：寒柳江梅浑欲动，官军胡［寇］骑几时休。（26/17233；1141/124）漆案："胡"、"寇"二字，皆为《四库》书中所忌之字，本诗易彼为此，可知"胡"与"寇"中，"胡"忌严矣。

卷三四〇五姚勉八《桃源行》：五胡［湖］云扰岂减秦，晋人合作桃源人。（64/40504；1184/132）漆案：改"五胡"为"五湖"，诗义全非。此足见馆臣于改易之字，随意处置；亦可窥改易讳字，非其本愿，潦草添点，聊可塞责而已。

10. 漏改例

卷五三一苏颂一三《奚山道中》：拥传经过白雪东，依稀村落有华［乡］风。……渐使犬羊归［黔黎安］畎亩，方知雨露遍华戎。（10/6419；1092/215）漆案：前句"华"字已改，然后"华戎"漏改。

卷一一五五张耒一《怨曲二首》：氈布腥膻久，穹庐岁月多。（20/13029；1115/21）漆案：此句"腥膻"漏改。

卷一四三九韩驹一《题李伯时画昭君图》诗序："帝惊悔，欲复留而重失信夷狄。"诗中有"在家不省窥门户，岂知万里从胡虏"句。（25/16585；1133/768）漆案：此"夷狄"、"胡虏"皆漏改。

卷一五一二周紫芝一七《亲征诏下朝野欢呼六首》其一：茫茫禹迹混殊方，谁遣中华识犬羊［作战场］。（26/17222；1141/115）漆案：此"识犬羊"已改，然"中华"二字漏改。又案：《四库全书》中，如胡、虏、夷等字，改者固多，而漏者亦复不少。尚有如本集中已改，而《两宋名贤小集》本等所选诗不改，反之亦然。此不详举矣。

从以上众多之例可以看出，馆臣所改并无定例定字，而是随上下文随意改换，人各不同，直接造成原诗失去本来面目，诗中表现出来的不共戴天、愤怒痛恨、同仇敌忾之气概，经过删改后就变得不痛不痒，甚至出现相反之意。如前举韩驹二《题蕃骑图》"塞上漠漠黄云秋，黄须胡［健］儿骑紫骝"。将"胡儿"改成"健儿"，由蔑称改为褒称，意甚相反。苏颂《和国信张宗益少卿过潭州朝拜信武殿》"夷裔陵［朝著等］边久，文明运算高"。原意为辽人久为边患，改后却成宋廷筹划安边，与下句意重。周紫芝《秋晚念归》"胡马又肥［惆怅西风］秋欲老，旅巢无定客思归"，本是对敌人兵马复强，将续来犯怀有的深深隐忧，改后却成一句秋日之闲愁。又如前举"汉节经过人竞看，忻忻如有慕华［可能知得使臣］心"；"北望凄凉悲［皆］故土，南来睥睨几狂胡［调剂待新符］"；"残胡失驭走群雄［却临淮水想丰功］，人物争归掌握中"；"寇攘虽息尚游魂，胡虏已衰闻蹀血［边兵虽暂罢横戈，塞马犹闻驰汗血］"；"平世膺戎狄［管晏流杂霸］，事功止当年"；"虏酋蒲察与葛札［军中横尸遍原野］，或贯其脑斧其吭"；"天生胡汉族类异，古无汉女为胡姬［玉鞍红颊空回首，乌孙公主王明妃］"等诗，经删改后，更是远失原意，几于馆臣代为捉笔,替宋人重作一诗!

上引诸例对《四库全书》中的讳改做了详细的罗列,世人谓《四库全书》为"祸首",其实多半指此而言。对乾隆帝与馆臣的做法,笔者当然也持否定态度,且认为大加鞭挞亦不为过,但问题是我们必须尝试弄清这一损失或者说破坏到底达到何种程度。关于清廷在开四库馆后禁毁之书籍数量,笔者亦曾有过统计曰:

> 这次亘古未见的禁书过程中,到底有多少书籍、版片、石刻遭到禁毁,已无法做详尽的统计。自当时至今所见者,姚觐元《咫进斋丛书》中收入四库馆总裁英廉等编《全毁抽毁书目》、军机处编《禁书总目》、河南布政使荣柱所刊《违碍书目》及浙江查办的《应毁书目》四种,统计销毁者1800种,抽毁者613种,计2413种。陈乃乾《索引式的禁书总目》所收全毁者2453种,抽毁者402种,毁版者50种,毁石刻24种,计2929种。又有雷梦辰《清代各省禁书汇考》所收各省共缴165次2629种。而截止目前最后出又统计最详者为黄爱平《四库全书纂修研究》,该书认为"在长达十九年的禁书过程中,共禁毁书籍三千一百多种,十五万一千多部,销毁书板八万块以上",民间惧祸而自毁者更难以计算。[12]

然而,对这一组令人震惊的巨大数字,仍当具体分析。就上举诸书目中所列,为清廷所禁毁之书,几乎全是明末清初之书,其他书籍甚少。就明末清初历史而言,大量史料焚毁,导致史实不明,损失巨大。而对其他历代之书而言,则并非严重到如此程度。陈寅恪先生在谈到清代禁书时也曾说:

[12] 见拙著《乾嘉考据学研究》,北京:中国社会科学出版社1998年版,第70页。又参黄爱平:《四库全书纂修研究》,北京:中国人民大学出版社1989年版,第78页。

然清室所最忌讳者，不过东北一隅之地，晚明清初数十年间之载记耳。其他历代数千岁之史事，即有所忌讳，亦非甚违碍者。[13]

即《四库全书》中的删改，当时在四库馆中任总纂官的纪昀，也曾有类似的言论，他在乾隆五十二年六月十一日，就有关《四库全书》的重校、抽换等项上奏曰：

> 伏查《四库全书》，虽卷帙浩博，其最防违碍者多在明季、国初之书。此诸书中经部违碍较少，惟史部、集部及子部之小说、杂记，易藏违碍。以《总目》计之，不过全书十分之一二。当初办之时，或与他书参杂阅看，不能专意研寻；或因誊录急待领写，不能从容磨勘，一经送武英殿缮写之后，即散在众手，各趁功课，臣无从再行覈校。……臣中夜思维，臣虽年逾六旬，而精力尚堪校阅，且诸书曾经承办，门径稍熟，于违碍易于查检。不揣冒昧，仰恳皇上天恩，予臣以悔罪自赎之路，准将文源阁明神宗以后之书，自国朝列圣御纂、皇上钦定及官刊、官修诸编外，一概责臣重校。凡有违碍即行修改，仍知会文渊、文津二阁详校官画一办理，臣俱一一赔写抽换，务期完善无疵。[14]

删改之书"不过全书十分之一二"，就宋人别集而论，其中已经被整卷删除、整篇删除的，已经形成无法弥补的损失。而句与字之删改，因为其删改之迹非常明显，则可以通过现存宋人别集加以改回，《全宋诗》中大量为《四库》本删改的诗句，正是通过他本改回的。《全宋诗》主编之一的陈新先生也曾说："就整体情况而论，《四库全书》是成书以后发生的删改，因此虽然个别集子删改的荒唐程

---

[13] 陈寅恪：《陈垣元西域人华化考序》，见《金明馆丛稿二编》，北京：三联书店2001年版，第269页。

[14] 中国第一历史档案馆编：《纂修四库全书档案》，上海：上海古籍出版社1997年版，下册，第2024页。

度严重,其量总是有限的,并没有因此根本改变原书的面貌。"[15] 笔者认为,既要充分认识到《四库》本中删改造成的损失,但同时也不可过分夸大删改的危害程度,更不能就此而否定全书。

四 从古籍整理的角度看《四库全书》的缺失

《四库全书》由于全书数量太多,又获读不易,故虽然在百余年来如任松如、陈垣、杨家骆、邵懿辰、胡玉缙、余嘉锡、吴哲夫、李裕民、崔富章、黄爱平等学者,都有严肃认真研究《四库全书》的专著问世,但鲁迅等人对《四库全书》文学性语言的讥讽、蔑弃与奚落,似乎更有影响,且持久不衰,这从论《四库全书》者每每乐引其言可知。人们认为,乾隆和四库馆臣一开始就对所有采录的书籍进行了肆无忌惮的篡改,加之某些采录之书因写官疏漏,错讹颇多,因此对这部大书基本上采取了否定的态度。"过大于功"似是定评,而"功魁祸首"已算褒扬了。[16] 笔者在此尝试从古籍整理的角度出发,对《四库全书》的缺失做一些基本的分析。

1. 对《四库全书》保存古籍的基本分析

中华文化源远流长,传世古籍更是汗牛充栋,这既是祖先留给我们的巨大财富,又是后人尤其是古籍整理者的重大负累。之所以如此说,是因为现存古籍之多、收藏之分散,使我们甚至无法统计出一个古籍总量的基本数据来。如果以清末为限,按最保守的估计,传世古籍至少也在10万种以上,而就在这10万种古籍中,笔者放

[15] 陈新:《四库馆臣改动底本的原因及其实例》,见《古籍整理出版情况简报》1995年第3期(总第292期),第17页。

[16] 有关《四库全书》研究的诸种说法与评价,可参杨晋龙《"四库学"研究的反思》一文,见台湾"中央研究院"中国文哲研究所编《中国文哲研究集刊》1994年3月第4期,第349—394页。

胆假设清代学者的书籍将占到十分之八以上。[17] 若此假设能成立或者接近事实，那么清以前古籍也就1万余种至2万种之间，而《四库全书》中凡正目收3461种79309卷，存目收6793种93551卷，总计10254种172860卷。[18] 从某种程度上说，乾隆朝的这次开馆修书，是对当时所存古代至清前期古籍的一次大规模普查与整理。此10254种古籍（若加上焚毁之3100余种，则更准确），也基本反映出了当时所存书籍的状况，从这一层面而言，这部大书称为《四库全书》也不算过分。

再就宋人别集来看，据《宋史·艺文志》所著录，宋人别集总计为651家、1824部、23604卷，而实际数量远不止此。笔者对《全宋诗》中每位作者之《小传》中所述之著述进行统计，《全宋诗》全部作者约9079人，其中大家635人，有著述853种，其中342种已佚；而小家8444人，有著述者1085人，凡1304种，而存者仅159种，仅有1/10，且多残阙。正因为他们的著述散佚无传，所以我们在今天就只能零星辑得其数首诗作，将其归为"小家"而已。

由此可知，随着时间的推移，愈往后世，古籍流传愈稀，这是一条恒久不变的规律。倘乾隆时不编《四库全书》，当时流播之书能否传至今日，尤其像宋人别集是否仍如今日所传之多，答案应当是不言自明的。即以《永乐大典》而论，向来斥责《四库全书》中的《大典》本删改太过，大失原意，所辑不精，遗漏多多，这些缺失馆臣当然不能辞其咎。更有人认为，若四库馆臣不辑，而后人所辑，当更胜一筹。此种说法，貌似有理，实则是不切实际的假设。众所周知，《永乐大典》正、副二本，正本至今仍无踪影，即副本而论，四库馆臣所见，已阙1000余册而非全帙。嘉庆以降，清廷国势日蹙，而《大典》之命运，亦随国运的沉沦而流落、而散失、而毁亡，今所存世界各地者仅400余册，不及原来11095册的零数。倘没有

---

[17] 案：《清史稿·艺文志》凡著录书9633部，然其中疏漏殊多。后有武作成撰《补编》，彭国栋撰《重修清史艺文志》等，续有增益，最后出而又收集较全者，为王绍曾《清史稿艺文志拾遗》，所著录凡54880部（见该书《前言》，中华书局2000年9月版，上册，第21页）。然此并不能包括现有清代古籍，李灵年、杨忠主编的《清人别集总目》中"著录了清人现存的近二万名作者约四万种作品"（见该书《前言》，合肥：安徽教育出版社2000年7月版，第8页）。又柯愈春《清人诗文集总目提要》亦即收有清代有诗文别集传世者19700余家，40000余种。（见该书《凡例》，北京：北京古籍出版社2002年2月版，上册，第1页）。以集部书较之，经、史、子三部之书的总和，当亦不会小于这一数字。所以笔者认为，若以现存古籍为10万种为假设，则清人之书占其中十分之八以上。

[18] 案：关于《四库》本收录书籍数量，各家统计不一，此据中华书局1965年影印本《四库全书总目·出版说明》中所言数字为据，见《总目》，上册，第3页。

乾隆开馆修书，则《大典》之后果可知。除非我们祈求《大典》正本像四库馆臣常言"天壤间有神物呵护"，失而复显，否则别无补救之法。从此一角度来说，四库馆臣对《大典》本的辑佚，具有"抢救"的性质，而非一般意义上的辑佚。因此，回避甚至无视《四库全书》在保存古籍方面的突出成就，并不是科学而严谨的态度。

19 陈新：《由宋人别集浅论〈四库全书〉》，第2页。

20 陈新：《由宋人别集浅论〈四库全书〉》，第4—9页。

2. 关于《四库全书》其他缺失的基本分析

寓禁于征？ 学术界多认为，《四库全书》编纂之初，即"寓禁于征"，且认为四库馆臣是乾隆帝毁灭中华文化的"帮凶"。笔者认为，即从文渊阁本《四库全书》的情形看，有未钞成定本前的删改，有已成定本之后的挖改，有已经上架后的抽换等，但大部分发生在编纂中后期。陈新先生认为，《四库全书》中"'多篡改'，甚至多刊落，也是事实。但从影印的文渊阁本可以获知，这现象发生在纂辑的中后期，发凡创例时应该是相当严谨忠实的。如果说纂辑宗旨的目的就是'寓禁于征'，就是要篡改，就是'在于宣扬有利于清王朝的统治'，不仅不符合实际，而且基本上已经否定了全书"。[19]

就四库馆臣中如纪昀、陆锡熊、戴震、周永年、邵晋涵、杨昌霖、王念孙等大批馆臣，我们首先应该认为他们是学者、是古籍整理者、是文献学家，以保存文献为己任，而不是以毁灭文献为目的，正是他们的辛勤努力，才很大程度上保证了《四库全书》的基本质量。如果不承认这一点，则对四库馆臣的评价将无从谈起。从《四库全书》中已改已删的情况看，"部分四库馆臣虽迫于功令，而仍以保存文献为重"。故"不宜对《四库全书》中的篡改现象，特别是四库馆臣作过苛责难"。[20]

关于删省目录序跋。 古代学者，每刻一书，必有一序，甚或更多；续刻整理者，亦每每有序跋；有的古籍，累世而刻，目录、题辞、序跋、传状等有多至数卷者。这些文字给了我们许多作者事迹、著述情况、刊刻流布以及辗转收藏等方面的史实与信息，有着重要的参考价值。而《四库全书》中，却删省了大量此类篇目，为世人所不满。但客观地讲，这是编纂大型丛书、类书一贯的做法，而非《四库》本所独有，也就是说，这是该书的体例使然。试想全书3461种79309卷，我们以最少的方式做一假设计算：《四库全书》所收书每部有1篇目录、1篇序文、1篇跋文，则共有10383篇；再以15篇为1卷，可得692卷。此数量已经大得惊人，如果每部书都有详尽的目录，附有大量的序跋、题辞、传状等，势必更大量地增加全书的容量。从此角度讲，删省目录序跋似是一种无奈而必然的选择。从另一角度讲，有些序跋例如大量方志中的序文，多为代笔之作，内容空洞，了无新意，多所雷同，删之反而洁净。值得注意的是，《四库全书》中对待古籍目录序跋的处理，也不是悉数删去，并是有所变通。如对于目录，个人别集相对不保留目录；但大型总集等，因为翻检不便，就保留目录。对于序跋的处理：一是原序一般都予以保留；二是多保留相对较前的古人之序跋，而删省相对靠后的近今人之序跋；三是对一些难得见到的序跋全部保留，比如《大典》本中辑得之序跋传状等。因此，对《四库》本之删省目录序跋，亦当客观分析，不能以整理一部别集的体例与标准来要求。

　　《四库全书》——一部大钞本。在古籍整理中，一般而言，钞本的可信程度最低，不论是作者手定还是钞胥所为，都不同程度地存在着错讹，因为人脑不是电脑，在钞书时出错是极其正常的事情。因此在选择底本时，非不得已一般是不会选择钞本的。而《四库全书》恰恰是一部大钞本，钞本所有的如多讹夺、多遗漏等弊端，《四库》本当然全部都有。同时，由于钞手多为各省生员、下第举人等，其学识水平有限，议叙升转的可能性又小，导致他们积极性不高，钞写失误增多也就成为必然之事。然而，就《四库》本与现存《永乐大典》残册等书相较，同是钞本，《四库》本远较《大典》本整饬，且错讹相对要少。《全宋诗》中一些误收他人诗作、误收他时代人诗作的错误，从很大程度上说即是收集材料时得之于《大典》、《诗渊》等书时就已经张冠李戴了，因为当时钞手常常漏抄作者姓名，因此造成一人之下衍及他人之作的淆混。因此，从版本的角度讲，《四库全书》在钞本之中，已算精本，本文前举《全宋诗》引用底本的实例足以说明，对《四库》本版本本身的问题，也不可过分苛责。

《四库全书》乃集体编纂，书成众手，时日仓促，难于细核。开馆修书，是我国自中古以来编纂书籍的优秀传统，然而历代所修之书也充分证明，集体修书存在着很多的弊端，这在《四库全书》中表现尤为明显。由于编纂人员众多，学术水平高下不等，全书从编纂体例、选择底本、诸书校勘、《提要》撰写到誊录成书等各个环节，都存在大量问题，结果是既有严谨详慎的本子，也有荒唐草率的本子。这种错误，是集体编书不可避免的，无论《四库》本，还是《全宋诗》，当然都不能例外。陈新先生说："造成某些集子讹夺的原因，在于《四库全书》编校钞缮人员众多，其间学殖根底、认真态度不齐，即使事前有种种严密规定，在实行过程中也难以全部贯彻。集体奉命编书，不同于个人著述，许多必然会发生的缺陷，往往无法克服，这不仅在古代，就是今天也是如此。"[21] 如果我们对百余年来从《丛书集成初编》以至今人所整理之大量古籍加以考查，其编纂质量又何如哉？

乾隆三十八年（1773）开馆辑书时，乾隆皇帝为63岁，在当时社会他已经是一位标准的老人了，对于这部空前规模的大书，好大喜功的他当然希望自己能够在世时见到书成，因此对于馆臣每有严

[21] 陈新：《由宋人别集浅论〈四库全书〉》，第11页。

谕督责催课。从开馆至乾隆四十六年（1781）第一分书完竣，仅用了8年时间。这至少带来两个重大失误：一是不得不减少收入全书中书籍的数量，故而只好将部分没有问题的好书，找出一些冠冕堂皇的理由掷还存目中去；二是编检时日无多，难以仔细地磨勘复校，仓促成书。而成书后的复校，又是两头齐进：一方面校出讹误的同时，另一方面又是一次规模不小的删改。所有这些，都给全书校勘质量带来了不良甚至是恶劣的影响。

3. 兼论古籍整理中的"不遗不漏"

古籍整理的终极目标或者说最高原则，就是做到"不遗不漏"，然而这仅仅是一种理想而已。古人谓校书如扫灰尘，旋扫旋生，足见校订古籍之难。四库馆臣虽然都是当时一流的学者，但并非都是研究某一家某一书的专家，故所论有疏误便在所难免。《全宋诗》在《编纂说明》中举例曰：

> 《四库》草率，张冠李戴，所在多有。较早的有卢文弨曾指出库本《公是集》把刘敞兄弟二人之诗互倒。后来晚清学者劳格在其所著《读书杂识》卷一二中又指出赵湘《南阳集》中夹入韩维《南阳集》中的好几首诗，王珪《华阳集》甚至加入元人的诗，刘攽《彭城集》中又有唐陆龟蒙诗等等。刘师培在其《左盦集》中，也就宋庠、汪藻的集子，指出类似的错误。钱钟书《谈艺录》订补就库本《竹隐畸士集》也指出馆臣的失误。（1/12）

像卢文弨这样的校勘大家，也是经过无数次的校勘实践后，才认识到：唐宋人刊刻诗集版式不同于后人。后人刻集，若附他人倡和之诗,一般低一格刻且附于本诗之后,以为识别;而当时人所刻却是无论己诗他诗,都一律平格刊版,凡倡者在前而将和者之诗附于后。后人以当时行款版式律唐宋人书,遂张冠李戴,造成误解。卢氏正是利用这一通例,纠正了后人将《刘公是集》中刘敞兄弟之诗互乙的错误。这是一位校勘学家一生经验所得,非一朝一夕而能具备如此识力。

同样,在《全宋诗》整理中,也有类似问题。比如《全宋诗》卷三三四九顾逢诗,为笔者所整理。据《诗渊》等书所录,编为一卷。根据本诗及他书材料,判断顾逢字君际,号梅山,吴郡人。然而在所辑顾逢诗中,却有《御览同顾君际检书》、《史云麓先生席上赠顾梅山》、《顾君际号梅山》、《题吴田园杂兴诗》、《顾君际近集》等诗,顾逢何以自己给自己作诗,显系二人之诗。而且所辑其他诗中,风格亦迥异,一家擅长五言,称"顾五言",他诗则否。当时即感觉此为二人之诗,而非一人之诗,然苦无证据,又功课催迫,不能深考,遂于《小传》后题识曰:"按:明《诗渊》辑顾逢诗,似将顾逢与梅山顾先生视为二人,诗中并有《顾逢诗集》之题,是否一人已不能明。"(64/39997)然后,为处理上列5首诗,遂又在顾逢之后列"顾逢友"一名,题"《诗渊》在顾逢名下误收五首与顾逢酬唱赠答的他人诗,作者显非一人,姓名生平均已无考,姑在'顾逢友'名下统而收之,附于顾逢之后"。(64/40037-38)然孔凡礼先生据《大典》残册、《诗渊》等书考证,此确为二人,一为顾逢,一为顾世名,二人均为吴郡人。[22] 可惜孔先生鸿文发表之时,《全宋诗》已出版,只能待将来补订了。

正是有感于此,《全宋诗》又在《编纂说明》中,以实事求是的态度曰:

[22] 孔凡礼:《见于〈永乐大典〉的若干宋集四考》,《孔凡礼古典文学论集》,北京:学苑出版社1999年1月版,第95—98页。

清初著名学者阎若璩曾说:"或问古学以何为难,曰不误。又问,曰不漏。"不误、不漏,看似平常,实难做到,特别是编纂总集。编辑有宋三百年的诗,面对着的一是蕴含极富但又散见各书、搜集极为不易的原始材料,二是曾经有过整理而同时又夹杂相当错误的前人成果,我们虽然是尽了努力,但无论所收的作品、所校的文字及所写的小传,都难免有误、有漏。(1/16)

陈新先生在谈到"不遗不漏"的问题时也说:

纂辑一代总集,根本的要求是不错不漏。但这四个字之难于企及,恐怕只有身亲其事的人才能有真切体会。[23]

无独有偶,《全宋文》主编之一的曾枣庄先生亦曾坦言:

1987年暑假,在成都召开《全宋文》体例审定会,我在会上发言说,将来的《全宋文》,不是错误百出,也不是错误千出,而是错误万出。[24]

这些话在外行来看,似乎有点不负责任,但的确是甘苦之言、见道之语!那么,古籍整理者应该持什么态度面对"不遗不漏"的苛求呢?程千帆先生在《全宋诗序》中曰:

又尝闻之清儒:治古学当求其不误不漏。然不误不漏,谈何容易。去泰去甚,得其大齐,斯可矣;勤至心安,斯可矣。(1/5—6)

---

[23] 陈新:《关于〈全宋诗〉的修纂》,《炎黄文化研究》2000年9月第7期,第219页。

[24] 曾枣庄:《文章千古事,得失寸心知》,见四川大学古籍整理研究所、四川大学宋代文化研究资料中心编:《宋代文化研究》第三辑,成都:四川大学出版社1993年11月版,第6页。

笔者认为，程先生此语，不仅为《全宋诗》编纂人员立言，也适用于当年的四库馆臣。这不是推卸责任的托词，恰恰相反，这是一种认真负责、实事求是的治学态度。

总前所论，笔者用一篇冗长枯燥的文字，列举了大量《四库》本或优或劣的例证，试图通过对《全宋诗》编纂的深切体验，以一个古籍整理者的眼光，从一个新的视角，来窥《四库全书》之一豹，并尝试理解四库馆臣的所作所为。笔者认为，就文献价值而言，《四库全书》应该是功大于过，用简单的加减法换算就是——改对大于改错。对这部大书，今天应该做的不是人云亦云，务为高论，进行毫无意义的讥讽或攻讦。即使偶尔指出其几条疏漏，也并不影响全书的性质，更不能成为蔑视前哲、任意贬斥的理由。需要的是踏实严谨地真正通过对《四库》本的研究，积累众多学人的研究成果与辛勤努力，才能得出相对平允客观的结论。清人钱大昕说，对古人要有一种护惜的态度，"去其一非，成其百是"[25]，此与陈寅恪先生所谓"同情之理解"，言虽异而旨实同。古语亦云："缘物之情及人之情以为所闻，则得之矣。"在普世心浮气躁、好为高论、对己宽囿、对人严绳的今天，如果我们能缘己之情以及人之情以为所闻，则得之矣！

[25] [清]钱大昕撰，吕友仁标校：《潜研堂文集》卷35《答王西庄书》，上海：上海古籍出版社1989年版《潜研堂集》本，第636页。

捌

东吴三惠著述考[1]

惠周惕（1641—1697），原名恕，字而行；后改今名，字元龙，号砚溪，亦作研溪；清江南吴县（今属苏州）人。其父有声（1608—1677），字律和，号朴庵，明岁贡生。与同里徐枋友善，以"九经"教授乡里，尤精于《诗》。有《左传补注》一卷、《百岁堂书目》四卷等，皆不传。周惕少传家学，又从徐枋、王士祯、汪琬游，工诗古文词。精于经学，邃于《易》、《诗》。康熙三十年（1691），成进士。选庶吉士，因不习国书，外调密云知县，卒于官。周惕次子士奇（1671—1741），字天牧，一字仲儒，晚自号半农人；因家有红豆树，人称红豆先生。少即力学，晨夕不辍，博通九经、诸子及《史》、《汉》、《三国志》，皆能暗诵。康熙四十八年（1709），成进士。迁庶吉士，散馆，授编修。五十九年（1720），为广东学政，连任六年。雍正五年（1727），因奏对不称旨，奉旨罚修镇江城，以产尽停工罢官。乾隆元年起复，以讲读用，所欠修城银两得宽免。充三礼馆纂修官。后以病告归，卒于家。士奇次子栋（1697—1758），字定宇，一字松崖，或作松厓，人称小红豆先生。初为吴江县学生员，复改元和籍（今属苏州）。自幼笃志向学，家有藏书，日夜讲诵，自经、史、诸子、百家杂说及释、道二藏，靡不穿穴。及士奇毁家修城，栋往来镇江，饥寒困顿，甚于寒素。乾隆十五年（1750），诏举经明行修之士，两江总督尹继善（1695—1771）、陕甘总督黄廷桂（1691—1759）交章论荐，有"博通经史，学有渊源"之语，未及进而罢归。栋中年以前，学博而杂；五十岁后，则专心经术，尤邃汉《易》。时家道中落，课徒自给，甑尘常满，栋处之坦如。又雅爱典籍，得一善本，倾囊弗惜，或借读手钞，校勘精审，于古书之真伪，了然若辨黑白。终因贫病相侵，落寞辞世。而子嗣虽多，却无承其学者，君子之泽，至此而斩！

东吴惠氏，自有声始，精研汉学，代有藏书[2]。传经四世，至惠

---

[1] 本文原载《国学研究》第13卷，北京：北京大学出版社2004年6月版，第363—427页。在搜集资料与撰写过程中，曾得到复旦大学图书馆吴格教授与杨光辉博士、山东大学文史哲研究院杜泽逊教授、南京师范大学历史系刘进宝教授、上海图书馆郭立暄学兄、华东师范大学硕士研究生杨晓波学兄等热情帮助，或提供资料，或是正谬讹，在此谨向他们表示深深的谢意！

又本文中所列版本及行文中有关用语释之如下：一、本文所谓"未见"，指当时或有刻本流布，或仅为稿本、钞本，或诸家著录有此书，然世未见其书，亦未敢必曰已佚者；二、本文所谓"阙"，指是书确为当时未著成书，仅存书名者；三、本文所列版本，凡标明其藏于某地某馆者，则或为仅见于该馆，或为珍稀难觅之本；四、本文所列版本，凡未标明其藏地者，则或为普通丛书本，或为寻常易见之本；五、本文所列诸书之版本，非尽为初刻本，亦非尽为善本。此则有二因焉：一则寓目有限，故以笔者所见之本为主，以免臆测之弊；二则本文注释所引版本与页码，亦据笔者所见之本，倘

栋终总其大成。清儒治学，溯源流，重家法，惠氏为之表率。惠栋虽终老诸生，但其学却影响巨大，为清代考据学派之领袖，又与戴震、钱大昕成为乾嘉时期学术界之代表人物，在清代学术史上有着重要之地位。然戴震之书，先有孔继涵微波榭为其整理遗书刊行，后又有《安徽丛书》本《戴氏遗书》，今人整理更有《戴震全集》、《戴震全书》相继问世；钱大昕书，其逝后已整理有《潜研堂全书》，且再三董理，愈后愈全，今人更点校有《嘉定钱大昕全集》版行。故戴、钱二氏之书，世人不知者鲜矣。唯惠氏之书，藏者不能得其貌，学者难以睹其全，究其因由，盖有五焉：惠氏自士奇修城，竭尽赀财，家境衰微，无力刻书，而惠栋为糊口计，晚年往来扬州，为卢见曾校刻《雅雨堂丛书》诸书，而不及祖、父及己书，一也；惠栋本人，年六十二即卒，所有著述，凡已成、未成者，皆因年不能永，不及完成与刊削，二也；惠氏虽四世传经，然惠栋五子，或早亡，或疯癫，其寿终者，亦学无所成，不能继述家学，三也；惠栋弟子如江声、余萧客辈，亦为贫困所迫，己身尚不能维持，更无力顾及师门，四也；惠氏所治者汉《易》，汉儒解《易》，多义例法则，研读不易，故惠氏《易》学，苦于繁难，后人探究者鲜，五也。因此之故，惠氏所藏之书，殁后即散；三世著述，零落人间。幸有惠栋之友沈大成，弟子江声，再传弟子江藩、朱邦衡等搜罗考校，传录辑刻，使其部分得以流布，然终不获见其全貌。民国时，吴县王大隆先生数十年矻矻孜孜，搜访于江南藏书楼与书肆之间，得惠氏著述与藏书不少，并辑有《松崖读书记》等，表章惠学，可谓不遗余力，惜中经"文革"劫难，先生所藏所辑，复经散佚。天之待惠氏之书，聚散任情，存亡一线，较之戴、钱，竟不公如斯矣！

笔者读清儒书有年，于惠氏之学，时所涉略。多年以来，南北往还，勤访通人，凡涉三惠之书者，多所究心，铢积寸累，渐有所

版本列初刻本或较早之丛书本，则读者检寻，反为不易焉(如《明堂大道录》列《丛书集成初编》本，而不列其所祖之《经训堂丛书》本之类)。此中之意，祈读者能谅之！

2 惠氏藏书处曰百岁堂、红豆书屋、九曜斋等。笔者所见诸书中，惠周惕藏书印有"惠周惕印"白方、"臣周惕"、"惠恕"、"元龙"印；惠士奇藏书印有"惠印士奇"朱方、"半农"、"号曰半农"、"红豆村庄"朱大方诸印；惠栋藏书印最多，有"惠氏"朱方、"惠栋"白长方、"惠栋定宇"朱方、"惠栋之印"白方、"惠栋印信"白方、"惠栋藏本"朱方、"臣栋"白方、"字曰定宇"朱方、"定宇氏"朱方、"定宇"朱方、"惠定宇手定本"朱方、"松崖"朱方、"松""崖"朱联珠、"惠定宇手写本"、"惠定宇借观"白长方、"红豆山房校藏善本"白长方、"红豆斋收藏"朱长方、"红豆书屋"朱长方、"红豆斋"朱椭圆形、"小红豆"朱方诸印。

获,今凡考校清以来藏书家书目、国内各大馆藏书目及惠氏诸书,以亲见为准,得三惠之书凡所撰、所校、所辑及后人所辑之书,计刻本、手稿本、稿本、钞本、后人辑钞本及有目无书者共90种,笔者所见者56种。其中惠周惕11种,存4种;惠士奇24种,未见或未成者12种;惠栋60种(其中5种与其父士奇重复计数),未见或未成者45种。而其为他人校刻之书尚不与焉[3]。现参考前人及时贤之说,并附以拙见,撰成《东吴三惠著述考》三卷,以献于学界,或于学者有所参益。曰"东吴"者,因惠氏三世著述,自题多称"东吴",故以名之,从其初志也。倘有好事者辑刻《东吴三惠全书》,亦可藉此考其踪迹。若得方闻之家纠谬补阙,则幸甚焉!

易传 二卷

惠周惕撰

未见

是书未见传本,诸家著录,或曰两卷,或不明卷数。据惠栋《砚溪公遗事》所言,其曾王父惠有声当明末清初,著述等身,乱后散佚。其子周惕传其学,"因著《诗说》、《易传》、《春秋问》、《三礼问》诸书。而《诗说》先行,秀水朱竹垞撰《经义考》,采其书,著于录。其《易传》、《春秋问》、《三礼问》,公悉口授大义,命先君书之。其后先君述两世之学,著《易说》、《春秋说》、《礼说》、《大学说》数十卷。初,曾王父极推汉学,以为汉人去古未远,论说各有师承,后儒所不能及。当时学者皆未之信,故其书藏于箧衍,未尝问世。及遭乱迁徙,遂亡其书。既老,不复著述,以其说口授公,公授之先君,由是雅言古训,遂明于世"。[4]然则诸书乃惠氏自有声至士奇三世所传家学,其精华已皆采入士奇《易说》、《春秋说》、《礼说》、《大学说》诸书中也。

---

[3] 近人梁一成《吴门三惠所著书目》一文,据江藩《汉学师承记》、刘锦藻《清朝文献通考》、徐世昌《清儒学案》诸书,考三惠所著述,不加说明,唯著录版本。凡录惠周惕3种、惠士奇4种、惠栋16种、未见未成6种,皆为三惠易寻易见书目。文见台湾《书和人》1967年11月第70期,第7—8页。

[4] [清]惠周惕:《砚溪先生遗稿》,惠氏红豆斋钞本,中国国家图书馆藏,第32b—33a页;又见王欣夫撰,鲍正鹄、徐鹏整理:《蛾术轩箧存善本书录·癸卯稿》卷4《砚溪先生遗稿》,上海:上海古籍出版社2002年版,下册,第1039页。

砚溪先生诗说　三卷

惠周惕撰

清康熙间惠氏红豆斋刻本

复旦大学图书馆藏

是书封面有"砚溪先生诗说　红豆斋藏板"字样。每半页十一行，行二十二字。黑口，单鱼尾在上。卷上首页有"庞青城收藏印"[5]、"国立同济大学图书馆藏书"、"复旦大学图书馆藏"诸印。前有田雯、汪琬二序。每卷末有"小门生王薛岐谨录"一行，王氏楷法秀逸，镌刻精绝。《四库总目》谓："是书于《毛传》、《郑笺》、《朱传》，无所专主，多自以己意考证。其大旨谓大、小雅以音别，不以政别；谓正雅、变雅，美刺错陈，不必分《六月》以上为正，《六月》以下为变，《文王》以上为正，《民劳》以下为变；谓《二南》二十六篇，皆疑为房中之乐，不必泥其所指何人；谓周、召之分，《郑笺》误以为文王，谓天子诸侯均得有颂，《鲁颂》非僭。其言皆有依据。"又论周惕谓："颂兼美刺，义通于诵，则其说未安。"又谓"证以《国策》礼无归宁之文，训归宁父母为无父母遗罹之义"为误，皆是。[6] 德州田雯序其书，谓："其旨本于《小序》，其论采于《六经》，旁搜博取，疏通证据，虽一字一句，必求所自，而考其义类，晰其是非，盖有汉儒之博而非附会，有宋儒之醇而非胶执，庶几得诗人之意，而为孔子所深许者。"汪琬序谓此书为"毛、郑之功臣，而夹漈、紫阳之净子"。惠氏论诗，多有新意，非剿说雷同者可比。周惕自谓"立说之旨，惟是以经解经"[7]，此遂为乾嘉时考据学家解经之不二门法。然此书引诸经、诸子，下及陆玑、赵匡、刘昫，兼有明人引前代或当代事评诗之条，尚有晚明评点之风，此与其孙惠栋之坚主汉学，谨守师法者，则又有异矣。

[5] 庞元澂，字青城，为庞元济（1864—1949）之弟，祖籍安徽，迁浙江吴兴，寓上海。富藏书，稿、钞、校孤本极多。有《百柜楼书目》。其藏书先为同济大学所购，后入复旦大学图书馆。参郑伟章：《文献家通考》，北京：中华书局1999年版，下册，第1323页。

[6] [清] 永瑢等纂：《四库全书总目》卷16经部诗类二《诗说提要》，北京：中华书局1965年影印本，上册，第133—134页。

[7] [清] 惠周惕：《砚溪先生集》卷8《文集·答薛孝穆书》，《续修四库全书》本，集部第1421册，第162页。

三礼问　六卷

惠周惕撰

未见

是书未见传本。诸家著录，或曰六卷，或不明卷数。详参上文《易传》条。

春秋问　五卷

惠周惕撰

未见

是书未见传本。诸家著录，或曰六卷，或不明卷数。详参上文《易传》条。

砚北日钞

惠周惕撰

未见

是书未见传本，诸家书目亦未见著录，然惠氏书中时有提及，如惠栋《五经条辨》中《春秋条辨》论日食等十余条后，中有签条曰"以上俱《砚北日钞》"，则有成书焉。或是书非周惕撰，亦未可知也。

砚溪先生全集一一卷

惠周惕撰

康熙间惠氏红豆斋刻本

南京图书馆藏

是书凡八种，《诗》七卷、《诗说》三卷、《文》一卷。诗为《北征集》一卷、《峥嵘集》二卷、《东中集》一卷、《红豆集》一卷、

《呓语集》一卷、《谪居集》一卷。每卷末有"小门生长洲王薛岐谨录"一行。王欣夫先生以为"此必研溪殁后,半农掇拾遗稿,交门人王薛岐书以付梓,则当在康熙后期。《北征集》为入京时作,按《行状》当在康熙十六年丁巳以后数年,时与傅青主、李天生、陈其年相唱和;《峥嵘集》为二十一年壬戌,依田山薑于德州,附《入都》及《出都》诗;《东中集》为游浙东之作;《红豆集》为在里之作;《呓语集》为三十年辛未举进士,至三十三年甲戌外调之作;《谪居集》为知密云县事时作。此二集中,多客纳兰恺功处,与唐实君、查夏重、姜西溟、查声山、汤西崖诸人相唱和,注追录以后诸诗,当为补遗"[8]。案王先生所言是矣,然以是集刻于康熙后期,似颇可商。今考其书卷六《呓语集》有《闲行过积水潭口占纳兰恺功六首》,目录诗题中无"口占纳兰恺功"六字,卷七《谪居集》有《花朝泥饮唐仪部实君寓仝姜西溟赵文饶查夏仲汤西崖查声山宫友鹿分韵兼寄纳兰恺功得圆床二字》,目录诗题无"兼寄纳兰恺功"六字,又同卷《题画史册子次恺功韵四首》,目录诗题亦无"次恺功韵"四字。考恺功即揆叙(1675—1717),为大学士明珠子。官至都察院左都御史。康熙时,曾参与推举八皇子允禩为皇太子事,于雍正二年被清世宗指斥为"无父无君,莫此为甚",并命将揆叙墓上碑文磨去,改镌"不忠不孝柔奸阴险揆叙之墓",以正其罪,昭示永久。[9]故笔者以为,惠士奇刻其父书,当在雍正二年以后,其刻集时于诗题中删去以上诸字以免贻祸,而原卷中诗题尚存其旧,且卷六中《恺功新加侍中寄赠》诗题,目录中亦如之,此为刊削未尽者也。又案周惕之诗,惠栋《砚溪公遗事》曰凡三变,少时纯法盛唐,最工五言;后从汪琬游,间出入宋元诸家,得其风韵;晚年诗益平粹,神韵天然,直入襄阳之室。沈德潜谓其"诗格每兼唐、宋,然皆自出新意,风神转佳,不似他人摭拾宋人字面以为能事也"[10]。然又谓其

[8] 王欣夫撰,鲍正鹄、徐鹏整理:《蛾术轩箧存善本书录·甲辰稿》卷4《砚溪先生遗稿》,下册,第1375—1376页。

[9] [清]佚名纂,王钟翰点校:《清史列传》卷12《揆叙传》,北京:中华书局1987年版,第3册,第876页。

[10] [清]沈德潜:《清诗别裁集》卷17"惠周惕",上海:上海古籍出版社1984年版,下册,第682页。其他如袁枚、王豫、胡思敬、徐世昌诸家评周惕诗之语,可参钱仲联主编:《清诗纪事·康熙朝卷》,南京:江苏古籍出版社1987年版,第5册,第3076—3077页。

11 [清]惠周惕撰,沈德潜评:《砚溪先生诗集》7卷,沈德潜识语,日本京都大学文学部图书馆藏。见蒋寅:《东瀛读书记》,《文献》1999年第1期,第31页。

12 王欣夫撰,鲍正鹄、徐鹏整理:《蛾术轩箧存善本书录·辛壬稿》卷4《砚溪先生遗稿》,上册,第633页。

诗"朴而沾滞"[11]。盖砚溪一生,奔波衣食,后虽得知密云县,然其时清廷北征,其邑当出关孔道,军需旁午,马瘠仆痛,艰苦万状,卒侘傺忧懑而死,故诗中多悲苦牢落之音,宜其"朴而沾滞"也。《文集》凡序十六、记一、墓志铭四、书四、传一,中多有代他人如田雯等作者,亦多应酬之作,惟《答薛孝穆书》论其《诗说》之旨,《再与吴超士书》《与薛孝穆书》论为文之道,多切中时弊、议论剀切耳。

砚溪先生遗稿　二卷

惠周惕撰

惠栋编　《庚辰丛编》本

是书为惠周惕孙惠栋所编,摭拾其《全集》中遗漏之诗文,如周惕少时之作,及《峥嵘集》之逸篇等。中国国家图书馆藏亦为红豆斋钞本,《贩书偶记》著录为底稿本,卷上收诗八十一首,卷下收序四篇、书后二篇、论文十则、赞一篇、书二十六篇、家书一通,可与《全集》参阅。末附惠士奇撰周惕《行状》一篇,惠栋《砚溪公遗事》六条,周惕生平,他处包括《惠氏宗谱》皆语焉不详,唯此本所附《行状》记载详明,甚可宝重也。《遗稿》所收录之诗,有周惕少时之作,余为《砚溪先生诗集》所遗者。文如《山薑诗选序》《书尧峰文钞后》拳拳论师友之谊,《历科文录序》《论文十则》《家书一通》等论读书作文之法,皆质实有理,不涉虚论。今复旦大学图书馆藏有是书红豆斋钞本,乃惠栋手校本,为徐乃昌所藏者,末有王大隆先生跋,为《庚辰丛编》之祖本,然多错字,刻本已为改正也。大隆先生后又得砚溪遗文六篇,为《谔亭王先生寿序》《跋子华子》《题邹乾一云石山房诗集》《旧洮石黄标砚铭》《明乡贤蒋清流先生传》《论文遗语》,计六篇。[12] 笔者向有承大隆先生之后，整理三惠诗文集之志，除先生所辑外，另得三惠佚文数十篇，尚冀有暇整理编辑者也。

砚溪先生文集补遗　一卷

惠周惕撰　王大隆辑

复旦大学图书馆藏

王欣夫先生收集砚溪遗文，时未见《砚溪先生文集》，后得之于缪荃孙处，删去重复，仅得《谔亭王先生寿序》、《跋子华子》钞本、《题邹乾一云山房诗集》、《旧洮石黄标研铭》、《明乡贤蒋清流先生传》五篇，为从顾沅《吴郡文编》诸书所录出者。末有甲申春王氏识（甲申为1944年）。《吴郡文编》246卷，清顾沅辑，稿本，今藏苏州市文物管理委员会，异时可访录而出，以补余《东吴三惠诗文集补遗》也。

东篱草

惠周惕撰

未见

是书诸家多有著录，未见传本。然清徐枋《居易堂集》卷五有《惠而行诗草序》，略谓人生事业文章，有以卓然自立于天地之间者，以才与气。然徒恃其才与气而不能养之充之，即气如贾生、才如江郎而不免于竭且尽，故人不可以不学也，学者所以养吾气而充吾才者也。又论"惠生而行，今年才二十余耳，负奇气，能诗，著有《东篱草》，问业于余，余故以学勉之，俾其日事于学，以厚养其气，益充其才，则其所就未可量也"。[13]漆案：而行，即周惕少时之字也。然则是集为周惕早年诗作，惜未见流布也。

[13]［清］徐枋：《居易堂集》卷5《惠而行诗草序》，《续修四库全书》本，集部第1404册，第154—155页。

阳山草堂集

惠周惕撰

未见

是书诸家多有著录,亦未见传本。周惕砚溪故居,在龙山之阴,阳山之右,是集名《阳山草堂集》者,即以此也。惠士奇《先府君行状》称:周惕"十三学赋诗,天然去雕饰,最善五言,往往有杰句,传诵一时。世所称《阳山草堂集》者,公少作也"。又惠栋《砚溪公遗事》曰:"有《阳山草堂集》若干卷,昭法先生为序而刻之。《序》载《居易堂集》。后三十年,公手定诗文,颇自悔少作,遂削去不留,至今稿本不传,惜哉!"[14] 漆案:检徐枋《居易堂集》卷五有《惠而行诗草序》,已见上述,未见另有《阳山草堂集序》,则或《东篱草》与《阳山草堂集》乃一书而二名,或《阳山草堂集序》未收入徐氏文集中。因是书无有传本,故皆未可知也。

历科文录

惠周惕等编

未见

是书未见传本,亦未见诸家著录。据《砚溪先生遗稿》卷下《历科文录序》,先是,周惕幼时,其父有声授先辈《小题文》一编。康熙二十七年(1688)六月,周惕与徐昂发、张大受等汇粹本朝之时文,互为评论,以附其后,成《历科文录》。然则是书为时文之选评本耳。

易传 三卷

汉京房撰 吴陆绩注 清惠士奇、惠栋评

清朱邦衡钞跋本

---

[14] 漆案:惠士奇、惠栋语,分见惠周惕:《砚溪先生遗稿》末附,惠氏红豆斋钞本,中国国家图书馆藏,第27b、33a页;又见王欣夫撰,鲍正鹄、徐鹏整理:《蛾术轩箧存善本书录·癸卯稿》卷4《砚溪先生遗稿》,下册,第1036、1039页。

复旦大学图书馆藏

是书墨栏，每半页十行，行十八字。封面署"京氏易传，半农、松崖两先生评本，秋崖临"。秋崖者，惠栋小门生朱邦衡也。后为吴县韩应陛购得，扉页有其手跋并"应"、"陛"连珠印、"韩应陛鉴藏宋元名钞名校名善本于读有用书斋印记"朱长方印。目录首页有"滋兰堂藏书"、"欣夫"、"复旦大学图书馆藏"三印。末页有"癸丑重阳后假得周漪堂收藏半农手评本临校，其与朱笔同者用墨●为别"，有"秋崖居士"印。再末页有"辛亥四月，以松崖先生手阅本临校一过"。全书无页码，评改批阅，朱墨烂然。有于朱笔后添句者，有朱笔中加圈点断句者，盖依原书迻录者，墨笔为士奇、朱笔为栋也。亦有朱氏所加者。惠氏父子评阅校改甚多，且疑是书非京房作，驳宋人之窃改汉《易》，皆有据之言。王欣夫先生曰："其说之精者，已入《易说》及《周易述》，此为其著书之朴。秋崖师事余仲林，为定宇再传弟子。师门著述，多赖手录以传。此其一也。"[15]漆案：王说是矣。欣夫先生所藏书中，多惠氏父子手稿本或钞本，中经"文革"劫难，惨遭损失，所余今藏复旦大学图书馆，此书其一也。

易说　六卷

惠士奇撰

文渊阁《四库全书》本

《四库总目》谓是书"杂采卦爻，专宗汉学，以象为主，然有意矫王弼以来空言说经之弊，故征引极博，而不免稍失之杂"。又谓："然士奇博极群书，学有根柢，其精研之处，实不可磨，非暖暖姝姝守一先生之言者所可仿佛，一二征瑕，固不足累其大体也。"[16] 士奇书中，如《乾》九三"君子终日乾乾，夕惕若夤，厉无咎"。《屯》六

[15] 王欣夫撰，鲍正鹄、徐鹏整理：《蛾术轩箧存善本书录·辛壬稿》卷1《易传》，上册，第363页。

[16] [清] 永瑢等纂：《四库全书总目》卷6经部易类六《易说提要》，上册，第41—42页。

二"屯如邅如，乘马驙如"等，其中如增"賮"、改"驙"字等，后来惠栋专宗汉《易》，信从古字旧说，于士奇书中已显矣。又丁日昌《持静斋书目》卷一《易说》六卷："坊本又有《半农先生易说》一卷，与《研溪先生诗说》一卷，两稿本同册，首有红豆书屋印，盖当时手稿。"不知今流落何处矣。

毛诗正义惠氏校本录存　不分卷

惠士奇、惠栋批校　叶昌炽辑

手钞本

未见

是本为叶昌炽手钞本，据惠氏父子手校明北监本，择录其校语之精者成一册。统观惠氏所校，极尊《小序》，谓在毛前。[17] 王大隆先生所辑《松崖读书记》之第二册，即为惠氏批校《毛诗注疏》之文，所据者长洲叶昌炽录本，则正为是书，是则虽佚而犹存也。书不分卷，以《毛诗注疏》之卷数为准，凡二十七页一百八十五条。今存复旦大学图书馆。

礼说　一四卷

惠士奇撰

文渊阁《四库全书》本

是书不载《周礼》经文，唯标举其所考证辨驳者各为之说，依经文次序编之。凡《天官》二卷计六十一条，《地官》三卷计六十三条，《春官》四卷计九十五条，《夏官》二卷计六十一条，《秋官》二卷亦六十一条，《考工记》一卷计四十条。《四库总目》谓："士奇此书，于古音古字，皆为之分别疏通，使无疑似，复援引诸史百家之文，或以证明周制，或以参考郑氏所引之汉制，以递求周制，而各

---

[17] 王欣夫撰，鲍正鹄、徐鹏整理：《蛾术轩箧存善本书录·甲辰稿》卷1《毛诗正义惠氏校本录存》，下册，第1117—1118页。

阐其制作之深意，在近时说《礼》之家，持论最有根柢。其中如因巫降之礼，遂谓汉师丹之使巫下神，为非惑左道；因貍首之射，遂谓周苌宏之射诸侯，为非依怪物；因庶民攻说蕝氏攻祭，遂谓段成式所记西域木天坛法禳盎，为周之遗术，皆不免拘泥古义，曲为之词。又如因含玉而引及餐玉之法，则失之蔓衍；因《左传》称仍叔之子为弱，遂据以断犁牛之子为犊，亦失之附会。至于引《墨子》以证司盟之诅，并证以《春秋》之观社，取其去古未远，可资旁证可也，遂谓不读非圣之书者非善读书，则词不达意，欲矫空谈之弊，乃激而涉于偏矣。然统观全书，征引博而皆有本原，辨论繁而悉有条理，百瑜一瑕，终不能废其所长也。"[18]

三礼义疏　一七八卷

清鄂尔泰等修　惠士奇等纂

文渊阁《四库全书》本

《惠氏宗谱》卷三二《东渚徙居关上市浜世表》："壬辰，授编修，纂修《三朝国史》。充春秋馆、八旗志书馆、三礼馆纂修官。"[19] 然则惠士奇所与修官书，则有《三朝国史》、《八旗志书》（即《八旗通志》）、《三礼义疏》诸书之编纂也。[20] 乾隆元年（1736），清廷开三礼馆，命纂《三礼义疏》，以大学士鄂尔泰、张廷玉、朱轼，兵部尚书甘汝来为三礼馆总裁，礼部尚书杨名时，礼部左侍郎徐元梦，内阁学士方苞、王兰生为副总裁。[21] 后《周礼义疏》四十八卷成书于乾隆十四年（1749），《仪礼义疏》四十八卷、《礼记义疏》八十二卷则提前一年书成。《周礼义疏》前有《钦定三礼义疏监理总裁校对分修校刊诸臣职名》，其中纂修官四十六人，惠士奇以"原任翰林院侍读"之衔名列第九。三书皆先《凡例》，后按时代顺序列《引用姓氏》。至于全书编例，则分正义、辨正、通论、余论、存疑、存异、

[18] [清]永瑢等纂：《四库全书总目》卷19经部礼类一《礼说提要》，上册，第156—157页。

[19] [清]惠士奇、惠栋等参编：《惠氏宗谱》卷32《东渚徙居关上市浜世表》，民国三十六年续修本，上海图书馆藏，第32册，第6页。

[20] 康熙二十九年，山东道御史徐树毂疏请纂修《三朝国史》，后以大学士王熙为《三朝国史》监修总裁官（见《圣祖实录》卷145，北京：中华书局影印本《清实录》，1985—1987年版，第5册，第594、599页）。又雍正五年，谕各省皆有志书，惟八旗未经记载，命汇纂《八旗志书》（见《世宗实录》卷63，北京：中华书局影印本《清实录》，1985—1987年版，第7册，第963页）；十一年，命大学士鄂尔泰为《四朝国史》、《八旗志书》馆总裁官（见《世宗实录》卷136，第8册，第741页）；乾隆三年十二月，《八旗通志》书成（见《高宗实录》卷83，北京：中华书局影印本《清实录》，1985—1987年版，第10册，第305页）。

[21] 参《高宗实录》卷21，第9册，第501页；又卷22，第9册，第528页。

22 [清]永瑢等纂:《四库全书总目》卷20经部礼类二《钦定仪礼义疏》,上册,第162页。

23 [清]永瑢等纂:《四库全书总目》卷29经部春秋类四《半农春秋说》,上册,第240页。

总论七例,汉宋兼采,博征约取,于所不通,则阙疑存异,虽莫若《四库总目》所言"使疑义奥词,涣然冰释;先王旧典,可沿溯以得其津涯"[22],然参编者皆一时礼学名家,其搜剔爬梳之功亦不可没焉。

春秋说　一五卷

惠士奇撰

文渊阁《四库全书》本

《四库总目》谓:"是书以礼为纲,而纬以《春秋》之事,比类相从,约取《三传》附于下,亦间以《史记》诸书佐之。大抵事实多据《左氏》,而论断多采《公》、《穀》,每条之下,附辨诸儒之说;每条之后,又各以己意为总论。大致出于宋张大亨《春秋五礼例宗》、沈棐《春秋比事》,而不立门户,不设凡例,其引据证佐,则尤较二家为典核。虽其中灾异之类,反复辨诘,务申董仲舒《春秋》阴阳、刘歆《洪范》五行之说,未免过信汉儒,物而不化。然全书言必据典,论必持平,所谓元元本本之学,非孙复等之枵腹而谈,亦非叶梦得等之恃博而辨也。"[23]漆案:此所谓灾异,即指本书卷十四士奇集论春秋时灾异,《总目》谓"过信汉儒,物而不化",实则士奇因厉斥宋儒,则不得不大张汉学也。其中如论"禘"之说,驳赵匡之妄等,亦为惠栋《禘说》所从,则其家学承继,渊源有自也。

大学说　一卷

惠士奇撰

《璜川吴氏经学丛书》本

是书章节,多依朱子所定。每节引《易》、《诗》、《礼》诸书,反复述论,以明本经之义。有手稿本,藏上海图书馆。钱大昕题签,段玉裁跋。有"戴震之书"、"玉裁"、"虞山李氏"诸印。段氏跋文云:"吾友周君漪塘锡瓒,家藏半农《大学说》,素无刻本,漪塘曰《大学》本《小戴》之一篇,宜附《礼说》之后,锦峰纯甫乃并梓之。愚窃观此论说,'亲民'不读'新民','格物'不外本末终始先后,即'絜矩'之不外上下前后左右,不当别补'格致'章,确不可易。见他精定硕论,根极理要,针砭末俗,有功世道人心,不惟徒稽古数典已也。"又李慈铭谓:"半农极言朱子补'格物致知'章之非,谓格物即物有本末之物,格者度也,格物犹絜矩。以本末终始言格物,犹以上下前后左右言絜矩。谓'此谓知本'、'此谓知之至也'二语,当如旧在'其所厚者薄而其所薄者厚未之有也'下。又谓亲民不必破新民,其说是矣。而谓先释'明德'、'亲民''止于至善'三章而后释'诚意'一章,及《诗》云'瞻彼淇奥'两节在释'止于至善'章后,不在释'诚意'章后,皆当从朱子改定本。则不汉不宋,又别出一《大学》改本矣。"[24]胡玉缙先生以为李说是矣,然士奇学有根底,全书阐明经义者居多,正不得以此小失而废之也。[25]

[24] [清]李慈铭撰,由云龙辑:《越缦堂读书记》,上海:上海书店出版社2000年版,第130—131页。

[25] 胡玉缙撰,吴格整理:《续四库提要三种·许廎经籍题跋》卷1经部《大学说书后》,上海:上海书店出版社2002年版,第443页。

惠氏经说 五卷

惠士奇、惠栋评

清钞本 二册

中国国家图书馆藏

是书无序跋,无卷次标目,每半页十行,行二十字。有"何印元锡"、"中国国家图书馆藏"二印。卷一《仪礼》,卷二《春秋公羊氏》上,卷三《春秋公羊氏》下,卷四《春秋穀梁氏》,卷五《尔雅》。自卷三起每卷末皆有惠栋识语,卷四末有"半农人阅 栋参"字样,可知为惠氏父子两世之说,所论皆驳注、申经、诸经互证,间有与半农所论异者也。

汉书纂录

惠士奇、惠栋批校　　劳格钞本

上海图书馆藏

此书凡《汉书》百二十卷皆有校阅，或补充史料，或补颜注之误，或以诗证史，亦列版本异文等。其原本为明万历二十五年北监刊《十七史》本，今藏台湾中央图书馆。笔者所见为劳格钞本。是书为惠士奇、惠栋手批并有惠栋题记，又清道光十七年徐锡琛手书题记。首页有"惠栋之印"、"定宇"、"敬舆珍赏"诸印。据钞本所记，叙例上方尚有"惠印士奇"、"半农"诸印。惠栋题记曰："此先曾王父百岁堂藏书也。朱笔为先君阅本，墨笔及注乃栋添也。余家世通汉学，尝谓乱《左传》者杜预，乱《汉书》者颜籀，故《左传》扶贾、服，《汉书》用古注，一经一史，淆乱已久，他日当为两书删注以存古义、诏后学耳。"[26] 据钞本末劳格识，以为惠氏校语虽不多，然援引详审，可与钱大昕《廿二史考异》相伯仲。劳氏曾仿《后汉书补注》例摘录成卷。后王欣夫先生亦辑入其《松崖读书记》，今劳、王二氏辑本皆不见矣。另，是书钞本甚多，如今藏浙江省图书馆之《汉书校勘》一卷，一册，题惠士奇、惠栋合撰，钞校本，盖亦为当时好事者转钞成卷者也。

[26] 参台湾中央图书馆编：《中央图书馆善本题跋真迹》（一），台北：台湾中央图书馆1982年印行，第318页。

三朝国史

清王熙等修　　惠士奇等纂

未见

《惠氏宗谱》卷三二载惠士奇于"壬辰，授编修，纂修《三朝国史》"，已见前述。考康熙二十九年（1690），山东道御史徐树穀疏请纂修《三朝国史》，后以大学士王熙为《三朝国史》监修总裁官，大学士伊桑阿、阿兰泰、梁清标、徐元文为总裁官，尚书张玉书、张英，左都御史陈廷敬等十三人为副总裁官，开馆修史。[27] 三朝者，太祖努尔哈赤、太宗皇太极、世祖福临也。然自康熙二十九年设馆，终康熙一朝几乎无所作为。昭梿《啸亭续录》谓："康熙中，仁皇帝钦定功臣传一百六十余人，名曰《三朝功臣传》，藏于内府。雍正中，修《八旗通志》，诸王公大臣传始备，然惟载丰沛世家，其他中州士族勋业茂著者，仍缺如也。其所取材，皆凭家乘，秉笔词臣，又复视其好恶，任意褒贬。"[28] 此可知当时编纂成稿者，乃八旗大员，汉族大臣仍缺，即所成之稿，亦难为信史也。雍正十一年（1733），命大学士鄂尔泰为《四朝国史》、《八旗志书》馆总裁官。[29] 四朝者，则增圣祖玄烨一朝也。乾隆元年，因礼部左侍郎徐元梦之请，复开史馆，修五朝实录与五朝国史；十四年十月，谕大学士公傅恒，着充五朝国史馆总裁官。十二月壬辰，《五朝国史》告成。[30] 五朝本纪与天文、时宪、地理等十四志亦粗成。此康熙至乾隆前期国史馆修史之情状也。惠士奇以壬辰（康熙五十一年，1712）入馆修史，其所纂者，殆即前三朝国史之部分也。

八旗通志初集　二五〇卷

清鄂尔泰等修　惠士奇等纂

乾隆四年内府刊本

前述《惠氏宗谱》卷三二又曰："充春秋馆、八旗志书馆、三礼馆纂修官。"考又雍正五年（1727），清世宗谕各省皆有志书，唯八旗未经纪载。当时国史馆《圣祖实录》，已渐次告成，即著总裁官领其事，纂《八旗志书》；十一年，命大学士鄂尔泰为《四朝国史》、《八旗志书》馆总裁官；乾隆三年十二月，《八旗通志》书成，即《八旗通志初集》二五〇卷也。[31] 今考《初集》内府刊本，卷前有《奉敕纂修八旗通志初集王大臣官员职名》，然其中诸分工人员中，皆不

[27] 参《圣祖实录》卷145，第5册，第594、599页。

[28]［清］昭梿：《啸亭续录》卷1"国史馆"条，北京：中华书局1997年版，第400页。

[29] 参《世宗实录》卷136，第8册，第741页。

[30] 参《高宗实录》卷15，第9册，第411页；又卷351，第13册，第853—854页。

[31] 参《世宗实录》卷63，第7册，第963页；卷136，第8册，第741页；又《高宗实录》卷83，第10册，第305页。

见士奇名；而三四二卷之《八旗通志》，笔者所见《四库全书》本、嘉庆元年武英殿刻本，所列纂修官员名单中亦不列其名。然由上述可知，当时国史馆实兼纂《八旗志书》，则编纂人员亦必同纂二书，前述昭梿之说亦可为证也。如此则士奇参编《八旗志书》，亦为当然之事。且《惠氏宗谱》卷五《纪恩录》曰："乾隆四年六月，《八旗志书》馆告成，奉旨着纪录二次。"[32] 此为实录，万难虚构者。故今书中纂修名单中未列士奇，盖漏落之故。《八旗通志初集》下限至雍正十三年，凡分八旗分志、土田志、营建志、兵职志、职官志、学校志、典礼志、艺文志、封爵世表、世职表、八旗大臣年表、宗人府年表、内阁大臣年表、部院大臣年表、直省大臣年表、选举表、宗室王公列传、名臣列传、勋臣传、忠烈传、循吏传、儒林传、孝义传、列女传等。以八旗兵制为经，而一切法令、典章、职官、人物，条分而为纬。考清代八旗之制，此则书为贵矣。乾隆末，又续修成三四二卷，即《四库全书》本，亦后来武英殿刻本也。

惠氏宗谱　四二卷　四二册

　　惠士奇、惠栋等纂

　　民国三十六年续修本

　　上海图书馆藏

　　是谱又题《梁溪惠氏宗谱》，为惠氏后裔惠政源所藏，封面有"惠政源"二印，后入上海图书馆。惠氏宗谱自明时已有之。是书记载凡六修：明万历五年（1577）、清康熙四十八年（1709）、乾隆三十九年（1774）、咸丰九年（1859）、光绪二十四年（1898）与民国三十六年（1947）。康熙时主修者惠文安，士奇辈族人，其《历代纂修宗谱名次》中列惠士奇与康熙时纂修，而列惠栋在乾隆时纂修，考乾隆三十九年，惠栋已逝，而卷一所列谱序中惠世谦《序》则列

---

[32]〔清〕惠士奇、惠栋等参编：《惠氏宗谱》卷5《纪恩录》，第5册，第23页。

士奇、栋同修,《序》作于雍正十二年（1734），则可见前后断续修纂,非成一时、亦非概以六修为准也。又顾栋高《万卷楼文稿》第七册《惠征君松崖先生墓志铭》述惠栋著述,最后曰："外有《渔洋山人精华录训纂》二十四卷、《扶风惠氏世谱》四卷,已行世。"然此书未见传世,亦未见他家著录也。今《惠氏宗谱》自南北宋之交时始祖惠元祐以降,凡载二十七世约八百余年之家族史,而记载详明,世次不绝,于宗谱中亦不为多见也。自三世以下分四七、廿一、三八、小一四支,后屡有迁徙,散落苏州、宜兴、常州诸地,而三八郎后裔为东渚派徙居关上市浜之一支,即惠栋一线也。而此一支世系人物,所记特详,盖因士奇、栋皆与修故也。谱中详载自宋以来各派支脉之接续与播迁,凡宗祠图、支祠图、合坟图、各支像赞、各派坟图、统宗世系图、各派世系图等,于研究惠氏家族及其家学渊源,裨益莫大焉。

交食举隅　二卷

惠士奇撰

未见

是书诸家多有著录,或曰一卷,或曰二卷,然未见传本。交食者,日月交会时发生之日食与月食现象。是书当为研究日月食之专著。惠士奇《春秋说》卷十一末凡列《春秋》中自鲁隐公三年（前720）至定公十五年（前495）间所发生之日食三十四次,并言"详见《交食举隅》",然则确有成书耳。

琴笙理数考　四卷

惠士奇撰

未见

是书诸家多有著录，然亦未见传本。《周礼·春官·笙师》笙师所掌教乐器中有篴。《郑注》："今时所吹五孔竹篴。"案：篴，笛之异体字。燕乐用笛，雅乐用篴以区别，然则此书为考雅乐之制者也。目录之书，或有误"篴"为"邃"者，则为"篴"字不常见，故转钞致误矣。

红豆斋笔记　二卷

惠士奇撰

未见

是书《民国吴县志》卷五六下、《清代学者生卒及著述表》四等书著录，未见传本。《渔洋山人精华录·南海集》中《河间从山仓公乞沧酒》"五畤新成礼百神"句下惠栋注引有"半农先生《红豆斋笔记》"云云者，则亦有成书，盖为士奇读书笔札也。

劝学初编　一集

惠士奇编

未见

是集未见传本，亦不见诸家著录，唯《惠氏宗谱》卷三十二《东渚徙居关上市浜世表》曰：士奇"所选有《劝学初编》一集、《小题编》一集，行于世"[33]。据此，则有成书，盖为士奇所选诸家时文，以供课士之用也。

小题编　一集

惠士奇增编

未见

是书未见传本。据上《劝学初编》所述，又前引惠周惕《历科

---

[33] [清]惠士奇、惠栋等参编：《惠氏宗谱》卷32《东渚徙居关上市浜世表》，第32册，第6页。

文录序》中有"余始入家塾，先君子授余先辈《小题文》一编，是时年幼，未能读也"之语，则此《小题文》，盖或为士奇父周惕编，或为当时流行之时文选本，后士奇增益而行世者，或即上述《历科文录》也。

半农先生集　三卷

惠士奇撰

惠氏红豆斋刻本

中国国家图书馆藏

是书凡《南中集》一卷、《采尊集》一卷、诸家著录或作"采莼"，尊、莼同。《红豆斋时术录》一卷。《南中集》收诗六十二首，《采尊集》收诗七十三首。王欣夫先生谓："今读《采尊集》为洞庭纪游之作，《田家行》、《牧童词》、《簇蚕词》、《樵客行》则有香山讽谕遗意。《唐宫词》、《宣和宫词》，清丽芊绵，可与徐大临《明宫词》媲美。《南中集》为粤游之作，其《除夕写怀》有云：'缅维遭丧日，事远尚可追。先君昔遭谪，家细不得随。二载密云尹，溘然遂长违。时余行未至，伯兄适南归。饭含未及视，安用有子为。一棺尚寄止，僻居在城隈。遥忆今夜奠，纸钱风吹灰。'案研溪卒于康熙三十六年丁丑，而半农中四十七年戊子乡试，己丑联捷，至庚子督学广东。今集中多羁旅愁苦之句，合而观之，知其时研溪尚在殡宫，而半农饥驱至粤，必在戊子以前，与后来以輶轩使者再度来粤，意境迥然不同。然则此二集者，皆半农早岁之作。"[34] 士奇诗，沈德潜谓其"诗近唐人，以自然为宗"[35]。又谓"天牧诗秀而流动，七古尤为擅长，自应特胜乃翁一筹"[36]。至于《时术录》，其大题作"红豆斋时术录卷一"，似尚有"卷二"等，或此为未完之本，王大隆先生以为"意初刻仅此，而尚欲续刻"[37]。今存一卷，则凡记载乐、讹言、为人后、孟

[34] 王欣夫撰，鲍正鹄、徐鹏整理：《蛾术轩箧存善本书录·甲辰稿》卷4《采尊集》，下册，第1377页。

[35] [清]沈德潜：《清诗别裁集》卷22"惠士奇"条，下册，第884页。

[36] 蒋寅：《东瀛读书记》，《文献》1999年第1期，第31页。

[37] 王欣夫撰，鲍正鹄、徐鹏整理：《蛾术轩箧存善本书录·甲辰稿》卷2《红豆斋时术录》，下册，第1227页。

子、寇准、王安石、司马光、高宗上下、孝宗、防海、荒政等十二篇，言古人古制，亦论时人时政也。所论多宋时政事，则士奇盖于宋史研究独详也。其论荒政，以为荒政之弊有四：一曰劝分，二曰抑价，三曰遏籴，四曰行粥。又主开渠之法、通商之法、广籴之法、鳌户之法，所谓以实心行实政，则存乎其人。然则士奇非不识时务之经生也明矣。

红豆斋小草　一卷

惠士奇撰

未见

是书诸家著录，或曰一卷，或不明卷数。未见传本。

咏史诗　一卷

惠士奇撰

未见

是书诸家著录，或作《咏史乐府》。未见传本。

人海集　四卷

惠士奇撰

未见

是书诸家多有著录，未见传本。雍正五年（1727），惠士奇任广东学政六年期满回京陛见，因奏对不称旨，奉旨罚修镇江城，以产尽停工罢官。[38] 乾隆元年（1736），士奇奉旨进京引见，以讲读用，所欠修城银两得宽免。二年补侍读。期间充三礼等馆纂修官。考周惕、士奇父子之诗，皆按年编集，另为取名，臆此《人海集》者，或罚修镇江城期间及在京时所作诗也。

---

[38] 中国第一历史档案馆编：《雍正朝起居注册》雍正十二年九月十六日引《丝纶簿》："镇守江南京口镇海将军王釴奏：'原任直隶布政使杨绍、原任翰林院侍讲学士惠士奇奉旨修理镇江府城垣，查杨绍共用过银一万八百余两，惠士奇用过银三千九百余两，咸称家产已尽，应否令其回籍？候旨遵行。'一疏。奉谕旨：'杨绍准其回籍。惠士奇夤缘督抚，保留两任学政，伊在广东惟事逢迎巧诈沽名，致令士习浮嚣，毫无整顿约束，深负委用之恩。及离任回京，奸状毕露，派修镇江城垣，又复迟延推诿，将赀财尽为藏匿，只修三千余两之工程，兼欲邀清廉之名，希图脱卸，甚属奸鄙。着仍留镇江，再修二千金之工，该将军奏闻请旨，倘仍敢怠玩，即行纠参，另加重处。'"见北京：中华书局1993年版，第5册，第3999页。

归耕集　一卷

惠士奇撰

未见

是书诸家多有著录，或作《归田集》，未见传本。乾隆三年（1738），士奇以病告归；六年（1741）卒于家。臆此《归耕集》者，或归里后三年所作诗耶？

红豆斋诗文集　一二卷

惠士奇撰

未见

是集唯《光绪苏州府志》卷一三六、萧一山《清代学者生卒及著述表》四著录，未见传本。称《南中》、《采尊》、《归耕》各一卷，《时术录》一卷，《人海诗集》、《文集》各四卷，为《红豆斋诗文集》十二卷。其他如《民国吴县志》卷五六下载《红豆斋文集》；又载《南中集》、《采团集》、《归田集》、《时术录》、《人海诗集》四卷，以上五种隶《红豆诗集》，然《时术录》非诗，故知其误也。

红豆先生遗著　一册

惠士奇撰

腾衢李氏曲石精庐藏钞本

未见

是书唯《民国吴县志》卷五六下著录。曰《红豆先生遗著》一册，腾衢李氏曲石精庐藏钞本，未见。或为士奇遗文为他集未载者，未可知也。

郑氏周易　三卷

汉郑玄撰　宋王应麟辑　明姚士粦补辑　清惠栋增补

清乾隆二十一年德州卢氏刊《雅雨堂丛书》本

是书《四库全书》作《新本郑氏周易》。东汉郑玄学费氏《易》，为注九卷。多论卦之互体、爻辰等，自王弼尚名理，讥互体，郑学寝微，然其注尚多存隋陆德明《经典释文》、唐李鼎祚《周易集解》诸书中。辑郑氏《易》说者，宋末始有王应麟辑为一卷，附刻《玉海》之中。至明有姚士粦增补二十五条，刊于《津逮秘书》。清初朱彝尊亦有所辑，载其《经义考》中。《四库提要》谓应麟所辑："不著所出之书，又次序先后，间与经文不应，亦有遗漏未载者。栋因其旧本，重为补正，凡应麟书所已载者，一一考求原本，注其出自某书，明其信而有征，极为详核，其次序先后，亦悉从经文厘定，复搜采群籍，《上经》补二十八条，《下经》补十六条，《系辞传》补十四条，《说卦传》补二十二条，《序卦传》补七条，《杂卦传》补五条，移应麟所附《易赞》一篇于卷端，删去所引诸经《正义》论互卦者八条，而别据玄《周礼·太师》注，作《十二月爻辰图》，据玄《月令》注，作《爻辰所值二十八宿图》，附于卷末，以驳朱震《汉上易传》之误。虽因人成事，而考核精密，实胜原书，应麟固郑氏之功臣，是编亦可谓王氏之功臣矣。"[39] 漆案：惠栋辑是书，所据底本为元刊本《玉海》，取材多自《三礼》、《史》、《汉》、《后汉》、《经典释文》、《周易集解》、《周易正义》诸书，益以朱震、晁补之诸人之说，较王氏原书多出九十二条。每条皆注明出处，厘为三卷。前有王应麟原序，及卢见曾序。然惠氏所辑，江藩谓其"详核有余而体例未精"，江氏门人甘泉黄锡元驳辨甚多[40]。故惠氏之后，又有卢文弨、孙志祖、丁杰、臧庸、阮元、陈鳣、袁钧、孔广林、黄奭诸人校勘辑补，丁氏所定者复经张惠言订正隶为十二卷，附《易论易赞》一卷，又《正误》若干条、臧庸《叙录》一卷附于后，最为详洽。其后孙堂又有《郑氏周易注补遗》一卷。诸家于惠氏以《乾凿度》郑注羼入者，以及注《汉书》之郑氏惠氏误以郑玄而辑入者，此类皆刊削之；于惠氏未注明出处者注明之，改经文从古字者，纠而正之。郑氏《易》说，经诸家前赴后继，搜辑校理，方稍为完备可参耳。[41]

[41] 关于诸家所辑郑注《周易》，可参孙启治、陈建华编：《古佚书辑本目录》，北京：中华书局1997年版，第6—7页。

周易郑注爻辰图　一卷

惠栋撰

《雅雨堂丛书》本《郑氏周易》卷前附

爻辰，乃郑玄解《易》术语，指乾坤十二爻与十二辰（地支）之相配，即以十二地支中之阳支子、寅、辰、午、申、戌，分别配乾卦初至上六爻；以十二地支中之阴支未、酉、亥、丑、卯、巳，分别配坤卦初至上六爻。依此推附，十二支与四方、二十四节气、十二生肖、四兽、二十八宿、五行等皆产生对应关系，纳入卦爻之中以释《易》。郑氏书早亡，惠氏据唐人《正义》等所征引，为之考校，作《十二月爻辰图》、《爻辰所值二十八宿图》等，为书一卷，亦见《易汉学》卷六《郑康成易》。

周易述　二一卷

惠栋撰

《四部备要》本

惠氏《周易述》，曰四十卷者，为系列书之通名；曰二十一卷者，为一书之专名。或曰二十卷者，误。现分陈于下，稍后总论次之，并辨《四库提要》论惠栋诸书之误：《周易述》二十一卷，惠氏弃王弼、韩康伯以来注疏，专宗虞翻，参以荀爽、郑玄诸家之义，兼采汉魏诸家之说，偶亦涉及宋以来人说，约其旨为注，演其说为疏，自为注而自疏之。尚缺自《鼎》至《未济》十五卦卦爻辞及《序卦》、《杂卦》二传之注疏。《四库总目》曰："自王弼《易》行，汉学遂绝，宋元儒者，类以意见揣测，去古浸远，中间言象数者，又岐为图书之说，其书愈衍愈繁，而未必皆四圣之本旨。故说经之家，莫多于《易》与《春秋》，而《易》尤丛杂。栋能一一原本汉儒，推阐考证，虽掇拾散佚，未能备睹专门授受之全，要其引据古义，具有根柢，视空谈说经者，则相去远矣。"[42]《提要》所论是矣，惠氏此书，以荀爽、虞翻"升降"、"时中"之说为主，以衍《易》理，其最为特色亦最为人诟病者，则为其依据旧说而改通俗本之文字。其所凭藉，则为《释文》、《集解》诸书引子夏、京房、孟喜、荀爽、虞翻、蜀才诸人之说，兼引《诗》、《礼》、《论语》、《史》、《汉》诸书之注为证，多为改今文从古文，或改俗字从古字。即以六十四卦卦爻辞而论，如《屯》初九"磐桓"之"磐"作"般"；六二"遭如"之"遭"作"亶"；"班如"之"班"作"驙"；"婚媾"作"昏冓"；《比》九五"王用三驱"之"驱"作"駈"；"邑人不诫"之"诫"作"戒"；《小畜》九三"舆说辐"之"辐"作"腹"；上九"月几望"之"几"作"近"；《泰》初九"以其汇"之"汇"作"胃"；六四"翩翩"作"偏偏"；上六"城复于隍"之"隍"作"堭"；《同人》九四"乘其墉"之"墉"作"庸"；《大有》九二"大车以载"之"车"作"舆"；《豫》九四"朋盍簪"之"簪"作"戠"；《噬嗑》"履校灭趾"之"趾"作"止"；《复》"朋来无咎"之"朋"作"崩"；《颐》六四"其欲逐逐"之"逐逐"作"浟浟"；《大过》"枯杨生稊"之"稊"作"梯"；《咸》初六"咸其拇"之"拇"作"母"；《恒》初六"浚恒"之"浚"作"濬"，上六"振恒"之"振"作"震"；《明夷》六二"夷于左股"之"夷"作

[42] [清]永瑢等纂：《四库全书总目》卷6经部易类六《周易述提要》，上册，第44页。

"睇";六五"箕子之明夷"之"箕"作"其";《睽》上九"后说之弧"之"弧"作"壶";《姤》作"遘";初六"系于金柅"之"柅"作"鑈";《井》"羸其瓶"之"羸"作"累",等等。[43] 凡此,惠氏以为汉儒异同,"动盈数百,然此七十余字,皆卓然无疑当改正者",思"所以还圣经之旧,存什一于千百耳"。实则惠氏所改不仅七十余字,然多为不当改者,后遭王鸣盛、王引之、张澍、臧庸、焦廷琥诸人驳责。[44] 惠氏之书非为全帙,后遂有其小门生江藩《周易述补》四卷(有《节甫老人杂著》本等),其拘守汉儒之说,较惠氏更有甚者。又五卷,李林松著,见《四部备要》本《周易述》附。江、李两家之书,各有其长,读者并参焉可矣。

易微言 二卷

惠栋撰

《四部备要》本《周易述》附

是书汇辑先秦两汉诸家论说与《易》相契者,逐条列举,以区别于宋儒之义理,上下卷共六十一条。《四库全书》附之《周易述》卷二十二、二十三卷,然卷下缺"辨精字义"以下十九条。其书卷上如元、体元、无、潜、隐、爱字义、微、三微、知微之显、几、虚、独、蜀独同义、始、素、深、初、本、至、要、约、极、一、致一、贯、一贯、忠恕之义、一贯之道、子、藏、心、养心等,卷下如道、远、玄、神、幽赞、幽明、妙、诚、仁、中、善、纯、辨精字义、易简、易、性命、性反之辨、三才、天地尚积、圣学尚积、王者尚积、孟子言善积、三五、乾元用九天下治义、大、理、人心道心、诚独之辨、生安之学、精一之辨等。"大抵上卷言天道,下卷言人道,所谓义理存乎故训,故训当本汉儒,而周秦诸子可以为之旁证也。"[45] 此书体例芜杂,卷下"简"一条缺,亦是未经整饬之书。

[43] 关于惠氏所改之字及其得失,详参拙著《乾嘉考据学研究》。北京:中国社会科学出版社1998年版,第143—146页。

[44] 诸家所驳,见[清]王鸣盛:《蛾术编》卷3,《续修四库全书》本,子部第1151册,第67页;[清]王引之:《王文简公文集》卷4《与焦里堂书》,《高邮王氏遗书》本;[清]张澍:《养素堂文集》,台北:台湾联经出版事业公司1976年影印《张介侯所著书》本,第5册,第1254—1258页;[清]臧庸:《拜经日记》卷8"私改《周易集解》条",清嘉庆间武进臧氏拜经堂刊本;[清]焦廷琥:《蜜梅花馆文钞·易多俗字辨》,北京:中华书局1985年缩印《丛书集成初编》本,第2532册,第4—5页。

[45] 钱穆:《中国近三百年学术史》。北京:中华书局1986年版,上册,第325页。

《四库全书》本附《周易述》后,所阙条目尤多焉。

易大义 二卷

惠栋撰

《节甫老人杂著》本《周易述补》附

是书或作《易大义》,为江藩所得其师江声手写本,附刻于其《周易述补》卷末。《易大义跋》曰:"盖征君先作此注,其后欲著《易大义》以推广其说,当时著于录而实无其书,嗣君汉光先生即以此为《大义》耳。至于《礼运》,则反复求之而不能明也。"然《续修四库全书总目提要》论《易大义》曰:"惠氏说《中庸》曰:此仲尼微言,子思传其家学,非明《易》不能通此书。是惠氏之《中庸》注本,为发明《易》义而作。藩谓先作此注,复欲著《易大义》推广其说,殆失之矣。"[46] 漆案:《续总目》之说是矣。惠栋曰:"子游《礼运》、子思《中庸》,纯是《易》理。"[47] 又论《易》道尚"中和",而"'中庸'即中和也"[48]。故注此二篇与《易》相发明。其中《礼运注》缺,尚是未完之书。江藩不加深考,反以为惠栋后人误解其先人之意。至惠氏以《易》理释《中庸》,后人并不认同,如《指海》本钱熙祚《易大谊跋》曰:"列《中庸》全文,而以《易》义解之,固不免支离傅会之失。"盖惠氏说《易》,欲通贯诸经,绳以《易》理,故扞格不通之处,在所不免,亦无怪后人之责矣。

易例 二卷

惠栋撰

《贷园丛书》本

是书卷下最末"易例"条曰:"《坤·文言》述《坤》六三之义

---

[46] 中国科学院图书馆整理:《续修四库全书总目提要》。北京:中华书局1993年版,上册,第53页。

[47] [清]惠栋:《松崖文钞》卷1《上制军尹元长先生书》,《丛书集成续编》本。台北:新文丰出版公司1989年版,第129册,第585页。

[48] [清]惠栋:《周易述》卷19《文言传疏》,上海古籍出版社1986—1990年缩印文渊阁《四库全书》本,经部第52册,第222页。

云:'妇道也,妻道也,臣道也。'盖《坤》于《乾》有妇道、有妻道、有臣道,独不云有子道,子道属之六子也。圣人易例之分明如是。《公羊传》曰:'臣子一例,乃《春秋》之例,非《易》例也。此治《易》者所当知耳。'"按惠氏自述《易》例之重要如是,故是书明《易》之由始,考汉儒传《易》源流与解释汉儒《易》学义例,共九十小类。如卷上为太极生次、易、伏羲作易大义、元亨利贞大义、八卦、占卦、扶阴抑阳、中和、卦无先天、中正、升降、世应等,卷下为飞伏、贵贱、爻等、消息、四正、乾升坤降、既济、用九用六、刚柔、两象易、反卦、半卦、诸卦旁通、五行相次等。大抵上卷明《易》之由来及性质、内容,下卷明汉儒解《易》诸例。其中十三类有目无书,但其中如"说卦方位即明堂方位"可参《明堂大道录》及《周易述》卷二十《说卦传》,"性命之理"条可参《易微言》卷下"性命"条等,诸书可相互发明,虽缺犹在也。然条目尚未划归统一,亦是未定之稿。李慈铭谓书中"多义蕴精深,所包甚广,为《易》学者不可不读"[49]。

49 [清]李慈铭撰,由云龙辑:《越缦堂读书记》,第8页。

易法　一卷

　　惠栋撰

　　未见

　　是书当为明汉儒释《易》之本例法则。惠氏《易汉学》八卷中,专明汉儒诸家释《易》之法甚多,此书殆专言之而已。

易正讹　一卷

　　惠栋撰

　　未见

　　是书当为校勘是正文字之作。惠氏《周易述》、《周易古义》诸书中多校改之文，凡其所改讹、脱、衍、倒之文，皆在其中。

明堂大道录　八卷

惠栋撰

《丛书集成初编》本

是书与下《禘说》，依其内容当入"礼类"，非"易类"书也。然其为惠氏《周易述》系列中之二种，故得列为《易》学书目。其曰《明堂大道录》，乃因"大道者，取诸《礼运》，盖其道本乎《易》而制寓于明堂，故以署其篇云"[50]。惠氏以为："明堂为天子大庙，禘祭、宗祀、朝觐、耕籍、养老、奠贤、飨射、献俘、治历、望气、告朔、行政，皆行于其中，故为大教之宫。其中有五寝、五庙，左右个、前堂、后室。室以祭天，堂以布政。上有灵台，东有大学，外有四门。四门之外，有辟廱，有四郊，及四郊迎气之兆。中为方泽，左有圜丘。主四门者有四岳，外薄四海，有四极。权舆于伏羲之《易》，创始于神农之制。自黄帝、尧、舜、夏、商、周，皆遵而行之。而行之者，以天下至诚，贯三才之道，施之春秋冬夏，是为七始。始于尽性，终于尽人性，尽物物，赞化育，而成既济定者也。三代以前，其法大备，详于《周礼》之《冬官》，《冬官》亡。而明堂之法遂不可考，略见于《六经》，而不得闻其详。说经者异同皆出，惟前汉之戴德、戴圣、韩婴、孔牢、马宫、刘歆，后汉之贾逵、许慎、服虔、卢植、颖容、蔡邕、高诱诸儒，犹能识其制度，惜为孔安国、郑康成、王肃、袁准四人所乱。安国以禘止为审谛昭穆，故汉四百年无禘礼；康成以文王庙如明堂制，谓国外别有明堂；王肃又以禘礜为后稷之所自出，非配天之祭；及袁准作《正论》，谓明堂、太庙大学各有所为，排诋先儒，并及《六经》。于是明堂之法，后人无有述而明之者矣。"[51] 漆案：惠栋之意，明堂既为大教之宫，而禘祀之礼行于明堂之中，其制备于三代，而详载于《周礼·冬官》，《冬官》亡而明堂之法失。然尚寓于《说卦》及汉儒解《易》书中，故著此二书以考明之耳。实则关于明堂之制，《淮南子·主术训》、《逸周书·明堂解》、《周礼·考工记·匠人》、《礼记·明堂位》、《大戴礼记》以及汉代蔡邕《明堂月令》诸书皆有所载，已各不同，历代说礼之家，更是聚讼纷争，无有定说。至清，如方苞、沈彤、任启运、汪中、戴震、孙星衍、阮元、江藩、陈澧、黄式三、王国维等，或考其制，或摹其图，然亦皆无定说，亦万难成定说耳。

52 [清]惠栋:《禘说》卷上《叙首》，《经训堂丛书》本，第1页。

53 [清]惠栋:《周易述》卷20《说卦传》"帝出乎震……成言乎艮"句注文，第238页。

禘说　二卷

惠栋撰

《丛书集成初编》本

惠氏又"因学《易》而得明堂之法，因明堂而知禘之说，于是刺六经为《禘说》，使后之学者知所考焉"[52]。其又言曰："帝，上帝也。上帝，五帝。在太微之中，迭生子孙，更王天下。故四时之序，五德相次，圣人法之，以立明堂，为天下之大法也。明堂者，有五室四堂……室以祭天，堂以布政。古之圣人生有配天之业，没有配天之祭，故太皞以下，历代所祀……王者行大享之礼于明堂，谓之禘、郊、祖、宗四大祭，而总谓之禘者，禘其祖之所自出也。一帝配天，功臣从祀。圣人居天子之位，以一德贯三才，行配天之祭，推人道以接天，天神降，地示出，人鬼格。夫然而阴阳和，风雨顺，五谷熟，草木茂，民无鄙恶，物无疵厉，群生咸遂，各尽其气，威厉不试，风俗纯美，四夷宾服，诸物之福，可致之详，无不毕至，所谓既济定也。庖羲画八卦以赞化育，其道如此。"[53] 又《禘说·叙首》："禘有三：有大禘，有吉禘，有时禘。大禘者，圜丘之禘也；吉禘者，终王之禘也；时禘者，春夏之禘也。吉禘、时禘,皆在明堂;独大禘在圜丘与南郊就阳位同,而亦谓之禘者,以圜丘为明堂六天之祭故也。禘者,禘其祖之所自出,皆天子配天之典。故《尔雅·释天》、郑氏《大司乐注》谓之大祭。自明堂之法不明,后人止据春秋诸侯之禘,谓禘在太庙。又据纬书之言,以禘止审谛昭穆,非配天之祭,而禘谊晦矣。王肃、赵匡又谓禘其祖之所自出,以祖为后稷,以喾为祖之所自出,而禘法乱矣。其误在推诸侯之礼而致于天子,以禘在太庙,不在明堂。既在太庙,遂以禘止审禘昭穆,非配天之祭。既非配天,又以禘其祖之所自出为以祖配祖。由是禘之说不可得而闻,而明堂之法愈不可考矣。"禘之说,历代亦无定说,惠氏之说,亦一家之言而已。

漆案:《四库总目》论《周易述》曰:"其《目录》凡四十卷,自一卷至二十卷,皆训释经文;二十二卷、二十三卷,为《易微言》,皆杂钞经典论《易》之语;二十四卷至四十卷,凡载《易大义》、《易例》、《易法》、《易正讹》、《明堂大道录》、《禘说》六名,皆有录无书。……其《易微言》二卷,亦皆杂录旧说,以备参考。他时藏事,则此为当弃之糟粕,非欲别勒一篇,附诸注疏之末。故其文皆随得随书,未经诠次。栋没之后,其门人过尊师说,并未定残稿而刻之,实非栋本意也。"[54]又论《易例》曰:"栋所作《周易述》,《目录》列有《易微言》等七书,惟《易微言》二卷附刊卷末,其余并阙。此《易例》二卷,即七书中之第三种……意栋欲镕铸旧说,作为《易例》,先创草本,採摭汉儒《易》说,随手题识,笔之于册,以储作论之材。"[55]漆案:《提要》此两条之说,似是而非。其未见惠氏《易大义》诸书,遂曰"有录无书"。至其论惠氏著书之大旨与诸书间之关系,更为臆测之辞。实则《周易述》全书四十卷,凡《周易述》二十一卷、《易微言》二卷、《易大义》三卷、《易例》二卷、《易法》一卷、《易正讹》一卷、《明堂大道录》八卷与《禘

---

[54] [清] 永瑢等纂:《四库全书总目》卷6经部易类六《周易述提要》,上册,第44页。

[55] [清] 永瑢等纂:《四库全书总目》卷6经部易类六《易例提要》,上册,第44页。

说》二卷。由以上所述可知，惠栋诸书绝非率尔之作，更非随手可弃之糟粕。全书以《周易述》为核心，推翻魏晋以来义疏之学，另标一帜。《周易述》以汉儒之说为主另立新疏，《易微言》、《易大义》明《易》之"微言大意"，《易例》、《易法》明圣人作《易》之源及汉儒解《易》之本例法则，《易正讹》校历代相沿之讹文误字以复古本之旧，《明堂大道录》与《禘说》钩稽明堂之法与禘祀之制以证《易》为军国大政之用。诸书相互发明，交相为用，融贯一体，不可或缺，为惠栋深思熟虑、精心结撰之系列著述。然因其后半生迫于衣食，未遑治学，又年岁不永，故诸书或缺或杂，又少序跋之文以明其著书之旨，刊行于世亦先后不一，故当时人便对惠氏之意不甚了了，妄加论断，以讹传讹，以至于今也。[56]

易汉学　八卷

惠栋撰

文渊阁《四库全书》本

是书原为七卷，名曰《汉易考》。[57] 今本八卷者，第八卷原为《周易本义辨证》末之《周易附录》，后附本书末卷，惠氏《易汉学原序》曰"成书七卷"者，盖为未附第八卷前所作耳。[58] 其书卷一、二为孟喜《易》，卷三为虞翻《易》，卷四、五为京房《易》附干宝，卷六郑玄《易》，卷七荀爽《易》，卷八辨河图洛书、辨先天后天、辨两仪四象、辨太极图，又重卦说、卦变说。《四库总目》以为："其以虞翻次孟喜者，以翻《别传》自称五世传孟氏《易》，以郑玄次京房者，以《后汉书》称玄通京氏《易》也，荀爽别为一卷，则费氏《易》之流派矣。……夫《易》本为卜筮作，而汉儒多参以占候，未必尽合周孔之法，然其时去古未远，要必有所受之。栋采辑遗闻，钩稽考证，使学者得略见汉儒之门径，于《易》亦不为无功

[56] 参拙文《四库总目提要惠栋著述纠误》，见《文史》2000年第4辑（总第53辑），第315—317页。

[57] 上海图书馆藏《周易本义辨证》稿本6卷，一册。其卷1"蒙以亨，行时中也"条，刻本云"说详《汉易考》"，稿本"汉易考"三字，朱笔改为"易汉学"，足见其初名曰《汉易考》。

[58] 上海图书馆藏《周易本义辨证》5卷附录1卷，手稿本，1册《周易附录》入《易汉学》末卷。第一论河洛书，第二论先天后天，第三论两仪四象，第四重卦，第五论卦变，第六附论太极图。又案：今复旦大学图书馆藏《易汉学》稿本，书版左下角有"红豆斋藏书钞本"字，睹其字迹，亦与惠氏《周礼会典》稿本相仿，盖为惠氏亲笔，其书亦仅七卷，当为七卷时本，惜首卷残佚，不可见原序耳。

矣。"[59] 又惠氏《原序》："《六经》定于孔子，毁于秦，传于汉，汉学之亡久矣，独《诗》、《礼》二经，犹存毛、郑两家，《春秋》为杜氏所乱，《尚书》为伪孔氏所乱，《易经》为王氏所乱。杜氏虽有更定，大较同于贾（逵）、服（虔）；伪孔氏则杂采马王之说，汉学虽亡，而未尽亡也。惟王辅嗣以假象说《易》，根本黄老，而汉经师之说荡然无复有存者矣。"自惠栋曾祖父有声始，即取李氏《集解》诸书，治汉《易》。栋趋庭之际，承其家学，左右采获，而成是书。然则是书既为惠门四氏之家学，亦为清儒大倡汉学之始，自后张惠言等专治汉儒诸家之《易》，家法井井，有条不紊，而惠氏起始之功，何可没哉！

周易本义辨证　五卷

惠栋撰

《省吾堂四种》本

是书上海图书馆藏有惠氏手稿本，大题原作《周易本义旁通》，"旁通"涂改成"辨证"，足见是书初名《旁通》也。原本五卷《附录》一卷，后《附录》入《易汉学》末，故原书《凡例》十条相应亦删去后二条矣。《续四库总目》论是书曰："朱子作《易本义》，依吕祖谦所定之古本。分为经二卷、传十卷，删彖，曰象，曰文言，曰后增之文，程子《易传》则仍依王弼本。明人修《周易大全》，取朱子卷次割裂附于程《传》，坊本《易本义》，遂以程之次第为朱之次第，沿讹袭缪。占毕之士，莫喻其非。栋著此书以更正之。《本义》向无音释，栋采吕祖谦之古《易》音训附之，又据《说文》、《玉篇》、《广韵》诸书，以补音训之未备，朱子依古本与程子依王弼本字句不同，栋据李公传、胡一桂、董楷、胡炳文诸家之说，悉为改正。按：朱子原书，有宋吴刻刊本，康熙时内府重刊，栋未见，故据诸家所引者改正之。其坊刻之讹字，亦一一勘订之，至《本义》

---

[59]〔清〕永瑢等纂:《四库全书总目》卷6经部易类六《易汉学提要》,上册,第44页。

有未备者，间以《语类》、《程传》补之，并广以汉儒之说，洵为读《易本义》之善本，惟不全刻经文，仅标举经文及《本义》之一二语，附加辩正于后，则以坊本沿袭已久，限于当时功令，不敢擅改原书也。"[60] 王欣夫辑《嘉业堂群书序跋》载有石斋纪《周易本义辨证补订》四卷，见惠书中有未备者补辑之，注有未安者订正之，所订正处仅十之二三，补辑则有十之七八。大旨一宗惠氏，以汉儒之象数参宋儒之义理，足祛穿凿、空虚两家之弊。[61] 然笔者未见其书，不知是书天壤间尚存否耶?! 又复旦大学图书馆藏有《周易本义辨证》钞本，为翁方纲所批，翁氏斥"惠氏之学，初亦是举子空谈耳，至后撰《易述》，则又曼衍自恣矣"。又曰："惠氏之书，直并未有定见。"[62] 翁氏乾隆朝亦以学名，与考据学家多有往还，金石之学，亦自成家，然其所著文如《考订论》等斥考据之失甚多，见其《复初斋文集》中，然其治《易》甚疏，不足以语惠学也。

周易讲义合参　二卷　稿本一册

惠栋撰

上海图书馆藏

是书为钞白本，每半页八行，行二十四字，双行小注每行二十三字。经文大字顶格，惠氏语以双行小字低一格另行，全书凡四十六页，无序跋目录。[63] 书前有《八卦取象歌》、《河图》、《洛书》、《伏羲八卦次序》、《伏羲八卦方位》、《文王八卦次序》等。首叶有"惠栋之印"、"定宇"等印，当为惠氏原稿。偶有朱笔校改。其书仍《易》原章，《上经》自《乾》至《离》，《下经》自《咸》至《未济》，《象》、《彖》在上下《经》中，《上系》一至十二章，《下系》一至十二章，《说卦传》十一章，《序卦传》上下篇，《杂卦传》。其体例与惠氏《周易古义》不同，《古义》重训诂，《合参》彰义理，

[60] 中国科学院图书馆整理：《续修四库全书总目提要》，上册，第53—54页。

[61] 王欣夫辑：《嘉业堂群书序跋》卷2《周易本义辨证补订跋》，上海：上海古籍出版社1997年版，第1282—1283页。

[62] 复旦大学图书馆藏《周易本义辨证》钞本，翁方纲批。翁氏语在其书卷2《寒》上六："无所往，其来复吉……"条惠批后，见第3册，第13页。又卷3《剿削者伤于上下既伤。一本或云伤上下……者，美文》条，见第3册，第25页。

[63] 是书首页有帖签，不知出自谁氏，其曰："惠定宇先生著《周易本义辨证》既成，复著《周易讲义合参》。今《辨证》已刊板行世，《合参》只有抄本，而流传亦希，此则先生原稿，若《易汉学》、《周易述》等书，皆有刻本，即原稿亦不足为贵也。"

而其详远胜《古义》。书中各章末尚有简短总结，《上系》皆有，《下系》惟第七章有之，《说卦传》二、七、八、九、十、十一无，它章有之。如《上系》第一章"天尊地卑……位乎其中矣"，末惠氏曰："此章言人当求《易》于天地，又当求天地之《易》于吾身也。"又如第二章"圣人设卦观象……自天祐之无不利"。惠氏曰："上章言伏羲之《易》，此章言文、周之《易》，而以君子之学《易》结之。"又如第十一章"子曰：夫易何为者也……吉凶所以断也"。惠氏曰："此章专言卜筮之事。"又《杂卦传》惠氏总曰："《序卦》言《易》之常，《杂卦》言《易》之变。杂者，错综之义。"皆言简而意赅，较《古义》之晦涩，反为亲切可读矣。

尚书大传　四卷补　一卷

汉伏胜撰　汉郑玄注　惠栋补辑

惠氏红豆斋钞本　翁方纲批校

中国国家图书馆藏

傅增湘《藏园群书经眼录》卷一《尚书大传》四卷《补》一卷曰："清红豆斋写本。墨格，阑外有'红豆斋钞本'五字。《补》一卷，题'镨门惠栋定宇抄集'，钤有'惠栋之印'、'松崖'、'红豆斋'各印，卷中有翁潭溪方纲朱笔校改。"即是本也，则是书原为傅氏藏园所藏。《尚书大传》一书，《汉志》著录四十一篇，不著撰人。《经典释文·序录》载《尚书大传》三卷，称伏生作。《隋志》亦曰"伏生作《尚书大传》四十一篇，以授同郡张生"。而《中兴馆阁书目》引《尚书大传序》曰此书乃伏生卒后，其弟子张生、欧阳生等撰集师说大义而成。书亡佚于元明，《说郛》所载只二节，入清补辑之者，有朱彝尊、孙之騄、惠栋、卢文弨、任兆麟、孙志祖、陈寿祺、黄奭、袁钧、孔广林等，最后出者为皮锡瑞《尚书大传疏证》

七卷、王闿运《补尚书大传》七卷。以皮氏书最为详悉可据。

是书台湾《国家图书馆善本书志初稿》著录曰："汉伏胜撰，郑玄注，清惠栋辑。""全幅高 27.2 公分，宽 18.5 公分。每半叶十行，行二十字，注文小字双行，行亦二十字，而字里行间多有补注夹注，字数不等，有多至每行五十字者。天地甚宽，眉批增注，随处皆是，其中部分朱笔。玄字缺笔或改作元。卷首第一行顶头题《尚书大传》；第二行低九字题'秦济南伏生撰'，有朱笔将'秦'字改为'汉'；第三行亦低九字，原题'汉北海郑玄注'，朱笔将'汉北海'改为'后汉人司农'；第四行低一字题'唐传、虞传、虞夏传、夏传、殷传'，后二字被删去。《尚书大传》是于经文之外，掇拾遗文，推衍旁义，盖即古之纬书。相传为伏生所传，共四十一篇，郑康成复铨次为八十三篇，唯其篇目早亡，无从考索。今传者有三卷本及四卷本两种。有清孙之騄辑本，收在《四库全书》中，共三卷《补遗》一卷（按《总目提要》作'四卷《补遗》一卷'，非是），内容与此本不同。本书亦无篇目，杂采经史及类书所引编辑而成，析为四卷。全书都五十四叶，分装三册，其第二册最后两叶皆密行小字，其行数字数不等，与正文迥异。所引书皆注明卷次，唯除第三卷卷题详书'尚书大传卷三'外，其他各卷均只题书名，不记卷次。文中随处可见朱墨校改增补，与正文同一笔迹，书法秀媚，当系同出惠定宇之手。书中钤有'惠定/宇手/定本'朱文方印、'吴郡横山/阳人钱绮/过眼经籍/书画金石'朱文方印、'国立中/央图书/馆保管'朱文方印。"[64]

[64] 台湾国家图书馆特藏组编:《国家图书馆善本书志初稿》经部书类《尚书大传》。台北：台湾国家图书馆1996年印行，第39—40页。

唐写本毛诗传笺　五卷

惠栋撰

未见

是书唯《清史稿艺文志补编·经部·诗类》著录，盖亦为惠氏校评《诗经》之《毛传》与《郑笺》，好事者摘录出之，与前录叶昌炽辑《毛诗正义惠氏校本录存》相类也。

古文尚书考　二卷

惠栋撰

《省吾堂四种》本

是书于《尚书》采摭《史记》、《前》、《后汉书》及群经注疏，爬罗剔抉，句梳字栉，以辨后出古文之伪，大旨谓孔壁中古文多得十六篇，内有《九共》九篇，析之为二十四，郑玄所传之二十四篇，即孔壁真古文，东晋晚出之二十五篇，与《汉书》不合，可决其伪，唐人诋郑所传为张霸伪造者妄也。惠氏以为阎氏等乃力辨伪古文之伪，己所辨者郑氏所传古文之真也。尤以其《辨正义》四条、《证孔氏逸书》九条，议论精当；至下卷所述，则本前人而推广之者，多与梅鷟、阎若璩、姚际恒诸人说同也。

周礼会最　不分卷

惠栋辑

手稿本　一册

北京大学图书馆藏

是书为手稿本，不分卷。格栏左上方有"新修苏州府志"一行，则为当时修志所用稿纸。考《乾隆苏州府志》八十卷，为傅椿修、王峻等主纂，乾隆十三年刻本，则惠氏是书成于《府志》同时或稍后也。书衣题"周礼会最，松崖手编"，又有"吴郡横山阳人钱绮过眼经籍书画金石"朱文印、"廫嘉馆印"等，则为李盛铎木樨轩所藏，后入北大图书馆者也。是书为惠氏《九经会最》之一种，与惠氏《汉事会最》、《汉事会最会物志》，及戴震《经考》等书相类似，凡汇录自汉唐注疏至宋元以来学者论《周礼》诸说，详列原文之下，几无己说，皆为作者储材之作。北京大学图书馆整理之《稿本丛书》前诸书提要中，论《周礼会最》"为惠氏考证《周礼》之作，尤详官制典章。每考一事，首引原文，次汇诸家异同，后述己见"[65]，殆皮附之论，并未详检是书耳。书后附录《旧唐书》卷一二五《元行冲传》中行冲《释疑》一篇。又附录文章数篇，字体稚嫩，似小儿所钞。为宋郑锷、吕大临诸家论《周礼》之文，亦备参稽而用也。惠氏《九经会最》，他书皆未见，盖惟此书存世，然读此亦可知其他八经《会最》之体例，亦当为钞撮资料以备用者也。

古文春秋左传　不分卷

汉贾逵、服虔等撰　旧题宋王应麟辑　惠栋补辑

稿本　一册

上海图书馆藏

是书无框格，每半叶十一行，行二十四字。书签钤有"淑照堂丁氏藏"章，又有"虞山李氏"藏印。封面："古文春秋左传汉学，浚义王应麟撰集。"全书共一百一十三页。录贾逵、服虔之说，以注之形式录原文下，较原文低一格录之，并注明出处，惠氏所辑，或有直接改补于行间者，然多补录于上方抬头处。此仍如《郑氏周易》，为王应麟辑，惠氏补辑也。潘景郑《著砚楼书跋·惠氏春秋左传稿本》曰："此册为先生手采贾、服旧注，不自立说，其为《补注》獭祭之业，无疑也。卷耑初题曰'春秋左传集注'，后改题曰'古文春秋左传汉学'，复涂乙'汉学'二字。眉端行间，先生手迹殆遍，与余所见《补注》稿本，当同出一时。《补注》流传最广，而此本虽非成稿，然循是以求撰述之业，盖亦未可忽视也。"[66]

[65] 是书已有影印本，见陈秉才、张玉范编北京大学图书馆藏《稿本丛书》(2)。天津：天津古籍出版社1996年版。

[66] 潘景郑：《著砚楼书跋·惠氏春秋左传稿本》。上海：上海古典文学出版社1957年版，第7页。

左传补注　六卷

惠栋撰

《丛书集成初编》本

是书主旨，以《春秋三传》，《左氏》先著竹帛，名为古学，故所载古文为多。及唐人纂《正义》，服氏之学遂亡。清初顾炎武《左传补注》虽取《开成石经》校其异同，而义有未尽，因发现贾氏、服氏之学，附以群经，作为《补注》。《四库总目》曰："是书皆援引旧训，以补杜预《左传集解》之遗本所作《九经古义》之一，以先出别行，故《九经古义》刊本，虚列其目而无书。目作四卷，此本实六卷，则后又有所增益也。"[67]又论《九经古义》曰："是编所解，凡《周易》、《尚书》、《毛诗》、《周礼》、《仪礼》、《礼记》、《左传》、《公羊》、《穀梁》、《论语》十经，其《左传》六卷，后更名曰《补注》，刊版别行，故惟存其九。"[68]漆案：《四库全书》所采《九经古义》之底本，为"桂林府同知李文藻刊本"，考李氏刻本在《目录》卷第十三前虚列《左传古义》并注曰："一名《补注》，总四卷，另编。文藻案：'《左传补注》实六卷。'"然则《提要》本之李氏目，故有如上之说。由李氏之意，似为惠书原本如此。然惠氏《左传补注序》曰："栋曾王父朴庵先生，幼通《左氏春秋》，至老不衰，尝因杜氏之未备者，作《补注》一卷，传序相授，于今四世矣。……栋少习是书，长闻庭训，每谓杜氏解经，颇多违误，因刺取经传，附以先世遗闻，广为《补注》六卷。"[69]然则《左传补注》之名，非始于栋，更非如《提要》所云先曰《古义》"后更名曰《补注》"，此书亦为补其先人之作而成，与《九经古义》不同；且《九经古义》虽亦述其家学，然其体例，以考辑汉儒之说为主；而《左传补注》则为补杜预之未逮，所采不仅汉人，即宋以来人之说有可采者，亦悉数补入，间或下以己意。是二书体例有别。又《九经古义》十六卷，

---

[67] [清] 永瑢等纂：《四库全书总目》卷29经部春秋类四《左传补注》，上册，第241页。

[68] [清] 永瑢等纂：《四库全书总目》卷33经部五经总义类《九经古义》，上册，第277页。

[69] [清] 惠栋：《左传补注·序》《丛书集成初编》本，第3668册，第1页。

凡《周易》、《尚书》、《毛诗》、《周礼》、《仪礼》、《礼记》、《公羊》皆两卷，《穀梁》、《论语》皆一卷。若有《左传》，则当曰《十经古义》，且卷数亦当曰二十二卷或二十卷，非十六卷也。又案：是书诸家著录或曰四卷、或曰六卷者，今藏上海图书馆之《春秋左传补注》六卷，为惠栋手稿本，有丁祖荫跋称：'《左传古注》，定宇先生手稿，原系四卷，后分六卷，清稿首页附有"可分六卷，请孔兄酌定"之语可证。《四库提要》乃云《九经古义》刊本目作四卷，此本实六卷，后又有所增益。不知此书以页数多寡分卷，四卷六卷均在草稿之时，非成书后再足成六卷者。以《经解》本对勘，首尾完具，签补各条亦多采入。李刊本当亦相同。于《古义》外单行，《古义》未入此书也。'[70]

[70] 上海图书馆历史文献研究所编：《历史文献》第1辑，第100页。

论语郑注　二卷

惠栋、江声辑　宋翔凤补辑
清嘉庆四年浮溪精舍刊本

《隋志》著录"《论语注》十卷，郑玄注"，《经典释文·叙录》同。《志》又言："梁有《古文论语》十卷，郑玄注。亡。"《新唐书·艺文志》作《论语释义》。至《宋史·艺文志》始不著录，幸何晏《集解》及宋以前书犹有引之者。王欣夫先生曾假读瞿氏铁琴铜剑楼所藏《论注郑注》钞本，则与惠栋《古文春秋左传》、江声《论语竢质》合订一册，疑亦惠、江师弟所辑。后"检劳季言批注《田裕斋藏书记》云：'此亦惠征君栋辑本，鲍渌饮曾刊之，板式与丛书同，却罕见。'则信乎其为定宇所辑，而托名厚斋也。"其书与宋翔凤辑本比勘，乃宋辑与惠本十九相同。而《序》中并未言及惠本，颇有掠美之嫌。至惠氏案语，皆题应麟名。如《公冶长·崔子》条"应麟案：《论衡》"云云，与宋辑引"惠氏栋曰"云云同，可证应麟

[71] 王欣夫撰，鲍正鹄、徐鹏整理：《蛾术轩箧存善本书录·辛壬稿》卷1《论语郑注》，上册，第404—405页。

之确为托名。又如《宪问》"子路宿于石门晨门"条"应麟案：《太平寰宇记》曰"云云，与宋辑自案语同，又可证宋氏确见惠本。是定宇之托名古人，与宋氏之掠美前贤，皆于瞿氏钞本得其证。事似相反，其属好事之过则一也。《郑注》辑本，又有陈鳣、王谟、马国翰、孔广林、袁钧、黄奭、臧庸、丁杰诸家，而近来敦煌及日本唐写残卷发现甚多，于《郑注》全文，几十得八九，皆为清儒所未见。安得鸿博之士撰为《郑注疏证》，则于庭此书及所附考证，其不失为之先导也夫。[71]

五经条辨义例　五种　不分卷

惠栋撰　四册一函

清钞本

北京大学图书馆藏

此书无钞者之名，亦无序跋、题识及藏书家印章，唯有"燕京大学图书馆"朱长方印一方。每半页九行，行二十五字。五种者：《诗条辨》、《春秋条辨》、《礼记条辨》、《易条辨》与《书条辨》也。《诗条辨》前列诸条，为论诗之作始、正变、次第、三家诗、诗之流布、诗序等，后为《毛诗古义》全文，下又论风雅颂、国风次序、叶韵之误、诗序之可信与可废等。《春秋条辨》则论《春秋》书年月日、日食等十余条，下论《春秋》之名、有正经之名、事同辞同之正例、事同议异之变例、三科九旨、《春秋》之穿凿及记年之起迄等。《礼记条辨》亦前录《礼记》有关条例，后录《礼记古义》全文。《易条辨》前亦录《周易》诸例，后录《周易古义》全文。末论三易、十翼、卦象、六子、八卦、二体、阴阳、六爻、刚柔中正、元亨利贞、驳先天后天图等。《书条辨》前论三皇源流、《尚书》传本与注本、今古文、书序、禹贡诸江、地名、篇名等，下录《尚书古义》全文。寻惠书可见，诸书逐条辨析，且其首末皆解释诸经义例之条，故书名曰《五经条辨义例》。又《毛诗古义》、《礼记古义》、《周易古义》、《尚书古义》全文皆在其中。今本《尚书古义》中双行夹注，《书条辨》中皆升大字，是其微异；然今本《周易古义》中双行夹注之文，《易条辨》中皆无。盖惠氏先成《五经条辨义例》，而后摘出之条入《九经古义》中耳。唯《易》有补注而他经皆无者，惠氏精研《易》学，故稍后有所补益之故也。又《春秋条辨》论日食等十余条后，中有签条曰"以上俱《砚北日钞》"，盖钞者所夹，且见及《砚北日钞》也。然则是书不仅为惠栋撰，且有其祖周惕之书录入者，此亦见惠氏之学，乃其四代所传之家学耳。

九经古义　一六卷

惠栋撰

《贷园丛书》本

是书诸家著录，或有曰二十二卷者，乃增《左传补注》六卷之故，辨已见前《左传补注》条中。是编所解，凡《周易》、《尚书》、《毛诗》、《周礼》、《仪礼》、《礼记》、《公羊》皆两卷，《穀梁》、《论语》皆一卷。曰古义者，汉儒专门训诂之学，得以考见于今者也。其书皆搜采旧文，互相参证，原原本本，考论精核，然亦爱博嗜奇，不能割爱者，《四库总目》所列甚详。[72] 又据王欣夫先生考证，《九经古义》乃惠氏早岁之书，因其书中于《古文尚书》真伪之辨，尚无定论。[73] 王氏又据藏于苏州文物管理局委员会之《周易古义》手稿一册，《序》题乙卯，为雍正十三年，则《九经古义》乃此时所编定。而晚年论定之说，未能编入。故王先生责惠栋著述多经弟子江声等编录，而《左传补注》、《九经古义》又经戴震校定，李文藻付梓，皆不取最后足本，或稿藏于家未出之故。[74]

[72] [清] 永瑢等纂：《四库全书总目》卷32经部五经总义类《九经古义》，上册，第277页。

[73] 王欣夫撰，鲍正鹄、徐鹏整理：《蛾术轩箧存善本书录·辛壬稿》卷1《九经古义参证》，上册，第415页。

[74] 王欣夫撰，鲍正鹄、徐鹏整理：《蛾术轩箧存善本书录·甲辰稿》卷3《松崖读书记》，下册，第1317页。

九经会最

惠栋辑

未见

是书所谓九经者，盖仍以《九经古义》之九经当之者也。惠氏《精华录训纂》中屡称引《九经会最》，又上海图书馆藏明刻六子本《荀子》，惠氏评亦曰"详余所撰《九经会最》"，则其有成书也。今唯存《周礼会最》手稿本（详参上文《周礼会最》条），余皆未见传本也。

惠氏读说文记　一五卷

惠栋著、江声参补

《丛书集成初编》本

此书为惠氏原本，弟子江声参补，前后无序跋，每卷次以《说文》十五篇为次，先列部首，次列所阐之义，惠氏非专为著一书，乃读《说文》时随手所记，故语皆简略，然多引经传之说以证《说文》，凡涉义训、重文、引经、经字、古字、或体、俗体、读若、古音等，与段玉裁《说文注》多有合者。参《续四库总目提要》经部小学类本书提要。王欣夫先生据明毛氏汲古阁本《说文》，有清无名氏临元和惠士奇、惠栋，吴县胡士震、胡仲云，钱塘胡重校本，以为"惠氏父子手校《说文》，在张海鹏《惠氏读说文记》未刊以前，多传录者。张刊所据，为江艮庭所辑，署松崖名而不及半农。以此本校之，劣未得半。盖江氏所见为后定本，而此本半农用黄笔，约四之三；松崖用绿笔，约四之一，分别厘然。则胜于刻本之混同为一，且可观惠氏家学渊源焉"[75]。然则亦为惠氏父子二人之作也。

---

[75] 王欣夫撰，鲍正鹄、徐鹏整理：《蛾术轩箧存善本书录·癸卯稿》卷1《说文解字》，上册，第819—820页。

说文校勘记　一卷

惠栋撰　清叶名澧辑

道光十二年叶名澧钞本

上海图书馆藏

是书三卷，叶名澧辑，分别为何焯、惠栋、王念孙各一卷。惠氏所校，多可从《惠氏读说文记》中觅得也。

更定四声稿　不分卷

惠栋撰　江声批注　朱邦衡钞本　任铭善、王大隆跋

残稿五册

未见

惠栋《周易本义辨证》卷一曰："志，应也。应与中韵，详余所撰《更定四声》。"是《更定四声》有成书在也。王欣夫先生论是书曰："定宇所著书，各家所撰传记及《府志·艺文》所录甚备，顾独不及《四声更定稿》，仅一见于顾千里手校《广韵跋》。盖久付若存若亡之数矣。昔年偶得朱秋崖手钞残本，存第一、二、三、四及八共五册。为东、冬、锺、江、支、脂、之、鱼、虞、齐、佳、灰、先、萧、肴、豪十三部，上声麌、荠、蟹、贿、轸、吻、阮、旱、潸、铣、篠、巧、皓、哿、马、养、梗、迥、有、寝、感、琰、豏二十三部，去、入声全阙。平声有二本，略见异同。间有'声案'云者，江艮庭也；'楷案'云者，朱孔林也；'衡案'云者，即秋崖名邦衡也。秋崖受业于余古农萧客，为定宇再传弟子，故称小门人。生平手录惠氏书最多，此稿亦赖以幸存。寻其体例，大抵本之字书、传注，以定《广韵》训说；本之音义、假借，以别四声部居。虽草创初具，未为成书，隶俗讹体，异部重出，往往而有，韵目淆并，尤未知所准。然譬之崐冈之璞，礌然不同于他石，剖而琢之，居然

见宝。乃重付清写,而乞校于任君心叔。心叔为举其胜义,如以《说文》'讻,说也',解《诗》'以究王讻';据《周礼》'师帅执提'、《韩非子》'畴骑三千',证六国以前已有单骑;以《周易》'洗心'为韩康伯取道家说所改;据《公羊解诂》引《尚书》'归格于祢祖',证艺祖为祢字叚借;据《尔雅》'翦,勤也',以斥《郑笺》'翦商'为翦灭商人之非;以《说文》'饗,乡人饮酒也',证《乡饮酒礼》即古之饗礼,非有亡失。皆足以为《九经古义》补苴羽翼,则信乎是书之可宝也。念千里既及见之,则全帙之存,或尚在人间,不知何日发见,以惠学子,企余望之矣。"[76] 漆案:王先生殷殷望之,冀发现佚帙,以成全璧,然今此残稿五册,亦佚而不传,盖"文革"中王氏藏书散佚,此书犹未能幸免也。现惟存《更定四声稿目》单一纸条,粘贴于王氏《松崖读书记》第一册封三处。为第一册:东、冬、锺、江、支、脂、之、鱼;第二册:东、冬、锺、江、阮、旱、潸、铣、篠;第三册:巧、皓、哿、马、养、梗、迥、有、寝、感、琰、豏;第四册:虞、齐、佳、灰、支、脂、之;第五册:麌、荠、蟹、贿、轸、吻、先、萧、肴、豪。然则令吾辈后学,岂奢望全璧之获,即残稿五册,亦恐万古不复矣!

后汉书补注　二四卷

惠栋撰

清嘉庆九年宝山李氏德裕堂刊本

北京大学图书馆藏

是书今北京大学图书馆藏有稿本、钞本及刻本数种,其一为《后汉书补注》二十四卷,四册一函,黑格钞本,为稿本。书题"苏州府元和县学生员惠栋撰"。板框外左方下有"红豆斋藏书钞本"七字。前无序跋,有顾栋高《序》另纸夹在第一册中,不知是否出顾

[76] 王欣夫撰,鲍正鹄、徐鹏整理:《蛾术轩箧存善本书录·甲辰稿》卷1《更定四声稿》,下册,第1170—1171页。

氏亲笔。前有李盛铎题记，末有顾广圻识语。有"顾千里经眼记"长方朱文印，"广""圻"连珠白文印。盖为倩钞胥所为，故中多讹字，涂抹增改者亦复不少，然刻本皆与所改者合，则刻本是稿本定后所刻也。又中多签条，或补或另出注文，皆惠氏亲笔所改。是书本李盛铎木犀轩之物，李氏《木犀轩藏书题记·后汉书补注》依顾广圻语，以为出惠氏亲笔[77]，今北京大学图书馆另藏有惠氏《周礼会最》稿本，文字笔体与此书题签全同，可证此皆惠氏亲笔，卓然无可疑者也。

又《范氏后汉书训纂》二十五卷，二函八册，朱邦衡钞本。此书大题下皆注"东吴惠栋"，又有"小门生朱邦衡校录"语，间有朱氏案语，小字附于惠注后。卷二十一梁刘昭补志《序》为朱氏所加，其编卷次与刻本及原《训纂》稿本皆不同，然则此二十五卷者，正朱氏所谓"编录太夫子《训纂》稿"，盖朱氏自编故与诸家著录二十四卷不同耳，详见下文所述。

又《后汉书补注》二十四卷，嘉庆九年李氏德裕堂刊本。书前有李保泰跋、顾栋高序及冯集梧序。首卷大题下有"道光壬寅冬江都薛寿手斠"一行，末有"道光二十二年借徐丈雷甫所藏稿本校录一过。介伯薛寿记"一行。卷一题下有"薛寿读"朱文方印，末有"薛寿之印"白文方印，"介伯采定"朱文方印。此所谓"稿本"者，非《后汉书补注》之稿本，乃谓《范氏后汉书训纂》之稿本也。薛氏所录极详，凡《训纂》稿本补于上方及添注于旁者，于刻本皆加一"○"于起迄处，使可识别；又详注稿本有而刻本所删之原注之出处如《通典》、《御览》等某书某卷；稿本所无者亦一一注明；稿本有刻本无者亦或书于上方；大小题及目录不同者亦一一注明；又注惠书著成时间及稿本各本之起迄等，于研究是书大有裨益。其中亦间有薛氏纠误补正之处，则另为签条附于书中。

[77] 李盛铎撰，张玉范整理：《木犀轩藏书题记·后汉书补注》，北京：北京大学出版社1985年版，第97页。

今对勘朱氏钞本《训纂》,惠氏稿本与薛氏校录德裕堂刊本《补注》三书,大致可得惠书著书时间、原书面貌、刊刻及流传之情形如下:

其一,书名。《补注》刊本李保泰跋云:"稿本标名《训纂》,先生向有《精华录训纂》,意蒙其称,至缮本则定为《补注》云。"案是书原仿隋姚察《汉书训纂》之名,称《范氏后汉书训纂》,前加"范氏"者,乃八家多名《后汉书》,故区以别之,至定稿则改名为《后汉书补注》焉。其二,卷数。此书前人传记或目录著录,多称二十四卷。然陈黄中《惠征君栋墓志铭》、王昶《春融堂集》卷五五《惠先生墓志铭》、钱大昕《潜研堂文集》卷三九《惠先生栋传》及江藩《汉学师承记》卷二诸家皆云十五卷。焦循《后汉书训纂序》曰:"世所传十五卷者,乃赝本,非其真也。"[78] 焦氏之语不确,实则十五卷者,为惠氏门生以惠氏所阅《后汉书》本辑录排纂,辑出流传之钞本也。至惠氏原书,则为二十四卷,朱氏钞本为二十五卷者,正因其卷二十一为刘昭序,故多出一卷也。今传之《补注》稿本与刻本作二十四卷者,实符惠氏原意也。其三,原书情形与著书时间。《训纂》原书,既非《补注》成稿,亦非朱氏钞校之本,据薛氏所录可知,惠氏《训纂》原稿为十二本,自始至列传第二订为第一本,列传第三至十五订为第二本,第十六至二十五为第三本,二十六至三十六为第四本,三十七至四十七为第五本,四十八至五十四为第六本,五十五至六十五为第七本,六十六至七十二为第八本,七十七至八十为第九本,刘昭补志自《律历》至《五行志》为第十本,《郡国》至《地理志》为第十一本,《百官》至《舆服志》为第十二本终。《训纂》原稿今不可考见,然薛氏校录之时,尚及见其原稿,其与刻本异处,皆一一过录,尚可考求其原来面目。第一本末题朱笔补录原书惠氏自识云:"雍正九年,缘事查产,对簿之暇,因著此

[78] [清]焦循:《雕菰楼集》卷15《后汉书训纂序》,《丛书集成初编》本,第2194册,第244页。

书。十一年成。"并有"惠栋"白文长方印。又第三本末题云:"缘事查产,写吴中醋坊桥。"第四本末题云:"丁巳(1737)馆尚衣署撰。(案黄裳,字尚衣,号集芙,嘉定人。)"第五本末题云:"庚申(1740)寓粤东西湖街撰。"第六本末题云:"辛酉(1741)寓金陵库使署抄。"亦有"惠栋"印。第七本末题云:"壬戌(1742)二月艮受丙撰毕。是年,立闺毕,课子弟。"有"惠栋"印。第八本末题云:"壬戌三月巽受辛撰毕。"第九本末题云:"壬戌四月一日撰毕。"有"惠栋"印。第十、十一、十二本末皆有"定宇"印。如是,则惠书始撰于雍正九年(1731),成于乾隆七年(1742),恰为十一年,故知后数卷虽不注何年所撰,皆可推知皆成于壬戌也。时惠栋父士奇因事罚修镇江城,乃惠氏一生中最困厄之时期,其生活起居,流转他徙,仍著书不辍,前辈之风,可慨可叹也夫!其四,全书校刻之过程。据焦循《后汉书训纂序》及李保泰《跋》,惠氏晚年游扬州,体弱多疾,病于旅次,汪棣以参桂之药供之,不啻千金,栋无以报,因以此书稿本、缮本皆赠汪氏,而不自有之。后缮本失去,汪氏自留稿本。稿本因惠氏手订,改涂添补,如蚍蜉蚁子之迹,识辨为难;汪氏复又另缮一部,后因家产顿落,无力校刻,遂将另缮者付同里陈氏,陈氏又有添注、补录,杂缀于书之上方,然较稿本则厘然易读;焦循亦曾向汪氏借稿本缮钞一部,且细考校定;李保泰既手自写录,又乞朋好资助之,再钞录一部,且以此为底本,与汪氏藏稿本、陈氏藏缮本与焦氏钞校本互勘,所刻者即流传之德裕堂本也。[79]

案惠书卷帙次第,依范蔚宗原《书》,次司马氏《志》,及刘昭《注补》于末,体例仿《史记索隐》,而精核过之,约三十余万字。顾栋高序谓"俾事粲然可观,约而不漏,详而不繁,注《八志》援引尤多"。至清末王先谦为《后汉书集解》,征引惠书甚多,亦足见

[79] 又参[清]薛寿:《学诂斋文集》卷下《校本后汉书补注跋》,《丛书集成续编》本,第196册,第57—58页。

此书之价值也。后有番禺侯康为《后汉书补注续》一卷，补其阙漏，可与惠书并参焉。

续汉志补注　二卷

惠栋撰

清光绪二十四年广东集古书屋刊

清罗汝南编《历代地理志汇编》乙编本

是书实即《后汉书补注》卷二二、二三，为惠氏所补注之《续汉志·郡国志》部分，分为两卷者也。惠氏精于地志之学，其《补注》与刘昭《八志》，考辨精详。即《郡国志》中，其引诸经子史及汉魏以来诸家之说，同时兼采清儒之说，考地理，辨名物，详制度，辨讹阙，纠刘氏原书为尤多也。

续汉制考　一卷

惠栋撰

未见

是书诸家著录，然未见传本。宋末王应麟有《汉制考》四卷，因《前》、《后汉书》诸志，于当日制度，多详于大端，略于细目，因撷采诸家经注及《说文》诸书所载，钩稽排纂，以补其遗。惠氏《续汉制考》一卷，其法盖亦尊王氏之旧也。其《后汉书补注》于刘昭《八志》，考辨独详，或《续汉制考》者，从《八志》之《补注》中辑出者欤？

汉事会最　二四卷

惠栋辑　清钞本　二十四册　周星诒跋

中国国家图书馆藏

是书孙星衍《孙氏祠堂书目》著录，六册。原书为温陵张氏藏书，有"温陵张氏藏书"印，后为周星诒得之福州故家。据周氏跋，此二十四册盖从惠氏手稿写出者。全书为惠氏仿《通鉴长编》例，为纂《后汉书补注》而荟萃之资料耳。凡第一册为《毛诗》、《尚书》、《周礼》、《仪礼》、《礼记》诸经之《正义》，第二册为《盐铁论》，第三册《通典》，第四册《艺文类聚续钞》上下，第五册《文选注》，第六册《齐民要术》、两汉艺文，第七、八两册为《艺文类聚》上下，第九、十册为《北堂书钞》上下，第十一册《初学记》，第十二册为诸正史《天文》、《历》、《礼》、《乐》、《食货》、《泉》、《兵》、《五行》、《舆服》、《郊祀》、《河渠》、《选举》、《百官》诸志，第十三册《方伎传》、洪遵《泉志》、应劭《地理风俗说》、《金石志》，第十四册《东汉会要》、《北堂书钞续》、《初学记续钞续》，第十五册至第二十四册《太平御览》。全书从诸经子史中采摘备用之条，按类分卷排列，以备查阅采择，亦有只标在某书某卷者，更见其备查之索引作用。此亦可见，惠氏注书，极重类书资料；更见先辈著书，储材之富，用力之勤者也。

汉事会最人物志　三卷

惠栋辑

《灵鹣阁丛书》本

此书或著录曰《两汉人物志》。王欣夫先生曰："《汉事会最》孙渊如《孙氏祠堂书目》著录，六册。江建霞《灵鹣阁丛书》曾刻入其《人物志》残稿。昔年于北京东方文化学会见钞本□□册，皆抄撮汉事原文，与此校订语不同，或此为《会最》中之一部分，尚待汇合欤？"[80] 王先生未见《汉事会最》，故其说如此。是书取《史》、《汉》、诸家《后汉书》、《潜夫论》、《法言》、《楚汉春秋》、《三国

[80] 王欣夫撰，鲍正鹄、徐鹏整理：《蛾术轩箧存善本书录·甲辰稿》卷2《汉书》，下册，第1175页。

志》、《埤雅》、《博物志》、《世说新语》、《文选》、《水经注》、《诗品》、《文心雕龙》、《初学记》、《艺文类聚》、《太平御览》、《法书要录》诸书正文或注文所引，凡起高帝迄徐英，计二百一十余人，西汉一卷，东汉二卷。皆注明出处，或一人一条，或一人数条，多者达十数条。亦为其撰《后汉书补注》备用之史料耳。此书北京大学图书馆又藏有吴清如抄本，末有吴起潜跋语曰："惠定宇先生原本，旧藏黄大荛翁家，兹不知归何所。"则知惠氏原本为黄丕烈士礼居所藏，后不知所终耳。是本为江标所藏而刻入其《灵鹣阁丛书》者也。

诸史会最

惠栋辑

未见

是书未见传本。今存《汉事会最》，盖即其中之一，如《周礼会最》为《九经会最》之一者也。依《汉事会最》例，亦当为从诸正史中所辑史料，以供其著书之用也。

乾隆苏州府志 八〇卷 卷首一卷

清习寯、王峻、惠栋等纂 四函四〇册

乾隆十三年刻本

案《乾隆苏州府志》八〇卷，前有雅尔哈善、傅椿二序。其《修志姓名·协修人员》有"元和县贡生程钟、元和县学生员惠栋、昭文县学生员鲍晋高、吴县布衣李果"。[81] 其《凡例》称："古人著书，采录旧闻，每标出某人某书，盖据之以传信，见非无稽之谈。""今每事每条，概系以书名，或一书中原文有不备者，有错误者，则参以他书合为一篇，仍注明某书参某书，或某书某书合纂。"[82] 全志分疆域、建置沿革、形势、风俗、地池、山、水、水利、户口、田赋、

---

[81] [清]傅椿修，王峻等纂：《乾隆苏州府志》卷首《修志姓名·协修人员》，乾隆十三年刻本，第1函第1册，第1a页。

[82] [清]傅椿修，王峻等纂：《乾隆苏州府志》卷首《凡例》，第1函第1册，第2a页。

物产、公署、学校、乡都、津梁、坛庙、寺观、古迹、第宅园林、家墓、职官、选举、名宦、人物、艺术、流寓、列女、释道、艺文、祥异、兵、杂记诸门。惠栋为周篆《杜工部诗集解》所作跋文曰："本朝注杜者数十家，牧斋而下，籀书次之，沧柱以高头说约之法解诗，为最下矣。籀书名篆，由青浦徙吴江，所著有《草堂诗文集》，又尝撰《蜀汉书》八十余卷。乾隆丁卯，余预修《府志》，采其书入《艺文》云。"[83] 今周氏诸书皆收入《苏州府志》卷七五《艺文二》，然则他类未可执言，而《艺文志》则必为惠栋所纂无疑也。

惠氏百岁堂书目　三卷

惠栋撰

未见

百岁堂者，惠栋曾祖有声之堂名也，有声因其祖惠洪寿至一百五岁，故建百岁堂以纪念之，并请徐枋为之记。参前《汉书纂录提要》惠栋题识，然今徐氏《居易堂集》中不见此记。《浒野关志》卷一七载惠周惕编有《百岁堂书目》四卷，则有声藏书已不少，祖孙相继，直至惠栋，此堂名仍存。考黄丕烈《士礼居藏书题跋记》卷二《蜀鉴》曰："昨岁五柳主人以残刻本见遗，缺首二卷，楮墨古雅，洵为旧刻。卷端有红豆书屋印，因检惠氏《百岁堂藏书目》，于史部云：'《蜀鉴》十卷。李文子刻，元椠。'知为松崖先生家藏本，惜所缺无由补全，心甚怅怏。"[84] 然则此书目后归黄氏所藏，黄氏不言是书卷数，而《苏州府志》载惠栋"《惠氏百岁堂书目》三卷"。盖周惕编为四卷，至栋为三卷者，盖或为记误，或为书目续有增省故也。惠栋《渔洋山人精华录训纂·凡例》曰其家四代藏书，多有珍本，今虽未见此目，然观惠氏所校书，亦可知其一二也。

---

[83] [清]周篆：《杜工部诗集解》40卷《年谱》1卷《附录》1卷，中国国家图书馆藏清钞本，《附录》卷末页、全书《目录》前。

[84] [清]黄丕烈撰，周少川点校：《士礼居藏书题跋记》卷2《蜀鉴》，北京：书目文献出版社1989年版，第19页。又卷3《伤寒发微论》二卷（元刊本）黄丕烈识语曰：是书"为述古物无疑，后归吾郡惠氏，非但有松崖先生钤印，而余收得《百岁堂书目》有松崖注语"。见该书第90页。

惠定宇先生所定考古应查之书 一卷

惠栋辑 清黄安涛编

《真有益斋钞书》本

是书一卷，清黄安涛编《真有益斋钞书》四种之一稿本，今藏书山东省图书馆，有王献唐先生校并跋，后由王氏整理发表于《山东省立图书馆季刊》第一辑第一期。王氏谓："惠君为有清大儒，所定《考古书目》，足供参考。惟前后编次，颇嫌糅杂，当是信手写成，未加整理。兹仍原钞付印，不敢擅为更定也。"[85] 惠氏先列自《津逮秘书》、《汉魏丛书》、《东观余论》、《广川书跋》等九十二种，末一种《万充宗学礼质疑》下注"平常备考"四字，王献堂谓："案此四字疑指以上各书，当为此段总题。"下列栋父惠士奇《红豆斋礼说》、《春秋说》二种。自下分数类，"查考经学之书"有唐李鼎祚《周易集解》十卷、《宋钞易乾凿度》二卷等五十三种，"查考古音义之书"有扬雄《方言训纂》引见《说文》、杜林《训纂》引见《说文》、杨倞《荀子注》等七十四种，"说部应查之书"有范玉衡《盐邑志林》、陈继儒《五秘笈》等二十八种，"伪书"类有二十二种。后为《雅雨堂丛刻》十种、《香山黄氏》八种、《高安朱氏藏书》十三种、曹楝亭刻《韵书》五种等。实际种数较以上为多，如"杨慎《古音转注》、《六书索隐》、《丹铅总录》三十种"，即含杨氏诸书也。所列书或有卷数，或无卷数，或有版本要求如《太平御览》下注"不要活本"，或无版本要求，个别尚有一二简评如《焦氏易林》下注"此书虽真无用"，陈继儒《五秘笈》下注"中有数种可用"。此盖惠氏平日问学所需查考之书，或课徒之用者也。因有卢见曾《雅雨堂丛刻》十种，则知为此目为惠氏晚年所辑也。

---

[85] 王献唐整理:《惠定宇先生所定考古应查之书》,《山东省立图书馆季刊》第1辑第1期,1931年3月,第71页。

王氏书目

惠栋撰

未见

是书不见诸家书目著录,惟翁方纲《复初斋文集》卷二七《题王文简载书图》曰:"松崖昔侍研溪谈,秘笈师门一百零三卷。今日新城访耆旧,巾箱著录果谁堪?"翁氏自注:"惠定宇所录《王氏书目》,凡一百零三种。"[86] 叶昌炽《藏书纪事诗》"惠周惕"条注亦引翁氏说。[87] 然《王氏书目》盖为惠栋注《渔洋山人精华录训纂》时所编王士禛兄弟所著书目之目录,以备其查检所用耳。

惠氏铭状集　三册

惠栋辑

未见

清吴修《昭代名人尺牍》卷二一录惠栋手书一通,其曰:"承访先人著述,惟《礼说》授梓,其余经说及天文、乐律诸书尚须钞录,附到《礼说》一种及先人《铭状》三册,又栋所注《渔洋诗》并呈教正。"[88] 然则此三册为惠栋辑录惠氏家状与他人所著碑铭,既有三册,则为数不当在少。如惠周惕之铭状,今见有惠士奇《先府君行状》、郑方坤《惠吉士周惕小传》等。惠士奇则有杨绍曾《翰林院侍读学士惠公墓志铭》,杨氏言士奇将葬,惠栋等"谓超曾出公之门,知公行谊最悉,亲奉其行状属铭墓"[89]。此当为惠栋等编其父《行状》而请铭于杨氏也。此类铭状,意当必在三册中也。倘此三册稿尚在人间,则于研究三惠之学,俾益岂鲜也哉。

山海经补注　五卷

惠栋撰　原稿本　一册

---

[86] [清] 翁方纲:《复初斋诗集》卷27《桑梓抡才集·题王文简载书图八首》其三,《续修四库全书》本,集部第1454册,第604—605页。

[87] [清] 叶昌炽撰,王欣夫补正:《藏书纪事诗附补正》卷4"惠周惕"条,上海:上海古籍出版社1999年版,第419页。

[88] [清] 吴修纂:《昭代名人尺牍》卷21,周骏富主编《清代传记丛刊》本,台北:明文书局1985年版,第31册,第414页。

[89] [清] 钱仪吉纂,靳斯标点:《碑传集》卷46杨绍曾《翰林院侍读学士惠公墓志铭》,北京:中华书局1993年版,第4册,第1308页。

南京图书馆藏

是书为黑格钞本，版心有"漱六楼"三字，黑口。大题作《山海经补注》，右下题"东吴惠栋定宇撰"，无《序》，末有惠栋《跋》。钞校整饬，有朱笔校过。每半页十二行，行二十至二十二字。封面有"甲午暮春谷雨节后三日，振东题"。书内有"振东"朱方、"林印志瀛"白方、"林振东"朱长方、"南京图书馆藏"朱长方诸印。全书五卷，依次为卷一《南山经》、《西山经》，卷二《北山经》、《东山经》，卷三《中山经》，卷四《海外南经》、《海外西经》、《海外北经》、《海外东经》、《海内南经》、《海内西经》，卷五《海内北经》、《海内东经》、《大荒东经》、《大荒南经》、《大荒西经》、《大荒北经》与《海内经》。卷末尚有数页，蒐录《说文》、《淮南子》、《御览》、《文选》诸书中有用资料，盖为其注书之璞。实际自卷一至卷五，完整无缺，故诸家著录钱大昕《竹汀先生日记钞》卷一作《山海经补注》一本者是也；而《汉学师承记》卷二、《民国吴县志》卷五六下等皆作《山海经训纂》十八卷者，盖依《山海经》原卷而述，并未见原本也。曰《训纂》者，或是书初名《训纂》，盖如《后汉书训纂》例，后改《补注》者也。雍正八年（1730），惠氏侨寓京口，箧中适有《山海经》，以郭璞所注为未尽，随以所见疏于旁，又广征《说文》、《尔雅》、《博物志》、《水经注》、《路史》、《太平御览》及其他类书，考究异同，以为补注，前后十七日而毕。考清时注《山海经》者，以吴任臣《山海经广注》十八卷，最为有名，其书于名物训诂、山川道里，皆有所订正。惠氏盖未见其书耳。

博物记　七卷

惠栋辑

稿本

丁祖荫校并跋

上海图书馆藏

是书王绍曾先生主编《清史稿艺文志拾遗·子部·杂家类》著录。其曰："《博物记》七卷，清惠栋辑，稿本（丁祖荫校并跋）《善目》。"[90] 然笔者遍寻《中国古籍善本书目》，皆未见有著录《博物记》者。今藏上海图书馆。稿本。丁祖荫校跋。每半页十行，行二十字。无框格。无页码。每卷前大题"博物志"，"志"皆改为"记"，如"博物志卷一　张华"，唯最前页书题未改。有"惠定宇手定本"朱方、"红豆书屋"长朱方、"虞山李氏"朱方、"上海图书馆藏"朱方四印。七卷末有签条，又二页记惠氏祖之事，乃惠栋亲笔。丁氏跋称："定宇先生此稿虽未标明书旨，大抵据诸书所引逸文衷辑而次第之，故如《中国之域》三十五条见于今本者悉加标识。"则主要为辑逸原书所逸之文也。

荀子微言　不分卷

惠栋撰

稿本

上海图书馆藏

是书封面有"荀子微言　劝学篇　东吴惠栋学"字样。双边，白口，单鱼尾在上，无页码，共四十三页。有"学子"朱方、"华亭楼氏藏书"、"上海市历史文献图书馆印"朱长方诸印。则知其先为沈大成藏书，后经华亭楼氏之手，最后至上图者也。是书凡录《荀子》中如《劝学》、《王制》、《不苟》、《解蔽》、《强国》、《天论》诸篇为专论，先录其中一段，后以己意注解，中引半农《易说》等书，与《易》义相发明，于《荀子》诸篇，或解释，或选其数段、数句、一句等，或于篇末，或于篇中。如首页《劝学篇》"积土成山"

[90] 王绍曾主编：《清史稿艺文志拾遗·子部·杂家类》，北京：中华书局2000年版，下册，第1405页。

至"积善成德"一节,惠氏曰:"乾初为善,三为成德,自一乾以至三乾成,故云积善成德。"又篇末论曰:"自子夏论《诗》,有礼后之说,而夫子与之,故其徒皆传其学,五传至荀子,其言曰:始乎诵经,终乎读礼。又曰:学至乎礼而止矣。夫是之谓道德之极,盖先王治定制礼,夫子训伯鱼,先《诗》后《礼》。论成人,兼备修众才,而终文之以礼乐。是知道德仁义,非礼不成;教训正俗,非礼不备;君臣父子兄弟,非礼不定。此子夏礼后之说为不可易也。厥后朱子解《论语》'绘事后素',废郑氏之义,以礼后之礼,为礼之仪文,于是荀子之所以述子夏者,后儒亦不知其义之精矣。"又《不苟》:"君子养心,莫善于诚。"惠氏曰:"欲正其心者,先诚其意,故养心莫善于诚,宋儒谓荀子不识诚字。周子曰:诚则无事矣。正用荀子语。然则周子亦不识字耶。"如此之类,所谓发明荀子微言也。最后为《荀子训格之言》,凡选《劝学》、《修身》、《不苟》、《仲尼》、《儒效》、《王制》、《富国》、《王霸》、《君道》、《臣道》、《致士》、《议兵》、《天论》、《正论》、《礼论》、《性恶》、《惑相》、《大略》、《子道》、《尧问》等篇中格言,亦有简略解析。惠氏所读者,为明桐荫书院刻《六子全书》本,其书今藏上海图书馆。

尸子 三卷 附录 一卷

周尸佼撰 惠栋辑 任兆麟补遗

乾隆五十三年任氏刻《心斋十种》本

《尸子》一书,旧题战国鲁尸佼撰。《汉志》载二十篇,《隋志》著录二十卷,其九篇亡佚,南宋尤袤《遂初堂书目》尚有著录,元明全佚。此本任兆麟得诸惠栋弟子江声手钞本,凡集《山海经》、《史记》、《后汉书》、《尔雅》、《水经》、《文选》诸书之注及《意林》、《广博物志》、《绎史》、《文献通考》、《艺文类聚》、《太平御览》诸书所引，辑为三卷。任氏又以其先世所藏之本中为惠氏未见者，为《附录》一卷，缀于卷末。继此之后，又有孙志祖、孙星衍、汪继培等人续有辑本，以汪辑本为较全，后又有张之纯据汪本为之评注本。

[91] 详参胡玉缙撰，吴格整理：《续四库提要三种·许庼经籍题跋》卷3子部《太上感应篇注书后》，第683页。

太上感应篇集传　四卷

惠栋笺　俞樾续义　姚学塽注　于觉世赘言

光绪二十五年正定王氏刊本

宋《秘书省续编到四库阙书目·子类·道家类》著录此书一卷，题李昌龄注；《宋志》神仙类载"李昌龄《感应篇》一卷"；赵希弁《郡斋读书附志》神仙类称为八卷，谓"汉嘉夹江隐者李昌龄所编也"。或以为李氏为北宋御史，或以为即李石，皆不足据。近今人考证是书为燕慕容俨之作，至宋理宗时，命郑清之叙以行其书，惠氏未能剖判清晰。全书千余字，宣扬天人感应，劝善惩恶。大意谓天地有司过之神、三台北斗神君、三尸神、灶神等录人善恶，为恶者必降之过，为善者必降之福。凡载善事二十六则，恶事一百七十则。惠氏此注，吴熙载刊本实一卷，自序亦不言分卷，粤雅堂本据《汉学师承记》所载二卷之说，遂厘为上下卷。惠栋以为是书所述，证之诸经传，无不契合，为劝善之书之最古者，非魏晋后道家悖于圣人者可比。其谓太上者，太古上德之人。是书乃修真者述太上之旨而为之。尚德者用兹无悔，乃君子之光；背义者以此思忧，实小人之福。是以昔人表而出之，名之曰"感应"。其言祸福，与圣人余庆、余殃之旨同，故为后世儒家所重。惠注体例有散，有骈，有韵语，盖仿成玄英之注《庄子》也，征引赡博，极为典赅。然其失误好奇之处，亦多见焉。[91] 后俞樾、姚学塽、于觉世等续有补赘，光绪二十五年正定王氏合刊之，厘为四卷，颇便学人焉。

说铃注　二卷

汪琬自注　惠栋增补

清华氏刻本

上海图书馆藏

此为华氏刻本，题"钝翁说铃"，"辛浦校勘"。漆案：《法言·吾子》："好书而不要诸仲尼，书肆也；好说而不要诸仲尼，说铃也。"注："卖书市肆，不能释义。铃以喻小声，犹小说不合大雅。"明叶秉敬有《书肆说铃》二卷，即取其义而已。汪氏此书，亦与《世说》、《语林》略相类，为其初宦时偶尔涉笔所记[92]，录一时名士如王士禛兄弟、刘体仁、吴兆骞、魏象枢、计东、周亮工、彭而述、曹本荣、孙奇峰、董文骥、陈维崧、龚鼎孳、申涵光、朱彝尊等人掌故噱谈。汪氏自为之注，惠栋增补。惠氏凡参考前代书如《史记》、《汉书》、《世说新语》、《元和郡县志》等及清儒如朱彝尊、周亮工、王士禛、王士禄、尤侗、宋荦、魏裔介、施闰章、吴伟业、汤斌及惠氏自著如《九曜斋笔记》、《渔洋山人年谱》等书百余种。上海图书馆又藏有旧钞本，封面："汪氏说铃卷上，钝翁自注，惠栋增补。"正文首页有"海宁陈鳣观"、"上海图书馆藏"朱长方二印。钞本与刻本略有同异。如卷上"李念慈王士禛俱过予饮"钞本为首条，刻本无。"合肥龚鼎孳"条至"吴四最耽书一目十行"条分下卷，刻本亦无。或有条目详略不同者，出处不注者等。惠注本以汪氏注为"自注"以别之，间有汪注而未加"自注"者，汪自注后接注则用"○"以别之，原书不分卷，惠氏注本分二卷。原刻本后有林佶、待翁鲍鋈、梁溪华育渠识语，惠本无。惠有王士禛跋，刻本无。汪琬为惠周惕师，故惠栋依注《渔洋山人精华录》之式，以小门生之身份而注此书者也。[93]

---

[92] 此据汪氏全书前《题识》，汪氏《自序》作于顺治十六年(1659)，据汪敬源《续修文清公年谱》(民国间钞本)，顺治十七年，《说铃》成，自序并跋之。

[93] 上海图书馆又藏精钞本一册，蓝皮封面题："汪氏说铃旧抄本，陈简庄有校字，武原马氏臧过，无卷，甲申冬小寒节。"扉页有"得此书费辛苦后之人其鉴我"长白方、"仲鱼图象(有半身像)"朱长方二印。有"汪氏说铃注内用书目"，本叶有"简庄艺文"印。自序页有"读史精舍"白方、"笏斋珍赏"、"海宁陈鳣观"、"武原马氏藏书"(马玉堂，字笏斋，号秋药，浙江武原，今海盐人。道光元年副贡生)大白方诸印。每半叶8行，正文每行24字，注文行23字。前为王士禄题、汪氏自序，正文前有汪氏题识，末为渔洋山人跋，均见附页。

竹南漫录

惠栋撰

未见

是书未见传本。惠氏注《渔洋山人精华录》时，屡引《竹南漫录》，则为惠氏早年著述也。又郑伟章《文献家通考》云：汪适孙有《蚕豆花馆琁籍小录》两册，钞稿本，前有吴庆坻跋，后有洪煨莲跋，稿本今藏清华大学图书馆。洪跋曰："其中所记之珍刻孤稿，如宋版《隋书》六十四本、惠栋《竹南漫录稿本》十一本，不见于《振绮堂书目》中，殆适孙所自购，非公帐物也。"[94] 然则惠书曾经汪适孙藏过，不知现尚存天壤间否？

松崖笔记　三卷

惠栋撰

《聚学轩丛书》本

是书三卷，二百五十余条，前有翁广平《序》。全书凡摘《白帖》、《意林》、《太平御览》、《太平广记》诸书，间及时人语。凡四部之书莫不旁杂交涉，惠氏中年以前，治学广杂，此亦一证，较《九曜斋笔记》更为博杂。如卷一"唐人正义"条论"正义"之名之始，"诞先登于岸"条引惠士奇语驳宋人取佛家彼岸之说入儒，"主一无适"条论"宋儒不识字"，卷二"推易始末"条驳毛奇龄《推易始末》之误，"河图洛书"条论毛氏驳河图洛书之说为可以不朽，卷三"人才命脉系提学官"条引傅山论人才之盛系提学官，"道学传"条论濂溪之太极、朱子之先天皆道家之学，此等皆惠氏平日论学之语。王欣夫先生以为，是本为随手札录，以备著书之用，后人重其为经师遗稿，而传刊之，不敢有所更易也。[95]

---

[94] 郑伟章：《文献家通考》卷15"汪适孙"条，中册，第837页。案：汪适孙(1804—1843)，字亚虞，号又邨，为汪远孙之弟。

[95] 王欣夫撰，鲍正鹄、徐鹏整理：《蛾术轩箧存善本书录·辛壬稿》卷3《松崖笔记》，上册，第591页。

九曜斋笔记　三卷

惠栋撰

《聚学轩丛书》本

惠氏以"九曜"名斋，盖即其随父在广州时所著书也。九曜石据传为太湖灵壁石，五代时运至广东药州，共九石。惠氏《松崖笔记》卷二即有"九曜石题名"条，此盖其名斋之由耳。此书凡五百余条，前两卷杂论，卷二末"趋庭录"诸条，则为早受庭闻之记录，卷三后百余条为专论称谓之条，采顾炎武、阎若璩、胡渭、王士禛、傅山诸人之说，尤以阎氏《潜邱札记》与王氏诸书为多。其惠氏祖孙父子所反复申论者，则申汉学而驳宋学也。如卷一《说文》中的经术饰吏事、卦气、郢书燕说条，卷二训诂、经术、不知而作、经学诗学、本朝经学、朱震、汉宋、洪范学、师法、家法等条，皆为表彰汉学而贬斥宋学。又卷一扶风、惠姓条，卷二张儋伯、趋庭录、郑敷教交游籍、曾王父友、砚溪先生论文遗语诸条，则为研究惠氏家族史之重要资料。张舜徽先生《清人笔记条辨》举惠书中"经术饰吏事"条曰："学者不能通权达变，乃欲举远古治河之法，以治汉时之河；持远古察变之法，以察汉时之变；诵远古规讽之诗，以谏汉时之主。此所谓胶柱鼓瑟、迂远而阔于事情者也。夫亦曰食古不化而已矣！惠氏生二千年后，复扬其波，谓可为后世法，此陋儒之见也。"[96] 按张氏此言，似正而实偏。盖从古信古，自古而然，惠氏此处，乃引阎若璩《潜邱札记》中语，实则即以清儒而论，自顾炎武、阎若璩、惠栋诸人乃至清末之王先谦、皮锡瑞、章炳麟、王国维诸人莫不如此，不可概归之惠氏，亦不可轻斥如惠氏者为陋儒也，若顾炎武之力主恢复井田等，亦得斥为陋儒否耶！又复旦大学图书馆藏明万历刻本《荀子》，有惠栋评识，卷二二《轻重九·山至数》第七十六有惠评曰："此篇经秦焚书，潜畜人间，自汉兴，晁、贾、

[96] 张舜徽：《清人笔记条辨》卷2《九曜斋笔记》条，北京：中华书局1986年版，第80页。

桑、耿诸子，犹有言其术者，其后绝少寻览，无人注解，或编断简蠹，或传讹写谬，年代绵远，详正莫由。今且梗概粗知，固难得搜阅其文字。凡愿古人之书，盖愿发明新意，随时制事，其道无穷，而况机权之术，千度万化，若一一模楷，则同刻舟胶柱耳，它皆类此。"[97] 不知张氏见惠氏此类通达之语，又将何说哉！

渔洋山人精华录训纂　一〇卷

　　王士禛撰　　惠栋训纂

　　东吴惠氏红豆斋刻本

《渔洋山人精华录》十卷，王士禛（1634—1711）撰。渔洋山人者，士禛号也。此注《四库全书》入存目，见《总目》卷一八二集部·别集类存目九，并王氏诸集亦入存目，王氏康熙间为一代诗宗，非其诗不可入正目，盖因与其唱和之诗中有钱谦益、周亮工诸人之作，如《精华录》之前有钱氏一序一诗，为王氏所极重者，如此之类，删之太多，改之不胜其改，故姑付诸存目耳。此书题为门人盛符升、曹禾仿宋人任渊纂黄庭坚《山谷精华录》之例编订，林佶誊写刊刻，实则出王氏手定，从其三千余首诗中择录一千六百余首，以古今体分为十卷，其中古体四卷、今体六卷。是书出后，查慎行、何焯、伊应鼎诸家皆有选评，注释者则在惠书前有徐夔，徐注仅成《咏史小乐府》一卷与近体六卷，非为全帙。今惠氏原稿本藏中国国家图书馆，题《渔洋山人精华录注》一〇卷，则知是书名《训纂》者，乃后起之名也。惠氏《凡例》云："训诂之义尚矣。《诗》：'训诂是式。'《尔雅》有《释诂》、《释训》是也。毛公传《诗》谓之《训诂传》，周秦以前注皆称传，与经别行，汉以后始称注，以合于经。郑康成释《五经》皆称注，独《毛诗》称笺。盖笺附传后，故避注而称笺。近代注诗者，遂谓释事为注，释义为

[97] 复旦大学图书馆藏明万历刻本《荀子》24卷，惠栋评校，第4册，第26a—26b页。

笺。夫附事见义乃谓之注,别为之笺,瓜区而芋畴之,又何说也?且诗人之义,其旨微,其趣逸,其寄托遥深,苟能明其事之本来,令读者讽咏涵濡而义自见,若其事未明,猥欲凿空笺释,反复数十言,按之本文,未必皆诗人之意也。余于山人诗,初亦欲用笺注之说,第二字既分两义,离之则未尽,合之则不辞,无已,则取姚察《汉书》之名谓之《训纂》。……夫注家之学,皆纂辑古今之书成之者,故《论语》有《集注》卫瓘,《汉书》有《集解》应劭,纂犹集也;训者,复古也。"然则《精华录》注取名《训纂》者,乃惠氏矫后人笺注之失耳。前四卷皆题"惠栋定宇注"自卷五始皆双行题作"徐夔龙友注　惠栋定宇补",而红豆斋刻本则双行题"小门生东吴惠栋定宇撰　同学诸子参"。然惠氏亦非故为隐匿者,其跋徐夔《李义山诗集笺注》曰:"故友长洲徐君夔,字龙友,为何丈义门高弟。性倜傥,诗才清丽。先君视学粤东,延之入幕。时雍正甲辰也。明年秋,以病卒于高凉。身后遗书,疾革削牍,属友人为流布,无人应者。余感其遭命,因续成其所注《精华录》刻之。"[98] 又惠氏《渔洋山人精华录训纂补》卷前所列《参注同人姓氏》,亦于徐夔下注"注《咏史小乐府》一卷、注《精华录》近体六卷"。故此知惠氏之拳拳于死友,风谊为不可及,亦知斫雕之始尚有椎轮,是书之注,殆起始于徐氏者也。又惠氏《渔洋山人精华录训纂补》前列《参注同人姓氏》中如沈大成、过春山、朱楷、汪棣皆为《补注》一卷,则知《补注》者,成于徐氏、惠氏及诸友朋与门生也。

此注以注经之体注诗也,其《凡例》论云:"诗人之义,其旨微,其趣逸,其寄托深远,苟能明其事之本来,令读者讽泳涵濡而义自见,若其事未明,猥欲凿空笺释,反复数十言,按之本文,未必皆诗人之意也。"王氏于当代人物极为注意,每遇风雅志节之士,集中必一一见之,故惠注亦于当代事实为详。又王氏游历既多,故

[98] 王欣夫撰,鲍正鹄、徐鹏整理:《蛾术轩箧存善本书录·庚辛稿》卷4《李义山诗集笺注》,上册,第240页。

于诗中涉及之地理亦详注之。卷帙一依原书，因注文三倍于原诗，故于每卷又分上下两子卷，别编《目录》二卷，于各诗题下注明诗作年份与原在何集，以备检索，并补编年之未备。至其采益之书，《凡例》谓其家四代藏书，多有珍本，故往往采习见之书而津逮焉，所采书目百余种，前代经史、诸子、集部、释道二藏之书靡不兼采，清人书除王氏兄弟本集、笔札、年谱外，王氏同时倡和诸人之诗文集亦皆采录，即惠氏友朋及后学中人除徐夔注皆采录外，如沈大成、沈彤、王昶、王鸣盛、钱大昕、朱珪诸人之说亦皆录之，惠氏祖、父之书如《诗说》、《砚溪先生诗文集》、《易说》、《红豆斋时术录》等及惠栋自著书乃至其子语亦多有录入者。所采注文以徐夔最多，其次则以朱楷、汪棣为多，兼有释音解题之注，至于评语，则引陈其年《箧衍集》评、邓汉仪《诗观》等评论王氏诗者。《四库总目》列举惠注一卷之失讹后，谓："至于元元本本，则不及其诂经之书多矣。人各有能有不能，不必以此注而轻栋，亦不必以栋而并重此注也。"实则此书较稍后所出金荣之注详明远甚，虽以注经之法注诗，然终究非注经，不可以一例律之，《提要》之说，并不足以服惠氏。卢见曾序谓注渔洋之诗，同于注苏，惠注与"元之注苏，并峙千古"，又同时人黄叔琳以此注"为渔洋之毛、郑"，亦见当时评价之高也。

渔洋山人精华录训纂补　五卷　二册

惠栋撰

乾隆间德州卢氏刊本

是书为补《渔洋山人精华录》之未逮，版心下有"红豆斋"三字。有补注所不足者，亦有补诗所未及者。书前首列黄叔琳《渔洋山人本传》，下为《参注同人姓氏》，凡录七十七人，中有《训纂》

未列姓氏曩共参稽者一并补入。中如沈大成、过春山、朱楷、汪棣皆为《补注》一卷，而参校之人尚有惠栋弟绳臣、子承德。另如夏力恕、沈肜、翁照、陈撰、金农、沈李岩、顾栋高、程廷祚、马曰琯、陈海六、罗天尺、胡定、马曰璐、苏珥、董元度、王鸣盛、吴泰来、王昶、钱大昕、张四科、朱奂、顾德懋、曹仁虎、严长明、许立贤、戴震等，或为惠士奇之门生，或为惠栋友人，或为其弟子，亦皆预参校焉。又有卢见曾序。所补入之诗及注，今皆见于《训纂》中也。

精华录笺注辨讹　一卷

金荣笺注　惠栋辨讹

东吴惠氏红豆斋刻本

惠栋同时，注渔洋山人诗者有金荣《渔洋山人精华录笺注》十二卷，有金氏凤翙堂刊本。其书后出，其注不分诗体，以诗作时间先后编年为次。注文夹注于诗句下，较惠注简明。所采徐夔、惠栋等注甚多。《四库提要》论《渔洋山人精华录》，谓："是书先有金荣《笺注》盛行于时，栋书出而荣书遂为所轧，要亦胜于金注耳。"[99] 漆案：《提要》此说，大误。金荣《渔洋山人精华录笺注·凡例》曰："乙卯秋，于友人处得惠君栋注本，喜其该洽，而于当代事颇为周悉，亟录之以补余所未逮。"惠栋《九曜斋笔记》卷三《竹南漫录》补二则曰："余注《精华录》初成，有妄庸子者，窃其书以行于世。或问余，某氏窃君书几许？余笑曰：'一一鹤声飞上天'，都不存矣。"又曰："某氏窃余注，妄有增益，余因作《辨讹》一卷。"惠氏所谓"妄庸子"、"某氏"者，即金荣焉。其《精华录笺注辨讹》一卷今存，专辨金注之失。然则为惠书先出，金氏窃之，凿凿然甚明。《提要》之语，适为本末倒置。又惠氏《渔洋山人精华录训纂补》末亦有《渔洋山人精华录徐氏辨讹补》，补《陆放翁心太平庵砚赋》下

[99]〔清〕永瑢等纂：《四库全书总目》卷182集部别集类存目九《精华录训纂》，下册，第1646—1647页。

《三国典略》一条，亦为纠金氏之误者也。

渔洋山人精华录笺注　一二卷

清金荣笺注　徐淮纂辑　惠栋评校

王欣夫临乾隆时金氏凤翔堂刊本

未见

是书原为潘承谋彦均室所藏，王欣夫先生借出传录。原书有"望益轩读书记"、"康甫手校"、"退翁馆觳所得"诸印。《渔洋山人精华录笺注》十二卷，清金荣笺注，金之窃惠，已如上条所述。王欣夫先生以为："此为定宇《金注订讹》之底稿。全书涂抹几遍，纠误不下数百签，刻本只及什一耳。"[100] 惠氏所评，历举金氏窃己之赃证，确然无可遁避，且纠其误，斥责有加。又惠氏于《瀼西谒少陵先生祠》识云："凡一书有宾主之别，如左邱明之《春秋》，汲郡之古文，于鲁于魏皆称我，于他处皆称国，此宾主法也。是集于渔洋称公、称山人、称先生，犹鲁、魏之称我也。于他人称名、称字、称别字，犹左、汲之称国也。此虽谒少陵词诗，当称少陵不当称公，称公则宾主无别矣。"凡此之类，皆可见惠氏作《训纂》之例。然则《笺注订讹》虽存，而是稿亦不失为有参考之价值也。

渔洋山人年谱注补　一卷

惠栋撰

惠氏红豆斋刊本

王士禛曾有自编《年谱》一卷，惠氏于《凡例》曰："余初撰山人《年谱》一卷，后从少宰黄北平先生叔琳许得山人自撰《年谱》一卷，遂以余所撰《年谱》补注于下，厘为上下二卷，于是山人出处事迹粗为备矣。"惠氏所集材料甚广，故所补远较原谱为详。王氏

[100] 王欣夫撰，鲍正鹄、徐鹏整理：《蛾术轩箧存善本书录·癸卯稿》卷4《渔洋山人精华录笺注》，下册，第1031页。

年谱，除此谱外，尚有金荣、徐淮合撰《渔洋山人年谱》一卷，在雍正后凤翔堂写刻本《渔洋山人精华录笺注》卷首；又有吴江凌景埏撰《渔洋先生年谱》，有民国三十年（1941）燕京大学国文学会排印本；李毓英撰《王渔洋年表》，有《王渔洋诗文笺注》本；伊丕陪撰《王渔洋先生年谱》，有山东大学出版社本；近有蒋寅《王渔洋事迹征略》，人民文学出版社2001年版。谱录之学，殆所谓愈后出而愈精详矣。

松崖文钞　二卷

惠栋撰

《聚学轩丛书》本

惠氏之文，刘世珩据其《行状》所载，有《文集》二卷，未曾刊布，钱大昕《潜研堂文集》卷三九《惠先生栋传》亦曰未见。此本为刘氏得之于萧穆，萧氏在上海钞自赵静涵者，共三十一篇，萧氏又搜得九篇，凡论一、考一、议二、序二十五、书一、跋五、记二、疏一、墓志一、祭文一，计四十篇，依类编次，仍分二卷，以付原数，由刘氏刊之。惠氏不好为诗，其《九曜斋笔记》卷二"孔颜"条曰："唐人诗学最盛，孔颖达、颜师古二人通经史，独无诗名"，实则夫子自道之言耳。其中如《徐大中丞谳语序》、《刻声调节器谱序》、《啸村诗序》等，皆见卢见曾《雅雨堂文集》中，窃意卢氏集中凡《雅雨堂丛书》中如《刻李氏易传序》、《刻郑氏周易序》、《刻周易乾凿度序》、《刻尚书大传序》等，皆当为惠氏代笔也。后读王欣夫先生书，先生亦以卢氏《集》中如《大戴礼记序》、《战国策序》、《匡谬正俗序》、《封氏闻见记序》、《唐摭言序》、《北梦琐言序》、《文昌杂录序》、《金石例序》（当为《金石三例序》）、《渔洋山人精华录训纂序》、《征选山左明诗启》等，皆当为惠氏代笔，可谓宝获我心者。[101] 其他如《易论》，实即《易汉学》卷七《荀慈明易·易尚时中说》，又见《周易述》卷十七疏文，此文乃惠氏论《易》之创见也。又《重卦考》即《易汉学》卷九《重卦说》，此皆疑为萧穆辑入者，实则《易汉学》卷八《辨河图洛书》、《辨先天后天》等篇亦皆当辑入者也。惠氏自谓"文章贵简"，其文亦简洁有法，不支不蔓，刘世珩谓其文"渊雅峻洁"，并非虚语。张舜徽先生《清人文集别录》论曰：后之述清代学术者，盛称惠氏"三世传经，而栋则昌言四世。自述生平治《易》与《左传》，皆必上溯渊源于其曾祖朴庵公，所谓朴庵公者，名有声，以教授乡里终其身，乃明末一塾师耳。栋标榜家学，必高远其所从来，不能无溢美之辞，斯亦通人一病"。[102] 然惠氏四世传经，不特惠氏，当时学者亦多言耳。如当时学者顾栋高论惠氏之学曰："盖先生经学，得之半农先生士奇，半农得之砚溪先生周惕，研溪得之朴斋先生有声，历世讲求，始得家法，亦云艰矣。"[103] 惠氏论学中语，多有称引有声之说者。不仅惠栋，即焦循亦常言其家四世传经也，盖当时学者，喜以家学源长为意，有实有虚，不可一概而论，斥之为病也。

清惠松崖手札

惠栋撰　惠新可辑

未见

叶恭绰《矩园遗墨·序跋》第二辑《清惠松崖手札跋》曰："吴中惠氏仍世传经，至清初元龙、半农两先生，益显于时，卓然为一代大师，松崖先生继之，著述宏富，沾溉尤广，读经门第，海内殆无与伦比。至今言经学师承及吴中文献者，必首及。乌呼！盛矣。荐经丧乱，遗著不无散失，裔孙新可，笃志搜捃，期有成书，近得松崖先生手札，特先刊之于石，以永其传，盖庶几能承先泽者。承

---

[101] 王欣夫撰，鲍正鹄、徐鹏整理：《蛾术轩箧存善本书录·辛壬稿》卷4《松崖文钞》，上册，第647—648页。然笔者所见北京图书馆藏顾栋高《万卷楼文稿》清钞本中，亦多代卢见曾所作之文，中如第4册《徐大中丞诔语序》，与今惠氏《松崖文钞》中所录为同一篇文，此种现象他文亦有。然顾氏之集亦为钞本，而惠氏之文又有羼入后人辑录者，盖皆非本人生时手定，而二人往还密切，又皆入卢见曾幕也。卢氏《集》中之文，泰半为顾、惠代作者。故此类两属之文，究为谁作，亦一时难辨，当俟他日另考也。

[102] 张舜徽：《清人文集别录》卷5《松崖文钞》，北京：中华书局1963年版，上册，第143页。

[103] [清]顾栋高：《万卷楼文稿》第4册《周易述叙》，清钞本，中国国家图书馆藏，是书无页码。

属加跋，用志梗概。王君欣夫素服膺惠氏家学，手辑《松崖先生读书记》至数十卷，新可与之商榷，必有副慈孙之用心者，余固乐为之介焉。"[104] 案是书是否刊行，今不可知，然其曰惠氏后裔曾与王欣夫先生商榷，则欣夫所辑《增辑松崖文钞》中如《与王德甫书》、《与王次山论修志书》、《与沈果堂札》、《与王臞庵札》等文，今他书皆不见载，或即此手札中文耶？

增辑松崖文钞　二卷

惠栋撰　王大隆辑

《松崖读书记》附

未见

是书为王大隆先生辑本，附于其所辑《松崖读书记》末，《松崖读书记》今仅存前二册，余不可寻矣。然考大隆先生曾论惠栋"惟诗极罕见，仅《九经古义》载绝句一首，王昶《湖海诗传》载《古风》一首而已"。又别于他书序跋及墨迹，补得二十八篇：《明堂大道录总论》、《郑氏周易序代》、《李氏易传序代》、《周易乾凿度序代》、《尚书大传序代》、《晚书订疑序》、《大戴礼记序代》、《战国策序代》、《匡谬正俗序代》、《封氏闻见记序代》、《唐摭言序代》、《北梦琐言序代》、《文昌杂录序代》、《金石例序代》（漆案《当为金石三例序》）、《渔洋山人精华录训纂序代》、《赐书堂诗稿序》、《咏归亭诗钞序》、《耕闲偶吟序》、《校本汉书跋》、《华阳国志跋》、《雅雨堂文跋》、《徐龙友校李义山诗跋》、《古樵诗钞题词》、《与王德甫书》、《与王次山论修志书》、《与沈果堂札》、《与王臞庵札》、《征选山左明诗启代》、《砚溪公遗事》。[105]

---

[104] 叶恭绰：《矩园遗墨》，沈阳：辽宁教育出版社1997年版，第145页。

[105] 王欣夫撰、鲍正鹄、徐鹏整理：《蛾术轩箧存善本书录·辛壬稿》卷4《松崖文钞》，上册，第647—648页。

东吴三惠诗文集一五卷　东吴三惠佚文辑补五卷

惠周惕、惠士奇、惠栋撰　漆永祥整理辑补

台湾"中央研究院"文哲所 2006 年版

惠周惕、惠士奇、惠栋三人之诗文集，传世者有惠周惕《砚溪先生诗集》七卷、《文集》一卷、《砚溪先生遗稿》二卷、惠士奇《半农集》三卷与惠栋《松崖文钞》二卷。向无人董理，笔者除将以上诸集校勘标点外，还辑得《东吴三惠佚文辑补》五卷、《东吴三惠诗文集有关诸家序跋与提要》一卷及《东吴三惠重要传记材料》一卷。所辑如上述王欣夫先生所补惠栋文，今多见于卢见曾《雅雨堂文集》中，乃《雅雨堂丛书》中诸书之序。他如《明堂大道录总论》见惠氏《明堂大道录》卷首，《砚溪公遗事》见北图藏《砚溪先生遗稿》末等，其他亦皆可索而得之。笔者参考王氏原辑目录，并己所辑补，共得惠周惕诗一首、文九篇，惠士奇诗四首、文八篇，惠栋诗二首、文五十余篇，共厘为《东吴三惠佚文辑补》五卷。三惠之遗文，虽不能谓无所遗漏，要亦多为囊括矣。

松崖读书记　二册

残稿本

惠栋撰　王大隆辑

复旦大学图书馆藏

此书为王大隆辑本，仅残二册，每页版心左下角有"学礼斋校录"一行。"首吴县曹元弼、钱塘张尔田《序》。次《凡例》，次《目录》。卷一至卷二是《京氏易传》、《李氏易传》、《周易义海提要》，卷三至卷六是《毛诗》、《韩诗外传》，卷七《周礼》，卷八《礼记》、《大戴礼记》，卷九《春秋公羊传》、《春秋穀梁传》，卷十《尔雅郑氏注》、《尔雅》、《经典释文》、《广韵》、《熊氏经说》，卷十一至十四

《汉书》，卷十五《后汉书》，卷十六《逸周书》、《穆天子传》、《水经注》，卷十七《管子》、《孔子家语》，卷十八《荀子》，卷十九《吕氏春秋》，卷二十《韩非子》、《春秋繁露》，卷二十一《淮南子》、《论衡》、《蔡中郎集》，卷二十二《渔洋山人精华录笺注》。"[106]今存二册，首册曹元弼、张尔田二《序》与王氏《辑例》十条。第二册首页大题"松崖读书记　吴县原籍秀水王大隆补安辑"。有"王大隆印"白方、"欣夫"朱小方、"复旦大学图书馆藏"朱方印。首册共八页，每页十行，行二十二、二十四字不等。第二册《松崖读书记·毛诗注疏据长洲叶昌炽录本》，不分卷，以《毛诗注疏》之卷数为准，凡二十七页一百八十五条。末《毛诗草木鸟兽虫鱼疏广要据手阅本》仅一条。是册为原书之卷三至卷六。是书仿何焯《义门读书记》、姚范《援鹑堂笔记》例，近拟张海鹏辑《惠氏读说文记》之法，据惠氏校读群书或传录本案条辑录，先采录原文，或注或疏，或音义，次空一字录案语，凡有惠士奇校语，亦一并录入，以存惠氏一家之学。已入《九经古义》诸书者不录，《左传补注》亦仅录未刻诸条，本有未定之说，或非精诣所在，然正可见惠氏读书之法，故亦录入。是辑凡历十年，所阅如常熟瞿启甲铁琴铜剑楼、丁祖荫缃素楼、叶景葵卷盦、刘承幹嘉业堂等藏书楼之书及江苏国学图书馆、上海涵芬楼诸家藏书，钞编成十四册，然今可见者唯第一、二册耳，不知散出诸册，异日能复面世否耶？欣夫先生经手惠氏父子亲校之书甚多，熟于惠氏笔迹，又精于版本目录诸学，所交往者，亦一时名流，故其当时迻录也易；今日我辈想续成先生之志，则难乎其难矣！[107]

[106] 王欣夫撰，鲍正鹄、徐鹏整理：《蛾术轩箧存善本书录·甲辰稿》卷3《松崖读书记》，下册，第1316页。

[107] 王大隆先生数十年辑惠氏书，今此残册，亦足见先生之用力之勤、用心之细。又据复旦大学吴格教授赐示，是书其余部分尚在人间，倘能与复旦所藏合而为一，刊版面世，则实为学林之幸！笔者曾过录曹、张二《序》及王先生《辑例》，并附注于本条，今先生《蛾术轩箧存善本书录》已出版，且全录三文，故此注不再迻录，可详参该书下册第1317—1321页。

玖

王欣夫先生《松崖读书记》蠡测[1]

王欣夫（1911—1966）先生是笔者景仰的文献学家，他的《文献学讲义》是笔者最为受益的古典文献学著述之一。去年从书肆购得新近整理出版的先生著作《蛾术轩箧存善本书录》[2]，更是喜不能禁，爱不释手。拜读其书，如入宝山，群玉缤纷，目不遐接。笔者多年来努力于搜集清代学者东吴三惠（惠周惕、惠士奇、惠栋）之著述及佚文，及读先生是书，方知笔者所搜辑者，早已多为先生所囊括。先生所辑《松崖读书记》22卷14册，已钞成稿，惜未能鋟行于世。先生逝后，"文革"即起，其藏书经此劫难，存亡各半，而尤可惜者，《松崖读书记》也未能逃过此劫，仅存残稿2册。今读先生《书录》，其中涉及《松崖读书记》之篇颇多，现根据《松崖读书记》残册、《书录》及笔者所阅三惠评校诸书，对《松崖读书记》做一蠡测，以考察其原貌，并探讨再次补辑的可能性。

[1] 本文原载［兰州］《图书与情报》2004年第4期，第50—54页。

[2] 王欣夫撰，鲍正鹄、徐鹏整理：《蛾术轩箧存善本书录》20卷，全书上下册，1684页，上海古籍出版社2002年版。其中《庚辛稿》《辛壬稿》《癸卯稿》《甲辰稿》《未编年稿》各4卷，每稿各自以经史子集次序排纂。书后附有《书名笔画检字索引》，颇便检寻。本文此下各注不再一一注出《书录》总名，仅注分卷名，不再说明。

[3]《未编年稿》卷3《惠氏四世传经图》，下册，第1566—1567页。

一　《松崖读书记》辑录时间与过程

　　清代中叶的苏州地区，堪为文献之渊薮，学者云集，书肆林立，藏书之家，遍布三吴。而其中尤卓异者即东吴三惠之学，灌溉学林，滋益浸多。王欣夫先生适为江苏吴县人，既处文献故里，又受业金松岑、曹元弼等名家，精于《礼》学，承朴学之风，谙于清代文献掌故，又藏书丰富，目录、版本之学更为精绝。先生早岁即留意乡邦文献，慨然以董理搜辑乡先贤著述为己任，尤其是终其身搜集三惠之著述佚文，矻矻不休，不遗余力，既刊刻惠周惕《砚溪先生遗稿》于《庚辰丛编》中，又辑三惠佚文若干篇，且收藏有惠氏后裔惠世德摹象之《惠氏四世传经图》真迹本[3]。尤为粹先生精力者，则为《松崖读书记》之辑，先生尝自述曰：

> 余幼读书家塾，发楹书得《后汉书补注》，题元和县学生员惠栋撰，心识之。长而受经于曹叔彦师，知定宇以生员而为一代汉学之宗，并熟闻惠氏四世传经之事。乃遍求其书读之，不足，则益求其手校善本。于时南北藏书家常以秘籍相假，而阅肆搜求，亦颇有得。喜其于校勘文字外，多独抒心得，零玑碎璧，俛拾即是。于是仿张海鹏刻《惠氏读说文记》之例，每种按条辑录，汇为一编。一九三八年五月，写定拟刊，人事变迁，垂成而中辍者屡矣。[4]

又先生在谈及《吕氏春秋》时曰：

> 忆一九二九年夏初，与常熟丁君初我订交，时移家苏城，携藏书与俱。余治惠氏学，兼征黄荛圃、顾千里题跋，初我首出是书见示，朱墨烂然，古香可挹。恳假录副，许以四日。因与仲兄荫嘉分工移录，昼夜不休，虽有俗冗纷扰，均置不顾。其本为卢抱经及近人许维遹所未见，因为辑校《松崖读书记》之发轫。[5]

由此可知，欣夫先生幼时即钦慕惠氏之学。而《读书记》始自1929年辑《吕氏春秋》中惠氏评校语，时先生才19岁，迄于1938初稿成。中历10年，先生所见惠氏著述及所评校之书已如此之多，除了先生所藏丰富外，他又与一时学者与藏书家如缪荃孙、曹元忠、胡玉缙、丁国钧、顾廷龙、陈献章、赵诒琛、叶鞠裳、瞿起凤、周叔弢、张元济、傅增湘、王重民、杨树达等相往还，故当时南方各

[4]《甲辰稿》卷3《松崖读书记》，下册，第1316页。

[5]《辛壬稿》卷3《吕氏春秋》，上册，第562—563页。

[6]《甲辰稿》卷3《松崖读书记》，下册，第1321页。

[7]《甲辰稿》卷3《松崖读书记》，下册，第1321页。案本文所引《松崖读书记辑例》，皆依《书录》中文字为准，下不再说明。

[8]《甲辰稿》卷3《庄子》，下册，第1348—1350页。

地公私所藏，多为其浏览，正如先生《松崖读书记·辑例》曰：

> 是编之辑，时历十年，所据各本，除自藏外，多假之同好执友，如常熟瞿氏启甲、熙邦父子铁琴铜剑楼，江安傅氏增湘双鉴楼，杭县叶氏景葵卷盦，吴兴刘氏承乾嘉业堂，常熟丁氏祖荫缃素楼，上元邓氏邦述群碧楼，吴县潘氏承谋彦均室，至德周氏暹自庄严堪，贵池刘氏之泗玉海堂，吴县顾氏则奂过云楼，及江苏国学图书馆、上海涵芬楼。用志于首，以示不诬。[6]

此亦可见当时学者与藏书家间交往之频繁，交谊之拳拳，令我辈今日借读一书，往往费尽周折尚不能得者，不禁心往而神驰！然是稿之辑，并未即此而止，后来年月，尚有续辑，先生于《辑例》中已曰：

> 兹编所辑，仅据所藏及所见者，随得随录，但书囊无底，见闻夯陋，挂漏尚多。望海内藏书家，惠然假读，再辑续编[7]。

又其在论及《庄子》时曰：

> 今读此定宇校本，凡与《易》义攸涉者，均标识而阐发之。……至其诠释训诂，精义尤多。……故友华亭封君衡甫旧藏张柳泉临世德堂本，因属其哲嗣耐公照录于此翻刻本上，以俟辑入《松崖读书记》。[8]

今《读书记》中，无《庄子》惠评之辑，或封氏当时未尊先生之嘱录出，已不能知。又先生在晚年论《松崖读书记》曰：

近岁又见《春秋左氏传》、《山海经》、《老子》、《庄子》诸校本，当再博访以辑续编。[9]

考甲辰为1964年，而先生1966年即因肺炎遽归道山，亦可知先生在晚年仍属意于《读书记》之辑，上述《庄子》等或已辑出，或尚未辑，皆因先生去世太早，所以未能补入。

先生辑此稿过程中，还曾遭胠箧之殃，先生曾述其临惠士奇、惠栋校本唐李鼎祚《周易集解》，于1962年迁移宿舍时，与临惠栋校《论衡》等数书，被邻童窃失，使先生恒用怅怅。[10] 好在《读书记》稿尚存，然"文革"之祸，《读书记》终至散佚，益令人扼腕而三叹！

[9]《甲辰稿》卷3《松崖读书记》，下册，第1317页。

[10]《未编年稿》卷3《李氏易传》，下册，第1559页。

二 《松崖读书记》残存现状

《松崖读书记》原稿为二十二卷（附《更定四声稿》四卷与《增辑松崖文钞》二卷），十四册，惠栋评，吴县王大隆辑稿本。今唯残存2册，藏复旦大学图书馆。首册共8页，每页10行，每行22至24字不等。每页左下角有"学礼斋校录"字样。有曹元弼、张尔田二《序》与王先生《辑例》。第二册首页大题"松崖读书记　吴县原籍秀水王大隆补安辑"。有"王大隆印"白方、"欣夫"朱小方、"复旦大学图书馆藏"朱方诸印。第二册为《毛诗注疏据长洲叶昌炽录本》，不分卷，以《毛诗注疏》之卷数为准，凡27页185条。末《毛诗草木鸟兽虫鱼疏广要据手阅本》仅存1条。由下述卷次可知，先生原书卷三至卷六为所辑《毛诗》、《韩诗外传》惠氏评校之文，则恰为今存第二册之内容。其余十二册包括《更定四声稿》与《增辑松崖文钞》，今皆散佚无存。

然即现存二册来看，似乎也不是先生之定稿本，笔者曾从复旦大学图书馆过录首册二篇《序》文与《辑例》，与先生《蛾术轩箧存善本书录》中所录，文字差异，所在多有，不仅序文经过修改，《辑例》亦如之。如首册《辑例》10条中第1条，复旦本为"是书仿长洲何焯《义门读书记》、桐城姚范《援鹑堂笔记》例"，而《书录》中为"是书仿常熟张氏海鹏《借月山房丛书》所刻《惠氏读说文记》例"；又如末识语为"己卯季冬吴县原籍秀水王大隆识"（1939年），《书录》中为"一九三八年五月王欣夫识"。尤其是从《辑例》第6条，更可见先生后来修改之痕迹。复旦本《辑例》第6条曰：

先生群经注疏校阅本，其精华多已采入《九经古义》，今所辑者皆随手笺记，本有未定之说，或非精诣所在，然正可见先正读书之法，若以"君子不示人以璞"语为绳，则非辑是编之旨也。

而《书录》中此条曰：

先生群经注疏校阅本，虽多已采入《九经古义》，但《九经古义》为早岁所编定，晚年续有心得，皆随手笺记于书眉，实为精诣所在。又《九经古义》经戴东原删订，今所录悉如原本，正可见先生正读书之法，若以"君子不示人以璞"语为绳，非辑是编之旨也。

其他诸条所改，皆较原来简明，惟此条文字增多，似颇不解，然先生在1961—1962年间论清钮树玉《九经古义参证》时曰：

> 松崖《九经古义》，余曾考订为早岁之书，说详《校本毛诗注疏跋》。今读匪石此书，有足佐成余说者。《尚书》二十五篇之为晚出，至松崖《古文尚书考》而其证益坚，此书既称"古义"，则不应诠释晚出书，而书中有及《大禹谟》、《咸有一德》、《说命》、《泰誓》、《武成》、《周官》、《君陈》诸篇文者，匪石一一注明。可知撰《古义》时，于《古文尚书》真伪之辨，尚无定论，此早岁之说也。……独怪松崖高弟若江艮庭者，其辑录师说，如《读说文记》，非不求详，而于《九经》独依初稿传钞，虽经东原审定，南涧校刻，均仍而不正，何耶？[11]

读此段文字才知道，原来先生后来发现惠栋《九经古义》乃早岁之作，故对此条《辑例》增改，亦知后来改动之迹。第一册中修改情况如此，复旦存另一册，也有类似情形。比如现存此册，为《毛诗注疏》，不分卷，而《书录》中所列《目录》，则卷3至卷6为《毛诗注疏》与《韩诗外传》，更见后来又经梳理与整饬。因此笔者怀疑复旦今藏之稿外，或后来另有改定稿，或先生所修改者仅《序》与《辑例》，他册后来统编有卷帙，此皆不能悉知。

三　《松崖读书记》之体例与卷帙

《松崖读书记》虽然仅残二册，但因为有曹、张二《序》与《辑例》俱在，而先生《蛾术轩箧存善本书录》中又存其《目录》，两相

[11]《辛壬稿》卷1《九经古义参证》，上册，第415页。

对照，可使我们详知其辑书体例与卷次情况。现照录先生《松崖读书记辑例》中有关条例如下：

一、是书仿常熟张氏海鹏《借月山房丛书》所刻《惠氏读说文记》例，据先生校读群书，或传录本，按条辑录。先采列原文，或注、或音义、或疏，次空一格，录按语，其原文过长不能全录者，则标起讫，或加"云云"字，以省繁重。

二、所见先生校读之书，往往先有先生父半农先生评注，而先生再加校阅者，大概半农先生多用朱笔，先生多用墨笔，然亦有为例不纯、朱墨错出者。原本尚可据字迹辨认，传录本则易致混淆。故间有前后不符，彼此歧异者，亦有前见或误，后加订正，于此已改，而于彼未及者。可见前贤读书之精进，今既无从分析，祇可两存之。总为惠氏一家之学也。

三、原书多据唐、宋、元善本，校正讹字。在当日为罕见秘笈，而今已多有影印，世所习见。且其重要者，阮元、卢文弨、黄丕烈、顾广圻所刻书，后附《校勘记》，亦多征引，故兹不具录。

四、原书于句读批抹，具有精意，足资启发。本欲仿归、方评点《史记》例详著之。因琐碎过甚，卷帙太巨，又传录本或有未录句读批抹者，故不能一一详之也。

五、凡所据传录本，多出一时学者之手，故详审与手迹无异，每种小题下，必注据某某录本，以明渊源所自。录者间有按语，则附录于当条下。

六、先生群经注疏校阅本，虽多已采入《九经古义》，但《九经古义》为早岁所编定，晚年续有心得，皆随手笺记于书眉，实为精诣所在。又《九经古义》经戴东原删订，今所录悉如原本，正可见先生正读书之法，若以君子不示人以璞语为绳，非辑是编之旨也。[12]

先生辑书之体例既已如上所引，无须再多加说明。至于其所辑何书？所辑多少种书以及卷帙情况如何？据曹元弼《序》载，欣夫先生"于惠先生评校本，搜访尤勤，凡所传录至三十余种之多，蔚然为艺林大观"[13]。而今《书录》所载《目录》，所辑之书恰为三十种，现详列《目录》如下：

卷一—卷二《京氏易传》、《李氏易传》、《周易义海撮要》

卷三—卷六《毛诗》、《韩诗外传》

卷七《周礼》

卷八《礼记》、《大戴礼记》

卷九《春秋公羊传》、《春秋穀梁传》

卷十《尔雅郑氏注》、《尔雅》、《经典释文》、《广韵》、《熊氏经说》

卷一一—卷一四《汉书》

卷一五《后汉书》

卷一六《逸周书》、《穆天子传》、《水经注》

卷一七《管子》、《孔子家语》

卷一八《荀子》

卷一九《吕氏春秋》

卷二〇《韩非子》、《春秋繁露》

卷二一《淮南子》、《论衡》、《蔡中郎集》

卷二二《渔洋山人精华录笺注》[14]

[12]《甲辰稿》卷3《松崖读书记》，下册，第1320—1321页。

[13]《甲辰稿》卷3《松崖读书记》，下册，第1318页。

[14] 原《目录》后尚附有附《更定四声稿》残稿4卷、《增辑松崖文钞》2卷。详参《甲辰稿》卷3《松崖读书记》，下册，第1316页。

此则《读书记》之卷帙情况，其排纂依四部分类，或数书一卷，或一书数卷，则依所辑内容多少为定。

四 《松崖读书记》所据底本考述

《松崖读书记》辑录时所据定本，今从欣夫先生《蛾术轩箧存善本书录》及复旦大学图书馆、上海图书馆等馆所藏书中，可约略考得如下：

卷一—卷二 《京氏易传》、《李氏易传》、《周易义海撮要》

《易传》3卷，汉京房撰，吴陆绩注，清惠士奇、惠栋评，清朱邦衡钞跋本。[15]其书今藏复旦大学图书馆，其上有"欣夫"印。

《李氏易传》17卷，唐资州李鼎祚辑，清乾隆己卯德州卢见曾雅雨堂刊本，吴县王欣夫临元和惠士奇、惠栋校，是书于1962年迁移宿舍时被邻童窃失。[16]今上海图书馆藏有《易传集解》17卷，李鼎祚撰，乾隆二十一年雅雨堂丛书本，清潘世璜录惠栋批校。

《周易义海撮要》12卷，宋李衡撰。今苏州市图书馆藏有康熙时纳兰成德刻《通志堂经解》本，惠栋批，丁晏跋。此本笔者未亲见，然疑即王先生所据之底本。

卷三—卷六 《毛诗》、《韩诗外传》

《附释音毛诗注疏》40卷，无名氏临元和惠士奇、惠栋校。[17]同时，另据长洲叶昌炽辑《毛诗正义惠氏校本录存》，是书不分卷，一册，为叶氏临惠士奇、惠栋校，手钞本并跋。叶氏所据者又为吴县陶氏所藏定宇父子手校明北监本，叶本后亡佚。[18]

《韩诗外传》，王先生书中未著录，亦不见诸家书录所载有惠校

---

[15]《辛壬稿》卷1《易传》，上册，第363—364页。

[16]《未编年稿》卷3《李氏易传》，下册，第1558—1559页。

[17]《甲辰稿》卷1《附释音毛诗注疏》，下册，第1115—1116页。

[18]《甲辰稿》卷1《毛诗正义惠氏校本录存》，下册，第1117—1118页。

本，疑即明毛氏汲古阁刻《津逮秘书》本惠评《韩诗外传》本。

卷七《周礼》

《周礼注疏》42卷，汉郑玄注，唐贾公彦等疏，唐陆德明释文，明崇祯六年毛氏汲古阁刻十三经注疏本，清吴昕录清何焯、惠士奇、惠栋校并跋。是书今藏上海图书馆，1936年王欣夫先生曾借是本过录，且跋语其上。[19]

卷八《礼记》、《大戴礼记》

《礼记注疏》63卷，清乾隆六十年和珅影宋刻本，清姚椿校并录惠栋校跋，原为上元宗氏舜年藏，后为欣夫先生所得，今残存43卷，藏复旦大学图书馆，即先生所据底本。[20] 诸家传钞惠校之原始底本，为《礼记正义》70卷，宋绍熙三年两浙东路茶盐司刻宋元递修本，有惠栋跋、李盛铎跋，今藏中国国家图书馆。

《大戴礼记》13卷，惠校原本为明豫章蔡文范本，王大隆临惠栋、顾广圻校于乾隆戊寅德州卢见曾雅雨堂刻本，并跋其后。[21]

卷九《春秋公羊传》、《春秋穀梁传》

《春秋公羊传注疏》28卷，明崇祯七年毛晋汲古阁刊本，吴县王欣夫嘱友临清长洲何煌、元和惠栋、华亭沈大成、娄县张尔耆校本。[22] 而其所临底本亦崇祯七年毛氏汲古阁刻十三经注疏本，清张尔耆校，清吴孝显录惠栋、沈大成校，今藏上海图书馆。

《春秋穀梁传注疏》20卷，明崇祯八年（欣夫先生著录作"七年"）毛晋汲古阁刊本，吴县王欣夫临清长洲何煌、元和惠栋、娄县张尔耆校本。[23]

卷一○《尔雅郑氏注》、《尔雅》、《经典释文》、《广韵》、《熊氏经说》

《尔雅郑注》3卷，宋郑樵注，明常熟毛氏汲古阁刻《津逮秘书》本，清元和惠栋手校。[24]

[19] 《癸卯稿》卷1《周礼注疏》，上册，第732—733页。

[20] 《甲辰稿》卷1《礼记注疏》，下册，第1129—1131页。

[21] 《辛壬稿》卷1《大戴礼记》，上册，第384—385页。

[22] 《癸卯稿》卷1《春秋公羊传注疏》，上册，第767—770页。

[23] 《癸卯稿》卷1《春秋穀梁传注疏》，上册，第770—771页。

[24] 《甲辰稿》卷1《尔雅郑注》，下册，第1149—1150页。

《尔雅注疏》11卷，清同治覆刻汲古阁本，吴县王欣夫嘱友临元和惠栋、华亭沈大成、金山王嘉曾校。[25] 又上海图书馆藏有《尔雅》3卷，清乾隆二十九年孔继汾刻本，清吴孝显录惠栋校。

《经典释文》30卷，清康熙成德刻通志堂经解本，清费念慈跋并录何煌、惠栋、江声、段玉裁等校。[26] 是本今藏复旦大学图书馆。

《广韵》5卷，清康熙四十三年张士俊泽存堂覆刻宋初刻印本，吴县王欣夫临元和惠栋、金坛段玉裁、元和顾广圻、丁士涵校。[27]

《熊氏经说》7卷，元熊朋来撰，清康熙纳兰成德刻《通志堂经解》本，丹徒柳诒徵临元和惠栋校并跋。[28] 今南京图书馆藏清康熙成德刻《通志堂经解》本，惠栋批，陆沆、丁晏跋。是本即王先生寄本乞柳先生过录之底本。

卷一一—卷一四《汉书》

《汉书》100卷，同治八年金陵书局刊本，清衲荨氏临元和惠栋等校并跋。[29] 惠校《汉书》，传录甚多，而诸家传录之原始底本，为惠氏父子评校明万历二十五年北监刊《十七史》本，今藏台湾中央图书馆。

卷一五《后汉书》

《后汉书》120卷，清光绪（当为同治）八年金陵书局刊本，吴县王慎本临元和惠士奇、惠栋校。[30] 今苏州大学图书馆藏有明崇祯十六年毛氏汲古阁刻本，惠栋批校，很可能即王慎本所钞之祖本。

卷一六《逸周书》、《穆天子传》、《水经注》

《逸周书》、《穆天子传》二书惠氏评校本，既不见王先生《书录》，笔者亦未见诸家目录著录，故其所据之本，暂付阙如，俟再查考。

《水经注》40卷，清乾隆癸西歙西黄晟槐荫草堂刊本，吴县王欣夫临元和惠栋校，又□锟校。[31] 王先生所临者，为惠栋校明嘉靖十三

---

[25]《癸卯稿》卷1《尔雅注疏》，上册，第801—803页。

[26]《癸卯稿》卷1《经典释文》，上册，第780—786页。

[27]《癸卯稿》卷1《广韵》，上册，第838—840页。

[28]《辛壬稿》卷1《熊氏经说》，上册，第412—414页。

[29]《庚辛稿》卷2《汉书》，上册，第75—77页。

[30]《未编年稿》卷4《后汉书》，下册，第1649—1650页。

[31]《癸卯稿》卷2《水经注》，上册，第927—929页。

年黄省曾刻本，原为上海涵芬楼之物，今藏中国国家图书馆。

卷一七《管子》、《孔子家语》

《管子》24卷，清光绪二年浙江书局复刻明吴郡赵用贤本，吴县王欣夫临校宋蔡潜道墨宝堂本，又录元和惠栋、顾广圻校并跋。[32] 今复旦大学藏书明万历刻本，即王先生所据底本，卷一首页有"王欣夫藏书印"朱长方印。

《孔子家语》10卷，明毛氏汲古阁刊，吴县王欣夫校明吴县陆治手钞本，并临元和惠栋校。[33] 今上海图书馆藏明嘉靖四十三年陆治手钞本，惠栋点评，清王鸣盛跋。即王先生所据之底本。

卷一八《荀子》

《荀子》20卷，清光绪二年浙江书局刊本，王欣夫自临吴县叶奕、长洲何焯、元和惠士奇、惠栋、顾广圻校并跋。[34] 欣夫先生谓原用明世德堂本，藏瞿氏铁琴铜剑楼。今上海图书馆藏明桐阴书屋刻六子书本，为清沈大成校跋并录惠栋校，不知是否先生所临之底本。

卷一九《吕氏春秋》

《吕氏春秋》26卷，吴县王苍虬手校元至正嘉兴路儒学刊本，王欣夫自临清元和惠士奇、惠栋父子，华亭沈大成校本。[35]

卷二〇《韩非子》、《春秋繁露》

《韩非子》20卷，清光绪元年浙江书局覆全椒吴鼒影宋乾道本，吴县王欣夫临元和惠栋校。[36] 惠氏校本用明万历十年赵用贤刻本，今中国国家图书馆藏有明万历十年赵用贤刻管韩合刻本，为清顾广圻校跋并录惠栋批校题识，不知是否王先生所从录之底本。

《春秋繁露》17卷，明天启五年乙丑王道焜刊本，清长洲陈树华手校，又临元和惠栋校并跋。[37] 今藏复旦大学图书馆之是书明刻《广汉魏丛书》本，为清陈树华校跋并录惠栋校跋，并有王大隆跋，则为先生所祖之本。

[32]《甲辰稿》卷3《管子》，下册，第1277—1287页。

[33]《甲辰稿》卷3《孔子家语》，下册，第1258—1259页。

[34]《辛壬稿》卷3《荀子》，上册，第559—562页。

[35]《辛壬稿》卷3《吕氏春秋》，上册，第562—564页。

[36]《癸卯稿》卷3《韩非子》，下册，第978—979页。

[37]《辛壬稿》卷1《春秋繁露》，上册，第400—402页。

卷二一《淮南子》、《论衡》、《蔡中郎集》

《淮南子》21卷,清光绪二年浙江书局刊本,王欣夫临元和惠栋、顾广圻、管庆祺校并跋。[38] 今中国国家图书馆藏有清乾隆五十三年庄逵吉刻本,清顾广圻校跋并录惠栋校。

《论衡》30卷,明万历程荣刻《汉魏丛书》本,吴县王欣夫临惠栋校。[39] 先生所临此书,与所临惠栋唐李鼎祚《周易集解》等为梁上君子携去,故当无存本。然今复旦大学藏明万历程荣刻《汉魏丛书》本,王大隆录惠栋校,殆即是书,或者为失而复得。

《蔡中郎集》,是书先生《书录》未载,亦未见诸家书目有记载者,俟再查考。

卷二二《渔洋山人精华录笺注》

《渔洋山人精华录笺注》12卷《补》1卷,清金荣撰,乾隆时金氏凤翔堂刊本,王欣夫自临惠栋评校,口康甫临大兴翁方纲评。[40]

就以上考述可知,王先生当年辑书时所据之本,或为先生自藏之书,或从他处转临之书,尽管先生藏书散佚,但其所据之本,部分仍存复旦、上海及他馆中。

[38]《辛壬稿》卷3《淮南子》,上册,第568—573页。

[39]《未编年稿》卷3《论衡》,下册,第1596—1606页。

[40]《癸卯稿》卷4《渔洋山人精华录笺注》,下册,第1031—1033页。

五 《松崖读书记》所未录惠校诸书及其他

王欣夫先生当年辑书时,虽广搜江南各地藏书,但因为条件所限,北方如北图及全国其他各地藏书,则很少寓目,故遗漏尚多,现据笔者所见所闻,将惠氏评校之书为王先生所未辑者,补其目录于下(所藏书诸馆皆省称之):

《惠氏经说》5卷，惠栋撰，清钞本，国图。

《十三经注疏》333卷，明崇祯时毛氏汲古阁刻本，清张尔耆录，惠栋、卢文弨批校，湖北。

《周易兼义》9卷，唐孔颖达撰，崇祯四年毛氏汲古阁刻《十三经注疏》本，佚名校并录惠栋校注，周星诒跋，国图。

《易纂言》12卷卷首1卷，元吴澄撰，康熙纳兰成德刻《通志堂经解》本，惠栋、丁丙跋，南京。

《古周易订诂》16卷，明何楷撰，崇祯刻本，惠栋批，南京。

《周易乾凿度》2卷，乾隆二十一年《雅雨堂丛》本，唐仕寿录翁方纲校跋并录惠栋校注，国图。

《尚书注疏》20卷，崇祯五年毛氏汲古阁刻《十三经注疏》本，清张允垂跋并录惠栋校，上海。

《新刻诗考》1卷，宋王应麟撰，明拥万堂刻《古名儒毛诗解》十六种本，惠栋校，上海。

《周礼注疏》40卷，崇祯元年毛氏汲古阁刻本《十三经注疏》本，清吴昕录何焯、惠士奇、惠栋等校跋，上海。

《仪礼注疏》17卷，崇祯九年毛氏汲古阁刻《十三经注疏》本，惠栋、费士玑批校，南开大学。

《春秋经传集解》30卷，晋杜预撰，明刻本，清朱邦衡校并跋又录惠栋校，国图。

《刊谬正俗》8卷，唐颜师古撰，清钞本，惠栋校，南京。

《群经音辨》7卷，宋贾昌朝撰，清康熙五十三年张士俊《泽存堂五种》本，惠栋校，国图。

《汉书评林》100卷，明万历九年凌稚隆刻本，惠周惕批并跋，北师大。

《三国志》65卷，崇祯十七年毛氏汲古阁刻本，章钰校跋并录何焯、惠周惕批校、朱邦衡跋，国图。

《三国志》65卷，万历二十四年南京国子监刻本，朱邦衡校跋并录何焯、惠士奇批校圈点，国图。

《三国志》65卷，崇祯十七年毛氏汲古阁刻本，朱邦衡录何焯、惠栋校，北京市文物局。

《国语》21卷，明刻本，惠栋校注并跋、周星诒跋、翁斌孙跋，国图。

《战国策》33卷，乾隆二十一年《雅雨堂丛书》本，袁廷梼跋并录惠士奇批校、顾广圻校跋，国图。

《华阳国志》12卷，明万历吴管刻古今逸史本，佚名录何焯校、惠栋跋，上海。

《扬子太玄经》10卷，明天启六年武林书坊赵世楷刻本，清梅春跋并录惠周惕校、丁丙跋，南京。

《墨子》16卷，清毕沅校注，乾隆四十九年毕氏灵岩山馆刻《经训堂丛书》本，清黄丕烈跋并录惠士奇批校，山东。

《芦浦笔记》10卷，宋刘昌诗撰，清钞本，惠栋校、汪张仁绍校并跋，国图。

《朝野类要》5卷，宋赵升撰，清沈叔埏录惠栋校跋，南京。

《山海经》18卷，晋郭璞传，明万历十三年吴管刻《山海经水经合刻》本，惠栋校注，国图。

《孟东野集》10卷，明天毛氏汲古阁刻《五唐人集》本，惠栋评点，清江标、张文虎跋，上海。

《后山诗注》12卷，宋陈师道撰，宋任渊注，明嘉靖十年朱宠瀼梅南书屋刻本，惠栋批点，国图。

《津逮秘书》残存9种37卷，明毛晋编，明崇祯毛氏汲古阁刻本，惠栋批校并跋，杭州市图。

《津逮秘书》残存7种24卷，明毛晋编，明崇祯毛氏汲古阁刻本，惠栋批校并跋，复旦。

另外，笔者所见惠氏红豆斋藏过之书尚多，或有跋而无校，或有一二处校文，在此皆不取之。以上所录及《松崖读书记》中所涉诸书，如《十三经注疏》、《李氏易传》、《经典释文》、《汉书》、《荀子》、《管子》、《韩非子》、《淮南子》等书，清人过录惠校本甚多，而《松崖读书记》所据之底本或他家钞录本，除极个别外，几乎在今天仍皆可按索求得，这其中欣夫先生所言《老子》、《庄子》等惠校本笔者尚未寓目，此类必不在少。如果从这一角度讲，可以说是《松崖读书记》亡又未亡，倘有好事者踵欣夫先生之后，再从诸书中辑钞成书，至少我们可以从六十余种惠校之书中辑其评校之语，则所得当更有甚于欣夫先生所辑。或许有人认为此为大可不必之事，其实不然，就笔者所见及摘录之惠氏评校文字来看，这些文字对研究三惠之学与清代学术有非常重要的价值，此是别一话题，笔者将另文申述，此不多言。

但笔者也深有感触，要像欣夫先生那样辑书，在今日甚难。笔者所见清儒过录惠氏评校之书，因为过录之语，不仅仅惠氏一家，有一书中辑校之语多达五、六家评校之语者，有的书中以各色墨迹移录以为别识，有些书则无有，诸家相混，且过录各家，递相转钞，零乱错陈，讹误多有。且惠校诸书，多为宋元以来古籍，尤以明末汲古阁刻本为多，在今日各大馆中已皆视如秘籍，锁钥深纳，启鐍为难，倘不见原本而只凭胶卷，则更无从识辨。欣夫先生当日所见多惠氏亲笔，且先生熟于惠氏之学，故所辑相对为易。辑书看似简易，但绝非率尔从事的钞胥工作，而是一件严肃、认真、细致的学术研究工作，需要极高的学识与辨别能力。因此，即使我们今天所见三惠之书及其批校之本，比欣夫先生还要多，但要做到先生那样的程度甚至更好，却实属不易。

还有一点至为关键的是，我们无论学者自身还是外部环境，都缺少欣夫先生那样孜孜以求、视如性命的治学态度与精神。先生曾谈到他在郑振铎处见到过惠栋好友顾栋高的《万卷楼文集》钞本十巨册求售者，其中有《惠定宇墓志铭》，因战乱频仍，未遑钞出，使先生每每提及，辄为"呼负而已"[41]。可知先生车途饭余，皆将搜辑惠氏文字放在心上，有此虔诚与恒心，才能数十年辑成一书。在学术已经被量化到用著作册数、论文篇数来衡量学者水平的今天，数十年著一书已然罕见，而数十年辑一书恐已早成绝唱。张尔田《松崖读书记序》谓："欣夫矻矻之勤，与夫服膺前辈之笃，又岂可望之今人哉！"后之今日而读斯序，可与张氏同发一慨。故仅匆草此文，权且算是后生小辈对欣夫先生的一点微不足道的尊礼与纪念吧！

---

[41]《辛壬稿》卷4《小万卷楼剩稿》，上册，第642页。按：现中国国家图书馆藏有顾氏《万卷楼文稿》10册，不分卷，清钞本，《惠征君松崖先生墓志铭》在第7册内，盖即欣夫先生所论及之本。

拾

古籍稿本的文本解读：
是学术专著？还是资料汇编？[1]
——以清代学者惠栋、戴震著述为例

[1] 本文原载《北京大学中国古文献研究中心集刊》(第11辑),北京大学出版社2011年12月版。

正确解读文本,是学术研究中对学者学术素养的最基本要求。虽然说一部书可以有多种解读方式,但本着溯本求源、实事求是的精神,应该说最接近原作者著述大旨的解释,才是最合理也最能反映历史本来面目的解读方式。对于文本的研读不够深入,一知半解,要么过度阐释,要么依照自己的需要进行曲解,甚或所论大乖原作者著述之意旨,建立在如此解读基础上的学术研究,自然也就无从谈起客观与公正,只不过是重犯古人"六经注我"之故智而已。

以上所言对文本的错误解读,在古籍整理与古书释读中,也并不少见。尤其是古代名家之手稿本、稿本及传钞本,后人一经发现,在研究与解释中,不能综览作者生平与学行,不能兼顾作者其他著述,不细绎文本,常常就某一稿本或钞本,轻率地概括其内容,判定其价值,评价其思想,而所得结论却往往是靠不住的甚至是错误的。

惠栋(1697—1758)与戴震(1724—1777),是清代中期考据学界的两位大师与领袖。他们一生的经历,有许多相同之处:二人都是为衣食而奔波,生活艰辛;二人皆未得高寿,因此他们生前最看重的著述,如惠氏《周易述》、戴氏《七经小记》等,皆未完成。二人留存在世的著述,戴震之书虽有段玉裁整理之《戴氏遗书》刊行,然亦搜罗不全,而惠氏之书,至今仍未有《全集》董理出版。因此后人无从了解他们一生所有著述之全貌;二人都留下了一批手稿本、稿本与传钞本。戴震著述民国间复有《戴东原先生全集》刊布,今又有《戴震全集》与《戴震全书》行世,而惠氏全书之整理,尚有待好事者董理而刊布之。

因之,惠栋与戴震的著述,一方面是代表作皆未成完帙,留有缺憾;另一方面却是他们身后又留下了一些稿本或传钞本,零星散见于各地。这也导致惠、戴之书自当时起,如戴震弟子段玉裁、惠栋再传弟子江藩以及四库馆臣等，就已经不明惠、戴个别书籍之著述大旨，后人在研究与解读这些著述时，更是既踵讹传谬，又新添疮痏，今试举数例以明之。

一 惠栋《易微言》、《易大义》诸书是学术专著，不是资料汇编

惠栋一生最重要之代表作，当为《周易述》系列著述，惜至其谢世，尚未完稿。是书收入《四库全书》中，《四库总目》论其书曰：

其《目录》凡四十卷，自一卷至二十卷，皆训释经文；二十二卷、二十三卷，为《易微言》，皆杂钞经典论《易》之语；二十四卷至四十卷，凡载《易大义》、《易例》、《易法》、《易正讹》、《明堂大道录》、《禘说》六名，皆有录无书。……其《易微言》二卷，亦皆杂录旧说，以备参考，他时蒇事，则此为当弃之糟粕，非欲别勒一篇，附诸注疏之末。故其文皆随得随书，未经诠次。栋没之后，其门人过尊师说，并未定残稿而刻之，实非栋本意也。[2]

又《总目》论《易例》曰：

栋所作《周易述》，《目录》列有《易微言》等七书，惟《易微言》二卷附刊卷末，其余并阙。此《易例》二卷，即七

2 [清] 永瑢等撰：《四库全书总目》卷6《周易述二十三卷》，北京：中华书局1965年版，第44页。

书中之第三种……意栋欲镕铸旧说，作为《易例》，先创草本，采摭汉儒《易》说，随手题识，笔之於册，以储作论之材。[3]

案《总目》此两条之说，皆似是而非。其未见惠氏《易大义》诸书，遂有"有录无书"之结论。至其论惠氏著书之大旨与诸书间之关系，更为臆测之辞。

实际情况是《周易述》全书40卷，凡《周易述》21卷、《易微言》2卷、《易大义》3卷、《易例》2卷、《易法》1卷、《易正讹》1、《明堂大道录》8卷与《禘说》2卷。《周易述》既为系列著述之总名，亦为其中一书之专名。首《周易述》21卷，乃全书之核心，惠氏抛弃王弼、韩康伯以来注疏，以汉儒荀爽、虞翻之说为主，兼采汉魏诸家之说，自为注而自疏之。《易微言》汇辑先秦两汉诸家论说与《易》相契者，逐条列举，以区别于宋儒之义理。"大抵上卷言天道，下卷言人道，所谓义理存乎故训，故训当本汉儒，而周秦诸子可以为之旁证也。"[4]《易大义》实即《中庸注》二卷与《礼运注》一卷，惠氏以为"子游《礼运》、子思《中庸》，纯是《易》理"[5]。又《易》道尚"中和"，而"'中庸'即中和也"[6]。故注此二篇与《易》相发明。其中《礼运注》缺，尚是未完之书。《易例》大抵上卷明《易》之由始、性质及内容，下卷明汉儒解《易》诸条例。《易法》阙。当为明汉儒释《易》之本例法则。惠栋又有《易汉学》八卷，专明诸家释《易》之法，与此书差或近之。《易正讹》阙。当为校勘是正文字之作。从其《周易古义》与《周易述》中可窥其端倪，惠栋校改之字，皆在其中。至于《明堂大道录》、《禘说》二书，惠氏认为上古明堂为大教之宫，而禘祀之礼行于其中，其制备于三代，而详载于《周礼·冬官》，《冬官》亡而明堂之法失，然尚寓于《说卦》及汉儒解《易》书中，故著此二书以考明之。书名《明堂大

---

[3] [清]永瑢等撰：《四库全书总目》卷6《易例提要》，第44页。

[4] 钱穆：《中国近三百年学术史》，北京：中华书局1986年版，上册，第325页。

[5] [清]惠栋撰，漆永祥整理：《松崖文钞》卷1《上制军尹元长先生书》，台湾："中央研究院"2006年版《东吴三惠诗文集》，第315页。

[6] [清]惠栋：《周易述》卷19《文言传疏》，上海：上海古籍出版社1990年缩印文渊阁《四库全书》本，第222页。

道录》乃因"大道者,取诸《礼运》,盖其道本乎《易》而制寓于明堂,故以署其篇云"[7]。又"因学《易》而得明堂之法,因明堂而知禘之说,于是刺六经为《禘说》,使后之学者知所考焉"[8]。

由以上考辨可知,惠栋诸书绝非率尔之作。全书以《周易述》为核心,推翻魏晋以来义疏之学,另标一帜。《周易述》以汉儒之说为主另立新疏,《易微言》、《易大义》明《易》之"微言大义",《易例》、《易法》明圣人作《易》之源及汉儒解《易》之本例法则,《易正讹》校历代相沿之讹文误字以复古本之旧,《明堂大道录》与《禘说》钩稽明堂之法与禘祀之制以证《易》为军国大政之用。诸书相互发明,交相为用,融贯一体,不可或缺,为惠栋深思熟虑、精心结撰之系列著述。

惠栋后半生迫于衣食,又年岁不永,故《周易述》诸书或缺或杂,又少序跋之文以明其著书之旨,刊行于世亦先后不一,故当时人便对惠氏之意不甚了了,妄加论断。除《四库总目》外,即惠氏之徒亦如之。如江藩为惠栋再传弟子,曾得到江声手写本《易大义》(即《中庸注》),即附刻于己作《〈周易述〉补》卷末,然其《〈易大义〉跋》曰:"盖徵君先作此注,其后欲著《易大义》以推广其说,当时著于录而实无其书,嗣君汉光先生即以此为《大义》耳。至于《礼运》,则反复求之而不能明也。"其实,惠书"中庸"二字大题之下即注曰:"此仲尼之微言大义,子思传其家学者为此书,非明《易》不能通此书也。"江藩不加深考,反以为惠栋后人误解其先人之意。自《提要》及江藩诸说出,惠栋著述之旨即晦而不闻,直至今日。[9]

由此可见,惠栋《易微言》、《易例》诸书,看似资料汇编,实则为惠栋系列著述之重要组成部分,只有将这些著述并举而综览之,方能明晰惠氏著书之宗旨,也才能了解其《周易述》系列中诸书书名之"微言大义"。

---

[7] [清]惠栋:《明堂大道录》卷1《明堂总论》,《经训堂丛书》本,第3页。

[8] [清]惠栋:《禘说》卷上《叙首》,《经训堂丛书》本,第1页。

[9] 详参拙文《四库总目提要惠栋著述纠误》,见《文史》2000年第4期,第315—317页。

二 惠栋《周礼会最》、《汉事会最》诸书是资料汇编，而非学术专著

惠栋一生著述丰硕，除《周易述》与《九经古义》等书外，史学方面当以《后汉书补注》为最耗心血之作。惠氏未刊书稿今见于各馆者甚多，他不具论，今论其《周礼会最》、《汉事会最》、《汉事会最人物志》等数种。

《周礼会最》，不分卷，手稿本一册，今藏北京大学图书馆。北京大学图书馆影印《稿本丛书》中有是书，编纂者于书前之《提要》论曰：

> 此书为惠氏考证《周礼》之作，尤详官制典章。每考一事，首引原文，次汇诸家异同，后述已见。卷后附录惠氏辑录诸家论《周论》（引者案："论"当为"礼"之误）文章九篇。[10]

案《周礼会最》为惠栋手稿本，书耳左上方有"新修苏州府志"一行，则为当时修志所用稿纸。考《乾隆苏州府志》八十卷，为傅椿修、王峻等主纂，乾隆十三年刻本。其《修志姓名·协修人员》有"元和县贡生程锺、元和县学生员惠栋、昭文县学生员鲍晋高、吴县布衣李果"[11]，则《周礼会最》为惠栋修志期间或稍后所辑之书。

《周礼会最》全书共200余条，其体例为首列《周礼》经文，此低一格摘抄郑注、贾疏以及汉唐以来诸家之说，如郑玄《三礼目录》、王安石《周官新义》、王昭禹《周礼详说》、叶时《礼经会元》、郑伯谦《太平经国之书》、王与之《周礼订义》、易祓《周官总义》以及吕大临、陈汲、陈傅良、李叔宝、林之奇、陈祥道、薛季瑄等

[10] 是书已有影印本，见陈秉才、张玉范编北京大学图书馆藏《稿本丛书》(2)，天津：天津古籍出版社1996年版。

[11] 《乾隆苏州府志》卷首《修志姓名·协修人员》，乾隆十三年刻本，第1函第1册，第1a页。

数十家之说，清人著述则有《御制日知荟说》以及惠栋父士奇《礼说》等，史著则有《史记》、《汉书》、《唐书》、《宋史》、《文献通考》等书。书后附录《旧唐书》卷一二五《元行冲传》中行冲《释疑》一篇。以及王昭禹《履人注辨》、郑锷《祀天裘冕辨》等论礼经之文。而全书中惠栋按语，仅三数条，且寥寥十数字而已。

由此可知，《周礼会最》实际是惠栋钞撮历代名家论《周礼》之文字，为《周礼》研究之资料集。书中几乎没有惠栋所加按语，所谓"后述己见"之说，根本不能成立。《周礼会最》一书，仅仅是资料汇编，而不是学术专著。

惠栋尚有《九经会最》，未见传本。但我们据《周礼会最》可以推知，《九经会最》亦当为钞撮资料之书，《周礼会最》很可能就是其中之一。

不仅如此，惠栋另有《汉事会最》24卷，清钞本24册，有周星诒跋，今藏中国国家图书馆藏。是书据周氏跋，乃从惠氏手稿誊出者。全书仿《通鉴长编》之例，第1册为《毛诗》、《尚书》、《周礼》、《仪礼》、《礼记》诸经之《正义》，第2册为《盐铁论》，第3册《通典》，第4册《艺文类聚续钞》上下，第5册《文选注》，第6册《齐民要术》、《两汉艺文》，第7、8两册为《艺文类聚》上下，第9、10册为《北堂书钞》上下，第11册《初学记》，第12册为诸正史《天文》、《历》、《礼》、《乐》、《食货》、《泉》、《兵》、《五行》、《舆服》、《郊祀》、《河渠》、《选举》、《百官》诸志，第13册《方伎传》、洪遵《泉志》、应劭《地理风俗说》、《金石志》，第14册《东汉会要》、《北堂书钞续》、《初学记续钞续》，第15—24册为《太平御览》。全书从诸经子史中采摘备用之史料，按类分卷排列，以备查阅利用，甚至有的条目只标在某书某卷，更见其备查索引的功能与作用。

12 ［清］戴震撰，张岱年主编：《戴震全书》第2册《经考》整理《说明》，合肥：黄山书社1994—1997年版，第188页。

惠栋还有《汉事会最人物志》3卷，或著录曰《两汉人物志》，今有《灵鹣阁丛书》本。全书取《史》、《汉》、诸家《后汉书》、《潜夫论》、《法言》、《楚汉春秋》、《三国志》、《埤雅》、《博物志》、《世说新语》、《文选》、《水经注》、《诗品》、《文心雕龙》、《初学记》、《艺文类聚》、《太平御览》、《法书要录》诸书正文或注文所引，凡起高帝迄徐英，计210余人，西汉1卷，东汉2卷。皆注明出处，或一人一条，或一人数条，多者达十数条。亦为其撰《后汉书补注》备用之史料。

惠氏尚有《诸史会最》，亦未见传本。若依《汉事会最》体例，也应是从历代诸书中所辑史料，以供其取材之用。此亦可见，惠氏注书，极重资料搜集与积累；更见古贤著书，储材之富，用力之勤，堪为典范！

三　戴震《经考》与《经考附录》是资料汇编，而非学术专著

戴震一生著述，自当时至今，经几度整理搜辑，相对惠栋没后著述之零散而言，要完整很多。民国间《安徽丛书》本《戴东原先生全集》中，收有戴氏《经考》与《经考附录》，今黄山书社1994年版《戴震全书》，二书皆收录于第2册中。

按《经考》5卷，凡摘录历代著述中有关《易》、《书》、《诗》、《礼》、《春秋》、《论语》、《孟子》与《尔雅》之说，按小类汇编而成。"先后引用典籍达七十多种，作者七十多人，共六万余字。另有'按语'四十八条，约一万二千多字。"[12]《经考附录》7卷，先后摘录

典籍更多达100余种，涉及西汉以来学者170多人，总字数在10万字以上。其卷帙内容次序大同于《经考》，唯卷7《石经考》，为《经考》所无。

实际上，《经考》及《经考附录》，与惠栋《周礼会最》《汉事会最》等书性质完全相同，即其书只是戴震研究经学的参考资料集，而绝非专门的著述。试各举《经考》与《附录》卷一所录条目为例。《经考》卷一主要辑诸家论《易》之说，小题分别为：

重卦、三易、易取变易之义、象辞爻辞、九六七八、十翼、易为卜筮而作、理象数、卦变、互体、宋儒复易古本。

全卷共11小题60余条，所录有张怀瑾、程大昌、王弘撰、顾炎武、《周礼》、程迥、胡瑗、程子、朱子、《乾凿度》、孔颖达、刘安世、沈括、《史记》、《汉书》、《三国志》、《隋书》、吴仁杰、阎若璩、冯椅、俞琰、苏轼、汪永、李鼎祚、王应麟、尤袤、董真卿、洪常、吴肃公、朱彝尊等诸家之说，其中包括戴震自己所加按语数条。[13]

《经考附录》卷一亦为摘抄诸家论《易》之说，所列小题为：

重卦有四说、连山归藏、易一名而函三义、易象象三字皆六书之假借、题周以别前代、周易上下经、卦名、汉初传易、焦延寿京房之易、王辅嗣韩康伯注易、子夏易传赝本、河图洛书、大衍、先天后天、太极图、程子易传、朱子周易本义、言古易者各易。

全卷共18小题90余条，所录分别有扬雄、《汉志》、淳于俊、

[13] 案：此按诸家之说在《经考》卷一中出现的前后为次，不计重复出现者，条目数以《戴震全书》所分段计算。

孔颖达、干宝、梁元帝、《北史》《隋书》、邵子、王观国、《中兴书目》、罗苹、朱彝尊、《乾凿度》、郑玄、张子、陆佃、罗泌、黄宗炎、王弘撰、陆德明、程子、龚原、胡一桂、俞琰、吴沆、《史记》、晁说之、赵汝楳、叶梦得、顾炎武、欧阳修、张璠、《唐会要》、孙坦、程迥、陈振孙、朱子、徐善、阎若璩、王湜、邵伯温、王申子、叶绍翁、刘因、袁桷、《朱子语录》、薛瑄、黄宗炎、《宋志》、邵博、李焘、周燔等诸家之说，包括戴震所加按语4条。

《戴震全书》的整理者，在《经考》前面所撰《说明》中，介绍《经考》时叙及其特点有三。其第二、第三点曰：

（二）《经考》集中反映了戴震早期的学术路向。即早期戴震是程朱理学的坚定信徒，是程朱唯心主义理一元论的信奉者。其主要体现是：①从对待历代思想家的态度来看：在《经考》中，戴震先后引用西汉以来七十多位学者的言论，内中除江永称"先生"外，另有四人称"子"，即北宋二程、张载和南宋朱熹，其他学者均直称其名。从中可见，戴震对程、朱等理学家的尊崇。②从学术立场来看：在《经考》卷一中，戴震除竭力称颂程朱"复《易》古本"外，还在卷五《春秋考》中颂扬程朱理学为"理明义精之学"，而对反对程朱理学者则持激烈的批评态度。③从哲学思想看：在《经考》卷一中，戴震对程颐的《程氏易传》和朱熹的《周易本义》多有肯定。尤其在"理、象、数"条中，戴震对《程氏易传》所言的"有理而后有象"、"理无形也，故因象以明理"等唯心主义观点极表赞成，详加摘录。……

（三）《经考》对新安理学家十分重视。从南宋朱熹、程大昌到元明时陈栎、胡炳文、赵汸、朱升以及清代江永等人的言论作了较多札记，这就为研究戴震思想渊源及其发展提供了重要资料。[14]

又，整理者在《经考附录》之《说明》中，亦下结论曰：

《经考附录》更鲜明地反映了戴震早期的学术路向，反映了戴震对程朱理学持坚定信仰的态度。[15]

按整理者将戴震所纂之经学资料集，当成是他的专著，故有如是之说。其实《经考》的《说明》中列举的几条例证，都不足以证明"早期戴震是程朱理学的坚定信徒"。整理者认为，戴震尊称二程、张载与朱熹为"子"，表明了对他们的尊崇（整理者未注意到，戴氏书中对邵雍也称"子"，不止此四人而已）。众所周知，明清以来学者，称此数人为"子"，已经由"尊称"而转变为"习惯"。不仅戴震，即批驳宋儒更烈之惠栋及其他考据学家，亦称程朱诸人为"子"，因此不能说戴震对程朱称"子"，即是对他们的尊崇。

整理者又认为，《经考》卷一中，戴震对程颐、朱熹之书多有肯定。对《程氏易传》所言的"有理而后有象"、"理无形也，故因象以明理"等"唯心主义观点极表赞成，详加摘录"。考戴氏原书，"宋儒复易古本"条中，只是摘录尤袤、董真卿、洪常、吴肃公、顾炎武、朱彝尊等诸家之说，末戴氏按语一条，亦仅叙吕微中考订古《易》之年代及董楷变乱朱子《本义》之事；"理象数"条中，摘抄了程、朱二氏论"理象数"之观点两条，戴氏并无一字进行评价。需要明确的是：戴氏书的性质是钞撮资料，只不过是罗列诸家之说，并无褒贬寓于其中。因此可以说是对程氏之说"详加摘录"，但绝不能说"极表赞成"。

[14]〔清〕戴震：《戴震全书》第2册《经考》整理《说明》，第188—189页。

[15]〔清〕戴震：《戴震全书》第2册《经考附录》整理《说明》，第365页。

又整理者因《经考》引用了朱熹、陈栎、胡炳文、赵汸、朱升以及清代江永等人言论,故得出戴震"对新安理学家十分重视"的结论。其实戴氏所引,远自先秦,下迄当时,多达"七十多人"的观点,《经考附录》甚至罗列"一百七十多人"之说,朱熹等人只不过是这一百七十多人中的数人而已,我们无法由此判定戴氏对新安理学家的重视,更无法从《经考》及《附录》中寻觅到戴氏"早期的学术路向"。

因此,戴震《经考》与《经考附录》,只不过是戴氏早期寻常之读书札记,严格地说是经学资料集,凡摘录自秦至清代近二百人的学术观点,以备查询检核之用,其中并无褒贬,更无肯定与否定。至于戴氏的少量按语,后来皆散入其他著述中,更见其书非专著而是储材之作。如果以《经考》与《附录》大量摘录宋儒之说,即证明其肯定理学,为程朱信徒,其结论是不能成立的。

民国间编纂《安徽丛书》时,许承尧得到《经考附录》,并考订其为戴震之作。许氏以为《经考》与《经考附录》,皆为戴震"早年治学时札记之书,在先生未视为要籍,故段氏未之闻耳"。[16]

按许氏之说,反得其实情。戴震未视《经考》与《经考附录》为"要籍",段玉裁亦未闻未见其师有此二书,故未刊入《戴氏遗书》中。

由以上论述可知,对于像惠栋、戴震这样的古代名家之著述,尤其是一些作者生前未刊或未曾论及之书,后来发现并刊行时,整理者往往或不重其书,弃如糟粕,或过重其书,珍如拱璧,造成文本解读错误。而手稿本、稿本又因字迹潦草,难以识辨,所以更容易误解误读。而古籍提要或说明的撰写,要在寥寥数语中概括其内容,判定其性质,则更需慎之再慎,否则难免望文生义,误导来学之弊。

[16] [清]戴震:《戴震全书》第2册《经考附录》整理《说明》中引许承尧跋语,第363页。

至于《戴震全书》整理者还认为，戴震《与是仲明论学书》中谓"仆所为《经考》，未尝敢以闻于人"即指此《经考》，笔者以为戴氏文中之《经考》，非指此《经考》，而是另有所指，这是另一个问题，容当他文再考，此不赘述。

拾壹

再论戴震学术研究中的几个争议问题[1]

[1] 本文原载《学术界》2015年3月总第202期，第191—202页。

在对清中叶学者的研究方面，戴震一直是学术界关注的热门话题，因为无论是重义理还是重考据的学者，都能在戴震的著述中找到感兴趣的论题。与此同时，关于戴震学术的争论也较其他学者为多。本文试就戴震研究中有争议的几个问题，尝试做一些考辨与分析，以期厘清误解，还其真面目，并对戴震学行的研究有所裨益。

一 《七经小记》蠡测

戴震一生虽颠沛流离，不遑安居，但治学勤谨，著述丰硕，达40余种之多。段玉裁认为其师最重视然尚未卒业者当为《七经小记》之撰写。戴震之"七经"指《诗》、《书》、《易》、《仪礼》、《春秋》、《论语》、《孟子》，即"五经"加上《论》、《孟》，这反映了戴震对《孟子》的高度重视。

但戴震《七经小记》的撰写方式，并非诸经之综论，或者是专经之考辨，依段玉裁的叙述，戴氏意欲分为《训诂篇》、《原象篇》、《学礼篇》、《水地篇》，最后以《原善篇》综括之。至于为什么戴震要采取如此方式来撰写《七经小记》，他的《与是仲明论学书》其实就是最好的回答。他认为："经之至者道也，所以明道者其词也，所以成词者字也。由字以通其词，由词以通其道，必有渐。""一字之义，当贯群经、本六书，然后为定。"又曰：

至若经之难明，尚有若干事：诵《尧典》数行至"乃命羲和"，不知恒星七政所以运行，则掩卷不能卒业；诵《周南》《召南》，自《关雎》而往，不知古音，徒强以协韵，则龃龉失读；诵《古礼经》，先《士冠礼》，不知古者宫室、衣服等制，则迷于其方，莫辨其用；不知古今地名沿革，则《禹贡》职方失其处所；不知"少广"、"旁要"，则《考工》之器不能因文而推其制；不知鸟、兽、虫、鱼、草、木之状类名号，则比、兴之意乖。而字学故训音声未始相离，声与音又经纬衡从宜辨。……中土测天用"句股"，今西人易名"三角、八线"，其"三角"即"句股"，"八线"即"缀术"。然而"三角"之法穷，必以"句股"御之，用知"句股"者，法之尽备，名之至当也。管吕，言五声十二律，宫位乎中，黄钟之宫四寸五分，为起律之本。学者蔽于钟律失传之后，不追溯未失传之先，宜乎说之多凿也。凡经之难明右若干事，儒者不宜忽置不讲。仆欲究其本始，为之又十年，渐于经有所会通，然后知圣人之道，如悬绳树槷，毫厘不可有差。……[2]

戴氏举例说明了博涉与专精的关系，也论述了从训诂上升到义理的治学次第，《七经小记》就是围绕这一见解而设定的撰写方式。稍后的凌廷堪也分戴氏之学为三：曰小学、曰测算、曰典章制度。而又云戴氏"地理之学，仅《水地记》一卷，礼经及钟律之学未著书，故不得论次云"，"而理义固先生晚年极精之旨，非造其境者，亦无由知其是非也"[3]。段、凌二人所论，与戴氏之意大致相合。我们试推衍其书之梗概如下：

1.《训诂篇》

戴震有关小学训诂的著述，代表作有《声韵考》4卷、《声类表》9卷（即《转语二十章》）、《方言疏证》13卷。在古韵分类上戴氏继顾炎武十部、江永十三部、段玉裁十七部之后，提出了九类二十五

[2]〔清〕戴震撰，赵玉新点校：《戴震文集》卷9《与是仲明论学书》，北京：中华书局1980年版，第139—140页。

[3]〔清〕凌廷堪撰，王文锦点校：《校礼堂文集》卷35《戴东原先生事略状》，北京：中华书局1998年版，第313页。

部的分类方式。在声纽研究上，他将三十六字母分为二十章，又分大限五（大类），每大限下设小限（小类）各四，声韵结合，匠心独运（详下节所论）。而《方言疏证》及其具体治学中的训诂成绩，则是其声韵理论在实践中的运用而已。

2.《原象篇》

戴震天算学的研究，深受梅文鼎和江永的影响，代表作有《原象》《续天文略》《考工记图》《策算》《勾股割圆记》以及对《算经十书》的校理等。《原象》讨论的是地球、月球、太阳三者之间的关系，恒星天的问题，授时以及天文学总论等问题。《续天文略》是续郑樵《通志·天文略》之作，汇集古书中有关天文资料，是一部古代天文通志。《策算》论西洋筹算的乘、除、开平方方法。《勾股割圆记》是戴震精心结撰之作，全书上篇介绍三角八线与平三角形解法，中篇为球面直角三角形解法，下篇为球面斜三角形解法，戴氏将西方三角函数用中国传统代数方法求解印证，力图证明"三角之法穷，必以勾股御之。用知勾股者，法之尽备，名之至当也"[4]。不仅如此，他还自创一套术语，如角曰觚、边曰距、切曰矩分、弦曰内矩等等，用他自己的话来说，就是凡"立法称名，一用古义"[5]。这点曾受到凌廷堪的批评，但足见戴氏西学中源、倾心古学的思想。

3.《学礼篇》

《学礼篇》其实就是名物典制之学，戴震的代表作有《考工记图》《经雅》《记冕服》等。他注重古代礼制名物，是他认为能有用于当今。所谓："古礼之不行于今已久，虽然，士君子不可不讲也。况婚冠丧葬之大，岂可与流俗不用礼者同？"[6]这也说明了他为什么要去详考礼制的原因。如他对《考工记》中兵器、车制、食器、

---

[4][清]戴震撰，赵玉新点校:《戴震文集》卷9《与是仲明论学书》，第140页。

[5][清]戴震:《勾股割圆记》(下)附托名吴思孝《〈勾股割圆记〉序》，见[清]戴震撰，戴震研究会等编:《戴震全集》，北京：清华大学出版社1991—1999年版，第2册，第661页。

[6][清]戴震撰，赵玉新点校:《戴震文集》卷9《答朱方伯书》，第138页。

宫室、明堂、宗庙、井田等古器物制度，一一详考并用图详细地画出，俾后人参考。今收录于《戴东原集》中的《明堂考》《三朝三门考》《匠人沟洫之法考》《乐器考》《记冕服》《记皮弁服》《记爵弁服》《记朝服》《记玄端》《记深衣》《记中衣裼衣襦褶之属》《记冕弁冠》《记冠衰》《记括发免髽》《记经带》《记繐藉》《记捍决极》《辨诗礼注軝軌軹軒四字》《辨尚书考工记镂锊二字》《释车》《赢旋车记》《自转车记》等篇，应该都是《学礼篇》的组成部分，从中可以推测其规模之大概。

4.《水地篇》

戴震的地理研究一方面受《水经注》影响，另一方面则是直承郑樵，采取以山川为主考察郡县沿革的方法。《水地记》完全按此方法理论来编著，虽仅成一卷，但仍能窥其主导思想。此书起始即论"中国山川，维首起于西，尾终于东"。戴氏准确地把握住了中国大陆地势西高东低、山川走向由西至东这一总体特征。然后，其记载从黄河河源昆仑山开始向四周扩展，先叙述由昆仑发源之水及与之相关的大山，再由黄河上游向下游延伸，叙两岸支水、支脉，以干水系支流，主山系支岭，间有对前人错讹的考辨与纠谬，泾渭分明，脉络清楚，有条而不紊。戴氏采用《水经注》体例，认为："北方之水莫大于河，而河已北、河已南众川因之得其叙矣；南方之水莫大于江，而江已北、江已南众川因之得其叙矣。"[7] 此可见《水地记》之规模宏大，可惜只存创例，未得完成全帙。而其乾隆《汾州府志》和《汾阳县志》的修纂，以及《水经注》的整理与研究，则又是其具体治学实践的运用。

[7] [清]戴震撰，赵玉新点校：《戴震文集》卷6《〈水经郦道元注〉序》，第112页。

5.《原善篇》

戴震终生一以贯之的是他由字以通其词，由词以通其道的治学次第，亦即由考据而上推义理的思想与实践。他认为道存于六经中，"六经者，道义之宗，而神明之府也。古圣哲往矣，其心志与天地之心协而为斯民道义之心，是之谓道"[8]。他作《孟子字义疏证》诸书，一是他强烈的闻道目的，即所谓"明孔孟之道"[9]；二是为了批判宋明理学，并提倡自家的义理之学。钱穆论《原善》颇似受惠栋《易微言》之影响，且成书于见惠栋后，扩大成三卷为乾隆三十一年（1766）之事，至于《绪言》和《孟子字义疏证》则成书更后。冒怀辛论戴震此数种书成书次序为：《原善》→《绪言》→《孟子私淑录》→《孟子字义疏证》，与钱穆之说相合[10]。戴震建立义理之学所采用的方法，是试图将义理建立于考据基础之上，这既是对宋明学者空衍义理的反对，也是他考据为义理服务思想的印证，即他所谓《原善》"比类合义，粲然端委毕著，天人之道，经之大训萃焉"。但戴氏由训诂以通义理的实践并不成功。[11]

从上述论述我们可窥知，戴震《七经小记》各篇的撰著架构，既有理论又有实践，有继承又有创新，始于训诂，终于义理，虽然全书未成，但从其遗著可了解其梗概。其实如果将这些著述稍加别白整理，则《七经小说》全书就呼之欲出了。

二 《经考》与《经考附录》

戴震著述经段玉裁整理为《戴氏遗书》，由孔继涵《微波榭丛

---

[8] [清]戴震撰，赵玉新点校：《戴震文集》卷10《〈古经解钩沈〉序》，第145页。

[9] [清]戴震：《与段若膺论理书》，见[清]戴震，戴震研究会等编：《戴震全集》，第1册，第213页。

[10] [清]戴震撰，冒怀辛译：《孟子字义疏证全译》，成都：巴蜀书社1992年版，第27页。

[11] 以上所论，可详参拙著《乾嘉考据学研究》第六章"戴震考据学述论"，北京：中国社会科学出版社1998年版，第160—181页。

书》刊行，但所收尚多遗漏。民国间《安徽丛书》本《戴东原先生全集》中，收有戴氏《经考》与《经考附录》，今黄山书社1994—1997年版《戴震全书》，二书皆收录于第2册中。

《戴震全书》的整理者，在《经考》前面所撰《说明》中，介绍《经考》时叙及其特点有三。其第二、第三点曰：

> （二）《经考》集中反映了戴震早期的学术路向。即早期戴震是程朱理学的坚定信徒，是程朱唯心主义理一元论的信奉者。其主要体现是：①从对待历代思想家的态度来看，在《经考》中，戴震先后引用西汉以来七十多位学者的言论，内中除江永称"先生"外，另有四人称"子"，即北宋二程、张载和南宋朱熹，其他学者均直称其名。从中可见，戴震对程、朱等理学家的尊崇。②从学术立场来看，在《经考》卷一中，戴震除竭力称颂程朱"复《易》古本"外，还在卷五《春秋考》中颂扬程朱理学为"理明义精之学"，而对反对程朱理学者则持激烈的批评态度。③从哲学思想看，在《经考》卷一中，戴震对程颐的《程氏易传》和朱熹的《周易本义》多有肯定。尤其在"理、象、数"条中，戴震对《程氏易传》所言的"有理而后有象"、"理无形也，故因象以明理"等唯心主义观点极表赞成，详加摘录。……（三）《经考》对新安理学家十分重视。从南宋朱熹、程大昌到元明时陈栎、胡炳文、赵汸、朱升以及清代江永等人的言论作了较多札记，这就为研究戴震思想渊源及其发展提供了重要资料。[12]

又，整理者在《经考附录》之《说明》中，亦下结论曰：

[12] ［清］戴震撰，张岱年主编：《戴震全书》，第2册《经考》整理《说明》，合肥：黄山书社1994—1997年版，第188—189页。

《经考附录》更鲜明地反映了戴震早期的学术路向,反映了戴震对程朱理学持坚定信仰的态度。[13]

案《经考》5卷,凡摘录历代著述中有关《易》、《书》、《诗》、《礼》、《春秋》、《论语》、《孟子》与《尔雅》之说,按小类汇编而成。"先后引用典籍达七十多种,作者七十多人,共六万余字。另有'按语'四十八条,约一万二千多字。"[14]《经考附录》7卷,先后摘录典籍更多达100余种,涉及西汉以来学者170多人,总字数在10万字以上。其卷帙内容次序大都同于《经考》,唯卷7《石经考》,为《经考》所无。

实际上,《经考》及《经考附录》,与惠栋《周礼会最》、《汉事会最》等书性质完全相同,即其书只是戴震研究经学的参考资料集,而绝非专门的著述。试各举《经考》与《经考附录》卷一所录条目为例。《经考》卷一主要辑诸家论《易》之说,小题分别为:

重卦、三易、易取变易之义、象辞爻辞、九六七八、十翼、易为卜筮而作、理象数、卦变、互体、宋儒复易古本。

全卷共11小题60余条,所录有张怀瓘、程大昌、王弘撰、顾炎武、《周礼》、程迥、胡瑗、程子、朱子、《乾凿度》、孔颖达、刘安世、沈括、《史记》、《汉书》、《三国志》、《隋书》、吴仁杰、阎若璩、冯椅、俞琰、苏轼、汪永、李鼎祚、王应麟、尤袤、董真卿、洪常、吴肃公、朱彝尊等诸家之说,其中包括戴震自己所加按语数条(不重复计算,下同)。

《经考附录》卷一亦为摘抄诸家论《易》之说,所列小题为:

---

[13] [清]戴震撰,张岱年主编:《戴震全书》,第2册《经考附录》整理《说明》,第365页。

[14] [清]戴震撰,张岱年主编:《戴震全书》,第2册《经考》整理《说明》,第188页。

重卦有四说、连山归藏、易一名而函三义、易象象三字皆六书之假借、题周以别前代、周易上下经、卦名、汉初传易、焦延寿京房之易、王辅嗣韩康伯注易、子夏易传赝本、河图洛书、大衍、先天后天、太极图、程子易传、朱子周易本义、言古易者各易。

全卷共18小题90余条，所录分别有扬雄、《汉志》、淳于俊、孔颖达、干宝、梁元帝、《北史》、《隋书》、邵子、王观国、《中兴书目》、罗苹、朱彝尊、《乾凿度》、郑玄、张子、陆佃、罗泌、黄宗炎、王弘撰、陆德明、程子、龚原、胡一桂、俞琰、吴沆、《史记》、晁说之、赵汝楳、叶梦得、顾炎武、欧阳修、张璠、《唐会要》、孙坦、程迥、陈振孙、朱子、徐善、阎若璩、王湜、邵伯温、王申子、叶绍翁、刘因、袁桷、《朱子语录》、薛瑄、黄宗炎、《宋志》、邵博、李焘、周燔等诸家之说，包括戴震所加按语4条。

案整理者将戴震所纂之资料集，当成是他的专著，故有如是之说。其实《经考》的《说明》中列举的几条例证，都不足以证明"早期戴震是程朱理学的坚定信徒"。整理者认为，戴震尊称二程、张载与朱熹为"子"，表明了对他们的尊崇（整理者未注意到，戴氏书中对邵雍也称"子"）。众所周知，明清以来学者，称此数人为"子"，已经由"尊称"而变为"习惯"。不仅戴震，即批驳宋儒更烈之惠栋及其他考据学家，亦称程朱诸人为"子"，因此不能说戴震对程朱称"子"，即是对他们的尊崇。

整理者又认为，《经考》卷一中，戴震对程颐、朱熹之书多有肯定。对《程氏易传》所言的"有理而后有象"、"理无形也，故因象以明理"等"唯心主义观点极表赞成，详加摘录"。考戴氏原书，"宋儒复易古本"条中，只是摘录尤袤、董真卿、洪常、吴肃公、顾炎武、朱彝尊等诸家之说，末戴氏按语一条，亦仅叙吕徽中考订古《易》之年代及董楷变乱朱子《本义》之事；"理象数"条中，摘抄了程、朱二氏论"理象数"之观点两条，戴氏并无一字进行评价。需要明确的是：戴氏书的性质是钞撮资料，只不过是罗列诸家之说，并无褒贬寓其中。因此可以说是对程氏之说"详加摘录"，但绝不能说"极表赞成"。

又整理者因《经考》引用了朱熹、陈栎、胡炳文、赵汸、朱升以及清代江永等人言论，故得出戴震"对新安理学家十分重视"的结论。其实戴氏所引，远自先秦，下迄当时，多达"七十多人"的观点，《经考附录》甚至罗列"一百七十多人"之说，朱熹等人只不过是这一百七十多人中的数人而已，我们无法由此判定戴氏对新安理学家的重视，更无法从《经考》及《附录》中寻觅到戴氏"早期的学术路向"。

因此，戴震《经考》与《经考附录》，只不过是戴氏早期寻常之读书札记，严格地说是经学资料集，凡摘录自秦至清代近二百人的学术观点，以备查询检核之用，其中并无褒贬，更无肯定与否定。至于戴氏的少量按语，后来皆散入其他著述中，更见其书非专著而是储材之作。如果以《经考》与《经考附录》大量摘录宋儒之说，即证明其肯定理学，为程朱信徒，其结论是不能成立的。

民国间编纂《安徽丛书》时，许承尧得到《经考附录》，并考订其为戴震之作。许氏以为《经考》与《经考附录》，皆为戴震"早年治学时札记之书，在先生未视为要籍，故段氏未之闻耳"[15]。案许氏之说，反得其实情。戴震未视《经考》与《经考附录》为"要籍"，段玉裁亦未闻未见其师有此二书，故未刊入《戴氏遗书》中。

至于《戴震全书》整理者还认为，戴震《与是仲明论学书》中谓"仆所为《经考》，未尝敢以闻于人"，即指此《经考》，笔者以为

[15] [清]戴震撰,张岱年主编:《戴震全书》,第2册《经考附录》整理《说明》中引许承尧跋语,第363页。

戴氏文中之"经考",是泛指经学考辨著述,或另有所指,但绝非指此《经考》。如果是此《经考》,则不会有"未尝敢以闻于人,恐闻之而惊顾狂惑者众"的情况出现,因为此二书中实在没有什么可令人"惊顾狂惑"的内容。[16]

16 详参拙文《古籍稿本的文本解读:是学术专著? 还是资料汇编? ——以清代学者惠栋、戴震著述为例》,《北京大学中国古文献研究中心集刊》第11辑,北京:北京大学出版社2011年12月版,第319—326页。

17 [清]戴震撰,赵玉新点校:《戴震文集》卷4《〈转语二十章〉序》,第92页。

三 《声韵考》与《转语二十章》之关系

乾隆十二年(1747),戴震作《〈转语二十章〉序》,厥后临终前始成《声类表》,似乎二者间并无关联。故孔广森《〈戴氏遗书〉总序》论戴震"尚有《转语二十章》及《六书论》三卷《自序》,此二种遗稿未见"。段玉裁撰戴氏《年谱》亦云:"惜此二书未成。"后孔继涵刻《戴氏遗书》,遂将《声类表》另刻,而以《〈转语二十章〉序》归入《文集》,至阮元《皇清经解》更割裂序文,仅存创例而尽删要言。自此以后,人们遂认定《转语》尚未成书,更认为其与《声类表》之间并无联系。实际上,《转语》与《声类表》为一书。

1. "转语"释义与《转语》之大旨

"转语"一词,始于《方言》。《方言》卷三:"庸谓之倯,转语也。"同书中此类尚多,郭璞注《方言》亦多言转语以释之。戴震因治《方言》而悟音读之变,《转语》书名,即由此出。戴氏论其著述目的说:"昔人既作《尔雅》、《方言》、《释名》,余谓犹缺一卷书,创为是篇,用补其阙。俾疑于义者,以声求之;疑于声者,以义正之。"[17]此可见戴震著书之旨在于:其一,继《尔雅》、《方言》、《释名》诸之后,著《转语》以明音声之理。其二,声韵结合,用声韵表的形式给声韵定位以求语音转变之规律。其三，因声求义，以明假借。即段玉裁揣测的于"声音求训诂之书也"。

2.《转语》条例表析及《转语》与《声类表》之关系

戴震《〈转语二十章〉序》是为明《转语》体例而作，起着凡例的作用，他将三十六字母分为二十章，又分大限五（大类），每大限下设小限（小类）各四。其云：

> 人口始喉，下底唇末，按位以谱之，其为声之大限五，小限各四，于是互相参伍，而声之用盖备矣。参伍之法：台、余、予、阳，自称之词，在次三章；吾、卬、言、我，亦自称之词，在次十有五章。截四章为一类，类有四位，三与十有五，数其位，皆至三而得之，位同也。凡同位为正转，位同为变转。……凡位同则同声，同声则可以通乎其义；位同则声变而同，声变而同则其义比之而通。

之所以如此说，是戴震认为"音之流变有古今，而声类大限无古今"[18]。所谓大限，即喉、吻、舌、齿、唇五类；小限即又在每一类中按发、送、收（内收、外收）分为四小类，故五大类共二十小类组成二十章。同一大类中大限相同，故得相转称同位正转；大类不同但章次之位置相同称位同，位同则声变而通，故得相转称位同变转。如戴氏所举例中，"台、余、予、阳"在第一类第三章，属喻母，皆为第三位为位同，故声义并通。

戴震未言《转语》与《声类表》之关系即逝，最先解读戴氏之意的是洪榜，其《四声切韵表》即完全按戴氏条例而成，可惜未能

---

[18] ［清］戴震撰，赵玉新点校：《戴震文集》卷4《书〈广韵目录〉后一》，第80页。

引起后人足够的重视，洪氏《初堂遗稿》云：

> 戴氏东原辨音最精，古所谓牙音、舌头、舌上、重唇、轻唇、齿头、正齿、喉音、半舌、半齿凡十类，今戴氏定为喉、吻、舌、齿、唇五类，较古法更为谐和，因立图于左。以微附喻、照附知、穿附彻、床附澄、娘附疑、敷附非。……

为明晰戴震之意及其分类，今按戴、洪之说，附以戴震类别章次，配以《声类表》第三"合口内转重声"中东、冬二韵字列表如下：

戴震古声正转变转图[19]

大限	喉				吻				舌				齿				唇			
小限章次	一(发)	二(送)	三(内收)	四(外收)	五	六	七	八	九	十	十一	十二	十三	十四	十五	十六	十七	十八	十九	二十
清	见	溪	影	晓	端	透			知照	彻穿			审	精	清	心	帮	滂		非敷
浊		群	喻微	匣		定	泥	来			澄床	娘日		禅	从	疑	邪		并明	奉
东	公	空	翁	烘	东	通	○	○						○			○		○	○
冬	攻				冬								宗			鬆				
东	○	○	○	洪	○	同			笼		崇		○	○	○	丛	○	○	蓬	蒙
冬	○	○	○	○	○	彤	农													

戴震《声类表》已为学界共知，从上表可以明晰《转语》同《声类表》无论清浊、类别、章次以及声韵之位置皆若合符节，实为二而一、一而二的关系。在当时条件下，戴氏试图用这种方式将声与韵结合、语源与流变结合、音韵与训诂结合探讨，以达到其"各

---

[19] 案：洪榜以后，研究戴震古声之学者有江陵曾广源，其著《戴东原转语释补》，疏通证明戴氏条例，所论更详。又曾运乾亦云："实则戴氏《声类表》，即《转语二十章》也。"郭晋稀先生对曾氏之意又有阐发，并列表明示(皆见郭先生《声类疏证·前言》)。但各家所论皆有微疵：曾广源《转语五音清浊分行表》以"微"附"明"，误。戴震《声类表》中如"文韵"之"合口内转轻声"表中"分、粉、糞、弗"属明母在第五类第十九位，而"文、吻、问、物"属微母在第一类第三位。"微韵"之"合口内转轻声"表中非、匪、沸、弗"、"微、尾、未、物"亦如之，等等。可见戴氏是以"微"附"喻"，洪榜的做法符合戴氏原意。然洪氏以"娘"附"疑"，亦误。又郭晋稀先生以"心"母为第四类第十五小类，亦误，依戴氏意当为第四类第十六小类。

从乎声,以原其义"的目的。[20]

四 《江慎修先生七十寿序》真伪再议

大约十年前,笔者在上海图书馆访书期间,得读该馆所藏清江永《善余堂文集》,为吴县潘氏宝山楼核钞本。当时是为笺释《汉学师承记》寻访资料,故未曾细读此钞本,仅抄录部分文章以及全书末所附戴震《江慎修先生七十寿序》一文。后来撰成《清人稀见著述十五种提要》与《新发现戴震〈江慎修先生七十寿序〉佚文一篇》两文,向学术界介绍江永《善余堂文集》等书,并认为戴震《寿序》一文,"是研究江、戴学术与关系的重要文章","于江永学行有极高之评价,民国间学者以为戴氏不尊江氏之说,观此文亦当不攻而自破"[21]。文章发表后,引起了学术界对江永、戴震关系的再讨论,也引发了《善余堂文集》真伪的考辨与整理。例如台湾学者林胜彩教授发表《新发现戴震佚文与江、戴师生关系重探》一文,参考戴震《佚文》就江永、戴震师生关系进行再探讨;又如徐道彬教授发表《〈善余堂文集〉辨伪》,则认为该书真伪参杂,不可尽信[22]。笔者在此,仅就道彬兄关于戴氏《寿文》的辨伪,发表一点个人浅见,至于江、戴关系,笔者将另文探究。

《善余堂文集》末附戴震《江慎修先生七十寿序》,应为乾隆十五年(1750)江永七十寿诞时戴震所撰,对江氏学行进行总结与赞扬。道彬兄认为该文可疑,列为八证:

首先,由江锦波《江慎修先生年谱》和段玉裁《戴东原先生年谱》皆不载此事此文,《戴东原先生遗书》亦不收录此文。乾隆十

---

[20] [清]戴震撰,赵玉新点校:《戴震文集》卷4《〈转语二十章〉序》,第92页。

[21] 详参拙文《清人稀见著述十五种提要》,《文献》2005年 第3期,第189—190页;又《新发现戴震〈江慎修先生七十寿序〉佚文一篇》,《中国典籍与文化》2005年第1期,第122—123页。

[22] 详参林胜彩:《新发现戴震佚文与江、戴师生关系重探》,《文与哲》2005年6月30日第6期,第219—237页;又徐道彬:《〈善余堂文集〉辨伪》,《中国典籍与文化》,2010年第4期,第45—53页。

五年，江、戴从时间、地域和行事上来说，二人此时聚合也有一定难度。其次，文章既然是为江永七十大寿作序，那么文中就不能出现有江永 70 岁以后才写成的书。第三，文中谈到江氏《礼书纲目》时，谓"前大中丞赵公暨礼馆所抄者，特其梗概"，而江氏《年谱》谓其 41 岁时此书已成，如何说是"特其梗概"？第四，文中开篇的学术史论，对郑玄、朱熹的评价，与其后来所言明显有所抵牾，应当不是出于一人之口，他所论矛盾处亦多。第五，从整篇的文理气势来看，28 岁的戴震却比 40 多岁的戴震写的《江慎修先生事略状》更为高屋建瓴，提要钩玄，他处可疑者尚多，不似东原所为，如其用词尤为突出"吾师"、"及门"和"门人"，与《事略状》的通篇仅用"先生"一词，轻重显然有别，耐人寻味。第六，戴文称"始拜先生于吾邑之斗山，所读诸经，往来问难，承口讲指画，然后确然见经学之本末"，而江氏《年谱》十八年所载"馆歙邑西溪，歙门人方矩，休宁郑牧、戴震，殷勤问难，必候口讲指画"如此相同的描述，是巧合还是相袭，不得而知。又文中结语"自兹以往，年益高，学益进，自有不朽大业藏名山、留宇宙"，与王国维《沈乙庵先生七十寿序》的结语，何其相似。第七，70 岁的江永，亲属门生众多，有名望者不在少数。若为寿辰作序，为何独存了这当时连个秀才都不是的戴震之文？而江锦波为其祖做年谱时，戴震已名满天下，为何谱中对此事不著一词？第八，当初《制言》第七期已刊载了江永《答戴生东原书》，而潘承弼为何不选登这封对当时的学术争论更有价值和意义的信札呢？诸多疑点，值得玩味。

案道彬兄对《寿文》的怀疑，并皆有理，然亦颇有可商之处。何者？其一，江、戴《年谱》及《戴氏遗书》不载其事其文，可证江锦波、段玉裁未见此文，故不载《年谱》，并不能证明此文不存在；江、戴二人乾隆十五年是否相见，不得确证，然亦可反推，既无证据明其未见，则见与不见，皆有可能。其二，道彬兄谓江氏70岁后所著书，不当预为出现于寿文中；然无论今古人著书，或草创数十年，大纲颇具，而细目则留待将来，或已有成文数篇、数卷，乃常有之事，江、戴既为师徒，则论学所及，知其师有此数书，寿文为增光尊宠，笼统称为全书，亦未为不可。其三，戴氏言《礼书纲目》时所见者"特其梗概"，道彬兄谓江书早成完足，称"梗概"未确；考"梗概"二字，既可言简略不全之谓，亦可言大致粗备之谓，戴氏明言"尚欲博采众说而论定之"，则此"梗概"谓江氏纲目粗备，续有心得发明，当补全书不逮之义也。其四，道彬兄谓戴序开篇学术史论，"对郑氏、朱子推崇备至"，与戴氏一贯主张郑、朱"得失中判"之说不符；又谓其论清初诸人之说，与汪中说"极其相似"。然考戴氏寿文前述汉宋之学，以郑玄、朱子为代表，其所论者汉、宋各具之长，未及论其各自之失；又其论清初诸人，其说与王鸣盛、钱大昕诸家之说，大致类似，惟汪中总结诸人说而为说。故戴氏此说适得证其为当时考据学家之语，且与其前后之说并不矛盾。其五，道彬兄依"文理气势"推测，《寿文》可能采自《事略状》。然反其意言之，何不可言《事略状》乃《寿序》基础上修改而成？至于两文对江氏称谓有别，则一为门人贺师长寿文，称"吾师"、"及门"和"门人"，亲切有味；一为活弟子述死先生行状，称"先生"乃惯例，其中并无"轻重有别"与"耐人寻味"处。其六，道彬兄谓戴文与江氏《年谱》及王国维文末相似，涉嫌抄袭。然述同一事，相同乃正常，不同才非正常；而王国维文与戴氏文末，笔者以为大大不同，无抄袭雷同者可言。其七，道彬兄疑戴震当时不具独撰寿文之资格，然江、戴师徒，论学相合，意气相投，且戴氏之学，深受江氏所赏，非以功名爵利可比量，故戴氏撰文，并非不可，且此文既可以为公推所撰，亦可认为乃戴氏私撰，并非一定要公诸于人；至于江氏《年谱》不载，前已述之，则因未见之故也。其八，道彬兄以潘承弼《制言》不载戴文，推断潘氏疑江氏文稿之不真，故谨慎起见，不予采入。然潘氏乃藏书大家，宋椠元刻，皆列架中，《善余堂文集》在其藏书中，不过普通之一钞本。其编选《制言》时，仅择其赏鉴者而辑入，并不能证明其对不入选者持不信任的态度，更不能认为其以伪书待之也。[23]

因此，笔者认为仅从戴震《寿文》单篇文字来判断，应当不假。退一步说，即便《善余堂文集》真假参半，也不能完全断定《寿文》为后人伪作（《寿文》见本文后《附录》）。

五 关于戴震早岁与晚年的学术取向

前已论之，《戴震全书》的整理者在《经考附录》之《说明》中谓："《经考附录》更鲜明地反映了戴震早期的学术路向，反映了戴震对程朱理学持坚定信仰的态度。"[24] 我们已经讨论了《经考》与《经考附录》不能证明戴震早期的学术取向。但乾嘉学者多有宋学背景，此点也不用怀疑与回避。清初顾炎武、黄宗羲、王夫之等人，在学术宗尚方面虽汉宋兼采，但顾炎武反对陆、王，修正程、朱；黄宗羲修正陆、王，反对程、朱；王夫之则宗师张载，修正程、朱，反对陆、王。[25] 其根底皆为宋明理学系统中人物。同时之张尔岐，其学亦"深于汉儒之经而不沿训诂，邃于宋儒之理而不袭语录"[26]。至乾嘉考据学家，自惠栋始，师法汉儒，标举"汉学"，排斥宋学，几与宋儒划清界线，此世人皆知。然细考其学术渊源，实与宋学有密不可分之关系，不少学者有宋学背景，此则或为时人隐而讳之，或为后

[23] 林胜彩：《代序——江永〈善余堂文集〉的文献研究》所言，与笔者所论大致相合。可参其整理之《善余堂文集》，台北：台湾中研院文哲所2013年版，第16—19页。

[24] [清]戴震撰，张岱年主编：《戴震全书》，第2册《经考附录》整理《说明》，第365页。

[25] 孙钦善师：《中国古文献学史》，北京：中华书局1994年版，下册，第886—887页。

[26] [清]钱载：《张处士尔岐墓表》，见[清]钱仪吉纂，靳斯标点：《碑传集》卷130，北京：中华书局1993年版，第11册，第3875页。

人所忽略不道。[27]

例如，惠栋是高举"汉学"大旗的第一人，对宋代经学大加排斥，甚至说"栋则以为宋儒之祸甚于秦灰"。但对宋儒正心诚意、立身制行之学，却采取肯定的态度并树为楷模。即所谓"六经尊服、郑，百行法程、朱"[28]。又如王昶"治经与惠栋同深汉儒之学，《诗》、《礼》宗毛、郑，《易》学荀、虞；言性道则尊朱子，下及薛河津、王阳明诸家"[29]。其从清军征川藏，襄赞机务，战事结束，"大兵久撤，幕府清闲，乃借《性理大全》、《语类》、《或问》、《王文成公集》读之，求天人性命修身立行之要"[30]。又如卢文弨为桑调元婿，其自述称："弱冠执经于桑弢甫先生之门，闻先生说《中庸》大义，支分节解，纲举目张，而中间脉络无不通贯融洽，先生固以为所得于朱子者如是。盖先生少师事姚江劳麟书（史）先生，劳先生之学，一以朱子为归，躬行实践，所言皆见道之言，虽生阳明之里，余焰犹炽，而独卓然不为异说所惑。"[31]然则卢氏之学，初亦为宋学根底。类似这样的例子，还有很多。

至于江永、戴震之学，本出自朱子故里，有深深的宋学烙印，江氏有《近思录集注》14卷、《河洛精蕴》9卷等书，就是最好的证明。其《放生杀生现报录》，甚至讲因果报应之说（徐道彬兄认为该书是伪书）。戴震虽然痛责"酷吏以法杀人，后儒以理杀人"，但不废性理，以闻道为治学之终极目标。

因此，无论惠栋、戴震、钱大昕诸儒，虽然对朱子多有讥讽，对宋代经学与理学持否定的态度，但对宋儒立身致行之学并不否定，且见诸行事。当时并未出现"汉贼不两立"的绝对状态，有之则自江藩《汉学师承记》始。章学诚论乾嘉考据学家，亦谓："今人有薄朱氏之学者，即朱氏之数传而后起者也。"[32]因此，乾嘉考据学家一方面坚主汉学，反对宋学；但同时对宋儒修身诚意之学并未全盘抹

---

[27] 详参拙文《乾嘉考据学新论》，《北京大学学报》（哲学社会科学版）2013年第3期，第104—111页。

[28] [清]王昶：《春融堂集》卷22《为顾秀才千里广圻题其兄抱冲小读书堆图》，《续修四库全书》本，集部第1437册，第587页。

[29] [清]阮元：《诰授光禄大夫刑部右侍郎王公昶神道碑》，[清]钱仪吉纂，靳斯标点：《碑传集》卷36，第3册，第1063页。

[30] [清]严荣：《述庵先生年谱》卷上乾隆三十六年条，台北：商务印书馆1978年版，第27页。

[31] [清]卢文弨撰，王文锦点校：《抱经堂文集》卷1《中庸图说序》，北京：中华书局1990年版，第20页。

[32] [清]章学诚撰，仓修良编：《文史通义新编·内篇二·朱陆》，上海：上海古籍出版社1993年版，第73页。

杀。惠栋曾说："汉人经术，宋人理学，兼之者乃为大儒。荀卿称周公为大儒，大儒不易及也。"[33] 后人执此言以为惠栋不反理学，实际上惠氏所指理学指宋儒修身诚意之学。换言之，即将汉儒训诂之学与宋儒立身之学统一起来，知行合一，方为大儒，即他所谓："章句训诂，知也；洒扫应对，行也。二者废一，非学也。"[34] 这句话可以认为是惠栋对上句话的最好注解。只所以提倡如此，是因为他看到了"自古理学之儒，滞于禀而文不倡；经术之士，泪于利而行不笃"的弊端[35]。这正是惠栋父子在立身制行方面宗尚宋儒的原因，也是惠氏将"六经尊服、郑，百行法程、朱"书为楹联而父子皆遵行不悖的思想背景和合理解释。明白此旨，我们对乾嘉考据学家的言行，才会有更深入的认识。

也有人认为，戴震晚年悔其治考据反更深，如焦循论戴震《孟子字义疏证》云：

> 王惕甫《未定稿》载上元戴衍善言戴东原临终之言曰："生平读书，绝不复记，到此方知义理之学，可以养心。"固引以为排斥古学之证。江都焦循曰：非也。凡人嗜好所在，精气注之。游魂虽变，而灵必属此，况临殁之际哉。……东原生平所著书，唯《孟子字义疏证》三卷、《原善》三卷最为精善，知其讲求于是者，必深有所得，故临殁之时，往来于心。则其所谓"义理之学，可以养心"者，即东原自得之义理，非讲学家《西铭》、《太极》之义理也。[36]

焦氏此言适得其实，戴震认为自己所论为直承孟子，而绝非宋儒之学。然究其实亦非孟子之义理，而是戴氏自己的义理。

因此，就乾嘉学者而言，他们多数都有着一定的宋学背景，对

[33] [清]惠栋：《九曜斋笔记》卷2"汉宋"条，清光绪间贵池刘氏刻《聚学轩丛书》本，第17b页。

[34] [清]惠栋：《九曜斋笔记》卷2"赵庭录"条，《聚学轩丛书》本，第39a页。

[35] [清]惠栋撰，漆永祥整理：《松崖文钞》卷2《沈君果堂墓志铭》，台北："中央研究院"文哲所2006年版《东吴三惠诗文集》本，第345页。

[36] [清]焦循撰，刘建臻点校：《雕菰集》卷7《申戴》，扬州：广陵书社2009年版《焦循诗文集》本，上册，第125页。

宋学也并非一概抹杀，此其中可分三层：对宋代经学，他们基本持否定态度；对理学中的"天理"、"人欲"诸说，持完全反对的态度；而对宋儒正心诚意之学，则持肯定的态度。明白乎此，我们也就不必过意在乎戴震早岁还是晚年的学术取向，究竟是尊程朱还是尊汉学，也就明白了他既严斥宋儒"以理杀人"，又谓"义理之学可以养心"之间，并不存在矛盾与冲突。因为此"汉学"非彼"汉学"，此"义理"亦非彼"义理"矣。

附：江慎修先生七十寿序[37]

经学之难，或一代数人，或数千年一人。若汉之郑康成，宋之子朱子，其学皆殊绝之学，其人皆亘古今不可无一、不能有二之人。然而窃犹有憾者：郑氏之学，无所不通，一洗专门固陋之习，唐贾、孔诸儒为疏义，犹或未能尽；中朱子上接邹鲁，下继濂洛，理精义明，群言有所折中。而躔其学者，或鲜博物考古之功，非学力之有所限，盖能兼之难也。

吾师江慎斋先生，生朱子之乡，上溯汉、唐、宋以来之绝学，以六经明晦为己任。震少知嚮慕；既数年，始获一见；又数年，始拜先生於吾邑之斗山。所读诸经，往来问难，承口讲指画，然后确然见经学之本末。既而先生就馆本邑，未能从学，深怅恨焉。

震之愚，固不能窥先生之万一，又未获尽读先生之书，所得读者，有《礼书纲目》、《周礼举要》、《礼记择言》、《律吕新义》、《深衣考误》、《近思录集註》及《古韵标准》、《切韵表》、《推步法解》、《翼梅》数种，博大精微，不可涯涘。《礼书纲目》，前大中丞赵公暨礼馆所抄者，特其梗概，先生尚欲博採众说而论定之，卒朱子晚年之志。《律吕新义》一书，积数十

---

[37][清]戴震：《江慎修先生七十寿序》，见江永《善余堂文集》钞本，上海图书馆藏。

年精思，始悟有自然理数，寓於河洛之中，独取《管子》《吕览》之言，与圣祖仁皇帝论乐之旨脗合。史迁以下，凡言黄锺最长者，皆不明中声之理，有体无用，发千古所未发，犹恨不能起朱子及蔡西山而质之。

先生之在都中也，三礼馆诸公服其精核，咸就商确，先生随问随答。震亲见其笔札数百条，发微订误，宜吾邑程中允、荆溪吴编修，经术最邃者，皆以真吾师目之。先是，有《四书典林》，聊救制义家杜撰不根之弊，赵抚军序而刻之，几于家有其书矣。而其有关经学之大者，藁存篋笥，未能尽问世，当必有知音者，广为传之。

震少览近儒之书，所心折者数人：刘原甫、王伯厚之於攷覈，胡朏明、顾景范、阎百诗之于水经地志，顾宁人之於古音，梅定九之于步算，各专精一家。先生之学力思力，实兼之，皆能一一指其得失，苴其阙漏，著述若此，古今良难。今圣主崇经学，特下明诏，博採通经之士，邑侯陈公以先生为首荐，先生坚辞，不获已，但以所著书目报去，且致书与震，言驰骛名场非素心。又自谓生平撰著，得之午夜被中、白昼几上为多，兀兀穷年，不知老至，能知者鲜，亦不求人知。盖先生所造至深而自信者审矣。

今年七月十七日，先生七十大庆，盖非寻常称颂之辞，可拟诸形容者，是以一切肤语，槩从芟略，直举及门以后所知，与先生所自言者书之。自兹以往，年益高，学益进，自有不朽大业，藏名山，留宇宙，作朋三寿，何足为先生侈陈哉！乾隆十五年岁在上章敦牂月，律中夷则，门人戴震顿首再拜撰。

钱大昕音韵学述论[1]
——兼谈钱氏对少数民族语言汉译的研究

[1] 本文原载《西北师范大学学报》(哲学社会科学版)1993年第6期,第34—38页。

[2] [宋]沈括著,胡道静校证:《梦溪笔谈校证》卷15《艺文二》,上海:上海古籍出版社1987年版,上册,第505页。

[3] [清]钱大昕著:《十驾斋养新录》卷5"字母"条,陈文和主编《嘉定钱大昕全集》(增订本),上海:上海古籍出版社2016年版,第5册第147—148页。

钱大昕(1728—1804),字晓徵,一字及之,号辛楣,又号竹汀等,江苏嘉定(今属上海)人。乾隆十九年(1754)进士,历官翰林院庶吉士、编修、詹士府少詹士、广东学政等职。四十八岁归里,不再复出,先后以体弱多疾之躯主讲钟山、娄东、紫阳诸书院,课授弟子,著书不辍。其一生博通经史,诸学兼备。在清代音韵学界,钱氏也以其卓异的成就占据着重要的地位,本文试就此问题进行讨论。同时,钱氏在治史过程中,对少数民族语言汉译问题的研究,也在清代学术界独领先位,因其音译的轻重、缓急、音转等同音韵学关系密切,故本文对这一问题也兼而进行讨论。

一

自中古以来论音韵者,莫不先言反切及字母。反切之起始,或谓出于魏人孙炎,或谓出于汉末应劭。反切的切音原理,顾炎武等认为起于古之合音,故在其《音学五书》中说:"反切之语,自汉以上即有之。"也有人认为出于西域梵学,如沈括曰:"切韵之学,本出于西域,汉人训字,止曰'读如某字',未用反切。"[2] 钱大昕认为:"古人用双声、叠韵而制翻切,以两字切一音,上一字必同声,下一字必同韵。声同者互相切,本无子母之别,今于同声之中,偶举一字以为例,而尊之为母,此名不正而言不顺也。故言字母不如言双声,知双声而后能为反语,孙叔然其先觉者矣。叔然、康成之徒,汉魏儒家,未有读桑门书者,谓声音出于梵学,岂其然乎!"[3] 是钱氏对梵学有偏见,以为孙炎为反切之创始者,至于其切音原理,要不超出双声叠韵。至于双声为字母之祖,进而求古声纽之演变,则正是钱氏考证古声纽系统之关键，更是其不同于他家的独得之秘。

自清初至钱大昕所在的时代，古音研究已渐趋明朗，但由于韵部划分尚未臻密，阴阳对转之理也在即明未明之时，因此诸家所分韵部证之以先秦韵文时仍有出韵。于是段玉裁主张"合韵"以弥其缝，戴震则试图声韵结合来解决问题。钱氏认为古今论韵，大要不过双声、叠韵二端，但"叠韵易晓，双声难知"[4]，为解破古音之理，钱氏知难而进，另避途径，将着眼点放在了上古声纽的探讨上，成为当时在此方面学者中成就卓著的第一人。章炳麟《章氏丛书·与友人书》中论清代音韵学家说：

近世治古韵者，分部密矣，而于双声犹有未了。顾君最憎字母，江君又胶固不化。段、孔于此，议而不辩；伯申、皋兰，训诂至精。乃其征是通借，通于双声者少，取于叠韵者多，朱丰芑辈无论矣。戴君《转语》虽无传本，观其自叙，分位分组，条理秩如。最精者为钱晓徵，独明古组与今组有异。其说古音无舌上、轻唇八组，齿舌两音亦多流变。虽刊落未尽，亦前修所无也。

案章氏谓戴震《转语》无传本，并不准确，然其论钱大昕之说，是非常准确的。现分述钱氏在古声纽研究方面的贡献如下：

1. 古无轻唇音

钱大昕谓："凡轻唇之音，古皆读为重唇。"[5]即上古无非、敷、奉、微四纽齿唇音，而是读帮、滂、并、明四纽。此说启自方以智，证成于钱大昕。钱氏用大量经籍异文、声训、反切、直音、又读、古今方音及佛典翻译的类比研究，凿然有据地证明了汉魏以前

4 [清]钱大昕著，吕友仁点校：《潜研堂集》，《潜研堂文集》卷15《答问》十二，第242页。

5 [清]钱大昕著，杨勇军整理：《十驾斋养新录》卷5"古无轻唇音"条，上海：上海书店出版社2011年版，第90页。

无齿唇音这一事实，他认为齿唇音产生于大约齐、梁以后，后人因不知轻唇之音古读重唇，造成了许多错误。对钱氏此说，尽管今人有《"古无轻唇音"之说不可信》等文[6]，提出疑问，但在音韵学界，钱说基本已成定论，为学界所遵守。

> [6] 参王健庵《"古无轻唇音"之说不可信》，《安徽大学学报》（哲社版）1983年第1期，第99—104页。

2. 古无舌上音

此说亦倡自方以智而由钱大昕证成之。钱氏同样通过大量例子来证明舌上音知、彻、澄古读舌头音端、透、定三纽。此说亦已成定论，为学术界所接受，此不多述。

3. 古人多舌音

钱大昕云："古无舌头、舌上之分，知、彻、澄三母，以今音读之，与照、穿、床无别也，求之古音，则与端、透、定无异。"又谓："古人多舌音，后代多变为齿音，不独知、彻、澄三母为然也。"[7] 钱氏仍以经籍异文异读论证其说，其所举之例，如古读周如雕、如彫，读舟如雕、如带，又《释文》輖音周，一音吊，或为竹二反。周、舟属照母三等，竹为知母，雕、彫、带、吊属端母，是照三与知端二母通读之证。钱氏未明言照系有二、三等之别，但其所举例字皆为照组三等字，后来黄侃证"照穿神审禅古读端透定"，即由钱氏此说启发而成。钱氏又论古晓匣影喻双声，亦启发后人良多，曾运乾先生论证"喻三归匣，喻四隶定"，即在钱氏此论基础上进行，今已为多数学者所接受。

> [7] ［清］钱大昕著，杨勇军整理：《十驾斋养新录》卷5"舌音类隔之说不可信"条，第100页。

二

除以上所论外,钱大昕在上古声类系统的归并分合研究上,还做出了前所未有的成绩,这主要体现在其《声类》书中。《声类》四卷,其书虽存,后人以类书目之而不重。《声类》作为书名始于魏人李登。钱氏以此命名其书,意在分别声类以论声转,其云:

> 言字母者,谓牙舌唇之音必四,齿音必五。不知声音有出、送、收三等。出声一而已,送声有清浊之歧,收声又有内外之歧,试即牙舌唇之音引而申之曰:基欺奇疑伊可也;基欺奇希奚亦可也;东通同农隆可也;帮滂旁茫房亦可也,未见其必为四也。即齿音敛而缩之曰:昭超潮饶可也;将锵戕详亦可也,未见其必为五也。[8]

此说为钱氏发明古声纽最重要之条例,《声类》书中对古声纽部位的划分及实践即完全依此条例而成,而前人对此皆不能晓。今人郭晋稀先生后半生断断续续地依其师曾运乾先生古韵三十部、古声十九纽古音音系,为《声类》做疏证工作,终成六十万字的煌煌巨作《声类疏证》。《声类疏证·序例》中依钱氏之例,制其古声纽图如下:

钱大昕古声正转变转图

出		见	端知	帮非	照	精
送	清	溪	透彻	滂敷	穿	清
	浊	群	定澄	并	床	从

8 [清]钱大昕著,杨勇军整理:《十驾斋养新录》卷5"字母"条,第88页。

收	清	疑晓	泥娘	明微	审	心
	浊	影匣喻	来	奉	禅日	邪

此即钱氏论双声假借中的正转、变转之说。所谓双声正转，即同纽相转，间有少数近纽双声；所谓同位变转，即出、送、收之部位相同，即可变转相通。其《声类》书中搜集古训来证明此说，但其发凡不在第一章《释诂》而是在第三章《释训》，此章第一条即论云：

> 鬷之为奏，正转也；艐之为届，变转也。[9]

案：鬷为精母东韵，奏为精母候韵，韵异声同，故为双声正转（古韵为侯、东二部阴阳对转）；艐在精母东韵，届在见母怪韵，声韵皆异，然并为出声，故为同位变转。又：

> 牛，牙音之收声；冒，唇音之收声。声不类而转相训者，同位故也。古人以"反侧"与"辗转"对，"颠沛"与"造次"对，"元首"与"股肱"对。反侧、颠沛（读如贝）同为出声，元首同为收声，则亦双声矣。征诸经典，如多训祇、钧训等、蔽训断、溯训乡、振训救、曹训群、凭训大、幂训幔、贯训中、槃训大、袗训单，皆以谐声取义。牛之训冒，亦此例也。[10]

案：牛字属疑母，冒字属明母，均为收声，故得同位变转。钱氏《声类》主声不主韵，凡搜罗古训古言、经籍史书异文异读、异言、异名号、异姓等等，以阐扬验证其双声正转和同位变转之理。大抵以正转者多、变转者少，郭晋稀先生称《声类》以1530条论声

---

[9] [清]钱大昕著，陈文和主编：《嘉定钱大昕全集》（增订本），《声类》卷1《释训》，第1册，第400页。

[10] [清]钱大昕著，陈文和主编：《嘉定钱大昕全集》（增订本），《廿二史考异》卷3，第2册，第43页。

转，每一条无不发明正转、变转之例，然则钱氏之功，在当时为首屈一指。我们试举郭先生疏证数例以明之：

《声类》卷一《释诂》："阙，空也。"《左传》："执盖以当其阙。"

【疏证】："引昭二十年《传》。注：'阙，空也。'"今按：《易·说卦》："艮为门阙。"《小尔疋·广诂》："阙，隙也。"皆空之义。阙在古韵《曷》部，空在古韵《邕》部，古韵不同部。《广韵·月》"阙，去月切"，溪母；《东》"空，苦红切"，溪母；亦不同韵，然而同纽，双声正转也。[11]

此为双声正转之例。又如：

《声类》卷一《释训》："又为爵。"《燕礼》："宾洗南坐奠觚。"注："今文从此以下觚皆为爵。"又"宾降洗升媵觚于公"。注："此当言媵觯，言觚者字之误也。古文觯字或作角旁氏，由此误尔。"《周礼·梓人》："献以爵而酬以觚。"注："觚当为觯。"郑《驳异义》云："觯字角旁支，汝、颖之间，师读所作。今礼角旁单，古书或作角旁氏，角旁氏则与觚字相近，学者多闻觚，寡闻觯，写此书乱之而作觚耳。"

【疏证】今按：觚在《乌》部牙声，觯在"安"部舌声，古韵既不相同，声纽亦迥异。故郑君以为觚为觯之形误耳。钱氏乃以为《广韵·模》"觚，古胡切"，见母；"觯，章移切"，照三；见照同位，同位为变转。钱氏又推此以论觚或为爵，《广韵·药》"爵，即略切"，精母，精亦与照见两母同位，爵亦觯之变转矣。遂于郑君之外别开一说，真能独开风气、独辟

11 郭晋稀：《声类疏证》卷1《释诂》，上海：上海古籍出版社，第58页。

蹊径者也。[12]

上例为位同变转之例,郭晋稀先生不仅将钱氏《声类》用声纽来解释音理的原则理论剖判得清晰明晓,而且将全书进行疏证与纠补,使钱书与其原理一一相应,若合符节。郭先生高足伏俊连教授兄论曰:

《声类疏证》是郭晋稀先生仰瞻清代伟大训诂学家王念孙的《广雅疏证》而景行行止的著作,它于钱大昕的《声类》,知其典要,明其会通,因而于其条理察之精,剖之密。它在研究汉字语音、汉字通假,阅读古籍、疏通字义等方面都有重大贡献。[13]

钱大昕是对古声进行科学分类的第一人,后来对古声的研究,皆由他启之。大昕之后,钱坫继其家学,其《诗音表序》称:"言诗者必考律,而言律者必正音。正音何先?先双声。"[14]《诗音表》分为双声、出声、送声、收声、影喻通出声、晓喻通送声等凡十一类,列表专明《诗经》中双声之词,可谓对钱大昕说的继承与发展。

三

钱大昕在辽、金、元三史的整理与研究方面超迈前人及时贤,重要的因素就是他精通蒙古文字,时人称其"习蒙古语,故考核金、元诸史及外藩地名,非他儒可易及也"[15],掌握蒙古文字与精熟音韵学

---

[12] 郭晋稀:《声类疏证》卷1《释训》,上海:上海古籍出版社,第503—504页。

[13] 伏俊连:《彰前修伟业 示后学津梁——读〈声类疏证〉》,《古汉语研究》1997年第4期,第45页。

[14] [清]钱坫著:《诗音表》序,《续修四库全书》本(据民国二十年渭南严氏刻本影印),上海:上海古籍出版社2002年版,第245册,第511页。

[15] [清]昭梿撰,何英芳点校:《啸亭杂录》卷7"钱辛楣之博"条,第222页。

就成了他研究少数民族史籍的两把最重要也最有效的钥匙。少数民族人名、地名、部族名、职官名等在译成汉语的过程中由于译音无定字，译音有缓急等现象，引起许多误解与混乱，但钱大昕则正是掌握了这些规律来治史。如：

《汉书·西域传下》："昆莫，王号也。名猎骄靡，后书'昆弥'云。"颜注："昆莫本是王号，而其人名猎骄靡，故书云昆弥。"钱大昕云："予谓小颜说非也。弥、莫声相转，犹宛王'毋寡'一作'毋鼓'，鼓、寡声相转，其实一耳。'莫'之为'弥'，译音有轻重，而名号未改，非取王一字而沿以为号也。"[16]

颜注附会《汉书》语，依字面之义，强为之解，造成误会原文，得钱氏考证，方才文从字顺。又如：

《元史·后妃传》有公主名"桑哥吉剌"，《特薛禅传》作"祥哥剌吉"。《廿二史考异》卷九三：北人读祥如相，相、桑声相近。吉剌当为剌吉。[17]

这是由于音转造成译音无定字，以至一人有两种或多种译法。又如：

《元史·哈剌哈孙传》："曾祖启昔礼，始事可汗脱斡璘。"《太祖纪》作汪罕，名脱里。《廿二史考异》卷九六：脱斡璘，即脱里。语有缓急，王可汗，即汪罕。[18]

此又因译音有缓急而造成译字之多寡不同。辽、金、元《史》，由于史臣未通翻译，不明音转，以至史文讹谬极多，钱氏运用其熟蒙古语及音韵学的特长，总结规律，既考订讹误，又启导来学。今以其研究女真、蒙古姓氏人名荦荦显著者，爰为通例，以见其一斑：

1. 蒙古人名取义归类例

[1] 以颜色词命名例：如察罕者，白也；哈剌者，黑也。

[2] 以数目词命名例：如哈儿班答者，十也；明安者，千也；秃满者，万也。

[3] 以珍宝名命名例：如按弹者，金也；速不台者，珠也。

[4] 以器官名命名例：如你敦者，眼也；赤斤者，耳也。

[5] 以动物名命名例：如不花者，牡牛也；不忽者，鹿也。

[6] 以吉祥词命名例：如伯颜者，富也；只儿哈朗者，快乐也。

[7] 以鄙俗词命名例：如文殊奴、普颜奴、六哥、五哥等。

[8] 以部族名命名例：如蒙古台、唐兀台、散术歹、肃良合等。

[9] 以畏吾语命名例：如也忒迷失者，七十也；阿忒迷失者，六十也。[19]

2. 一名而多译法例

[1] 姓氏例：如奇渥温氏，又作孛儿只吉歹氏、孛儿只斤

---

[19] [清] 钱大昕著，杨勇军整理：《十驾斋养新录》卷9 "蒙古语" 条，第3册第185—186页。

氏、博尔济吉特氏。[20]

[2] 人名例：如哲别，又作遮别、者别、柘柏、折不、者必。[21]

3. 一人而有国语、汉语二名例

[1] 因出使宋朝而改汉名例：如《金史·交聘表》中乌古论粘没曷，《宋史》皆作乌古论忠弼；蒲察速越，《宋史》作蒲察愿，等等。[22]

[2] 史文本名与改名兼举例：如《金史·礼志》粘哥宗翰，粘哥者，女真名；宗翰者，汉名也。[23]

[3] 唐兀、畏吾、高丽人改名例：如唐兀畏吾人散术解，一名世安[24]；畏吾人廉希宪，一名忻都[25]；高丽人王璋，一名益智礼普化[26]，等等。

4. 因语有缓急而译字增省例

[1] 译字有增省例：如嗔那颜，又作按陈、按真、按只、按赤。

[2] 译音有轻重例：如阿礼嘉世礼，又作阿里嘉室里、阿剌哥识里、阿里加失立、阿礼嘉世立。[27]

5. 姓氏人名讹误例

[1] 以名为氏而误例：如八八罕氏，或作八不罕氏，其名也，当书宏吉剌氏。[28]

---

[20] [清]钱大昕著，陈文和主编：《嘉定钱大昕全集》(增订本)，《廿二史考异》卷86《元史一》，第3册，第1431页。

[21] 同上，《廿二史考异》卷86《元史一》，第3册，第1440页。

[22] 同上，《廿二史考异》卷85《金史二》，第3册，第1412页。案《金史·交聘表》中所载大臣本名，《宋史》皆书汉名，大率金国大臣出使，为便于行文称呼及尊重汉俗，皆别有汉名，此类最多。

[23] 同上，《廿二史考异》卷84《金史一》，第3册，第1400页。

[24] 同上，《廿二史考异》卷95《元史十》，第3册，第1556页。

[25] 同上，《廿二史考异》卷94《元史九》，第3册，第1550页。

[26] 同上，《廿二史考异》卷100《元史十五》，第3册，第1628页。

[27] 同上，《廿二史考异》卷91《元史六》，第3册，第1507页。

[2]以氏为名而误例：如召烈台抄兀儿，召烈台者，抄兀儿之氏，当云抄兀儿召烈台，方合史例。[29]

[3]以二姓为一姓而误例：如耨怨温敦思忠，温敦、耨怨各为二姓而误为一姓。[30]

[4]一名多译别为立传例：如雪不台、速不台；完者都、完者拔都；石抹也先、石抹阿辛，等等。以上皆一人而误为二人，别为立传。[31]

[5]人名字讹误例：如粘没喝，汉译作粘罕，本不误，史臣却以为误[32]；又如：圻那颜，圻为折之误[33]；札术哈，术为木之误[34]，等等。

此钱氏治蒙古文字成绩之卓荦者，其利用精熟蒙古文字之特长来考校史籍之讹误，往往如此。惜其所纂《元史》下落不明，但我们从《廿二史考异》中的元史考证部分，仍可窥得其大致。

四

钱大昕所处的时代，音韵学高度发达，顾炎武、江永以降，明音理，求假借，成为当时学者人手在握的法宝。但学者们依自己所创的古韵分部运用于《诗经》、《楚辞》等先秦韵文时，仍有出韵，于是诸家试图用方言或者通韵的方法来补罅塞漏。如顾炎武考音，谓一字只有一音，于古人异读之字辄指为方音，钱大昕认为此乃顾氏"千虑一失"，失之于拘。段玉裁分古韵为十七部，并认为："分之则为十七部，合之则十七部无不互通。"段氏正是在此原则指导下

---

[28] 同上，《廿二史考异》卷87《元史二》："《后妃表》《后妃传》《特薛禅传》并作八不罕。八不罕者，其名也。当书宏吉剌氏，不当云八八罕氏。"第3册，第1456页。

[29] 同上，《廿二史考异》卷94《元史九》，第3册，第1546页。

[30] 同上，《廿二史考异》卷85《金史二》，第3册，第1422页。

[31] 同上，《廿二史考异》卷94《元史九》，第3册，第1545页。

[32] 同上，《廿二史考异》卷85《金史二》，第3册，第1419页。"案《国语解》：粘罕，心也。译音有轻重，史臣遂以为讹。"

[33] 同上，《廿二史考异》卷86《元史一》，第3册，第1440页。

[34] 同上，《廿二史考异》卷93《元史八》，第3册，第1532页。

论《诗》及注《说文》，其滥用通转，被当时及后人所讥评。钱大昕在为段氏《诗经韵谱》和《六书音均表》作序时，对其"合之则十七部无不互通"的观点并无异言，但在《与段若膺论韵书》中却明确提出不同意段氏之说。钱氏认为，古人之音，个别韵部之间偶有数字相出入者，"或出于方言，或由于声转，要皆有脉络可寻，非全部任意可通"，故对段氏之说"未敢以为然也"[35]。顾氏拘于方音，段氏通转太过，皆为不当。钱氏以为"古人有韵之文，正音多而转音少"，正音定形声之准，转音通文字之穷，故"转音之例，以少从多，不以多从少"[36]。钱氏之说，是符合语音发展与变化实际的。

但钱大昕在批评段玉裁夥言通韵的同时，自己又认为"古音不甚拘"，与段氏有同样的缺陷与弊端。如他所举之例，也有批评段氏而自己所论亦不当者。如《诗经·小雅·谷风》："习习谷风，维山崔嵬。无草不死，无木不萎。忘我大德，思我小怨。"段氏读怨为依，与嵬、萎为韵。钱氏以为段氏误，当为嵬、萎为韵，德、怨为韵。怨读若抑，《论语》"以直报怨，以德报德"亦为韵语可证。案段、钱二氏皆误。段氏以怨读如依并与嵬、萎为韵，是其十七部尚不能分别灰、齐（脂）两部之疏漏；钱氏以怨读若抑，与德（德部）为韵，是认为德、怨连句为韵，而嵬、萎隔句用韵。实则怨字不必破读，当读如本字，属寒部，嵬、萎属灰部，嵬、萎与怨为灰、寒两部旁对转而为韵。钱大昕虽然强调古人韵文"正音多而转音少"，但也自蹈其失，皆因当时对转之理尚未明故。这些方面问题的解决，尚待孔广森诸人及其后继者的努力。

总前所论，钱大昕在声纽研究方面取得了突破前人而启迪后学的卓越成就，故黄侃《音略·例略》称："自来谈字母者，以不通古韵之故，往往不悟发声之由来；谈古韵者，以不僚古声之故，其分合又无的证。清世兼通古、今韵者，惟有钱大昕，余皆有所偏阙。"

35 [清]钱大昕：《潜研堂文集》卷33《与段若膺书》，第598页。

36 [清]钱大昕：《潜研堂文集》卷15《答问》十二，第235页。

而其在蒙古文字汉译研究方面的贡献，则不仅是研治《元史》的重要成果，而且对今天汉语以外的少数民族语言与外国语言的翻译等方面，也有着重要的启发与借鉴作用。

拾叁

清代起居注官与钱大昕的《讲筵日记》[1]

[1] 本文原载《中国典籍与文化》2000年第3期，第122—124页。

钱大昕（1728—1804），字晓徵，又字及之，号竹汀，又号辛楣，江苏嘉定（今属上海）人。乾隆十九年（1754）进士。官至詹事府少詹事、广东学政等。四十八岁归里，历主钟山、娄东、紫阳诸书院。是清中叶与惠栋、戴震鼎足而立的一代儒宗。代表作有《廿二史考异》、《声类》、《疑年录》、《十驾斋养新录》、《潜研堂金石文字跋尾》及《潜研堂集》等，一生著述丰硕，生前即有刻本多种行世。钱氏殁后，其次子东塾于嘉庆十一二年（1806—1807）间，汇集其父著述共17种250余卷，刻成《潜研堂全书》行世；光绪十年（1884），长沙龙氏家塾刻《潜研堂全书》，复增加5种；近扬州大学陈文和先生等搜罗钱氏著述进行点校整理，成《嘉定钱大昕全集》，共收35种近300卷，为钱氏著述规模最大的一次结集出版，厥功甚伟。然因未能普查海内外各大图书馆所藏古籍，故钱氏著述仍有阙漏，北京大学图书馆所藏钱氏《讲筵日记》即为其中一种［北大图书馆还藏有《钱大昕殿试策》原件，一折册，为钱氏乾隆十九年（1754）参加殿试时的试策卷］。

一　北京大学图书馆藏《讲筵日记》版本情状

《讲筵日记》一册，不分卷。红格手稿本。高25.5厘米，宽21厘米。每页行数及每行字数皆不等。注或单行，或双行。无序跋。书末注"共廿六张"，有数页无字者。书衣无书名，有"北京大学图书馆珍藏"蓝文大方印。首叶有"燕京大学图书馆珍藏"朱文大方印，末叶有"孙溪逸士"白文长方、"朱氏槐庐审定"朱文大方印。

然则此稿曾藏吴县朱记荣槐庐，后归燕京大学图书馆，再转至北京大学图书馆。从钱庆曾所注《竹汀居士年谱》及《续编》看，此稿钱氏子孙似亦未曾寓目，故弥足珍贵。稿中每遇清帝庙号、谕旨等，皆出格跳行。全稿为钱氏任起居注官期间侍班之日记，体裁与《起居注册》相类，凡记钱氏自乾隆二十八年六月十二日（1763/7/22）充日讲起居注官始，至三十二年九月初五日（1767/10/27）以病获准辞职止。又《讲筵后记》，记乾隆三十七年十二月十三日（1773/1/5）钱氏以原衔署日讲起居注官始，至乾隆三十八年正月十二日（1773/2/3），奉旨在上书房行走，派皇十二子师傅止。末附数条记载他事者。

二　清代起居注馆制度与《起居注册》编纂

康熙九年（1670），置起居注馆于太和门西廊，是清代正式设置起居注馆之始。五十七年（1718），曾一度裁省。雍正元年（1723），诏复。起居注官不专设，均由翰林、詹事、坊局官以原衔兼充，唯满汉掌院学士例各兼一缺。初俱以日讲官兼摄，康熙二十五年（1686），停日讲。但后来起居注官仍兼日讲系衔。以官员品级而论，则从一、二品之掌院学士，到七品之翰林院编修不等。其员之人数，乾隆朝定制为满洲八人，汉人十二人。下又设起居注馆主事、笔帖式等若干人。起居注馆有不称馆而称"公署"或"直房"者，钱氏《讲筵日记》中即称"公署"或更省称"署"。

历代起居注册，鲜有流布，唯清代《起居注册》较为完整地留存至今。起居注官所记，凡恭逢朝会、御殿、御门听政、有事郊庙、阅祝版、御经筵、耕耤、视学、殿试、读卷、外藩来朝、上元岁除赐宴、大阅、校射、出师命将、凯旋迎劳、受俘及每岁勾决重囚等，记注官皆分日侍值。凡谒陵、校猎、驻跸南苑、巡狩方岳，记注官皆扈从。乾隆朝侍班时一般为四人，而谒陵、巡狩等则以二人扈从。凡每日所记，皆具年月日及当值官姓名于籍，按月成册，每月两册。满讲官则俟稿定后，专司翻译正本。上年之事，例于次年编定，记注官作跋于后，至年终《起居注》书成，装成若干册，缄之朱柜，具疏奏闻皇帝后，即扃固送交内阁收贮。为保密慎重起见，原则上皇帝也不能读阅，其钥匙例存起居注馆。钱大昕有诗曰："时政年年注《起居》，编成常届岁将除。寻常卷帙休相拟，此是人间第一书。"（《潜研堂诗集》卷7《乾隆二十八年〈起居注〉书成诣乾清门入奏恭纪六首》其一）即为记其事而作，《起居注》是对皇帝言行最直接、第一手的原始记录，因此有着非常重要的史料价值，从此一角度讲，称其为"人间第一书"，并不过分。

起居注官虽无实权，但由于其侍从皇帝左右，以笔札司纪载，出入承明，最称华选。故其出路非常优越，可以不次升迁，甚或有官至各省督抚藩臬，以及朝廷尚书等职者，因此为人所重。钱氏诗云："跋尾千言缀后头，轻尘足岳露添流。清班久占惭何分，四度书中姓氏留。"（同上诗，其四）其又有"文学侍从"藏书印。大昕一生，虽不喜沉浮官场，但从其所作诗文，足见他对任起居注官的此段经历，亦是颇为满足自得的。

三 《讲筵日记》与《后记》的史料价值

《讲筵日记》、《后记》是钱大昕侍值清高宗起居时的原始记录，不仅对研究钱氏学行有重要参考价值，而且对研究高宗朝政治文化也有一定的参考作用。大致而言，其价值在于：

其一，可补钱氏学行诸事甚多。如清修《音韵述微》，《竹汀居士年谱》乾隆二十八年下云："锡山秦文恭公奉诏修《音韵述微》，属居士任编校，所进条例，皆居士具稿。"此外钱氏具体所修内容，钱庆曾注亦不详，而《日记》中则曰："呈《音韵述微》一东、二钟、三江韵"，可见此三韵乃钱氏所纂。又如《年谱》三十一年，"充会试同考官，得进士十人，馆选三人，分部一人"。《竹汀府君行述》亦以为十人。而《日记》作"十一人"，且一一记其姓名籍贯，可知《年谱》有误。又如《年谱》三十七年，漏记钱氏再署起居注官事，此等皆当应据《日记》补之。其二，可补《高宗实录》之疏漏。《日记》中所记，有与《实录》全同者，有互有详略者，有年月日隶次互异者，从笔者对二书之比勘可知。如关于记注官之升迁日期，《日记》与《实录》差异较大，盖钱氏事后追记，仅大致隶于当月之下，此等当以《实录》为据；然记注官之或署或充，《日记》有而《实录》漏载者不少，且《实录》记载或有误者，此类又当以《日记》为准。其三，可对研究乾隆朝政事与学术等有一定之参考作用。如乾隆二十九年乡试、三十一年会试，钱氏以浙江乡试副考官、会试同考官的身份参与其事，故《日记》中对此事记载特详，从各省主考、副考官及会试总裁官、同考官之任命，至会试、殿试之全过程，皆有记载。又其注此科二甲第六十九名之卢嘉会，因试卷出了问题，被降至三甲之末，为他书所未载。又如《日记》乾隆二十八年十二月癸未下载，福建学政纪昀奏经史诸书应避庙讳御名，请交武英殿修书翰林校对改正。《日记》中记载钱氏奉命所改避讳字者有《周易折中》、《元史》、《清一统志》诸书，可见纪氏所奏的确在当时得到了执行。清廷在开《四库全书》馆后，纪昀得到高宗的信任，主持全书之编纂，藉此可窥到点滴因由。后人研究纪氏学行与所纂纪氏《年谱》，皆漏此一条研究纪氏之重要史料。此外，钱氏《日记》中，还可见记注官每月轮班侍值之情状，对于同值之满汉记注官，钱氏皆详载其升迁、降黜以及死丧等事。他如《日记》中所载清朝宫殿之匾额、楹联、陈设等，亦有为他书所无者，对研究清高宗个人爱好与清宫历史，亦为难得之史料。

《讲筵日记》以前未曾有人整理过，笔者参考了《潜研堂集》、《竹汀居士年谱》及《高宗实录》、《清文献通考》、《清会典》、《清通志》、《清通礼》、《国朝宫史》、《清宫述闻》、《清史稿》诸书，对《讲筵日记》逐条进行标点与校勘，并做了适当的注释与说明，不久将刊布于世，相信不仅对研究钱大昕的学行有重要参考价值，而且对研究清中叶学术与文化也将有一定的裨益。

拾肆

论段、顾之争对乾嘉校勘学的影响[1]

[1] 本文原载《古籍整理研究学刊》1991年第3期，第13—16页。

[2] ［清］段玉裁撰，钟敬华点校：《经韵楼集》卷11《礼器：先王之立礼也有本有文》，上海：上海古籍出版社2007年版，第283—284页。

[3] ［清］段玉裁撰，钟敬华点校：《经韵楼集》卷11《二名不偏讳说》，第271—273页。

[4] ［清］段玉裁撰，钟敬华点校：《经韵楼集》卷11《与顾千里书》，第295页。

乾嘉时期，在皖派校勘学家段玉裁和吴派校勘学家顾广圻之间曾展开了一场学术争鸣，这场争鸣，无论对当时还是后世学术界，尤其是校勘学界，都产生了相当大的影响。本文试就这一问题略加论述。

一

段、顾之争，是由于对《礼记》中几个字的不同校法引起的。《礼·礼器》："先王之立礼也，有本有文。"顾氏《礼记考异》据唐石经无"有文"二字，故认为二字乃衍文；段氏则认为："'忠信，礼之本也；义理，礼之文也。无本不立，无文不行。'此行文之常法也。"[2] 因此以理断之，校二字为正文。《礼·曲礼》："二名不徧讳"。顾氏认为作"偏"与郑注合，且《檀弓》亦作"偏"；段氏则推求注文义理，谓字当以作"徧"为是，唐石经以来作"偏"者皆误[3]。又，《礼·王制》："虞庠在国之四郊。"顾氏据《正义》认为"四"当作"西"；段氏则据王肃、刘芳、崔灵恩、皇侃、杜佑诸人所引，又按之以理，认为作"四"为是[4]。

二人校法，完全相左，以此为契机，段、顾之间展开了一场激烈的争论。段氏为《四郊小学疏证》以申己义，顾氏著《学制备忘之记》而驳之。双方又互通信札，往还辨驳，在有关校勘中对待古本的态度、校勘原则方法、校勘成果处理等方面展开了广泛的争论。

二

校勘古籍，首先遇到的是如何对待版本尤其是古本的态度问题。作为吴派校勘学家代表的顾广圻认为，旧椠传世绝少，如同"三代竹简，六朝油素"[5]，以稀为贵；他也承认旧本不是完本，但"通而论之，宋椠之误由乎未尝校改，故误之迹往往可寻也"[6]。因此极重古本旧椠，作为校勘主要依据。段玉裁则不然，他向来不重旧椠，认为："自唐以来积误之甚者，宋本亦多沿旧，无以胜今本。"甚至认为"未有真古本、汉本，而徒沾沾于宋本，抑末也"[7]。二人对待古本的不同态度，在他们的争论中成为主要问题之一。如顾氏以唐石经为准依，而段氏却认为唐石经以来版本多误，并对顾氏遵信旧椠提出批评，指出："所谓宋版者，亦不过校书之一助，是则取之，不是则却之，宋版岂必是耶？"[8] 鉴于此，段氏不重古本，唯理是从，同顾氏形成鲜明对比。

对待古本的不同态度，决定了争论双方在校勘方法原则上的分歧。顾氏谨守自惠栋以来吴派校勘家重视旧椠古人旧说的传统家法，讲求"以经解经"，取证不越汉、唐古人旧说，以本校、对校为主；段氏由于不重旧本，所以也不重视古人旧说，而是主张广泛他校，取证不限古今，同时又主张精审识断，进行理校。双方校勘原则方法上的不同在争鸣中表现尤为突出。顾氏谨守古经及郑注、孔疏，以为校勘主要依据，反对取证他处。故其指斥段氏于经、注、疏之"明文凿凿者抹杀之曰讹，不计其为一见再见若合符节"，"然后烦称博引他经他注之非有明文者，为之自立一说以就所欲说。然细按所立说，绝非其经其注之本旨。又假借于他家之异文者以断章取证而不计其为牵合"[9]。对段氏进行理校，顾氏认为是同宋儒一样，"以

---

[5] [清]顾广圻撰，王欣夫辑：《顾千里集》卷12《艺芸书舍宋元本书目序》，北京：中华书局2007年版，第192页。

[6] [清]顾广圻撰，王欣夫辑：《顾千里集》卷10《韩非子识误序》，第153页。

[7] [清]段玉裁撰，钟敬华点校：《经韵楼集》卷1《十三经注疏释文校勘记序》，第2页。

[8] [清]段玉裁撰，钟敬华点校：《经韵楼集》卷11《答顾千里书》，第300页。

[9] [清]段玉裁撰，钟敬华点校：《经韵楼集》卷11《附顾千里第二札》，第296页。

'六经注我'之故智以就所欲说"[10]。并辨解自己的校法，只不过是为了恢复"自古相传至唐，贾、孔所受之经与注而已"[11]。面对顾氏的指责，段氏针锋相对，进行反驳。一方面，段氏提倡广泛取证，进行他校，"探考异文，以为订经之助"[12]。因此他借用王肃、刘芳、崔灵恩、皇侃、杜佑诸人所引为佐证以申己说；另一方面，他特别强调在无有佐证的情况下别辨审断大胆理校。他抨击顾氏"就一字一句之异，卤莽立说，而不观上下文以求其义理"[13]。力主"校经者将以求其是也，审知经字有讹则改之，则汉人法也。汉人求诸义而当改则改之，不必其有左证"[14]。这样，二人在校勘方法原则上各执己见，互不相容，分歧至为明显。

校勘方法原则的不同，又导致了争论双方在改字原则和校勘成果保留方式方面的分歧。顾氏《礼记考异》提倡校刻古书应"悉依元书而别撰《考异》以论其是非得失"[15]。因此他驳斥段氏轻改古书是"遇一经，改一经；遇一注，改一注；遇一正义，剖击一正义"[16]。表示自己对这一做法强烈不满。段玉裁则认为："凡著书，各行其是而已。"[17]故此他继承戴震校《大戴礼》、《水经注》的方式，主张："刊古书者，其学识无憾，则折衷为定本以行于世。"不仅如此，他还讥刺顾氏的主张是"学识不能自信"，故其《礼记考异》"不敢折衷定本"而"欲谈是非"[18]。通过二人的争执，可以清楚地看出，顾氏反对轻改原文，而主张以考异或校记的形式保留校勘成果，存异文，下己意，不改动原书以存其真，故校刻以底本式为主；段氏则主张勇改古书，折衷而写成定本，异文他说皆摈而不用，校刻时以定本式为主。

尤为值得注意的是通过这场学术争鸣，段、顾二人提出了各自的校勘理论。顾氏针对皖派校勘学家自视"才高意广"，对古书"心更张以从我，时时有失，遂成疮痏"的弊端，提出了"不校校之"

---

[10] [清]段玉裁撰，钟敬华点校：《经韵楼集》卷11《附顾千里第二札》，第297页。

[11] [清]段玉裁撰，钟敬华点校：《经韵楼集》卷11《答顾千里书》，第296页。

[12] [清]段玉裁撰，钟敬华点校：《经韵楼集》卷11，第298页。

[13] [清]段玉裁撰，钟敬华点校：《经韵楼集》卷11《礼器：先王之立礼也有本有文》，第284页。

[14] [清]段玉裁撰，钟敬华点校：《经韵楼集》卷11《答顾千里书》，第298页。

[15] [清]顾广圻撰，王欣夫辑：《顾千里集》卷17《礼记考异二卷》，第265页。

[16] [清]段玉裁撰，钟敬华点校：《经韵楼集》卷11《附顾千里第二札》，第296页。

[17] [清]段玉裁撰，钟敬华点校：《经韵楼集》卷12《再与顾千里论学制备忘之记》，第309页。

[18] [清]段玉裁撰，钟敬华点校：《经韵楼集》卷11《答顾千里书》，第300页。

的理论。"毋改易其本来，不校之谓也，能知其是非得失之所以然，校之谓也。"[19] 他要求学者珍视旧本，毋轻改原书，即有所改，亦当有据，使读者能心目了然。如此方不至于使古书愈改愈失。针对顾氏之说，段玉裁提出了"定底本之是非，定立说之是非"的校勘理论。他指出，底本即"著书者之稿本"；立说即"著书者所言之义理"。他批评吴派校勘学家混淆了底本与立说之关系，指出校勘须先使古书"各得其底本，而后判其义理之是非，而后经之底本可定，而后经之义理可以徐定。不先正注疏释文之底本，则多诬古人；不断其立说之是非，则多误今人"[20]。这样，段氏明确提出校书须分两步走，先定底本之是非，后定立说之是非，前者为前提条件，后者为终极目的。二人各自校勘理论的提出，无疑是对校勘学理论的极大丰富和完善。

段、顾之争，就其根本而言，并无质的区别，二者要达到的最终目的并不矛盾。正如段氏所言，是为了使古书"以贾还贾，以孔还孔，以陆还陆，以杜还杜，以郑还郑"[21]。继而达到"定其一是，明圣贤之义理于天下万世"的目的[22]。而顾氏也极称自己终身为之矻矻不休而奋斗的目的，也是为了"刊落浮词，独求真解"，恢复古书之本来面目[23]。

另一值得关注的问题是，段、顾之争实际上是乾嘉时期学术界，尤其是校勘学界内部吴、皖两派之间围绕着校勘中对待古本、他校材料、校勘方法原则、校勘成果保留方式等方面不同意见而进行的一次全面性学术检讨，是吴、皖两派矛盾的冲突化，也是两派优劣得失相比较下的一次总曝光。作为吴、皖两派代表的顾广圻和段玉裁，都各执己见以攻击对方，由于他们的固执和意气用事，故未能达到互相之间的取长补短，相为促进。但就客观效果而言，二人的争鸣使各自的优劣得失非常明显地公诸于学术界，后来校勘学家便

[19] [清]顾广圻撰，王欣夫辑：《顾千里集》卷17《礼记考异二卷》，第265页。

[20] [清]段玉裁撰，钟敬华点校：《经韵楼集》卷12《与诸同志论校书之难》，第336页。

[21] [清]段玉裁撰，钟敬华点校：《经韵楼集》卷12《与诸同志论校书之难》，第336页。

[22] [清]段玉裁撰，钟敬华点校：《经韵楼集》卷11《答顾千里书》，第300页。

[23] [清]顾广圻撰，王欣夫辑：《顾千里集》卷7《与与阮芸台制府书》，第125页。

从他们的经验教训中汲取两家之长而弃其短，从而使吴、皖两派走向融合。到清末，校勘学家如俞樾、孙诒让、于鬯等人，在具体校勘中已没有明显的派系之分，而是用两家之长，避两家之短。所以，即此而言，段、顾之争对乾嘉校勘学界在客观上也有促进和推动作用。

三

如前所述，段、顾之争对乾嘉学术界尤其是校勘学界有积极的推动作用和影响，但这场争鸣，对乾嘉学术界也产生了消极的作用和影响。

清代学者希心汉儒，并效而仿之。汉儒重师承家法，各家之间相与辨难，形同水火；同时，汉儒章句解诂之学，到了东汉也流于琐碎，数字经文，释以万言。清代学者在继承汉儒好的治学经验方法的同时，也不自觉地重复了汉儒的错误。

清初，阎若璩著《古文尚书疏证》，考订《古文尚书》之伪，好于辨驳的毛奇龄著《古文尚书冤词》，对阎著"百计相轧"[24]，但语多穿凿，为学术界所讥。乾嘉时期，皖派领袖戴震"偏戾之气，博辨之词，与毛氏西河（奇龄）相近，当此之时，海内翕然从风"[25]。吴派之中，惠栋等人也是笃信汉儒，唐宋以来学者皆遭其指斥。段玉裁学出戴震，而顾广圻师从江声（江氏为惠栋门人），尽得惠氏遗学。当时惠、戴诸人及吴派著名学者卢文弨等人皆已谢世，段、顾二人俨然各执一派之牛耳。因此，他们之间的争论也就成为两派间的争论，为时人瞩目而成为当时学术界的热门议题。

段、顾之争发生前，顾氏称赞段氏为"学之名其家者"[26]，自谓"吾学得诸茂堂先生"[27]。段氏也很欣赏顾氏，认为是自己的"解人"[28]。二人间关系十分融洽。段、顾之争时，段玉裁已是七旬老翁；而顾氏才四十出头。前者老来气盛；后者血气方刚。段氏以长者自居，强加己意与人；顾氏以后起之秀，言词不恭，意气相向。二人从争论一开始就已超出了正常学术争鸣的氛围，带有浓厚的感情色彩和驳辨气息。继而二人书牍往还，相为责难，直到反目。甚至在顾氏拒绝回函争辨，掩旗息鼓之后，段氏仍气血不平，转而多次移书向学者黄绍武声诉其苦，讽刺顾氏不学无术，目无尊长，大有不罢休之势。时人陈鲍等看到段、顾之争"遂成水火"，力图调解，"而终莫能解"[29]。

这场争执，为当时学术界所关注，但当时对段、顾二人孰优孰劣，孰是孰非，议者虽多，却无结论。如时人黄绍武在给段玉裁的信中谈到这场争论时说："先生与千里以说理起争端，某学问粗疏，未敢偏袒左右。"[30]这也是当时学术界的普遍看法，也是没有卷入其他学者参加争论的原因。这一方面说明段、顾二人互有是非，不好论说；另一方面也表明当时学术界吴、皖两派不分轩轾，互为门户的事实。自此以后，段、顾二人便犹如仇雠，以讥贬对方为能事，向之肯定对方的学术成就也遭其否定。而乾嘉学术界，便被这种好于辨驳，张己伐人的风气所笼罩。这种门户之见和意气之争，已远非正常的学术争鸣，于学术发展有百弊而无一利，是乾嘉学术走向陵夷的重要原因之一。

不仅如此，在段、顾之争中，为了张扬己说，俾服对方，二人莫不为一字之校，称引繁富，下笔万言。这种风气，清初阎若璩诸人已开其端，段、顾之争使此风更为加剧漫延。受其影响，乾嘉学者校勘考据时，为了"言言有据，字字有考"[31]，无论博学之士仰或专

[26] [清]顾广圻撰，王欣夫辑：《顾千里集》卷7《刻释拜序》，第179页。

[27] [清]顾广圻撰，王欣夫辑：《顾千里集》卷7《刻释拜序》，第179页。

[28] [清]顾广圻撰，王欣夫辑：《顾千里集》卷7《刻释拜序》，第179页。

[29] [清]顾广圻撰，王欣夫辑：《顾千里集》卷7《刻释拜序》，第179页。

[30] [清]段玉裁撰，钟敬华点校：《经韵楼集》卷12《答黄绍武书》引黄绍武语，第331页。

[31] [清]方东树撰，漆永祥点校：《汉学商兑》卷中之上，南京：凤凰出版社2016年版，第61页。

主一家者，莫不"一字之证，博极万卷"。结果，"辨物析名，梳文栉字，刺经典一二字，解说或至数千万言，繁称杂引，道衍而不得所归，张己伐物，专抵古人之隙"。学者形式上"虽实事求是，而乃虚之至也"[32]。这样，乾嘉学术界便不自觉地犯了流于琐碎，趋向务虚的错误，最终导致了乾嘉学术的衰微。

总前所论，本人认为，段、顾之争是乾嘉时期学术界尤其是校勘学界发生的一件大事，是吴、皖两派长期争执的总爆发，其对乾嘉校勘学乃至整个乾嘉学术界在正反两方面都有深远的影响。

[32] [清]方东树撰，漆永祥点校：《汉学商兑》卷中之上，第61页。

拾伍

论江藩《汉学师承记》研究中的几个问题[1]

清嘉道之际，考据学已走过了其鼎盛恢宏时期，这表现在：一方面，考据学界不再出现如惠栋、戴震、钱大昕那样具有领袖作用的大师，学者在某一领域做窄而深的研究；另一方面，随着今文经学的兴起与考据学流弊的增多，学术界对考据学的抨击日增一日。因此，在考据学派内部，学者也开始有意识地总结当代学术，这主要以阮元、焦循、凌廷堪、江藩等人为代表，其中影响最大的是阮元主纂的《皇清经解》、《十三经注疏》、《畴人传》和江藩编写的《国朝汉学师承记》、《国朝经师经义目录》等，而在学术史的研究中，则尤以《汉学师承记》影响为最大，评价也褒贬不一。

江藩（1761—1831），字子屏，号郑堂，晚号节甫，甘泉（今江苏扬州）人。一生以监生终，往来于扬州、北京等地，用他自己的话说就是"迹类浮图，钵盂求食；睥睨纨袴，儒冠误身；门衰祚薄，养侄为儿；耳热酒酣，长歌当哭"[2]。尽管他贫苦困厄，亦无功名，但他师从惠栋的弟子江声和余萧客，又曾从朱筠、王昶游，与当时名家也多有往来，因此在嘉庆时期"以布衣为掌故宗，且二十年"[3]。在学术界有相当的声望与影响，著有《周易述补》、《隶经文》、《尔雅小笺》、《炳烛室杂文》、《国朝汉学师承记》、《国朝经师经义目录》、《国朝宋学渊源记》等。本文试对《国朝汉学师承记》研究中有争议的几个问题进行论述和厘清，以期对该书及清代学术的研究能有所裨益。

一　《汉学师承记》书名之由来及含义

在中国古代学术史上，自先秦时期，就已经产生了对各家学

---

[1] 本文原载《北京大学古文献研究所集刊》第1辑，北京：北京燕山出版社1999年12月版，第343—369页。

[2] [清]江藩撰，钟哲整理：《汉学师承记》卷7《汪中记》，北京：中华书局1983年版，第115页。

[3] [清]龚自珍：《龚定盦全集类编》卷2《江子屏所著书序》，北京：中国书店1991年版，第23页。

派进行研究与评价的论文，如《庄子·天下篇》、《荀子·非十二子篇》、《淮南子·要略篇》等等，而《史记·太史公自序》中引司马谈《论六家要旨》，更是对先秦诸子学术进行总结评论的经典论文，其后《汉书·艺文志·诸子略》即据司马氏之文而成。而且自《汉书》始，历代正史多立《儒林传》作为一代学者之专传，以记其学术及行绩。然专门记载某一学派的学术渊源、宗旨及学行语录等的学术史专著，则始于南宋朱熹的《伊洛渊源录》，其后元初修《宋史》即受其影响，分《道学》、《儒林》为二，引起争论，聚讼不已。至清初，更有周汝登著《圣学宗传》、孙奇逢著《理学宗传》等，而黄宗羲的《明儒学案》以及他与全祖望合作的《宋元学案》，则对后世影响最大。

很显然，乾嘉时期，在考据学鼎盛的学术氛围中，对以汉、宋之争为最大门户的乾嘉考据学家们来说，毫无疑问，以上诸书专记宋明理学学术渊源、师承关系及学术宗主等，对其他学术视之漠然的做法，使他们大为不满。因此，表彰、总结自己所从事的学术以与宋学相对峙甚或替代宋学，便成为当时考据学家的愿望与时代之要求。因之，到嘉庆时期，江藩的《汉学师承记》便应运而生。从江氏书名及体裁可以看出，尽管不以"学案"标名，学案体与人物传记结合的方法仍是他首选的著书形式，这主要一是受传统《儒林传》的影响，另一则是受《明儒学案》等书的影响。

关于《汉学师承记》的写作动机，是在江藩心中早已有之的，他自称于"暇日诠次本朝诸儒为汉学者，成《汉学师承记》一编，以备国史之采择"[4]。"汉学"一词，古人所无，宋以来学者论汉代学术尤其是东汉学术多称章句训诂之学或经学；明代后期，学者渐趋尊尚汉代学术，但也不称汉学；清初学者汉宋兼采，并不区分划界，判然分明；而严判汉宋之学，是到乾隆时惠栋著《易汉学》诸书始，

[4]［清］江藩撰，钟哲整理：《汉学师承记》卷1，第6页。

惠氏大倡汉学，主旨在强调汉儒师法家法之重要与经师古训之近古而不可废。如其云：

> 汉人通经有家法，故有五经师训诂之学，皆师所口授，其后乃著竹帛。所以汉经师之说立于学官，与经并行。《五经》出于屋壁，多古字古言，非经师不能辨。经之义存乎训，识字审音，乃知其义。是古训不可改也，经师不可废也。[5]

这是继顾炎武"读九经自考文始，考文自知音始"之后，对乾嘉考据学又一影响巨大的治学范式。经惠氏提倡，汉儒重师法家法的传统遂为乾嘉学者所接受，成为他们治学最重要的特征之一。如《四库提要》论其优越性为可以使学者治学"专而不杂，故得精通"[6]。清末学者皮锡瑞也称："传家法则有本源，守专门则无淆杂。"[7] 惠栋与"吴门诸士，厌宋儒空虚，故倡汉学以矫之"[8]。也就是惠氏自谓："以四世之学，上承先汉，存什一于千百，庶后之思汉学者犹知取证。"[9] 显然，此处的"汉学"仅指汉代学术；以乾嘉考据学明确专指为"汉学"，彰显于江藩。《汉学师承记》一书的编纂，深受惠栋学术的影响。旧题江氏所纂《经解入门》中论"汉学"之义云：

> 今人名"经学"为"汉学"，盖以秦火而后，汉始昌明其学，魏晋以降，渐亦颓废，而国朝则直追两京，斯为极盛。[10]
>
> 何谓"汉学"？许、郑诸儒之学是也。……汉儒释经皆有师法，如郑之笺《诗》，则宗毛为主；许氏著《说文解字》，则博采通人。至于小大，信而有征。[11]

此书虽不是江藩所纂，但其所论，与江氏之说并无二致。很明

---

[5] [清]惠栋:《九经古义·述首》,清乾隆间常熟蒋氏省吾堂刊本,第1页。

[6] [清]永瑢等纂:《四库全书总目提要》卷33经部五经总义类《经稗》,民国二十二年商务印书馆本,第1册,第683页。

[7] 皮锡瑞:《经学历史》十《经学复盛时代》,北京:中华书局1959年版,第321页。

[8] [清]袁枚撰,王英志校点:《袁枚全集·小仓山房文集》卷18《答惠定宇书》,第2册,第306页。

[9] [清]惠栋:《易汉学·序》,《景印文渊阁四库全书》本,上海:上海古籍出版社1986—1990年版,经部第52册,第3页。

[10] 旧题[清]江藩撰,方国瑜点校:《经解入门·凡例》,天津:天津古籍书店1990年版,第1—2页。

[11] 旧题[清]江藩撰,方国瑜点校:《经解入门》卷3《汉宋门户异同第十五》,第73—74页。

显，江氏所谓"汉学"，也是指从方法上遵从"许、郑之学"，实际即指"经学"。其"汉学"所具备的特征必须一是"确守师法"，溯源流，求根底；一是"信而有征"，重证佐，斥臆造。江氏在《汉学师承记》中所列诸人，也多精上述诸学，故其"汉学"之义，与其"经学"不为相悖，却甚为相合。《汉学师承记》一书更是如此，例如钱大昕之学，以史学考据为时人及后世所尊，但江氏《钱大昕记》中所载皆钱氏说经之语，对其史学，只是稍带涉及，此可为显证。只是因为宋儒亦有经学，如惠栋即称"宋儒经学，不惟不及汉，且不及唐，以其臆说多而不好古也"[12]。故江藩特标"汉学"以为区别，更与《理学宗传》、《明儒学案》等书立异。同时，江藩还认为，"经术一坏于东、西晋之清谈，再坏于南、北宋之道学，元、明以来，此道益晦"[13]，唯乾嘉学者"直追两京"，使儒学复显，故称为"汉学"。也正因为如此，尽管龚自珍提出《汉学师承记》名目有"十不安"，建议改名，而江藩仍拗于名分，坚持己见，不从龚说。此可见"师承记"之义在于：记千古经学之传授渊源与承继关系，守汉儒师法家法之学。是否遵从汉儒某一家之学，是否学有根源，是江书弃与取的绝对标准，即范围再宽一点，也至少是实事求是、学有专主、论说有据而不为虚谈的学者才为之作记。

因此，《汉学师承记》实际上即《经学师承记》，"师承"一方面指清儒师承汉儒之学，另一方面则指清儒自身之间的师承渊源与承继关系。显然，江氏虽仍用传统学案体著成此书，但目的则在于彰大考据学之地位，而与《明儒学案》诸书分庭抗礼甚或取而代之。

[12] ［清］惠栋：《九曜斋笔记》卷2"赵庭录"条，清光绪间贵池刘氏刻《聚学轩丛书》本，第38b页。

[13] ［清］江藩撰，钟哲整理：《汉学师承记》卷1，第5—6页。

二　关于《汉学师承记》的选人原则

《汉学师承记》的选人原则是向来为人抨击的论题，人们多认为其选人原则是详记吴派而略记皖派，详于扬州学者而疏于他地学者，甚或认为江氏好友亦皆滥入。那么，事实是否真是如此呢？本文认为，江氏的选人原则主要有三：

其一，学术取向上侧重考据学派学者。这点从上面的论述即可说明，此不再述。

其二，时间下限以当时已逝之学者为主，健在者不为做记。《汉学师承记》之撰成时间，汪喜孙作跋文是在嘉庆十七年（1812），但在江藩《经师经义目录》江钧的跋识中又称"家大人既为《汉学师承记》之后"，又"作《经师经义目录》一卷"云云，末署"嘉庆辛未良月既望"，则此二书当皆至迟完成于嘉庆十六年十月之前。

了解此书的成书时间是很重要的，因为《经师经义目录》是为补《汉学师承记》之未备而作，针对性极强，其中收书标准之一就是江钧所说的"其人尚存，著述仅附见于前人传后者不著录"。这正好说明了《汉学师承记》中人物的入选原则是著录已逝之学者，而在世之学者无论成就大小、名望如何，皆一概不为之专记，只是附及而已。这既是江氏著书之凡例，亦为中国传统史学所遵守的原则——"盖棺论定"，其人尚存，则无论其成就高低，皆不为立传。为证明此点，我们将《汉学师承记》中人物按卷帙进行统计如下（其中附传及在传主名下略及之人亦皆附录）：

卷一——阎若璩（附张沼、吴玉搢、宋鉴又附宋葆淳、张敦仁）、胡渭（附黄仪、顾祖禹）、张尔岐、马骕（附王尔脊）。

卷二——惠周惕（附惠士奇、惠栋又附沈大成）、沈彤、余萧客、江声又附江镠、江沅、顾广圻、徐颋、褚寅亮。

卷三——王鸣盛（附金曰追又附费士玑、李赓芸）、钱大昕（附钱塘、钱坫又附钱大昭、钱东垣、钱绎、钱侗、钱东壁、钱东塾）。

卷四——王昶（附袁廷梼又附戴东元、王绍兰、钮树玉）、朱筠又附朱锡卣、朱锡赓、李威、孙星衍、吴鼐、武亿、洪亮吉（附张惠言、臧琳又附庄炘、赵怀玉、董士锡、臧庸、刘逢禄）。

卷五——江永、金榜、戴震又附郑牧、方矩、程瑶田、汪龙、王念孙、王引之、段玉裁、龚丽正。

卷六——卢文弨、纪昀又附翁方纲、邵晋涵、任大椿又附任兆麟、汪廷珍、胡长龄、洪榜又附洪梧、汪莱、罗永符、洪莹、汪元亮、孔广森（附李文藻、桂馥又附孔继涵、郝懿行、牟廷相、赵曾、许鸿磐、王夏）。

卷七——陈厚耀、程晋芳、贾田祖、李惇、江德量、汪中又附汪喜孙、顾九苞（附顾凤毛）、刘台拱、钟襄、徐复、汪光爔、李钟泗、凌廷堪又附阮常生、张其锦、宋绵初、宋葆、秦敦夫、焦循、阮元、杨贞吉、黄承吉、许珩。

卷八——黄宗羲、顾炎武。

全书正传40人，附传17人，又附62人，总计119人。由于正传、附传收录原则为只记已逝之学者（"又附"中亦有极个别已逝者），故当时名家在世者皆未记，只是在相关传记中略附及姓名、籍贯及所治之学等。例如正、附传嘉定钱氏有钱塘、钱坫而无钱大昭，戴震弟子中有孔广森而无段玉裁等，因钱塘、孔广森在江藩作记时已英年早逝，而钱大昭、段玉裁仍健在。他如王念孙、王引之、程瑶田、顾广圻、孙星衍、任兆麟、郝懿行、邵晋涵、焦循、阮元、宋葆淳、张敦仁、江镠、江沅、费士玑、李赓云、钱东垣、钱绎、钱侗、钱东壁、钱东塾、戴东元、王绍兰、钮树玉、朱锡卣、朱锡赓、李威、吴鼒、庄炘、赵怀玉、董士锡、臧庸、刘逢禄、郑牧、方矩、汪龙、汪廷珍、胡长龄、洪梧、汪莱、罗永符、洪莹、孔继涵、赵曾、许鸿磐、王夏、汪喜孙、阮常生、张其锦、宋绵初、宋葆、秦敦夫、杨贞吉、黄承吉、许珩等人，江氏著书时皆为在世之学者，故只是在相关传记中略附数语。

其三，着意收录遗落草泽、踏实治学而默默无闻的学者。这是江书另一个著书目的，也可以称为是他重要的选人原则，他在该书卷一论云：

> 嗟乎！三代之时，弼谐庶绩，必举德于鸿儒；魏晋以后，左右家邦，咸取才于科目。经明行修之士，命偶时来，得策名廊庙；若数乖运舛，纵学穷书圃，思极人文，未有不委弃草泽，终老邱园也。甚至饥寒切体，毒螫瘠肤，筮仕无门，齎恨入冥，虽千载以下哀其不遇，岂知当时绝无过而问之者哉！是记于轩冕则略记学行，山林则兼志高风。非任情轩轾，肆志抑扬，盖悲其友麋鹿以共处，候草木以同彫也！[14]

此既是江藩作书之一大动机，也是他有亲身经历的切肤之痛，因为无论是他自己还是他的先师惠栋、后师江声、余萧客以及他所记大部分学者，都是一生无有功名，老死草泽者，江氏在书中屡屡为此大发感叹，认为学通六经却难以致用，不满之情，溢于言表。

因之，实际江氏书中，凡乾嘉时期考据学家几乎被囊括殆尽，

[14] 江藩《宋学渊源记》更是如此，此书卷上云："藩所录者，或处下位，或伏田间，恐历年久远，姓氏就湮，故特表而出之。"所有这些并非全是托词，而是江氏的真正目的。

极少遗漏。后世所论之皖派学者当时多尚存于世，所以给人造成一种书中有意略记皖派的表面现象。而与他们相反，江书所记扬州学者，一方面多年寿不永，中年即逝；另一方面他们皆阻于功名，数乖运舛，而其学却皆有足称述者。因此，尽管他们多为江氏故友同里，但为《汉学师承记》采录书中，亦是体例所允，情理所宜，并非有意袒护同乡，私诸友朋甚明。故章炳麟称江书中滥入其友人同里如"冬烘"者，今人谓江氏略记皖派学者而详述吴派学者，皆为不当皮附之语。

三 关于《汉学师承记》之卷帙排次与后世吴、皖两派之分

江书所记人物及卷帙划分已见上述，就其卷次之排序，引起后人争议的就是为什么将黄宗羲、顾炎武置于末卷而将阎若璩置诸卷首？一般的解释有两种：一种认为是由于政治的原因，一种认为是学术的原因。笔者认为，这两者都有影响，而出于学术方面的考虑则是主要的因素。

清廷在顺、康、雍三朝，屡兴文字之狱，给当时及后来学者造成极为恶劣的负面影响，江藩虽主要生活在嘉、道时期，但在记述黄宗羲、顾炎武这两位所谓"虽前朝之遗老，实周室之顽民"的敏感人物时[15]，也不能不有所顾忌，然而论及清代考据学之初始，则又不能不承认黄、顾二氏之先导作用，于是江藩采用一种变通的办法，就是将二人之传记隶于全书之末，明示贬抑，暗则表彰，又指出其学术之先导作用。其实，江氏在《顾炎武记》后以主客答问的形式

15 [清]江藩撰，钟哲整理：《汉学师承记》卷8《顾炎武记》末附语，第133页。

将此观点表露无遗,其云:

节甫曰:《记》成之后,客有问予曰:"有明一代,囿于性理,汩于制义,无一人知读古经注疏者。自梨洲起而振其颓波,亭林继之,于是有承学之士知习古经义矣。所以阎百诗、胡朏明诸君子皆推挹南雷、崑山,今子不为之传,岂非数典而忘其祖欤!"

予曰:"梨洲乃蕺山之学,矫良知之弊,以实践为主;亭林乃文清之裔,辨陆、王之非,以朱子为宗。故两家之学皆深入宋儒之室,但以汉学为不可废耳。多骑墙之见,依违之言,岂真知灼见者哉!"

就清初学者而言,其学术宗主非是程朱即为陆王,顾炎武反对陆王,宗主程朱;黄宗羲修正陆王,反对程朱。从严格意义上说,他们并不是乾嘉时期学者那样的考据学家,只是他们反对空疏学风,提倡勤奋求实的风气,在治学方法上主张从识字审音入手,开乾嘉学术之先河,故为一代学者所宗,因此江藩既指出黄、顾二人的先导作用,又因其学术宗主与乾嘉时人不同而置诸卷末,江藩平日所论及其治学宗旨皆为"汉学"二字所囿,故其书体例如此。如以江氏本意而论,黄、顾二人放在《宋学渊源记》卷首则更为恰当,故其《宋学渊源记》卷上在论该书编著体例时有"黄南雷、顾亭林、张嵩庵见于《汉学师承记》,兹不复出"之语。伍崇曜《〈汉学师承记〉跋》论云:

郑堂久在阮文达幕府,文达撰《国史·儒林传》稿,第一次顾亭林居首,第二次黄黎洲居首,而是书以两先生编于卷末，以不纯宗汉学也，亦可见其体例之严。

今人认为，伍氏此语暗指江藩"个性偏急，故意与阮元立异"[16]。此论并不确当，江藩长期在阮元幕府中，二人相处融洽，阮氏还将江藩、顾广圻等人引为知己而尊礼有加，江氏《汉学师承记》阮元所作序文，甚为推尊。嘉庆十八年（1813），阮元还延请江藩"主讲山阳丽正书院，以布衣为诸生师"[17]。只是二人论学，江氏主严判汉、宋之别，反对义理之学；阮氏却主调和汉、宋，考据与义理并重。治经论学，观点不同，相行而不相妨，这在当时学者中也是常见的现象，故江书置黄、顾于卷末，阮书举二人于卷首，也是各行其是，并非有意立异。

至于《汉学师承记》置阎若璩于卷首，今人认为是因为"江藩津津乐道的，是阎氏在康熙间怎样被达官赏识，尤其怎样被未来的世宗宪皇帝礼优。……全传基调是称道阎氏同清初统治者的积极合作精神，则是分明可见的"[18]。笔者认为，这也不是真正的原因。在封建时代，绝大部分的家状、行述、墓铭、传记乃至年谱在记述传主或谱主一生行迹时，对于像受到皇帝优礼、名臣知遇这样的事迹，都不会略而不载，即使皇帝赏赐的一件物品、一首诗作、一纸字帖等，也会不惮烦冗，大书特书。这在我们今天看来固然有标榜恩宠、抬高传主之嫌，但在以帝王为中心的封建时代，却是极其常见并大受重视的事情，江藩记阎若璩受雍正帝之礼优，恐怕亦当作如是观。江书只所以把阎若璩置诸卷首，胡渭次之，主要的原因仍是学术的因素。尽管阎、胡二氏也不是江藩所指严格意义上的汉学家，但《古文尚书疏证》与《易图明辨》对于伪《书》和《河图》、《洛书》的辨伪，彻底抽掉了宋明理学赖以立说的根基，给本已不济的理学以最重的一击，并为乾嘉时人否定理学提供了强有力的证据，为考

16 见朱维铮《汉学与反汉学——江藩的〈汉学师承记〉、〈宋学渊源记〉和方东树的〈汉学商兑〉》一文，见其《求索真文明——晚清学术史论》，上海：上海古籍出版社1996年版，第21页。

17 ［清］江藩：《乐县考》张其锦序，道光九年江氏家刻本，第1a页。

18 朱维铮：《汉学与反汉学——江藩的〈汉学师承记〉、〈宋学渊源记〉和方东树的〈汉学商兑〉》，见朱氏《求索真文明——晚清学术史论》，第21页。

据学的发达扫清了障碍，这才是江藩重视阎、胡并置诸卷首的主要原因。

学术界在探寻某些学术现象时，总是喜欢用今时、今地、今人的立场和观点来揣测古人，或是用迂曲复杂的理由来进行解释，而往往不信或忽置当时人甚或当事人所作的种种解释。笔者认为，在难有确证或诸说无定的情况下，当时人或当事人的说法倒不失为一种合理的解释。

《汉学师承记》的卷帙之分，还带来了江藩所难以料及的作用，如果把卷一、卷八所记清初诸人除外，则卷二至卷七适为后来章炳麟划分吴、皖两派及梁启超划分吴、皖、扬州三派的直接依据，试看章氏之所划分，便知笔者此言不虚，其《检论·清儒》论乾嘉考据学之派别云：

> 其成学著系统者，自乾隆朝始。一自吴，一自皖南。吴始惠栋，其学为博而尊闻；皖南始江永、戴震，综刑名，任裁断。此其所异也。

章氏既将考据学家分为两派，又将当时学者分隶惠、戴名下。吴派有惠士奇、惠栋、江声、余萧客、王鸣盛、钱大昕、汪中、刘台拱、李惇、贾田祖及江藩等，恰为江书中卷二、卷三与卷七中所列人物；皖派有江永、戴震、金榜、程瑶田、凌廷堪、三胡（匡衷、承珙、培翚）、任大椿、卢文弨、孔广森、段玉裁、王念孙、王引之、俞樾及孙诒让等，恰为江书中卷五、卷六所列人物。章氏又另加江藩及三胡、俞樾、孙诒让诸人，另将万斯大、斯同、全祖望、章学诚等人划出，为浙东一派，故其分法实为三派。

由此可见，章氏之说，实际上全本江藩《汉学师承记》一书而来。章氏之后，又有梁启超以乾嘉时期为清学"全盛期"，以惠、戴诸人为"正统派"，而派别之分，全用章氏之说，即梁氏所谓"正统派之中坚，在皖与吴，开吴者惠，开皖者戴"[19]。人物归隶也全同章氏，所不同者，他在吴、皖浙东之外又分出扬州一派，以焦循、汪中为代表，但人物仍不出江书之大范围外。

实际上，如果从乾嘉学者或江藩本人的本意来讲，他们往往是惠、戴并尊，即汪中所论二人"咸为学者所宗"[20]。当时学者在论述中常常也提到吴、徽或元和、休宁、扬州、常州、嘉定等地，但也不是以地名学，而是古人一种行文习惯，所论之旨多在言其故里学术之盛，兼有自夸或推尊他人之意，并无以地名学或自限门户、划分派别之观念[21]。就江藩之书而论，其分卷时显然也考虑到了师承与地域的关系，将同一师门或同一地域之相关学者隶归同一卷次，但仍无有划分派别之意。江氏虽为惠门高弟子，但并不褒惠而贬戴，其论惠、戴之学云："三惠之学盛于吴中，江永、戴震诸君继起于歙，从此汉学昌明，千载沈霾，一朝复旦。"[22]也是惠、戴并尊，尤其是江藩在《经师经义目录》所列书目中，江永有13种，惠栋9种，戴震6种，即戴震争议颇大的《孟子字义疏证》一书，也被江藩选中，此更见江氏并无派别门户之见横隔于胸中，至少在考据学派内部是如此。

但自从章炳麟本江藩之书而划分吴、皖两派并得到梁启超的应和之后，学术界遂将乾嘉考据学分为吴、皖两派或吴、皖、扬州三派，几成定论；而且褒戴贬惠，论及惠派则一无是处，而论及戴派则成就斐然。对此形同铁案的派别划分和评价，笔者并不同意，曾有专文进行探讨，此不详述。[23]

[19] 梁启超：《清代学术概论》二，北京：东方出版社1996年版，第5页。

[20] [清]汪中：《述学·外篇一·大清故候选知县李君之铭》，《续修四库全书》本，集部第1465册，第410页。

[21] 关于论乾嘉学者之地域分布的论述，详见孙星衍《平津馆文稿》卷下《江声传》，焦循《雕菰楼集》卷21《石埭儒学教谕江君孝婴别传》、《李孝臣先生传》，李慈铭《越缦堂读书记》咸丰庚申十二月十一日《十七史商榷》条、咸丰辛酉六月十七日《珍艺宧文钞》条，等等。

[22] [清]江藩撰，钟哲整理：《汉学师承记》卷1，第6页。

[23] 见拙文《论乾嘉考据学派别之划分与相关诸问题》，《国学研究》第5卷，北京：北京大学出版社1998年4月版，第303—330页；亦可参拙著《乾嘉考据学研究》第四章"乾嘉考据学派别"，北京：中国社会科学出版社1998年版，第111—136页。

四　《汉学师承记》之史料来源与甄别取舍

在中国古代，无论是编修国史之列传还是为私人立传，家状、行述、墓表、传记乃至年谱等都是极其重要的史料来源。江藩作《汉学师承记》时，他所收录的学者皆已谢世，家属或师友为这些学者写了大量的家状、行述、墓铭及传记，这些材料成为江书主要的依据资料；同时，由于这些学者中几乎有半数左右的人与江氏或为师生、或为友人、或为同里，因此江藩本人也掌握了大量第一手的资料。总括而论，《汉学师承记》的史料来源可分如下四种：

其一，全部或大部分袭自当时学者所作行状、墓表、传记。如惠士奇、惠栋之记采自钱大昕《惠先生士奇传》《惠先生栋传》，江永记全采戴震《江慎修先生事略状》等。其二，删节或加工墓表、传状而成。如胡渭记采自杭世骏《胡先生渭墓志铭》，王鸣盛记参考王昶《王鸣盛传》，王昶记参考阮元《诰授光禄大夫刑部右侍郎王公昶神道碑》，武亿记参考朱珪《博山县知县武君亿墓志铭》，刘台拱记参考朱彬《刘先生台拱行状》；沈彤记采自惠栋《沈君彤墓志铭》、全祖望《沈果堂墓版文》，戴震记参考钱大昕《戴先生震传》、金榜《戴先生行状》等。其三，将墓表、传状文字与传主或他人文集中与传主有关的学术文章相结合。如阎若璩记参考杭世骏《阎先生传》，又加入《古文尚书疏证》与《潜邱杂记》中主要论点；马骕记参考施闰章《灵璧县知县马公墓志铭》，又采录《绎史》中文字；钱大昕记参考王昶《詹事府少詹事钱公大昕墓志铭》，又大量引入钱大昕《潜研堂文集》中学术观点；朱筠记参考孙星衍《朱先生行状》，又全引朱筠《笥河文集》中《〈说文〉序》一篇，等等。其四，全部或大部分由江藩自撰。如余萧客、江声、贾田祖、江德量、徐复、李钟泗等记。

在史料的甄别与选择上，《汉学师承记》也有其特点，由于是对学术人物作传记，江藩在书中首先突出的是学术性。他对每位传主的师承、交友及学术特点等都尽量详述，对著名学者的重要著述，还摘其重要论点编入传中，如论阎若璩辨《尚书》之伪则大段征引其《古文尚书疏证》之文，论三惠之学采惠士奇《礼说》、《易说》、《琴理数考》，惠栋《周易述》、《明堂大道录》、《左传补注》等，论朱筠之学全录其《〈说文〉序》一文，论江声之学录其《尚书集注音疏》之文等。同时，江藩还极注意记中相关学者学术间的联系，论戴震之学录其《周髀北极璇玑四游解》、《尔雅文字考序》、《水经郦道元注序》、《与是仲明论学书》等以明其学，同时，在论纪昀之学时录其为戴震《考工记图》所作之《序》，论洪榜之学则又录其《与笥河朱先生书》，论孔广森之学时录其《〈戴氏遗书〉序》，这些文字皆可与《戴震记》相发明、相补充，是研究戴震学术必不可少的史料。江藩在书中，对钱大昕之学可以说是推崇备至，但由于钱氏无经学方面的专著，故《经师经义目录》中无有钱氏著述，对此江氏相应在钱大昕记中收录了许多钱氏治经之精义胜言，依次有《潜研堂集》中卷四《答问》一论《易》之"先天后天"、"之卦"、"爻辰"诸条，卷五中《答问》二论《书》之"郑玄何以不注孔壁《尚书》"条，《十驾斋养新录》卷一"毛传多转音"条，《文集》卷七《答问》四论《春秋》条，卷八《答问》五论"妇人七出之说"条，卷九《答问》六论"性与天道之说"条，同卷论《孟子》"决汝汉，排淮泗而注之江"条，等等。此皆江氏精心安排处。

其次，在论及汉宋之争或汉宋之学取一舍一之时，江藩则明显地表现出弃宋崇汉，甚至不惜曲解或篡改史料。例如钱载为张尔岐作《墓表》称其学"深于汉儒之经而不沿训诂,邃于宋儒之理而不袭语录"[24],此语甚确,然江藩为张氏所作记中,却不提其"邃于理学"事。阮元所作王昶《神道碑》称其"治经与惠栋同深汉儒之学,《诗》《礼》宗毛、郑,《易》学荀、虞;言性道则尊朱子,下及薛河津、王阳明诸家"[25],而江藩采录时只及其"从惠徵君定宇游,于是潜心经术,讲求声音训诂之学",而不及其余[26],此类甚多。同时,由于学术宗主不同,在为同一人作传记时也截然不同,例如邵晋涵记中,江藩只记其入四库馆修书、作《尔雅正义》、撰《南都事略》事,对其义理之学,只记其"习闻戢山、南雷之说",而章学诚所作《邵与桐别传》则详论其学术宗旨在宋学而不在于汉学,两家所论虽同一人而大相径庭[27]。又如孔广森记,江藩论其"少受经于戴东原氏,为《三礼》及《公羊春秋》之学",然后全引孔氏《〈戴氏遗书〉序》一文,而阮元所作《孔广森传》则主要表彰其《公羊》之学,大段徵引其《公羊通议》之文,等等[28]。又如江永与方苞论学之事,戴震记江永尝一至京师,时"三礼馆总裁桐城方侍郎苞素负其学,及闻先生,愿得见,见则以所疑《士冠礼》《士昏礼》中数事为问,先生从容置答,乃大折服"[29]。钱大昕《江先生永传》从戴震之说,但江藩《江永记》却将最后一句改为"苞负气不服,永哂之而已",此则成歪曲史料。桐城派中宋学人物,与考据学派素来论学不合,方苞之学问文章,向来受钱大昕、汪中等人抨击,姚鼐虽也曾入四库馆中,但因与考据学派占绝对优势的馆中学者论学不合,早早就辞职回归,孤身奋臂与考据学派作对,江藩《汉学师承记》《宋学渊源记》中更无桐城派人物之点滴身影,偶有提及也是如上所述加以蔑视,这是激起桐城派及其尊向者亟起反攻的重要原因,稍后方东树作《汉学商兑》《书林扬觯》便是处处与《汉学师承记》作对,此则为学界熟知之事,不再多述。

---

[24] [清] 钱载:《张处士尔岐墓表》,见[清]钱仪吉纂,靳斯标点:《碑传集》卷130,北京:中华书局1993年版,第11册,第3875页。

[25] [清] 阮元:《诰授光禄大夫刑部右侍郎王公昶神道碑》,[清]钱仪吉纂,靳斯标点:《碑传集》卷36,第3册,第1063页。

[26] [清] 江藩撰,钟哲整理:《汉学师承记》卷4《王兰泉先生记》,第53页。

[27] 江藩之说见《汉学师承记》卷6《邵晋涵记》,第95—96页。章氏之说见其《邵与桐别传》,[清]钱仪吉纂,靳斯标点:《碑传集》卷50,第4册,第1415—1418页。

[28] [清] 江藩撰,钟哲整理:《汉学师承记》卷6《孔广森记》,第102—105页。[清]阮元:《孔广森传》,见[清]钱仪吉纂,靳斯标点:《碑传集》卷133,第11册,第4007—4013页。

[29] [清] 戴震撰,赵玉新点校:《戴震文集》卷12《江慎修先生事略状》,北京:中华书局1980年版,第181页。

江藩也重视对所记学者事功之学的记载，对于他们在做官为宦期间的所作所为也屡有论述，在记述他们的学术与功业的同时，也对终生未仕者的品行、遭遇多有论述，尤其是江藩多次感触而发，对自己和他所记学者的困顿生活和暗淡身世深为不平，此亦江氏书中一大特色。

五 《经师经义目录》所收书目与他书之比较

《经师经义目录》是江藩为补《师承记》之不足而作，先论述诸经之授受渊流，后列江氏所采乾嘉时人之著述为目录，其养子江钧在跋识中论此书之著录标准云：

> 著录之意，大凡有四：一、言不关乎经义小学，意不纯乎汉儒古训者，不著录；一、书虽存其名而实未成者，不著录；一、书已行于世而未及见者，不著录；一、其人尚存，著述仅附见于前人传后者，不著录。凡在此例，不欲滥登，固非以意为弃取也。

大概江氏怕遭人非议，故有如是之说，但也的确是江藩收录之条件，我们不惮烦冗，将《经师经义目录》所收之作者与书名罗列于下：

《周易》：胡渭《易图明辨》、惠士奇《易说》、惠栋《周易述》、《易汉学》、《易例》、《周易本义辨证》、洪榜《易述赞》、张惠言《周易虞氏易》、《虞氏消息》、顾炎武《易音》、焦循《易学》。

《尚书》：阎若璩《古文尚书疏证》、胡渭《禹贡锥指》、《图》、惠栋《古文尚书考》、宋鉴《尚书考辨》、王鸣盛《尚书后案》、江声《尚书集注音疏》、《尚书经师系表》。

《诗经》：惠周惕《诗说》、戴震《毛郑诗考证》、顾炎武《诗本音》、钱坫《诗音表》。

《三礼》：沈彤《周官禄田考》、惠栋《禘说》、江永《周礼疑义举要》、戴震《考工记图》、任大椿《弁服释例》、钱坫《车制考》；张尔岐《仪礼郑注句读》《监本正误》、《石经正误》、沈彤《仪礼小疏》、江永《仪礼释宫谱增注》、褚寅亮《仪礼管见》、金曰追《仪礼正讹》、张惠言《仪礼图》、凌廷堪《礼经释例》；黄宗羲《深衣考》、惠栋《明堂大道录》、江永《礼记训义择言》、《深衣考误》、任大椿《深衣释例》；惠士奇《礼说》、江永《礼经纲目》、金榜《礼笺》。

《春秋三传》：孔广森《公羊通义》、顾炎武《左传杜解补正》、马骕《左传事纬》、《附录》、陈厚耀《春秋长历》、《春秋世族谱》、惠栋《左传补注》、沈彤《春秋左传小疏》、江永《春秋地理考实》；惠士奇《春秋说》。

四书类：阎若璩《四书释地》、《续》、《又续》、《三续》、《余论》、江永《乡党图考》、戴震《孟子字义疏证》、钱坫《论语后录》、刘台拱《论语骈枝》。

附经总义：顾炎武《九经误字》、惠栋《九经古义》、江永《群经补义》、臧琳《经义杂记》、余萧客《古经解钩沈》、武亿《经读考异义证》、刘台拱《经传小记》。

《尔雅》等：邵晋涵《尔雅正义》、戴震《方言疏证》、江声《释名疏证》、《补遗》、《续释名》、任大椿《小学钩沈》、《字林考异》、桂馥《说文解字义证》、吴玉搢《别雅》。

附音韵：顾炎武《音论》、《唐韵正》、《古音表》、《韵补正》、江永《古韵标准》、《四声切韵表》、《音学辨微》、戴震《声韵考》、《声类表》、洪榜《四声切韵表》、《示儿切语》。

《乐》：江永《律吕新论》、《律吕阐微》、钱塘《律吕考文》、凌廷堪《燕乐考原》。

统观全书，所收之人之书为：《周易》7人11种，《尚书》6人8种，《诗经》4人4种，《三礼》14人23种，《春秋三传》8人9种，四书类5人9种，附经总义7人7种，《尔雅》等6人9种，附音韵4人11种，《乐》3人4种。共计64人次（除去重复共33人）95种书籍。从其收录的情况看，江氏的择取是非常严格的，但对自清初至当时学者的重要成果却基本上悉数采入。

在江藩之前，焦循曾有《读书三十二赞》[30]，列有他所推崇之作者与书目，包括经、史、天算、乐律诸学，焦循将当时著述分为五类："一曰通核，二曰据守，三曰校雠，四曰摭拾，五曰丛缀。"并主张："五者兼之，则相济，学者或具其一而外其余，余患其见之不广也。"[31] 由于其所收包括经、史、天算、乐律、杂录等，故较江氏所收稍宽，共计作者40人，书目48种，其中为江藩所收未收者几乎各半，此亦体例不得不尔。江、焦二人"皆以淹博经史，为艺苑所推，时有'二堂'之目"[32]，焦氏的书目应该对江藩产生过积极的影响。而江氏曾入阮元幕府中多年，阮氏组织编纂《皇清经解》，江藩出力多多，江氏书目几乎全采入《皇清经解》中，而《汉学师承记》与《皇清经解》又成为张之洞《书目答问》开列清人经学书目的直

[30] 详见[清]焦循：《雕菰楼集》卷6《读书三十二赞》，刘建臻点校《焦循诗文集》本，扬州：广陵书社2009年版，上册，第113—118页。

[31] [清]焦循撰，刘建臻点校：《雕菰楼集》卷8《辨学》，《焦循诗文集》本，上册，第139页。

[32] [清]焦循撰，刘建臻点校：《雕菰楼集·纪略》引王豫《群雅集》，《焦循诗文集》本，上册，第4页。

接参考。可以说，自清初至乾嘉时人经学研究的优秀之作，江藩的书目基本上都包括进去了。

六　《汉学师承记》刊行后引起的反响

《汉学师承记》与《经师经义目录》刊行后，在当时学术界引起了巨大反响，从当时及后来的评价看，考据学家、今文经学家、宋学派学者都对江书做出了各自的反应，而近今人评价则多是对前人说法的翻版。

当时考据学家基本上对江藩之书是持赞同的态度，这从阮元、汪喜孙及后来伍崇曜等人的序跋可以得到证明。阮氏《〈汉学师承记〉序》称："读此书可知汉世儒林家法之承授，国朝学者经学之渊源，大义微言，不乖不绝，而二氏之说亦不攻自破矣。"同时，阮氏在序文中还表达了自己想编纂《大清经解》的愿望。而汪喜孙跋文也认为江氏"博览群籍，通知作者之意，闻见日广，义据斯严，汇论经生授受之旨，辑为《汉学师承记》一书"。又将江藩比作继顾炎武、钱大昕、汪中之后一人。伍崇曜跋文则引阮亨《珠湖草堂笔记》称江书"极有史家体裁"，伍氏对江书在朱筠、洪亮吉等人传中直指其失表现不满，认为有乖史例，但评价此书"终究为上下二百年一大著作，谈汉学者绝不可少之书"。此可见在考据学派内部，对江藩的书是接受并持赞誉态度的。

江藩书成后，龚自珍在《江子屏所著书叙》中将《汉学师承记》比作司马迁《史记》之例，将《经师经义目录》比作刘向《七略》之例。但讲求义理之学的龚自珍认为治学当包括尊德性、道问学两大方面，而清代考据学仅为道问学而非尊德性，并论"谓学尽于是，是圣人有博无约，有文章而无性与天道也"。因此龚氏进一步认为要做到两方面兼顾尽美，"江先生布衣，非其任矣"[33]。龚氏在作此叙的同时，龚氏又认为书名《汉学师承记》名目有"十不安"，建议改为《经学师承记》，"则浑浑圆无一切语弊矣"[34]。龚氏指出江藩严判汉宋的门户之见与"汉学"一名之不当，其说为学界熟知，此不赘述。龚自珍从小随其外祖父段玉裁治考据学，后又师从刘逢禄习《公羊》之学，他深通考据却又是从考据学门户中跳出来的人，故认识自然要比"身在此山中"的江藩公允透避。其实，对于"汉学"一名，在考据学派内部也反对者很多，焦循、凌廷堪即为典型之人。如焦氏批评当时学者"学孔子"而"述汉学"之误在于：

> 学者述孔子而持汉人之言，惟汉是求，而不求其是。于是拘于传注，往往扞格于经文。是所述者，汉儒也，非孔子也，而究之汉人之言亦晦而不能明，则亦第持其言而未通其义也，则亦未足为述也。且夫唐宋以后之人，亦述孔子者也。持汉学者，或亦屏之不使犯诸目，则唐宋人之述孔子，讵无一足徵之乎？学者或知其言之足徵而取之，又必深讳其姓名，以其为唐宋以后之人，一若称其名遂有碍乎其为汉学者也。噫！吾惑矣。[35]

焦循的批评是客观而真实的，而同时人凌廷堪也有类似的看法，他说：

> 宋以前学术屡变，非"汉学"一语可尽其源流，即如今所存之《十三经注疏》，亦不皆汉学也。[36]

[33] [清]龚自珍：《龚定盦全集类编》卷2《江子屏所著书叙》，第24页。

[34] [清]龚自珍：《龚定盦全集类编》卷7《附与江子屏笺》，第211—212页。

[35] [清]焦循撰，刘建臻点校：《雕菰楼集》卷7《述难四》，《焦循诗文集》本，上册，第135页。

[36] [清]凌廷堪撰，王文锦点校：《校礼堂文集》卷23《与胡敬仲书》，北京：中华书局1998年版，第204页。

焦循、凌廷堪等人也是主张考据与义理兼治，所以有如此说，龚自珍之说显然是承他们之说而起的，由于江藩囿于门户，他并未能接受龚自珍的意见，结果在其书刊行后招来桐城派宋学人物方东树的极端攻击。

桐城派中同考据学派角力较量最早的是姚鼐，他站在理学家的立场上与考据学家相抗争，尽管他认为自己"非不自度其力小而孤，而义不可默焉耳"[37]，所以指斥"今世天下相率为汉学者，搜求琐屑，征引猥杂，无研寻义理之味，多骛高而自满之气，愚鄙窃不以为安"[38]。但姚氏只是从"程朱犹吾父师"的立场去唯护理学，故驳程朱就被他认为是违朝廷功令而无父师之尊，所以"毛大可、李刚主、程绵庄、戴东原率皆身灭嗣绝，故殆未可认为偶然也"[39]。无自己的义理新说，只是通过骂人无后来与人争驳，结果只能更招来蔑视。方东树作为姚门"四杰"之一，继姚氏之后向考据学派发难。嘉庆二十四年（1819），方氏受阮元之聘至广州修《广东通志》，时正值江藩《汉学师承记》与《经师经义目录》刊刻盛行之日，而阮元正在与江藩、顾广圻等人辑刻《皇清经解》。方氏心中不平，遂上书阮元极论汉学之弊，希望阮氏能起而矫之，"正八柱而扫粃糠"[40]，但并未得到阮元的理睬。于是方东树在道光四年（1824）著成《汉学商兑》，翌年成《书林扬觯》，向江藩及众多考据学家发难。其论"汉学"之名云：

> 以六经为宗，以章句为本，以训诂为主，以博辨为门，以同异为攻，不概于道，不协于理，不顾其所安，骛名干泽，若飘风之还而不悛，亦辟乎佛，亦攻乎陆王，而尤异端寇雠乎程朱，今时之弊盖有在于是者，名曰"考证汉学"。[41]

---

[37] ［清］姚鼐：《惜抱轩全集·惜抱轩文集》卷6《复蒋松如书》，北京：中国书店1991年版，第73页。

[38] ［清］姚鼐：《惜抱轩全集·惜抱轩文后集》卷4《复汪孟慈书》，北京：中国书店1991年版，第227页。

[39] ［清］姚鼐：《惜抱轩全集·惜抱轩文集》卷6《再复简斋书》，第78页。

[40] ［清］方东树：《仪卫轩文集》卷7《上阮芸台宫保书》，同治七年桐城方宗诚刻本，第1a—2a页。

[41] ［清］方东树：《仪卫轩文集》卷1《辨道论》，第7b页。

如果说江藩著书是囿于门户之见，那么方东树就是有意立异，并有极强的针对性。他在《汉学商兑》中，罗列自黄震、顾炎武、黄宗羲、阎若璩、胡渭、毛奇龄以还至惠栋、戴震、钱大昕、卢文弨、王念孙、王引之、汪中、焦循、阮元、孙星衍、江藩等人言论，逐条批驳，尤为其所攻击之主要对象则为戴震、钱大昕、阮元、江藩四人。他责斥汉学家"名为治经，实足乱经；名为卫道，实则畔道"[42]，并列举他们六大罪状[43]。方氏之言，亦多深中考据学之弊的地方，但他以卫道自任，将考据学一概抹杀，攻讦对方近乎切齿诟骂之语，超出了正常学术争鸣的范围。方氏把自己比喻成弋者之张网于歧路，将汉学家比作天上的飞鸟，等待"鸟之倦而还者，必入之矣"，实同呓语一般[44]。

江藩之书刊行后，在当时或稍后引起的反响如上所述，而近今人所论，并无突破前人之处，只是在上述诸说中游离而已。

七 简短结论

长期以来，学术界对乾嘉考据学贬大于褒，而在乾嘉考据学中又贬惠（吴派）而褒戴（皖派），江藩作为惠学中人，故《汉学师承记》的评价受此整体评价的影响，也常被任加贬斥。如前所论，本文对江藩《汉学师承记》之名称来源、成书经过、选人标准、卷帙排次、史料来源与甄别取舍、刊行后引起的反响等诸方面进行了论述。笔者认为：

《汉学师承记》实际上即《经学师承记》，作者认为清儒之学上承两汉、下启当时，准确地把握住了清代考据学重师法、溯渊流、

[42]〔清〕方东树：《汉学商兑·序例》，《万有文库》本，上海：商务印书馆1937年版，第1页。

[43]〔清〕方东树：《汉学商兑》卷下，《万有文库》本，第148—149页。

[44]〔清〕方东树：《仪卫轩文集》卷1《辨道论》，第8页。

遵古训、重证佐、轻臆说的学术特征；基本上客观、全面地对自清初至清中叶（主要是雍、乾、嘉三朝）考据学之学术渊源、师承关系、学术宗旨及成就得失等用传统学案体体裁进行了较为详尽的论述，是最早对乾嘉考据学进行总结与评价的专著；无论是选人原则、卷帙排次与《经师经义目录》的收书标准，都比较全面地覆盖到了乾嘉考据学的各个层面，反映了当时考据学研究的最高成就，尤其是突出凸现了其经学研究成就；由于作者本人既是一位考据学家，又是以当时人记当时事，其史料来源或来自耳闻目验，或采自家状、墓铭，故其对书中学者的记述有较强的学术性和可靠性。正因为如此，《汉学师承记》遂成为研究乾嘉考据学与清代学术史的重要著述和参考资料，直到今天仍是学者案头必置之书，具有很大的影响力和很高的文献价值。如果对《汉学师承记》与《经师经义目录》及江氏其他著述相比照研究，则更能得其著书之大旨。

由于江藩主张严判汉、宋之别，黜宋崇汉，因之在论述汉、宋争执时，往往是弃宋尊汉，失之偏颇，个别地方甚或有歪曲史料之举。这些过失，既同当时考据学兴盛的大背景有关，也是江藩本人学术宗主与好恶的具体反映。

拾陆

从赵之谦《论学丛札》看《汉学师承续记》[1]

2001年冬，笔者利用寒假时间，从中国国家图书馆善本部过录清季学者赵之谦（1829—1884）所著《汉学师承续记》手稿，进行整理[2]。然而遗憾的是：笔者曾遍检所能目见的赵氏著书，凡已刻未刻，皆不见自言著《续记》事。因为是手稿残本，所以赵氏著此书的许多问题无法细究，只能做一些推测之辞[3]。不意去年9月间，华东师范大学古籍整理研究所所长严佐之教授赐告，赵氏有与胡培系书札39通，内容多为商讨编撰《汉学师承续记》事，严先生又将他的《赵之谦论学丛札与徽州绩溪金紫胡氏家学》一文与整理之赵氏《论学丛札》打印稿赐示（《论学丛札》为拍卖公司为39通书札所定之名），同时，因严先生作介，上海崇源艺术品拍卖有限公司也寄来该公司为宣传拍品所编《赵之谦论学丛札》一册，又邀笔者参加"赵之谦《论学丛札》学术研讨会"。这件事笔者只能用望外之喜四字来形容，现将《论学丛札》与《汉学师承续记》之关系对比论述，以见这批手稿极其珍贵的文献价值与学术意义。

一　赵之谦《汉学师承续记》之现状与整理

《汉学师承记》为清嘉庆时学者江藩（1761—1831）所撰，全书收录自清初至中叶时学者凡正记40人，附记17人，又附62人（指每记末言及之人），总计119人。其书刊行后，影响极大，几为研治清代学术必读之书。但因江氏乃乾嘉时人，又因体例所限，故所记学者时间止于嘉庆时期，以降则付诸阙如。江氏之后，续之者不绝，但传世者几稀。

---

[1] 本文原载《中国典籍与文化》2004年第1期，第90—96页；又见拙著《汉学师承记笺释》附录三，上海：上海古籍出版社2006年版，第999—1016页。

[2] 全稿已发表于全国高等院校古籍整理工作委员会主编的《中国典籍与文化论丛》第7辑，北京：北京大学出版社2002年版，第329—378页。

[3] 详见拙文《赵之谦〈国朝汉学师承续记〉整理记》，载台湾中山大学清代学术研究中心：《第七届清代学术研讨会论文集》（上），2002年6月版，第35—48页。

赵之谦《国朝汉学师承续记》，乃续江书之作，今藏中国国家图书馆，仅残存手稿3册，前后无目录，无序跋，无页码，每页9行，每行字数不等，总计约4万余字。其中一册封面有"国朝汉学师承续记稿本第二"字样，余二册皆书衣无字，全稿以行草书之，遇清帝讳则或出格跳行，或无。因为是手稿，故改窜涂乙，处处皆见。书中有"之""谦"连珠印及后来藏书家印多方。所记之学者，起嘉庆时，迄太平天国之后，今存稿中有正录20人，附录19人，又附15人，仅江书之半略强。赵氏原书次序为张澍、凌堃（又附安璿珠）、张穆（附苗夔）、丁履恒（又附丁嘉荫、丁嘉葆）、刘文淇（附刘毓崧、戴清）(第二册)；汪喜荀、王念孙、龚巩祚（又附曹籀）、洪震煊、胡匡宪、胡秉元（附胡澍，又附胡培系、胡培受、胡培字、汪泽）、胡秉虔（附胡肇昕、又附胡培孝）(另一册)；胡培翚（附章遇鸿、胡绍勋、胡绍煐、杨大堉、涂渲、韩印、席元章、马钊，又附葛良冶、汪士铎、马寿龄、杨秉杷）、胡廷绶（周白山）、钱大昭（附钱东垣、钱绎）、钱侗（附钱师徵，又附钱师璟）、胡承珙、朱右曾（附葛其仁、陈诗庭、陈瑑）、汪莱、王引之（又一册）。

笔者整理时，依生卒年月、师承渊源、地域关系、家学渊源等因素，排列次序为钱大昭、钱侗、朱右曾、王念孙、王引之、汪莱、洪震煊、丁履恒、胡承珙、张澍、汪喜荀、刘文淇、龚自珍、凌堃、张穆、胡匡宪、胡秉虔、胡秉元、胡培翚、胡廷绶。在进行编次之同时，将原来窜乱之页，各归本人名下，因原书不分卷，故整理稿也不再分卷；又参考清代史籍及诸家碑状、文集、笔记等书，进行标点、校勘与个别补漏；原稿引文多为删节而成，故若非节引过简而失其原意者，皆不出校；错讹脱漏者进行补校，皆出校记；对古今字、异体字进行适当的统一；避清帝讳字及明显笔误之字，则径予改正，不再出校。

二 从《论学丛札》看《汉学师承续记》之编撰动机

就客观情形而言,如前所述,江藩《汉学师承记》所记学者下限止于嘉庆时期,以降则付诸阙如,在赵之谦时,江藩同时代学者多已谢世,而后学中从事汉学者成就亦很突出,故续写《汉学师承记》就成为一种客观需求。

然而,赵氏撰《汉学师承续记》,尚有其主观动机与因由。江藩撰《汉学师承记》时,正是清代汉学如日中天的时代,但赵之谦所在的时期,汉学已经走向低谷。赵氏在《论学丛札》中认为:

> 数年来,心学之说复起,愚者既奉为准的,死守成规;智者得以饰非拒谏,亦转相附和,恐从此读书种子绝矣。幸有后死者,此记不可不读,续则求兄助我,并多助我。此事关系二千余年气脉,不可不急。……桐城一派,所以鄙陋如斯者,坐不读书。且其师法全在"避实击虚"四字,则不能不为心学,否则处处隔碍,其所为心学,又不过借作门面,以为抵当众口地步,并不能深用功。此派盛行天下,遂多陋儒;陋儒多,天下遂多名士。故弟于众称名士者,即避而不见(方东树作《汉学商兑》一书,痛诋惠氏、臧氏,且及戴、钱诸君,曾得而读之,此公于宋学无所得者,可哂)。[4]

此可见,赵氏著述之动机,表面看来在于遏制桐城派。江藩《汉学师承记》刊行后,桐城派大将姚鼐的弟子方东树撰《汉学商兑》一书,对汉学家进行全面攻驳,一时桐城派火焰炽盛,以攻考

---

[4] 见上海崇源艺术品拍卖有限公司编印:《赵之谦〈论学丛札〉》,2002年,第1册第2通,第58—59页。此册中整理稿中讹误极多,笔者引文尽可能利用所附部分影印件进行核校,无影印件者只能阙如。下简称为《论学丛札》。

据为尚。赵书正是在此大背景下编撰，并且旗帜鲜明地站在汉学派立场上，对桐城派进行反击。如《论学丛札》论当时台州学风曰：

台州本不知学，乡人皆不以洪、金诸君为然，所足以推重闾里者，大都部经体一手耳。近年又有勋臣倡立理学，改赤城书院为正学（人品则以风流为准的，诗品则以香奁为极功，最属恶习，去岁主讲于此，大声叱之，几不免于众怒，锢瘃之深可知。）又辟东湖一席，延一土匪之子擅长香奁体者主讲郡城，又将修志书，又刻贺氏兄弟书，择其推荐紫阳，如讲格物诸家皆非，独朱氏为精确之类，以为表率。其人（倡理学之人也）笔下别字极多，虚字不通，而动辄谈文谈学，自以为是，胆大无耻，莫此为甚。若辈已散布天地，我等急宜自藏矣。[5]

按此所谓"勋臣倡理学者"，是指时任台州知府的刘璈，同治三年至十一年任[6]。璈，字兰洲，临湘人。附生徒，左宗棠军至浙，朴勇善战，纪律严明，积功至花翎道衔，候补知府。同治三年，补台州府。他在任期间平土寇，振文教，筹款修府县学宫，建三台、正学、东湖三书院。濬东湖，筑亭台，植桃柳，暇则与文士觞咏其中[7]。他所请主讲于诸书院者如何炳麟、何钟麟兄弟，皆好诗文词，主陆王心学。故赵之谦对其大加斥责。

赵之谦攻击桐城派，怒斥刘璈等人，尚有更深的背景，他所指的"勋臣倡理学者"，当更深一层，指曾国藩（1811—1872）、左宗棠（1812—1885）等勋臣大员。因为方东树《汉学商兑》，是得到曾国藩的大力褒扬才盛行一时，而刘璈是左宗棠提拔之将。当时曾、左等学倡理学，文宗桐城，皆以汉学为不急之务。赵氏对此深为忧虑，所谓："此时盛行性命之谭，满街都是圣人，其效即日可觇，则

[5] 上海崇源艺术品拍卖有限公司编印：《论学丛札》，第2册第3通，第71页。

[6] 喻长霖、柯骅威等纂修：《民国台州府志》卷10《职官表二》，《中国地方志集成·浙江府县志辑》，上海：上海书店出版社1993年影印民国二十五年铅印本，第44册，第155页。

[7] 喻长霖、柯骅威等纂修：《民国台州府志》卷98《名宦传下·刘璈传》，《中国地方志集成·浙江府县志辑》，第45册，第438页。

此种书亦非官场所宜也。"[8] "其效即日可觇",也就是他说的"数十年后此道沦丧,将求识字之人不可得"的恶果[9],这是赵之谦撰《汉学师承续记》之深意,他认为这是事关"读书种子"与学术"二千年气脉"之大事,故尽管"非官场所宜",他仍以编撰《汉学师承续记》为己任,以力挽颓风。

三 从《论学丛札》看《汉学师承续记》的收录人数

如前所述,今存稿中有正录20人,附录19人,又附15人,仅江书之半略强。笔者曾推定:从赵氏文中情况看,此稿虽在生前未能撰成全帙,但应较现存三册为多,盖赵氏亡后,有所散佚;现存三册中,其编订成册及诸人次序亦非亲出赵氏之手;赵书为未完之稿,今存稿中,有已经完稿者,有全稿尚未完成或缺略太甚者。[10]

现从《论学丛札》来看,笔者的推断基本上是准确的。赵氏在给胡培系的信中曰:"《续记》人不下六十,而君家为大宗,其盛甲一代矣。"[11] 但现存稿只有正录20人,即使加上附录19人,亦不及40人,则此稿至少尚缺1/3,而见于《论学丛札》中拟为《汉学师承续记》收录然不见于手稿者,如王筠、陈立、曹份、汪龙、汪辉祖、郝懿行、胡匡衷、毛际可、吕飞鹏、李兆洛、王聘珍、陈昌齐、吴兰修、曾钊、桂馥等[12],今皆不见于手稿中。这些人加上前面正录及附录39人,已经将近60人了。如果再加上像段玉裁、顾广圻、孙星衍、江藩、阮元、洪颐煊、洪亮吉、钮树玉、焦循、臧庸、陈寿祺、马瑞辰、陈奂、朱骏声、刘宝楠、江有诰这样的学者,应该肯定会被收

---

[8] 上海崇源艺术品拍卖有限公司编印:《论学丛札》,第1册第1通,第58页。

[9] 上海崇源艺术品拍卖有限公司编印:《论学丛札》,第1册第2通,第60页。

[10] 详见拙文《赵之谦〈国朝汉学师承续记〉整理记》,第38页。

[11] 上海崇源艺术品拍卖有限公司编印:《论学丛札》,第1册第5通,第63—64页。

[12] 以上诸人,分见《论学丛札》第1册第2、3、7、8、11通信札中。

录。因此，笔者推断赵氏所谓"六十"，当为正录之人而言，以上诸人加上现存稿中之人，大概就是《汉学师承续记》收录的主要人物了。

从《论学丛札》看，《汉学师承续记》的《汉学师承序言》是请祁寯藻来写，赵氏在信中说："近纂《汉学师承续记》，祁寿阳相国许我序。"[13] 因为祁氏本人即主张续纂《汉学师承记》，但此序是否已写就，不得而知。然而可以肯定的是赵之谦本人所写的《序录》则写成无疑，且一改再改。他说："《续记·序录》一篇奉上，求鉴定。"[14] 后又说："首篇《叙录》已拟改之，将来定本当尚有一、二次删订也。"[15] 再则说："《师承续记》首篇拟重作一通。"[16] 据此，笔者可以进一步断定，赵氏此稿当比现存3册为多，至少是4册，如果祁氏写了《序言》，其第1册中应当有此文与赵氏自撰之《序录》，而且从现存其中一册封面有"国朝汉学师承续记稿本第二"字样的情况来看，也应当同时有"第一"，否则"第二"便失去了依托，可惜今日却无法觅到其第一册了。其他《汉学师承续记》及《论学丛札》中未出现的学者，或者是尚未完帙，或者是已经散失了成稿，都仍是疑而难决的问题。

[13] 上海崇源艺术品拍卖有限公司编印：《论学丛札》，第1册第2通，第58页。

[14] 上海崇源艺术品拍卖有限公司编印：《论学丛札》，第1册第4通，第63页。

[15] 上海崇源艺术品拍卖有限公司编印：《论学丛札》，第1册第7通，第65页。

[16] 上海崇源艺术品拍卖有限公司编印：《论学丛札》，第2册第8通，第75页。

四 从《论学丛札》看《汉学师承续记》的编纂体例与原则

因为是续《汉学师承记》，所以赵书在编纂体例、选人原则、史料来源方面都与江书义例大致相同，但也有其自身的特点。江藩《汉学师承记》的选人原则侧重三个方面：一是学术取向上侧重汉学派学者；二是时间下限以当时已逝之学者为主，健在者不为作记；

三是着意收录遗落草泽、踏实治学而默默无闻的学者。赵书在此点上亦与江书相同。同时，赵书对学者在学术上有严格要求外，对其行事亦特别重视。《论学丛札》说：

> 盖此记虽以学为重，而行尤重。空谈性理之徒，一无足取，不过有掩饰工夫。绩学之士反无笃行，适为若辈藉口地。往寿阳相国谓弟此作义例视前记为严，足为后日传儒林者取信。[17]

正是出于这种考虑，赵之谦在着重论述学者学术成就的同时，也重视对学者事功之学的记载，对于他们在做官为宦期间的所作所为也多有论述。如王念孙做官，起蹶皆与治河有关，赵氏在《王念孙记》中述其治河工作的同时，还录其《上颜制军论直隶河渠书》一文。《张澍记》论其历任地方官时刚果治事，造福百姓，不党同僚，不畏上官，故大受排挤，难竟其志。他如胡承珙、胡秉虔、汪喜荀等人记中，亦记述他们各自的政绩，与学问相得益彰，更为全面切实。此与清儒所谓"学问、人品、政事"同条共贯的理想也是一致的。

在史料来源方面，《汉学师承记》主要得自四个方面：一是全部或大部分袭自当时学者所作行状、墓表、传记；二是删节或加工墓表、传状而成；三是将墓表、传状文字与传主或他人文集中与传主有关的学术文章相结合；四是全部或大部分由江藩自撰。赵书史料来源亦不外乎这些手段，当时由于是战乱年代，在太平天国扫荡后的东南学术界，"兵燹之余，遗文轶事零落不少"[18]，因此搜罗材料并不是一件容易的事。从《论学丛札》来看也是如此，赵之谦多次向胡培系寻访史料，其中又以金紫胡氏家族学者为主，在他所写这些信件中，便常向胡培系要求提供胡氏家族中学者之传状与著述，现

---

[17] 上海崇源艺术品拍卖有限公司编印：《论学丛札》，第1册第3通，第62页。

[18] 上海崇源艺术品拍卖有限公司编印：《论学丛札》，第1册第2通，第58页。

存《汉学师承续记》中，为金紫胡氏作记者有胡匡宪、胡秉虔（附胡肇昕、又附胡培孝）、胡秉元（附胡澍，又附胡培系、胡培受、胡培字、汪泽）、胡培翚、胡廷绶等，为《汉学师承续记》中最为完备之部分，也正是因为其占有史料详尽之故。

赵书还有一个优于江书的特点，就是叙事简洁，整饬有法。从上述他对《序录》的修改态度就可以看出，虽然他愿望此书早日撰成，但绝不是敷衍了事，而是精心结撰、认真修改的。

19 详见拙文《赵之谦〈国朝汉学师承续记〉整理记》，第41页。

20 上海崇源艺术品拍卖有限公司编印：《论学丛札》，第1册第3通，第62页。

21 ［清］胡培系：《户部郎中胡君菱甫事状》，见［清］缪荃孙纂：《续碑传集》卷79，上海：上海书店出版社1988年影印《清碑传合集》本，第3册，第2953页。

五　从《论学丛札》看赵之谦与金溪胡氏家族之关系

笔者曾撰文指出，就赵之谦当时学术界之现状而言，绩溪金紫胡氏的确在当时独树一帜，故在《汉学师承续记》中为重点记述之对象，但胡氏家族及其弟子们入选人多，另一原因是因为赵之谦本人与他们多有交往之故[19]。这在《论学丛札》中得到了充分的证明，赵氏论与胡培系"十余年至交"[20]，二人关系之密好，几于无话不谈，毫无避忌。而胡培系在为胡澍所写《事状》中也说：

培系与君客缪武烈公，前后六七年，与同门余姚周君双庚、会稽赵君撝叔、溧阳王君西垞、缪君芷汀、穞循昆季，以文章道义相切磋，数君俱负儁才，然皆雅爱君，每考古订今，搜奇选胜，非君在不乐也。[21]

数人皆在缪梓门下做客，道义相勗，学问相磋，情同兄弟。赵之谦客居京师期间，还与魏稼孙、胡澍、沈树镛等共研金石，同赏疑析，晨夕无闲，赵氏还刻印以志之，赵氏《悲盦居士诗賸》中多有与他们的唱和之作。不仅如此，赵氏对胡氏家学深为企慕，尊培系父胡秉元为私淑之师，《汉学师承续记》仿江藩原书"余古农先生"、"江艮庭先生"、"王兰泉先生"、"朱笥河先生"等例，遵胡秉元为"胡云林先生"，称号而不称名。在谈到与培系交往的旧事时，赵氏深有感触。其在《汉学师承续记·胡云林先生》中曰：

之谦与培系同受业先师溧阳缪君之门，求其先世行谊至悉，时方驰意禅说，好谈清虚，自识培系，得聆绪论，管穴之窥，实启此日，忽忽二十余年，精神遐漂，摩研编削，迄无阐绎，然于先生窃有私淑艾之志焉。

在论及胡秉元殁后的情形时，赵氏又曰：

及门请业及远方学者，自闻其殁，皆相向哭，悲老成之徂谢，印景行而末由。天不慭遗，著述未竟，教思无穷，奋乎百世。在昔仲弓至德，桂树生于泰山；林宗甄藻，百川归之巨海。虽遭际有殊，衡斯忌谊，何多让焉！

由此可见，《汉学师承续记》中将胡氏家族置于相当重要的地位，其中最为重要的还不是他们的私人关系，而是赵氏在学术见解上与胡氏多相通之处。严佐之先生《赵之谦论学丛札与徽州绩溪金紫胡氏家学》文中也论金紫"胡氏经学系统中，不仅有汉儒制数之学，也有宋儒义理之学"。并指出："赵之谦既反对'子虚乌有之性命'，亦不满'木雕泥塑之考据'，以考据求义理是他的学术理念，多读书、明道理是他的问学路向。而由此亦可发见，赵之谦与胡培系频繁通信，往复问学，并非没有学统上的内在来由。"[22]

六 从《论学丛札》看赵之谦之学术与著述

从《汉学师承续记》及《论学丛札》可以看出，赵之谦还是一位学养深厚、严谨求实的学者。赵之谦之师，为溧阳人缪梓（1807—1860），缪氏"教学主明体达用，恶拘牵猥琐之士"[23]，其著述今不传。蔡冠洛纂《清代七百名人传·金石书画·赵之谦》谓赵之谦论学"主金坛段氏、高邮王氏及武进庄氏、刘氏，蕲进于西汉巨儒微言大义之旨"。此与《汉学师承续记》、《论学丛札》中所言正相吻合。赵氏对王氏之学大为赏赞，其曰：

先生之学，出于休宁，而精寀过之。金坛段先生序其书，称先生"能互求古今形、音、义三者分合，能以古音得经义"。推为天下一人，非过誉也。……先生所著书，流播寰海，穷经学古之士，咸知服习。……福德长寿，洞源儒朴，冠伦魁师，天下宗仰，后生小子，虽饕诐愤悱，敢有毁郑、服，议贾、董，于先生卒无间言，且有文其说，谓宋儒再生，必取其说者，亦可见学行至是，断不能颠倒白黑以是为非也。[24]

而在《论学丛札》中，赵氏除了对金紫胡氏之学私淑有加外，还对汪士铎（1814—1889）之学深为钦佩，汪氏为胡培翚弟子，其

[22] 严佐之：《赵之谦论学丛札与徽州绩溪金紫胡氏家学》，见上海崇源艺术品拍卖限公司编印：《赵之谦〈论学丛札〉》，第8页。

[23]〔清〕赵之谦：《缪武烈公事状》，见〔清〕缪荃孙纂：《续碑传集》卷59《清碑传合集》本，第3册，第2701—2703页。

[24]〔清〕赵之谦纂，漆永祥整理：《汉学师承续记·王念孙记》，《中国典籍与文化论丛》第7辑，第337—341页。

学根底经训，精《三礼》，曾著《礼服记》三篇，又为《水经注释文》等书。赵之谦在《论学丛札》中屡次请胡培系作介，想入汪氏门下为弟子[25]。不仅如此，赵氏在《汉学师承续记》中还想将汪士铎单独立记，只是限于江藩《汉学师承记》"体例人存者不专传"[26]，故附在《胡培翚记》末。

关于赵之谦为学次弟与治学取向，在《论学丛札》中也有类似相当清晰的论述，其曰：

> 弟少事汉学，十岁后潜心宋学者七年，今复为汉学。窃谓汉、宋二家，其原则一而流则殊。康成诸公何不尝明理道，周、程诸子何尝不多读书，流极既衰，乃有木雕泥塑之考据，子虚乌有之性命。此类为二家作奴，恐亦在屏逐例，吾辈不必效之，但当画在我而已。[27]

有见于此，赵氏治学虽主汉学，但不废宋学，力主"实事求是，期于有用"，这不仅在立身得事中是如此，即治学亦需从实处着手。如胡培系治地理之学，只是就前人之书撮钞提要，赵氏认为此法不当。他说：

> 顾亭林诸公，其于地理，实实须足迹所到，指画口讲，故可贵重。若足下不出户，而日取古人图籍求剑索骥，亦何足用！……此学须实实见得到，处处留心，走遍天下，博览群籍，而复可以下笔。[28]

赵氏列举了几条理由，说明地理之学，不可穷究纸上而得，只有实地考察才是唯一正确的方法，故对胡氏的做法提出婉转批评。

---

[25] 上海崇源艺术品拍卖有限公司编印：《论学丛札》，第1册第2通，第58页。

[26] 上海崇源艺术品拍卖有限公司编印：《论学丛札》，第1册第5通，第64页。

[27] 上海崇源艺术品拍卖有限公司编印：《论学丛札》，第3册第3通，第78页。

[28] 上海崇源艺术品拍卖有限公司编印：《论学丛札》，第3册第5通，第80页。

在《论学丛札》中，对自己编纂《汉学师承续记》亦是如此，不亲见原书，是断断不能妄作的，即他所谓"得其书而后作之，心不悬悬矣"[29]。

赵氏一生甚为清苦，但他著书、访书、藏书、刻书不辍。由于精于书法的关系，他研搜金石文字，著有《补寰宇访碑录》五卷《失编》一卷，乃补续孙星衍、邢澍所编《寰宇访碑录》之作。又《六朝别字记》不分卷，在赵氏之前，邢澍即著有《金石文字辨异》，以碑字之别体者分四声韵，自汉迄唐，以类相从。赵氏之书，则专收六朝，体例亦与邢书小异。胡澍《序》谓赵氏多见汉魏以来碑刻，称其作隶书"有延熹、建宁遗意，今体纯乎魏齐，又深明古人文字通转之旨。因刺取六朝别字，依类排比，疏通证明，使学者知由篆而隶、而今体递变之故，更由今体而上溯隶变，以得声音文字之原"。另有《张忠烈年谱》、《勇庐闲诘》一卷等，国图尚藏有赵氏稿本如《汉学师承续记》、《六朝别字记》、《章安杂说》、《悲盦札记》、《赵㧑叔诗文稿》、《赵悲盦诗文稿》等，主修《江西通志》185卷。校刻《仰视千七百二十九鹤斋丛书》6集40种，保存了不少罕见珍贵的钞本稿本。他还有续刻《皇清经解》想法与撰《庄子校义》之志。近今人整理出版有赵氏之字帖、印谱、尺牍等多种，足见赵氏著述也非常丰富。

[29] 上海崇源艺术品拍卖有限公司编印：《论学丛札》，第1册第5通，第63页。

七 余论

从赵之谦在世直至今日，世人对其身份的认同，也不过是一位书画篆刻名家而已；所宝重者也是其书、其画、其篆章而已；百年来所出版的各类赵氏作品中，也不出此范围而已。至于其学术，少有人涉及。不意在他逝后近120年时，他的《汉学师承续记》手稿残本与《论学丛札》在同年显现于世。而笔者整理《续记》缘于1999年5月，应台湾"中央研究院"文哲所之邀，参加清代学术讨论会，时聆听中研院史语所陈鸿森先生言教，告以中国国家图书馆藏有赵氏《汉学师承续记》（陈先生应该是从《中国古籍善本书目》中得到此信息），回北京后，果在国图善本部觅到此书，遂整理发表。而上海崇源艺术品拍卖有限公司发掘赵氏《论学丛札》，使其得彰显于世，笔者也因缘得见此39通珍贵信札，由此可见学术交流与沟通之重要。复旦大学中文系教授柳曾符先生在研讨会上曾半开玩笑半认真地说："赵之谦今年是交了大运。"赵之谦在给胡培系写信时也说："要待知己，极少，须一二百年。"[30] 其参加研讨会诸先生者，岂非赵氏之知己欤！

然笔者尚更有感慨系焉：20世纪90年代以来，文物拍卖行业日渐兴盛，许多湮久无闻之古籍善本、金石字画等重显于世，这为研究这些珍贵文物带来了便利，对学术研究亦有相当之推进。然而我们不愿看到的另一点却是：许多珍贵文物一经卖出，昙花一现，便又为藏家所秘，如入深宫。赵氏《论学丛札》据悉为一演艺界人士高价购得，而拍卖方当时印制之拍品影印件，因涉及拍品之收藏权，仅为部分原件影印，而整理之全部信札之文字，经笔者与现能看到之影印件相核，发现其讹误百出，这对研究赵之谦学行而言，不能不说是一损失。因此，笔者在此呼吁文物拍卖公司、文物收藏者与学术界三方合作，既使拍品能得高价，又能显出拍品之文物价值与学术价值，还能使其整理发表，化身亿万，使三方各得其宜。如果文物拍卖只为卖高价，收藏者只为奇货可居，恐怕也就失去了文物拍卖与收藏之意义了！

[30] 上海崇源艺术品拍卖有限公司编印：《论学丛札》，第1册第2通，第60页。

拾柒

《汉学师承记》之续纂、注释与翻译[1]

> 1 本文原载拙著《江藩与〈汉学师承记〉研究》，此处有删改。上海：上海古籍出版社2006年版，下册，第338—360页。
>
> 2 [清]孙诒让撰，梁运华点校：《札迻·自序》，北京：中华书局1989年版，第1页。

《汉学师承记》初刊时，书中所附记之人如段玉裁、钱大昭、王念孙、王引之、顾广圻、孙星衍、郝懿行、焦循、阮元、宋葆淳、张敦仁、钱绎、钱侗、钱东垣、钱东壁、钱东塾、戴敦元、王绍兰、钮树玉、朱锡卣、朱锡赓、李威、吴蔚、庄炘、赵怀玉、董士锡、臧庸、刘逢禄、郑牧、方矩、汪龙、汪廷珍、胡长龄、洪梧、汪莱、罗永符、洪莹、孔继涵、赵曾、许鸿盘、王夏、汪喜孙、阮常生、张其锦、宋绵初、宋葆、秦恩复、杨贞吉、黄承吉、许珩等数十人中的绝大多数，皆康强在世，故依中国传统史著在世之人不为立传的惯例，不立专记，只是在相关传记中略附数语。附着时间的推移与《汉学师承记》影响的日渐扩大，依仿此书来编纂传记类史书，成为一时之话题与行动。这主要体现在三个方面：一是扩大人物收录范围，广泛辑录碑传的史书如《碑传集》、《国朝耆献类征初编》、《文献征存录》、《国朝先正事略》等不断出现，二是与《汉学师承记》同性质之史著，即学者传记主要仍是记载汉学名家；三是专门针对《汉学师承记》进行续纂、注释与翻译。

《汉学师承记》初刻面世后，其书开始受到学术界的关注，翻刻与新刻版本接连出现，从嘉庆末至光绪中期，笔者所见《汉学师承记》版本就在20种以上，其刷版次数之多，可与流行书籍相比，该书成为学者案头常备之书，而受其影响者大有人在。如孙诒让曰：

> 年十六七，读江子屏《汉学师承记》及阮文达公所集刊《经解》，始窥国朝通儒治经史小学家法。[2]

而在传记类史书的编纂方面，江书的影响更大，如钱仪吉《碑传集》及后来诸家续编，李桓《国朝耆献类征初编》、钱林《文献征存录》、李元度《国朝先正事略》、陈㚖《师友渊源记》、唐鉴《国朝学案小识》、徐世昌《清儒学案》以及后来支伟成的《清代朴学大师列传》等，都不同程度受到江藩的影响。或袭其体例，或将江书中各篇悉数采入。如李详论钱林曰：

> 所著《文献征存录》，以王渔洋、袁子才、江郑堂三家之书为本。旁征曲引，以人存诗，或以诗文存人，为谭艺者必不可少之书。[3]

又如支伟成论李元度曰：

> 李元度《先正事略》，删繁就简，仅具大要，经学一门，几于全袭《汉学师承记》，辅以《征存录》。乾嘉诸儒，失载者尚多。[4]

而随着时间的推移，要求续纂《汉学师承记》的呼声亦愈高。如皮锡瑞论曰：

> 《国朝汉学师承记》具列家法颇门甚详，其成书在乾、嘉之间，故后出者未有著于录。嘉、道之后，治今文说者，《汉学师承记》皆不载，《皇清经解》亦未收其书，书具见于《续经解》中，故《续经解》更切要于《前经解》也。[5]

在笔者所见清人及近现代人著述中，受《汉学师承记》影响，仿其体而略变之者，有张星鉴《国朝经学名儒记》不分卷、李慈铭《国朝儒林小志》与曹允源《国朝经师撰述略》三种，后二种未见传

---

[3] [清]李详撰，李稚甫编校：《药裹慵谈》卷2《钱东生文献征存录》，《李审言文集》本，南京：江苏古籍出版社1989年版，上册，第614页。

[4] 支伟成：《清代朴学大师列传·凡例》，长沙：岳麓书社1986年版，第2页。

[5] [清]皮锡瑞撰，周予同注：《经学历史》，北京：中华书局1959年版，第345页。

本。至于完全依仿《汉学师承记》体例进行续编者，笔者所见所闻之书有赵之谦《国朝汉学师承续记》（残稿本）与曾文玉《国朝汉学师承续记》8卷、《续国朝经师经义目录》1卷（稿本）二种，另有梅毓《续汉学师承记商例》，只是一篇纂例而已。在《汉学师承记》的注释与翻译方面，笔者所见则有清谢章铤《国朝汉学师承记注》（残稿本）、周予同《汉学师承记注》（选注）、近藤光男《国朝汉学师承记》（译注）三种。现以上述之次序述之如下：

《国朝经学名儒记》不分卷

清张星鉴辑　一册

光绪九年刊本

张星鉴（1819—1877），字问月，一字纬余，号南鸿，江苏昆山人。序均子。诸生。少从江声孙江沅游。咸丰八年（1858）入都，与何秋涛等论学。从长洲陈奂学，通汉学，明家法。曾为四川学政李德仪、湖北学政洪钧、安徽学政费延釐延聘襄校。归里后，曾受延聘协修邑志。著有《仰萧楼文集》、《国朝经学名儒记》等。

张星鉴受业于段玉裁的弟子陈奂，故在学术主张上也属汉学一派，与江藩不同的是，他认为在晚清学术界不仅常州学者重视西汉之学，大多正统考据学家也是如此。张氏谈陈奂之说曰：

先生谓余曰："为学当从西汉入。东汉人名物象数，言之非不精确，然此有意说经也；西汉人无意流露一二语，已胜东汉人千百言。此即微言大义也，子其识之。"[6]

在谈到当时学术界的环境以及江藩著《汉学师承记》的目的时，张氏有详细的论说，此不赘引，而张氏在谈到如何续纂《汉学师承

---

[6] [清]张星鉴：《仰萧楼文集·书陈硕甫先生》，清光绪间刻本，第80a页。

记》时曰：

> 闽中何愿船刑部为海内儒宗，尝以所著书达九重，天子嘉其学有根柢，命懋勤殿行走，儒生遭际之荣可谓难矣。日者以事谒寿阳相国，相国取《汉学师承记》属为《续编》，刑部曰："特立一汉学之名，宋学家群起而攻之矣，《汉学商兑》所由作也。是编当依阮文达《畴人传》之例，改为《学人传》可也。"斯言也，袪门户之见，存学术之真，彼讲学者纷纷聚讼，从此可息，可谓先得我心矣。书此以为天下学人劝。[7]

何氏认为江书可续，但恐引起门户之争，倘改为《学人传》，则可争端自息。张氏虽然同意何氏之说，但在他看来，称《学人传》大概也有点太过折中了，所以就将自己的书命名《国朝经学名儒记》。此书草创于道光二十三年（1843），成稿于同治元年（1862），前后刚好有20个年头。此书虽受江书影响，仍专记汉学人物，但体例作法并不完全从江氏之旧。其《例言》曰：

> 一、是记以汉学为宗，讲求宋学者，有彭氏《儒行述》诸书，在兹概不及。
> 一、是记为初学而设，所载诸儒不过里居仕宦及撰述之目而已，至立身行事略而弗详。
> 一、诸儒撰述无关经学者，如顾氏《郡国利病书》之类，概不录入。
> 一、是记所载诸儒悉据本传及各书序，中亲炙者惟陈先生一人而已。[8]

[7]［清］张星鉴：《仰萧楼文集·赠何愿船序》，第15b页。

[8]［清］张星鉴：《国朝经学名儒记》，清光绪九年刊本，第1a页。

大概是怕像江藩书一样，被别人以其有门户之见与过重师门之嫌，所以张氏特别强调，自己的书之所以没有宋学人物是因为已有成书，而师长辈也仅列陈奂一人。其书非常简略，但所记人物却比江书还多。分别为顾炎武、张尔岐、陈启源、朱鹤龄、万斯大、万斯同、徐乾学、朱彝尊、毛奇龄、阎若璩、胡渭、臧琳、惠周惕、惠士奇、顾栋高、陈祖范、秦蕙田、杭世骏、沈彤、吴玉搢、宋鉴、江永、吕泰、惠栋、江筠、江声、余萧客、庄存与、盛世佐、褚寅亮、王鸣盛、钱大昕、范家相、翟灏、朱筠、茹敦和、戴震、段玉裁、毕沅、严长明、谢启昆、钱大昭、孙志祖、任大椿、孔继涵、孔广森、邵晋涵、金榜、王念孙、武亿、程际盛、庄述祖、李惇、钱塘、丁杰、邵瑛、刘台拱、钱坫、陈树华、谈泰、汪中、汪龙、胡匡衷、金曰追、孙星衍、阮元、洪亮吉、李赓芸、凌廷堪、桂馥、王绍兰、姚文田、王引之、郝懿行、胡秉虔、许宗彦、张惠言、陈寿祺、朱珔存、王照、焦循、李锐、汪莱、江藩、徐养原、李兆洛、胡承珙、钱仪吉、刘逢禄、胡培翚、冯登府、钮树玉、顾广圻、陈鳣、严蔚、臧庸、严可均、凌曙、薛传均、龚自珍、朱右曾、刘宝楠、沈钦韩、姚配中、朱士端、俞正燮、江有诰、李贻德、金鹗、宋翔凤、陈奂等，共收录111人，大凡清一代汉学家，都被网罗殆尽。但此书在学术界却影响很小。

《国朝儒林小志》

清李慈铭撰

未见

李慈铭（1829—1894），字恶伯，号莼客，又号越缦，浙江会稽（今绍兴）人。光绪六年（1880）进士。官至山西道监察御史。屡建言上疏，均不报，郁闷卒。为文沉博绝丽，诗尤工，自成一家。读书勤敏,日有课记。评骘论说,务求其当。性狷介,又口多雌黄。服其学者好之,憎其口者恶之。著有《越缦堂文集》12卷、《白华绛跗阁诗集》10卷、《词》2卷,《日记》数十册最有名,后人缉为《越缦堂读书记》以行世。《清史稿》卷491有传。李氏之书,笔者初不知悉,台湾"中央研究院"史语所陈鸿森先生来札教示曰:

> 按《越缦堂笔记》云:"辑《国朝儒林小志》,以吾乡黄宗羲始。予自庚申夏(按咸丰十年)欲辑录是书,以未得江氏藩《汉学师承记》、阮氏元《儒林传稿》而止;今惟即所见者缀集而已。黄氏虽明臣,然开国朝之学,又卒于康熙中,故以为始也。"江藩之书各地颇多翻刻,李氏博闻之士,乃未见其书,殊为可疑。此文特别强调其书以黄宗羲为始之故,正有意与江藩立异,则所言未见江氏《汉学师承记》者,恐李氏托词耳。《清儒学案》卷六十九《谢山学案》,引《越缦堂日记》:"余辑《国朝儒林小志》,惟载汉学名家。虽姚惜抱、程绵庄、程鱼门、翁覃溪诸公自名古学者皆不列入,而独取先生,固不仅以《经史问答》一书也。"其书"惟载汉学名家",则与《汉学师承记》性质近同,特其成书在咸丰后,于江书所未及者得以载入;江氏列正传者,盖别为之传。其避"汉学"之名者,殆不欲与江藩苟同也。味越缦词意,似其书已具稿,惟不知尚在天壤间否? 傥吾兄能续为寻访得之,可为艺林增一故实矣。

李氏书之大致,陈先生言之已详,笔者多方访查,亦未见其书之有传本。唯李氏言未得江氏《汉学师承记》,其言实为托词而已。今中国国家图书馆藏嘉庆二十三年初刻本《汉学师承记》正为李氏所藏,目录首页有"会稽李氏困学楼藏书印"朱文大方印,正文首页有"李慈铭读"白文方印,卷五首页有"李慈伯读书记"朱文长方印,且全书批校甚多,可见其于此书用功甚深,非一般之文字校勘而已。

《国朝经师撰述略》

曹允源撰

未见

曹允源(1855—1927),字根荪,号复盦,吴县人。祖籍歙县。光绪八年(1882)举人,主讲淮南书院。十五年,登进士第。由兵部主事迁员外郎中。历任宣化、青州、徽州、襄阳、汉阳知府,官至湖北襄勋荆兵备道。民国四年,任江苏省立图书馆馆长。著有《吴县金石考》3卷、《民国吴县志》80卷、《江苏省立第二图书馆书目续编》6卷《三编》7卷、《淮南杂著》2卷、《复盦集》23卷(含《鸎字斋诗略》4卷、《诗续》1卷、《复盦文类稿》8卷、《文续稿》4卷、《文外稿》2卷、《公牍》4卷)等。

曹允源曾论自己从事治学之经历曰:

> 余少习骈俪文,后锐志经世之学,始治古文辞,生平服膺南雷、亭林,故为文必蕲有用于世。[9]

此可见曹氏学术之宗主,他在论学术之流变时,认为千百年来,学术有变有不变。其曰:

> ……其不变者,义理也,考订也,词章也。三者亘千百年无以易也。义理于孔门为德行,充之为政事,衍于汉而盛于宋。考订本于文学,昌于汉唐而备于我朝乾嘉之间。词章本于

---

[9] 曹允源:《复庵类稿》卷1,清光绪二十八年刻本,第1册,第1a页。

言语，六经导其源，诸子百家沿其流，秦汉迄今绵延而未息。士既索智科举，其秀特者则又破藩决篱，务探三者之奥，于是义理有程、朱、陆、王之辨，考订有经，有史，有小学、天算、舆地、校勘、金石诸家，日益精确。词章有骈体，有散体，散有桐城、阳湖宗派之别，骈有汉、魏、六朝、唐、宋体格之殊。[10]

曹氏在年轻时，得读《汉学师承记》，受其影响，编纂成了《国朝经师撰述略》，是书今不见传本，惟曹氏为该书所撰《题语》存之。现录其全文如下：

汉儒去古未远，学有师法，矜慎不苟作，故所称述多可依据。盖经籍虽经秦火，往往举煨烬之余，补苴掇拾，《迁史·儒林传》《班书·艺文志》言之详矣。魏、晋以降，伪说丛出，古训不绝如缕。唐初，颇思复古，是丹非素，靡所折衷。至有宋道学之说兴，后生小儒，益屏弃声音训诂，从事于所谓性理之学。张氏海珊曰："譬之稽田，汉任其开垦，宋任其敛获。然则不开垦而事敛获，可乎哉？"国初诸儒，鉴前代学人空疏之弊，讲求文字，独以汉儒为宗，一音一义，必推本原，始博采诸家之说而通之，足赓千余年绝学。

源幼溺词章，今年夏，得甘泉江郑堂氏《汉学师承记》，稍稍流览，渊然若有所悟，始悔十年来钩心斗角，用力于无用之学，致可惜也。暇日手录《经师经义目录》一通，以为准彟。因编次《国朝经师撰述略》，大恉本郑堂而融其门户之见，杂采它书，补益所未备，诸家绪论，不复详载，拘目录例也。书成，用弁数语，以识余之于经术，漫不得崖略而有志问

[10] 曹允源：《淮南杂著》卷1《植志二》，清光绪十七年刊本，第4a—4b页。

津也。自兹始，亦可谓不学墙面者矣。光绪六年除夕。[11]

从曹氏《题语》可知，其书大致是遵从江藩《经师经义目录》的体例，但因为破除了江氏的门户之见，所收录之著述，肯定比江氏要多，只是此稿尚存否人间，不可知矣。

《国朝汉学师承续记》（残稿）不分卷

清赵之谦纂

稿本　三册

中国国家图书馆藏

赵之谦（1829—1884），字益甫，号撝叔，亦号梅庵、悲庵等，会稽（今浙江绍兴）人。咸丰九年（1895）举人。五上礼部不第，以誊录劳叙官，分发江西知县，初权鄱阳，继权奉新、南城。赵氏以书画名世，然著述亦颇丰，曾主纂《江西通志（光绪）》185卷；自著有《补寰宇访碑录》5卷《失编》1卷、《国朝汉学师承续记》、《张忠烈年谱》、《勇庐闲诘》1卷以及《赵悲庵诗文稿》等，另刻有《仰视千七百二十九鹤斋丛书》五集等。

赵之谦以书画篆刻名世，故其学反为所掩，人多不知。蔡冠洛纂《清代七百名人传》谓其论学"主金坛段氏、高邮王氏及武进庄氏、刘氏，蕲进于西汉巨儒微言大义之旨"[12]。此与《汉学师承续记》中所言亦吻合。如《续记·王念孙记》中，对王氏之学大为赏赞。其曰：

先生之学，出于休宁，而精寀过之。金坛段先生序其书，称先生"能互求古今形、音、义三者分合，能以古音得经义"。推为天下一人，非过誉也。……

---

[11] 曹允源：《淮南杂著》卷1《国朝经师撰述略题语》，第15a—15b页。

[12] ［清］蔡冠洛纂：《清代七百名人传》第五编《艺术类·金石书画·赵之谦》，《清代传记丛刊》本，台北：明文书局1985年版，第196册，第441页。

先生所著书，流播寰海，穷经学古之士，咸知服习。……福德长寿，洞源儒朴，冠伦魁师，天下宗仰，后生小子，虽饕诐愤鼂，敢有毁郑、服，议贾、董，于先生卒无闲言，且有文其说，谓宋儒再生，必取其说者，亦可见学行至是，断不能颠到白黑以是为非也。[13]

同时，赵氏对于绩溪胡氏之学也私淑有加，《续记》仿江藩原书"余古农先生"、"江艮庭先生"、"王兰泉先生"、"朱笥河先生"等例，遵其私淑之师胡秉元为"胡云林先生"，称字而不称名。在谈到与秉元子培系交往的旧事时，赵氏深有感触。其在《胡云林先生记》中曰：

之谦与培系同受业先师溧阳缪君之门，求其先世行谊至悉，时方驰意禅说，好谈清虚，自识培系，得聆绪论，管穴之窥，实启此日，忽忽二十余年，精神退漂，摩研编削，迄无阐绎，然于先生窃有私淑艾之志焉。[14]

观此亦可知赵氏学之趋向，而高邮王氏、德清胡氏之学，在嘉道间皆为学界名门，尤其是德清胡氏一门，学者辈出，故在赵氏《续记》中，胡氏家族遂成为记载的重点。

今存《汉学师承续记》，残存手稿三册。其中一册封面有"国朝汉学师承续记稿本第二"字样，余二册皆书衣无字。前后无目录，无序跋，无页码，每半页九行，每行字数不等，总计约四万余字。全稿以行草书之，遇清帝讳则或出格跳行，或无。因为是手稿，故改窜涂乙，处处皆见。书中有"之""谦"连珠、"大兴冯氏玉敦斋收藏图书记"长方、"大兴"小长方、"御赐蕴真灵迈"、"御赐凤庭集

[13]〔清〕赵之谦纂，漆永祥整理：《国朝汉学师承续记·王念孙》，《中国典籍与文化论丛》第7辑，北京：北京大学出版社2002年版，第339、341页。

[14]〔清〕赵之谦纂，漆永祥整理：《国朝汉学师承续记·王念孙》，《中国典籍与文化论丛》第7辑，第368页。

祉"、"御赐经厚""御赐蕃祉"、"公"圆形、"公度"小长方、"御赐景星照堂"、"北京图书馆"小方诸印。

赵氏之书,亦曾得到祁寯藻的支持,祁氏还撰有《序言》,然今残存三册中不见《祁序》与赵氏《自序》,则是书有散佚之故。就现存三册所记人物,其中一册所记依次为张澍,凌坤(又附妻安璇珠),张穆附苗夔,丁履恒(又附子嘉荫、嘉葆),刘文淇附子毓松、戴清;又一册为汪喜荀,王念孙,龚巩祚(又附曹籀),洪震煊,胡匡宪,胡秉元附汪泽(又附子培系、培受、培字),胡秉虔附胡肇昕(又附胡培孝、族孙胡澍);又一册为胡培翚附章遇鸿、胡绍勋、胡绍煐、杨大堉、涂煊、韩印、席元章、马钊(又附葛良冶、汪士铎、马寿龄、杨秉杷),胡廷绶(又附周白山),钱大昭附子东垣、绎,钱侗附从子师征(又附子师璟),胡承珙,朱右曾附葛其仁、陈诗廷、陈瑑,汪莱,王引之。全稿正传20人(另附录19人,又附15人,总54人),适为江书之半。已经完稿无缺者有钱大昭、钱侗、朱右曾、王念孙、汪莱、洪震煊、丁履恒、张澍、龚巩祚、凌坤、张穆、胡承珙、胡匡宪、胡秉虔、胡秉元、胡培翚、胡廷绶。而有全稿尚未完成或缺略太甚者,如《胡匡宪记》为未完之稿;《朱右曾记》附陈瑑,录其《祁大夫字说》一篇,仅有"说曰"二字,下无正文;又如《汪喜荀记》仅述生平,尚未论学,等等。

赵书除了体例依仿江书外,其史料来源、编纂方式、叙事方法皆步趋江氏,还有一个优于江书的特点,就是叙事简洁,整饬有法。全稿笔者已经整理发表,整理后的排次,主要依传主生卒、师承及地域等因素进行排列,全稿仍尊赵书之旧不分卷帙。现整理稿之次序为钱大昭、钱侗、朱右曾、王念孙、王引之、汪莱、洪震煊、丁履恒、张澍、汪喜荀、刘文淇、龚巩祚、凌坤、张穆、胡承珙、胡匡宪、胡秉虔、胡秉元、胡培翚、胡廷绶等。有兴趣之读者,可参稽赵氏原文及拙作《赵之谦〈国朝汉学师承续记〉整理记》、《从赵之谦〈论学丛札〉看〈汉学师承续记〉》二文，对赵书编纂之由、全书体例、特点等都有较为详尽的论述。15

《国朝汉学师承续记》八卷

《国朝经师经义续总目》一卷

清曾文玉纂

稿本

苏州市图书馆藏

是书现藏苏州市图书馆，据《苏州市图书馆藏善本图录·经部》著录有曾文玉《国朝汉学师承续记》八卷附《国朝经师经义续总目》一卷，其著录提要曰：

> 清曾文玉撰，其昌红格笺稿本。四册。六行二十字。白口，四周双边。书口下有"底下双门（双行小字）其昌"六字。框高十八点八厘米，广十点五厘米。前有曾文玉自序，《国朝汉学师承续记凡例》，《国朝汉学师承续记目录》。
>
> 曾文玉，清末广东新会县人。生平不详。又著有《四库后出书序跋》、《经史蠡测》。……曾氏遂祖江氏《汉学师承记》为之《续》。后之研核是学者当有助云乎哉！惜其为例所绳，若焦循之《易学三书》乏录，亦其微瑕耳。16

此提要误江藩为江沅，《图录》仅附有书影一幅，为曾氏《自序》之首页。曾氏曰：

> 甘泉江郑堂先生纂《汉学师承记》八卷附《经师经义目

---

15 ［清］赵之谦纂，漆永祥整理：《国朝汉学师承续记》，见全国高等院校古籍整理与研究工作委员会编：《中国典籍与文化论丛》第7辑，北京：北京大学出版社2002年版，第329—378页；又参拙文《赵之谦〈国朝汉学师承续记〉整理记》，载台湾中山大学清代学术研究中心编：《第七届清代学术研讨会论文集》（上），2002年6月版，第35—48页；又参拙文《从赵之谦〈论学丛札〉看〈汉学师承续记〉》，《中国典籍与文化》2004年第1期，第90—96页。

16 《苏州市图书馆藏善本图录·经部·国朝汉学师承续记》八卷附《国朝经师经义续总目》一卷，第1册，第140页。

录》，阮文达《序》称此《记》刊于嘉庆二十三年，及今又数十余载矣，其间硕学通儒，后先相望，况《江记》之前，尚有未经搜辑者乎？忆当志学之年，得读是书，即谓江氏所未载及江氏而后诸家，不应竟在阙如之列。……[17]

案笔者曾就曾文玉其人其事，向广东江门市新会区史志办去函咨询，其负责人来札言："据了解，曾文玉为新会双水镇岭头村三多里人，他的相关资料还有待查考。"[18] 由此可知曾氏在当地并无声名，以致地方史志办亦不能言其详尽之生平事迹。曾氏《自序》书影页也仅上述语句，一页而止，其他不能悉知。笔者经多方努力，均因苏州图书馆方不允许全文复制与移录，至今未睹全书，故是书其他情况，难以周悉，至为遗憾！

但笔者揣测，是书既有成书八卷又《续总目》一卷，则应当是无论是人物收录、卷帙安排与编纂体例等，皆当悉依江藩原书，而所记人物，估计也不会少于江书所记，惜不能窥其一斑，故只能在此付诸阙如，敬祈读者诸公谅之！

《续汉学师承记商例》

梅毓撰

《国粹学报》第一年第二号

梅毓，字祖延，清末民初江都（今扬州）人。梅植之子。通汉学，治《穀梁》《毛诗》《小尔雅》之学，书皆未成，惟《刘更生年表》行于世。梅毓以为：

嘉庆间，甘泉江郑堂先生，著《汉学师承记》，纪国朝讲汉学诸儒，有专传、有附传，凡若干卷，而儒先学业，藉以考

---

[17]《苏州市图书馆藏善本图录·经部》曾文玉《国朝汉学师承续记自序》，第1册，第141页。

[18] 这是笔者收到的新会史志办的电子邮件，信中称："漆教授：您好！据了解，曾文玉为新会双水镇岭头村三多里人，他的相关资料还有待查考。广东省江门市新会区史志办。2005年4月13日。"

见。今又数十年，宜有续纂，以彰我朝儒术之盛。[19]

从梅氏之语可知，他也没有见到赵之谦、曾文玉之书。至于具体纂例，梅氏认为"有循用江氏旧例者，亦有略加变通者"，故撰《续汉学师承记商例》十则以发其凡。其曰：

一、《汉学师承记》卷首载诸经源流，并各家著述书目，裁别至当，今宜仿之。

二、各传必叙其人之授受及擅长何学，固也。然或其师传不甚纯，而其学反优于师，则所授之人似宜从略，至撮举学术，亦宜指其荦荦大者言之，若无迥绝于人之处，而所著之书，雅有门庭，则但录其书名而已。

三、前书叙次各传，率以年世为后先，今拟仿《汉书·儒林传》例，以所习之经为类。类分之中，略以时之远近相次，此于专经之人如此，若博通诸家者，亦汇聚为一类，庶眉目清晰，不致杂糅。

四、立传体例，凡现存之人，概不列入，前书附传诸人，其时多有存者，又有并无学术而亦得列入者，在受者固为侥幸，而作者未免太滥，试取前书阅之，江氏颇不能免此失，非故为轻议乡先辈也。

五、此书首卷所列书目，不拘刊刻与否，凡书成者皆著录，未成书者概不列入。

六、国朝讲汉学者，盛于乾嘉，迩年流风余韵，不绝如缕，强识博闻，虽世不乏人，而求其笃守汉学，无畔喥之习者，往往难之。故诠别诸书，凡矜奇炫异者，宜加详慎。

七、汉学所以可贵者在有家法，《汉书·儒林传》所述是

[19] 梅毓：《续汉学师承记商例》，《国粹学报》第1年第2号，光绪三十一年(1905)十月二十日，第3a页。

也。自有划除门户之说,而著书家法不纯者多矣,更有似是而非者,每寻一最大议论,以今时人之识见,臆谓古人定当如是,于是痛斥传注,一似千古不传之秘,至今始发其覆,大言不惭,谬妄极。今凡遇此等书,概不录入。

八、为各家作传,自叙述学业而外,但记其名字乡贯,及有爵职者,记其最后所终之秩,余如言论事迹,俱不旁及,以其与师承无涉也(前书于士之不遇而有学者,多记其言论丰采,今亦不必)。

九、为人立传,其人著述已有成书,尚矣。或其人书未成而没,或其人并未著书,确宗汉学,必取其遗文一二篇于学确有发明者,列入传中,以传其人,始为信而有征,否则从略。至所录诸书,必须亲见,不以序文传志为据。

十、此次续纂,较江氏为难,江氏所处之时,讲汉学者,实不乏人,今则同志寥寥,而书籍零落,非四方有好学之友襄助蒇事,敢信其无脱漏乎。[20]

[20] 梅毓:《续汉学师承记商例》,《国粹学报》第1年第2号,第3a—4a页。

因梅氏《商例》之后,并实无其书,故全列其文如上。梅氏所立之例,大较同于江藩,唯排次主张"仿《汉书·儒林传》例,以所习之经为类",且以为江书附传之人,滥入太多,主张此类续纂时当弃去。另外,他认为"所录诸书,必须亲见,不以序文传志为据",也是对江藩过份依赖碑志的批评。其他取弃之间,也较江氏更为严格,惜其无书,仅存空文而已。

《国朝汉学师承记注》底本(残稿)

清谢章铤注

古闽黄辉如家钞本

北京大学图书馆藏

谢章铤（1820—1903），字枚如，号藤阴客、药阶退叟等，福建长乐人。光绪三年（1877）进士。自称于性理、考据、词章、经济之学，皆有发明。学宗清初顾炎武，著述之体则宗宋代洪迈。曾主漳州、龙岩、致用诸书院。时人誉谢氏"于经籍金石之学，均有本末，闽中学人，可以称首"[21]。评价可谓极高。谢氏著有《赌棋山庄文集》七卷、《文续》二卷、《又续》二卷、《赌棋山庄诗集》一四卷等。

谢章铤注释《汉学师承记》，用力甚深，且全书已成稿过半。其述当时注书之情状曰：

> 余旧读是书，尝博采传记为注，十已得六七，积稿倍原书。咸丰三年，余在漳州家中，藏书为人所窃，并是书亦亡之。惜哉！后复寻得此本点阅，欲再作注，而插架尽散，无从检摭矣。[22]

观此文可知，谢氏所注《汉学师承记》，已成书过半，然注本却遭肤箧之灾，后虽欲再为此举，然终未能成。今北京大学图书馆所藏《国朝汉学师承记注》残稿1册，每半页十一行，行二十五六字不等。无页码，共十页。首页有"谢客"白方、"□□"朱方等印。首条为"卷五《戴震传》末王念孙《广疋疏证》十卷"，凡引段玉裁《序》、王念孙《自序》及谢氏案语。全书近三十条，为注戴震、顾炎武、惠士奇、卢文弨、江声、武亿、惠栋、李惇、顾九苞、汪光爔等传所蓄资料，末二条为记赵执信讥王士禛事一条、有关何焯之事一条。所引则有梁章钜《两般秋雨盦随笔》、檀萃《楚庭稗珠》、焦循《雕菰楼集》诸书，尤以焦书为最。盖随得随书，故无有前后

21 [清]谭献：《复堂日记》卷1，《丛书集成续编》本，第217册，第688页。

22 [清]谢章铤：《赌棋山庄文集》卷4《书汉学师承记宋学渊源记后》，《续修四库全书》本，集部第1545册，第304页。

次序，亦不成卷。

从严格意义上说，谢氏之稿只是注书前的资料长编而已。也有可能谢注原稿为人窃取，现已遗佚，而笔者所见者，为较注稿更前之资料编集。然清人注《汉学师承记》者，笔者所见也唯有此稿，故简叙之如上。

《清朝汉学师承记》（选注） 周予同选注

民国二十三年上海商务印书馆《学生国学丛书》本

是书全1册，凡493页。次序为周予同自序、凡例、目次、正文注释，末附原书目录。关于注书之体例，周氏《凡例》之前七条曰：

一、本书原拟依拙著《经史历史注释》计划，不加删节，使成完璧，但为本《丛书》字数及篇所限制，故只得加以选注。

二、本书所选每一学者传略，以不删节为原则；但其中关于天算及音律文字，过于专门，非初学所当留意，故或加删略。标明删节号（……），而仍附录原文于注释中，使读者不致有割裂之憾。

三、本书序言及传略中，如有空泛议论，亦略加删节，依上例方法标注。

四、本书原文避清帝讳与孔子讳者，一例改正。

五、本书原文，如确知为刊印之误者，一例改正。

六、本书原文，如系江氏偶误者，一依原文，不加补正，而仅于注中加以说明。……

七、本书人名见于正史者，于注中举明正史卷数，以便参考；其不见于正史者，从略。[23]

由体例可以看出周注的大致做法，全书所注者依次为阎若璩、胡渭、张尔岐、惠周惕、惠士奇、惠栋、余萧客、江声、王鸣盛、钱大昕、江永、金榜、戴震、卢文弨、邵晋涵、孔广森、汪中、凌廷堪、黄宗羲、顾炎武凡20人，余则阙如，即所注诸人，凡涉天算诸学者亦不为之注。因为此注是周氏在已经注释皮锡瑞《经学历史》后所为，故《经学历史》注中大部分可用之材料，都被吸纳到本书的注中。纵观全稿，有如下特点：

此注为《汉学师承记》第一家相对完整的注本，不仅方便了研读《汉学师承记》的学者，而且对后来近藤光男注本及笔者所注之本，皆有很大的影响，在后二书的大量注释中，都直接或间接地参考了周注。周予同先生乃研究中国经学史的专门之家，故其注于经学渊流与传承、经今古文之争与流变、历代经学史等方面，原原本本，注释清晰。但周注的缺失亦极明显：

其一，因为是选注，不仅《汉学师承记》中大量传记被删，而且删略原文甚多，故虽然仍附录原文于注释中，但仍难逃割裂之嫌。其二，凡涉及江书中叙天文、历算、音律部分，以"过于专门，非初学所当留意，故或加删略"，而天文、历算、音律诸学，乃乾嘉考据学家之特长，弃而不注，实属憾事。其三，周氏注书时，一则战乱年月，不能有安宁之环境；二则参考之书有限，即今日随处可及之《清史稿》，当时亦因列为禁书而不能查考。又《汉学师承记》所涉人物之著述，"佚而未刻及刻而未见者颇不鲜"，故此注颇有疏漏，此为客观原因。其四，由于受"人名见于正史者，于注中举明正史卷数，以便参考；其不见于正史者，从略"这一体例所限，许多当注之人物与事件皆未能出注。然正史可见之人物，寻觅较易；而不

[23] 周予同：《汉学师承记注·凡例》，民国二十三年上海商务印书馆《学生国学丛书》本，第1—2页。

见正史之人物，搜讨为难。故注家之体，当详注其难寻者而略注其易见者，周注此方面亦多缺略。其五，周注在标点、段句、释词方面，错讹甚多。如标点方面，周氏袭自凌善清标点本，凌氏之误，周氏多仍其误。尽管如此，此书面世后，已多次再版，周先生曾寄望再版时改订原书，俾成完帙，但终未能实现先生当年的愿望，这是一件十分遗憾的事情。

《汉学师承记》（日文翻译）

[日]近藤光男等译

日本《支那语文化》第1—2号

此稿笔者未见。近藤光男（1921—），日本京都人。1944年毕业于东京帝国大学文学部支那哲学支那文学科。先后任日本京都大学、东京大学助教，北海道大学副教授、教授，茶水女子大学教授等。日本著名汉学家。近藤氏研究领域甚广，主要研究方向为清代考据学、中国古典诗歌研究等。著述丰硕，有关清代学术者有《中国古典诗丛考》、《汉诗大系·清诗选》、《戴震集》（翻译）、《清朝考证学研究》与《国朝汉学师承记》（译注）等。

据近藤光男先生《国朝汉学师承记》（译注）之《后记》所述，先生研究并购买到《汉学师承记》嘉庆二十三年刻本，还是在第二次世界大战前的事，当时与仓石武四郎、小野泽等先生成立"汉学师承记研究会"，负责翻译全稿。但由于战争爆发，翻译并发表在大阪外国语学校大陆语学研究所主办的《支那语文化》第1号、第2号（昭和十八年）上的，仅有《阮序》与卷一江藩《自序》，以及《阎若璩》中阎氏之部分而已[24]。

24 详参[清]江藩纂，[日]近藤光男译注：《国朝汉学师承记·后记》，日本明治书院2001年版，下册，第467—469页。

《国朝汉学师承记》（译注）

[日] 近藤光男译注

日本明治书院二〇〇一年版

近藤氏研究江藩与《汉学师承记》，从他的大学时代就开始了，而其成果也非常突出，从某种意义上说，真正对江藩与《汉学师承记》进行认真细致的研究，有自己的发明与识见，而不是人云亦云，近藤先生可称第一人。近藤氏《国朝汉学师记》（译注）出版后，已有日本学者鹤成久章先生的书评《〈国朝汉学师承记〉——书香馥郁たる的中国学の百科全书》一文，从全书构成、所据底本、资料、注释、翻译文等方面进行了很好的评价[25]。笔者以为，近藤氏书有如下鲜明之特色：

第一，对江藩一生的学行与《汉学师承记》编纂之背景、体例、内容等进行了全面的论述，澄清了许多以往研究中学术界的误解与曲解。这在全书前面的《解说》中论之甚详，此处不再详述[26]。

第二，对《汉学师承记》各种版本进行了详细的搜集、比勘与研究。近藤氏所收藏与目验过的《汉学师承记》版本达24种之多，他对各种版本进行穷源溯流式的研究，然后撰写类似版本提要的文字，并对诸本优劣进行评判。在全书校注中，又以嘉庆二十三年广州原刊本为底本（其实此书非原刊本），尽量保留其原貌，对书中异体字做了适当之统一，于原书之讹文误字加以勘正，诸本之异文异字，则在注释中加以说明，下笔不苟，别白精审。

第三，近藤氏之日文翻译，亦独具特色。其书之次序，首列汉字原文，施以标点，进行分段；其次翻译为日语训读文，且尽量保留古汉语之语气，如"焉"、"矣"、"也"等字皆予以保留；再次翻译为现代日本语，用直译法，若语意难明需必要的语言补充，则予以括注，以示缜密。其译文之畅达雅顺，亦非老成持重者不能为。

[25] 详参 [日] 鹤成久章：《〈国朝汉学师承记〉——书香馥郁たる的中国学の百科全书》一文，载日本《东洋学集刊》第87号，2002年5月版，第83—90页。

[26]《解说》部分的内容，是近藤氏在原来《国朝汉学师承记と江藩》一文的基地上修改而成的，有兴趣的读者可参看近藤氏《清朝考证学の研究》，东京研文出版社1995年版，第12—56页。

第四，近藤书在注《汉学师承记》每篇之前，先讨究该篇之资料来源。如卷一《阎若璩》，注前有《阎若璩の注の资料》，先考有关阎氏之碑传材料，次列江藩所参考之史料出处，如某段出于某书、某卷、某篇，个别甚至注出页码。其他诸卷亦莫不如斯，资料翔实，引证可靠。

第五，全书注释清楚，言简意赅，详略得当，引据丰富，深得注家之体。近藤注是《汉学师承记》第一部全注本，其书在周予同选注基础上进行全面的注释，于书中人物、书籍、事件、词汇以及清代朝章国典，详悉考辨，广征他书，进行注解，极少遗漏。注文简约，文字整饬。同时，其注也照顾到日本学者所需，对一些中国学者所熟知的词汇也进行必要的注解。

第六，凡《汉学师承记》中涉及天文、算学、音律之部分，周予同注皆删省不注，而近藤氏则注释极为详尽，此亦全书一大特色。江藩在叙述如惠士奇、褚寅亮、江永、戴震、陈厚耀等人时，对他们在天算与乐律诸学方面的成就，也多有论述，近藤氏在注释与此相关的文字时，用大量的数学运算来演示当时学者的成就，推算严密，解说明晰，最可称道。

第七，图文并茂，旁行斜上，是近藤注的又一大特色。全书插入清人画像如阮元、胡渭、惠周惕、惠士奇、惠栋等像24幅，书影如《汉学师承记》原刊本封面等40幅，各类图39幅，各种表格33幅。这些画像、书影、图、表穿插于全书注文中，既直观形象，又极好地起到了对注释的补充、说明、演示与烘托作用。故日本学者鹤成久章评近藤书为"书香馥郁之中国学百科全书"，实为的评。

第八，全书末附以《国朝汉学师承记年表》，起自明神宗万历二十八年（1600），迄于民国二年（1913），简记此三百余年之大事于下，尤详于三百年间学者之生卒。又附以《人名索引》、《书名索引》、《地名索引》、《职官索引》、《语汇索引》与《插图一览》,这些索引,极大地方便了读者对本书的检寻与利用。

此书为近藤氏半生心血之作,故其所注,皆有据之言,深中肯綮,已论之如上。但纵观全书,也有明显的缺点与不足,亦论述如下:

其一,江藩一生,著述不少,近藤氏所知者,唯常见之《隶经文》、《炳烛室杂文》等,而其他江氏著述如《乙丙集》、《伴月楼诗钞》、《炳烛室杂著》等,近藤氏未曾寓目,故在江藩生平事迹的研究方面所缺尚多。同时,在《汉学师承记》版本的研究上,虽然他搜罗了24种之多,但仍有十余种版本并未亲睹,这使得他的研究结论也就多少存在一些问题。例如近藤氏著录有"光绪十三年万卷书室刊本",又言哈佛燕京学社《三十三种清代传记综合引得》作"十二年"者,疑其有误[27]。实际上笔者所见万卷书室本,既有光绪十二年刊本(藏北京大学图书馆),又有光绪十三年刊本(藏中国国家图书馆),可证近藤氏与《引得》著录皆无误,近藤氏未见十二年刊本,故有此疑问,此亦可见版本之学,不获目验,则疑而难明。

其二,近藤氏注释中,在参考引用近今人成果方面,除了周予同原注外,主要参考了日本学者如宫崎市定《科举》、服部宇之吉《清国行政法》、狩野直喜《清朝の制度と文字》、薮内清《支那の数学》、熊田忠亮《东洋天文学史论丛》与《汉书艺文志の研究》诸书,而于中国学者百余年来清代学术研究成果,称引甚少,近二十年来学者之说,更不涉及,此则为条件所限。再如地名的注释,近藤氏所采者为《大清一统志》与各地方志,作为新注,显然是不能达到旧地今注的目的,这些都是本书明显的不足。

其三,近藤注简明扼要,准确明晰,然亦多注释之误与阙漏未注者。如《汉学师承记》卷二《褚寅亮》:"是以入其玄中而不悟。"

[27] 参[清]江藩纂,[日]近藤光男译注:《国朝汉学承记·解说》,上册,第18页。

《近藤注》:"元中,盖《三统术》所谓之元中耶?《汉书律历志》之'统母'下曰:'元中五万五千四百四。参统中,得元中。'"近藤氏又于注下详悉推演"统中"之数。实则此注大误。"元"乃"玄"字,避康熙帝讳而改者,江藩此段文字袭自钱大昕《仪礼管见序》,钱序原文作"玄",后来中华书局钟哲点校本改"元"为"玄",是。"入其玄中",事出有典,语见《世说新语·文学》。类似之缺失,近藤氏注中亦所在多有,当然在如此一部大书中,出现类似的错误也是不可避免的。

但纵而论之,近藤光男之注释本,是一部相当好的注本,尽管亦有缺失,但瑕不掩瑜,上述所论诸弊,也是求贤者之失而已!

拾捌

方东树《汉学商兑》新论 [1]

1 本文原载《文史哲》2013年第2期，第127—168页。

2 [清]方宗诚:《柏堂师友言行记》卷1,《续修四库全书》本,史部第540册,第552页。

3 [清]皮锡瑞撰,周予同注:《经学历史》十《经学复盛时代》,北京:中华书局1963年版,第313—314页。

《汉学商兑》四卷，清方东树纂，为其一生著述的代表作与成名作。是书自面世至今，已有20余种版本刊行，近年来更是被收入各种影印丛书广为传布，但至今尚无一校勘精良的善本。而学术界对《商兑》的评价，亦是褒贬不一，赞之者认为自其书出"于是汉学之气焰始衰"，"嘉道间海内著述有功于圣道者，以此为第一"[2]。驳之者以为方氏"纯以私意肆其谩骂"，"阳儒阴释，不可以训"[3]。可谓众说纷纭，莫衷一是。本文对《商兑》全书的编纂过程、刊刻时间、增补删削、体例内容、行文风格及全书评价等，在详悉梳理文献资料的基础上，对前人与时贤之误进行了考辨，并提出了一些新的看法。

一 《汉学商兑》的编纂背景与卫道目的

方东树（1772—1851），字植之，号歇庵、冷斋等，晚年自号仪卫老人，学者称仪卫先生。安徽桐城人。诸生。学古文于姚鼐，与梅曾亮、管同、刘开并称"姚门四杰"。先后应乡试十次，皆不举。一生南来北往，客游凡五十年，或助修方志，或课徒为生。桐城方氏，世守朱子之学，故东树治学，既承家范，又尊姚鼐，一以朱子为宗。著有《汉学商兑》四卷、《书林扬觯》二卷、《大意尊闻》三卷、《昭昧詹言》十卷、《续昭昧詹言》八卷、《向果微言》二卷、《考槃集文录》十二卷等。

然而，元明至清，宗朱子者甚众，却为何是方东树纂辑《汉学商兑》，向汉学家发难呢？简单来说，可以归结为五个原因：一是如前所述方东树学宗朱子，以卫道者自居，不容他人对程朱理学有丝毫批评；而汉学家蔑视性理之学，奚落朱子。二是桐城学者以方苞为大宗,而汉学家蔑视方苞;即方东树之师姚鼐,也不受汉学诸家重视,落寞至极;这些积怨至方东树,终于爆发。三是方东树本人的性格,轻率易怒,喜好驳辨,争强斗狠。四是当时汉学大盛,并得到阮元等封疆大吏支持,令方东树感到极大的焦虑与不安。五是江藩《汉学师承记》等书在广州的刊行等,则更是引起了方东树的极度愤慨,成为方氏编纂《汉学商兑》与《书林扬觯》等书的直接导火线。

嘉庆二十三年(1818),两广总督阮元重修《广东通志》,礼聘扬州学者江藩赴岭南任《通志》总编纂事。此年底,江氏得到阮元的支持,刊行《汉学师承记》八卷与《经师经义目录》一卷。嘉庆二十四年,方东树亦应邀赴粤,分纂《广东通志》。此后,道光三年(1823)正月,阮元《揅经室集》刻成;同年,江藩《汉学师承记》再版,《宋学渊源记》初刊;道光四年十二月,学海堂建成,师生济济一堂,研经治史,汉学浸盛;道光五年八月,阮元主持辑刻《皇清经解》。这段时间里,江、方二人或同在阮元幕中,或分别在粤东谋食。他们曾一起论学,方东树称:"江藩尝谓余曰:'吾文无他过人,只是不带一毫八家气息。'"[4] 此必然成为二人在岭南期间发生争论的导火线。江藩的傲慢与轻蔑,阮元幕府中浓郁的汉学气氛,以及汉学著述的不断刊行,使"性轻脱率易,又精神短浅,虑患不深,疏放不慎",而且"轻言易忿"[5]的方东树接二连三地大受刺激。他将汉学诸人比喻为"蚊虫",称"蚊复扰之,不堪其虐"[6]。他以极大的耐性上书阮元,希望阮氏能"正八柱而扫粃糠",纠正汉学歪风。同时将自己所纂《汉学商兑》的部分草稿呈阮元,并解释"意在质疑,事同请业",并非要"布鼓雷门"地挑战汉学权威[7]。

方东树早年,就对汉学大盛的气氛深为不满。其《辨道论》一文,指斥考证诸家曰:

---

[4] [清]方东树:《汉学商兑》卷下,《万有文库》本,上海:商务印书馆1937年版,第146页。

[5] [清]方东树:《未能录》卷上《敬事五》,《仪卫轩全集》第1函,第13册,清光绪十七年(1891)重刻本,第3a页。

[6] [清]方东树:《考槃集文录》卷2《杂说一》,《续修四库全书》本,集部第1497册,第253页。

[7] [清]方东树:《考槃集文录》卷6《上阮芸台宫保书》,《续修四库全书》本,集部第1497册,第353页。

[8][清]方东树:《考槃集文录》卷1《辨道论》,《续修四库全书》本,集部第1497册,第225—226页。

[9][清]方东树:《汉学商兑·序例》,《万有文库》本,第1页。

其为说以文害辞,以辞害意,弃心而任目,刊斵精神而无益于世用,其言盈天下,其离经畔道,过于杨、墨、佛、老,然而吾姑置而不辨者,非为其不足以陷溺乎人心也,以为其说粗,其失易晓而不足辨也。使其人稍有所悟而反乎己,则必翻然厌之矣;翻然厌之则必于陆王是归矣。……吾为辨乎陆王之异以伺其归,如弋者之张罗于路歧也,会鸟之倦而还者,必入之矣。[8]

《辨道论》撰成时间虽不能断定,但必在纂《汉学商兑》前。方氏对汉学家极度蔑视,认为其为害不深,且不值一辨,可知他起初并没有著书对汉学进行攻驳与反击的打算。然而,他在广州受到上述一系列刺激后,对汉学的认识与态度便发生了根本性的转变。他开始认为自清初顾炎武、毛奇龄、阎若璩以下,至惠栋、戴震诸人提倡,至当时已是汉学鼎盛,熊熊烈焰,燃遍大江南北,若不迎头痛击,则不仅离经叛道,而且害政妨民。其曰:

自是以来,汉学大盛,新编林立,声气扇和,专与宋儒为水火。而其人类皆以鸿名博学,为士林所重,驰骋笔舌,弗穿百家,遂使数十年间承学之士,耳目心思,为之大障。历观诸家之书,所以标宗旨,峻门户,上援通贤,下訾流俗,众口一舌,不出于训诂、小学、名物、制度。弃本贵末,违戾诋诬,于圣人躬行求仁修齐治平之教,一切抹杀。名为治经,实足乱经;名为卫道,实则畔道。[9]

汉学家"专与宋儒为水火",但方东树对学术是非的判断,有着极深的门户之见,他衡量学人学说的标准,即是否尊奉程朱,"故见后人著书，凡与朱子为难者，辄恚恨，以为人性何以若是其蔽也"[10]。也就是说是否尊朱子学说，是正道与异端、君子与邪僻的区分标准，即他所称"附宋学者，或有愁儒；攻程朱者，必无君子。心术邪也"[11]。他在《书林扬觯》中专列"著书伤物"一门，"取凡诬朱子者列之'伤物篇'中，庶几明事迹之实，求义理之当焉"[12]。他竭力为宋明理学争正统，并认为朱子学为不易之真理，乃道统之正极。其曰：

> 孔子订六经，收拾上古以来；唐人定注定本作疏，收拾汉魏八代以来；朱子集《四子书》，订周、程、张诸儒之说，直接孔子、曾子、子思、孟子以来。是为古今三大治。奈何今之学者，复欲鼓异家别说之狂澜乎？[13]

于是，方东树便想依仿孟子，著书与汉学家辩争，以扫灭异端，维护道统，并怀有极大的自信。他以司马迁自喻，认为"子长所网罗者，放失之事迹也；兹之所网罗者，放失之义理也"[14]。方氏以程朱道统的嫡传者自居，又将自己比喻为灭火之鹦鹉。其言曰：

> 周栎园《书影》言：昔有鹦武飞集陀山，乃山中大火，鹦武遥见，入水濡羽，飞而洒之。天神言：尔虽有志，意何足云也？对曰：尝侨居是山，不忍见耳。天神嘉感，即为灭火。余著此书，亦鹦武翼间水耳。[15]

于是，方东树以"鹦鹉灭火"的精神，向汉学家发起了猛烈的攻击，而他洒向这场熊熊烈焰的"翼间水"，就是斗凑而成的百衲篇——《汉学商兑》。

[10] [清]方东树：《书林扬觯》卷下"序纂"，《四库未收书辑刊》本，子部第9辑第15册，第49页。

[11] [清]方东树：《汉学商兑》卷下，《万有文库》本，第161页。

[12] [清]方东树：《书林扬觯》卷上"著书伤物"，《四库未收书辑刊》本，子部第9辑第15册，第25页。

[13] [清]方东树：《书林扬觯》卷下"著书说经"，《四库未收书辑刊》本，子部第9辑第15册，第32页。

[14] [清]方东树：《汉学商兑·凡例》，《万有文库》本，第4页。

[15] [清]方东树：《书林扬觯》卷下"序纂"，《四库未收书辑刊》本，子部第9辑第15册，第49页。

二 《汉学商兑》的编纂、刊刻、刊误与流传考辨

《汉学商兑》的编纂时间，郑福照所辑《方仪卫先生年谱》隶于道光四年（1824），以为"创稿实在粤东，《文集·上阮宫保书》可证"[16]。钱穆以为"成书在丙戌前"[17]，则是据方氏《汉学商兑·序例》末署"道光丙戌（1826）四月"为据。方东树《上阮芸台宫保书》中谓："尝著有《汉学商兑》三卷，引其端，见大意，蓄之笥中，未敢示人。"[18] 按方氏道光四至五年在阮元府中课子，故此信至迟也应在道光五年（1825），可见此时《商兑》已有书稿，但窃以为并非全部完稿，而只是其中的部分内容，至少后来书中那些严厉攻驳阮元的文字，肯定不会出现在呈阮元的书稿中，而且方氏呈阮元的原稿，应该对阮氏从言论到称谓都是相当尊重的，今《商兑》中攻斥汉学诸家，痛詈无余，唯针对阮元则有褒有贬。如方氏引用阮氏论自东晋至隋唐经学的一段文字后，认为："此论至公，远出前阎氏、段氏诸人之上，可谓儒林谠议矣。"[19] 又如引阮元论郑玄解经，亦间失经旨后，方氏谓："此阮氏之说，可谓卓然不易伟论矣。"[20] 不仅如此，今本《汉学商兑》中，绝大多数行文中遇到阮元时，或直呼其名，或称"阮氏元"，或称"阮氏"，然有一处称"阮仪征公"[21]，因此我们可以推测，方氏呈阮元的稿中称其为"阮仪征公"，后来全部改回，此一处为尚未刊落者也。

但《汉学商兑》中，大多数情况下，方东树对阮元随意诟詈，毫不留情。如他讥刺阮元学风与毛奇龄相似，"故其所撰，支离诗诞，亦皆与之相类"[22]。又怒骂戴震、阮元等蔑弃理学，其言论类如"谵狂"[23]。而且《商兑》在论及《大学》与《论语》论"仁"等问题

---

[16] [清]郑福照：《清方仪卫先生东树年谱》"道光四年"条，台北：台湾商务印书馆1978年影印本，第11页。

[17] 钱穆：《中国近三百年学术史》，北京：中华书局1986年版，下册，第517—518页。

[18] [清]方东树：《考槃集文录》卷6《上阮芸台宫保书》，《续修四库全书》本，集部第1497册，第353页。

[19] [清]方东树：《汉学商兑》卷中之下，《万有文库》本，第131页。

[20] [清]方东树：《汉学商兑》卷下，《万有文库》本，第140页。

[21] [清]方东树：《汉学商兑》卷中之下，《万有文库》本，第126页。

[22] [清]方东树：《汉学商兑》卷中之上，《万有文库》本，第74页。

[23] [清]方东树：《汉学商兑》卷上，《万有文库》本，第6页。

时，方氏集中火力猛攻的就是阮元。此类文字，必不在其呈阮元的书稿之内，否则即便阮元再大度，也不会容忍到如此程度。因此，窃以为《商兑》全书在道光六年（1826）初有部分成稿，故当时撰写了《序例》，至于全书，尚远未到完成的程度。

关于《汉学商兑》刊刻的时间，王汎森谓《汉学师承记》与《汉学商兑》皆由阮元刊刻，并称："有趣的是，针锋相对的两本书都由阮元所刊行，这或许象征着阮元后来逐渐显露出的一种同时包容汉宋之学的趋向"，且以为这"不能不说是石破天惊之举了"[24]。

按，王氏此说无据，实际情况是，方东树上书后，并未得到阮元的支持，方宗诚谓东树上书阮元，而阮元"不悟"[25]。况道光六年（1826）六月十三日，阮元接部咨奉上谕赴云贵总督任，时《汉学商兑》尚未完稿，更不可能刊行。故王氏之说，显系推测之辞。

郑福照所辑《清方仪卫先生东树年谱》注谓《汉学商兑》"刊于辛卯"[26]，钱穆同意此说[27]，但朱维铮不以为然。朱氏认为刊行在道光辛卯（1831）"显然失考"，"缺乏证据"。其理由是：复旦大学图书馆藏《商兑》道光辛卯刊本于《序例》后尚有《重序》，并有阳湖陆继辂等七人"题辞"，中有"读大著"如何，"奉教"如何，卷下末又附按语谓"余既写此说，友人多以见规"云云，则见书者不止前题辞之七人。倘无刊本，则难以想象有分散诸地的如此多人做出回应。朱氏又据复旦本封面有墨书手迹"桐城方植之先生著凡四卷附刊误补义"，今存两册，卷上、卷中之上合为一册，卷中之下、卷下合为一册。两册封面右下角各有同一手迹朱书"上"、"中"二字，则知阙"下"即"刊误补义"一册。"由此也可证辛卯本以前必有一初刻本，惜未见。"[28]

按，郑、钱二氏之说皆是，朱说貌似有据，实则未加深考，似是而非。朱氏所谓理由种种，如《序例》后尚有《重序》，此在古人

[24] 王汎森：《方东树与汉学的衰退》，见王氏《中国近代思想与学术的系谱》，台北：联经出版事业公司2003年版，第11—12页。

[25] [清] 方宗诚：《柏堂集前编》卷7《仪卫先生行状》，清光绪六年（1880）刻《柏堂遗集》本，第8a页。

[26] [清] 郑福照：《清方仪卫先生东树年谱》"道光四年"条注，第15页。

[27] 钱穆：《中国近三百年学术史》，下册，第517—518页。

[28] 朱维铮：《汉学与反汉学——江藩的〈汉学师承记〉、〈宋学渊源记〉和方东树的〈汉学商兑〉》，见朱氏《求索真文明——晚清学术史论》，上海：上海古籍出版社1999年版，第38页注12。

著述中乃常见之事，并不能因此断定《重序》必为"再版之序"；至于陆继辂等七人"题辞"中有"读大著"如何，"奉教"如何等，古人著书亦有此体，即抄写书稿数篇或数卷，函告同仁友好，得其只言片语之褒奖，刻书时表揭于卷首，以示书好并兼广告作用。文士著书，最喜此例，而桐城诸人，又最善此道矣。今观《商兑》初刊本前诸家"题辞"，如陆继辂评论末句谓"然则姚、朱之言，非溢美也"[29]。如果同时刊板，就不会有陆氏先看到姚、朱二人夸赞语的情况。又毛岳生谓"孟冬奉教，深慰二十余年倾向，欣幸何既"[30]，此亦显系从信札中摘录之句。再如沈钦韩评价方氏"真吾道之干城"[31]，但《商兑》中至少有两处提到沈钦韩，对其观点并不赞同甚至还有微刺，倘沈氏真看到全部的书稿，还会不会有如此高的评价呢？

如上所言，《汉学商兑》在道光四、五年间，有部分成稿，此后不断修改，于道光十一年辛卯（1831）初刊，最权威的证据，就是方氏《刊误补义》前的序文。其曰：

> 往岁辛卯，《汉学商兑》稿成，一二同志劝刊行之。其后观书，时有所获，有可补入本条相发明者，更有前说误而亟宜改正者，随札记于本书之上下方，朱墨狼藉，积久遂多，取而叠辑之，成此卷。[32]

因之，《汉学商兑》初刊于道光十一年，至无可疑。全书刊行之后，仍在不断修订。道光十八年九月，方氏在粤东修《粤海关志》，复成《刊误补义》二卷，包括《汉学商兑刊误补义》一卷、《书林扬觯刊误补义》一卷。郑福照谓此年"十月，序而刊之"[33]。但笔者多方调查，终未见《刊误补义》刊本，仅见中国国家图书馆藏民国间抄本。《汉学商兑刊误补义》一卷，约60余条近3万字，对《商兑》

---

[29]［清］方东树：《汉学商兑》卷首陆继辂"题辞"，《万有文库》本，第1页。

[30]［清］方东树：《汉学商兑》卷首毛岳生"题辞"，《万有文库》本，第2页。

[31]［清］方东树：《汉学商兑》卷首沈钦韩"题辞"，《万有文库》本，第1页。

[32]［清］方东树：《汉学商兑刊误补义·序》，中国国家图书馆藏民国间抄本。

[33]［清］郑福照：《清方仪卫先生东树年谱》"道光十八年"条，第25页。按，方宗诚也谓东树"复为《刊误补义》二卷，皆先后刊行。……粤贼之乱，版毁无存。同治六年，宗诚与先生孙涛，取《刊误补义》以校正原书"（［清］方宗诚：《柏堂集后编》卷3《校梓汉学商兑书林扬觯叙》，清光绪六年(1880)刻《柏堂遗集》本，第2b—3a页）。可见《刊误补义》确有刊本，不知今尚存天壤间否。

原书或补或增，或删或改，主要是增添了大量的注释，以补充证据，增加说服力，而毒詈咒骂汉学家的字词，则有删汰者，复有增入者。另外，原书中常有引用佛教用语，以证成其说的语句，也明显地被删汰。总之较初刻本有极大的不同。

今所见《汉学商兑》或称三卷，或称四卷，则因其卷中又分上、下两卷之故[34]。道光辛卯（1831）冬初刊后，合《刊误补义》而刊的版本，最早者为同治十年（1871）吴棠望三益斋刻本，是方宗诚与东树孙方涛在校勘初刊本的基础上，逐条增入《刊误补义》后，由吴氏在成都刊行。是本偶有删削处，乃方宗诚、吴棠等所为，主要是汰去方氏诟詈太过之语句，以代为遮丑[35]。方宗诚曾经入吴棠山东幕府，其时与涂宗瀛等皆在幕中，交相友好，因此涂氏光绪十年（1884）刻六安求我斋本《汉学商兑》，即尊用望三益斋本为底本，其《校刊汉学商兑叙》，亦为方宗诚所代撰[36]。

《汉学商兑》自道光辛卯冬初刊至今，前后有二十余种版本，但大要不出两个系统。初刊本为光绪八年四明华雨楼重校本、吴县朱记荣《槐庐丛书五编》本（《丛书集成续编》本即祖此本），孙溪朱氏刊本及《续修四库全书》本等据为底本，可谓"初刊本系统"；而涂宗瀛六安求我斋刊本、方宗诚校刻《方植之全集》（《仪卫轩全集》）本、《西京清麓丛书》本，以及民国间《万有文库》本等，则皆以吴氏望三益斋刻本为宗，可称为"望三益斋刻本系统"。诸本相较，望三益斋刻本堪为该书最完备、最权威的版本。

[34] 按，方东树上阮元书自称"三卷"，而方宗诚《校勘汉学商兑叙》称"四卷"，今从道光辛卯(1831)冬初刊本封面题签，本文一律称之为"四卷"。

[35] [清]方宗诚：《吴竹如先生年谱》，清光绪十一年(1885)季春刻《柏堂遗书》本，第26册，第66a—66b页。

[36] [清]方宗诚：《柏堂集余编》卷3《校刊汉学商兑叙(代)》，清光绪十一年(1885)季春《柏堂遗书》本，第43册，第11b—12a页。

三 《汉学商兑》的编纂体例与主要内容

"商兑"一词，出自《易·兑》"商兑未宁，介疾有喜"。朱熹以"商度"释之，即商酌、商榷之义。故《汉学商兑》者，即"汉学商榷"之义。但从方东树书中内容来看，也可以释之为"汉学批判"，或者"汉学流毒大揭发大批判"。

《汉学商兑》的编纂体例，方东树在《凡例》中说得很清楚，即"仿朱子《杂学辨》例，摘录原文，各为辨正于下"。"诸家原文，顶格写；自为辨说，低一格写"，以清眉目，而注文则随文双行夹注于正文之下[37]。至于全书内容，方氏曰：

> 此书本止一卷，首尾脉络相贯，以篇叶较多，分为三帙。首溯其畔道罔说之源；次辨其依附经义小学，似是而非者；次为总论，辨其诋诬唐宋儒先，而非事实者。[38]

案今《商兑》一书，其中卷上6条，卷中上25条，卷中下25条，卷下10条，总66条，间有同一条中列引汉学家数家之说者，先列汉学家观点，然后一一进行驳斥。其卷上6条，一为毛奇龄《西河集》辨道学本道家学，非圣学；二为万斯同论《宋史》分《道学》、《儒林》为二传为非；三为朱彝尊论以朱子上承孔孟道统为非；四为顾炎武论明嘉靖之议诸儒从祀，弃汉儒尊宋儒为非；五为茅星来论言程朱之学者，但求之身心性命之间，不复以通今学古为事；六为黄宗羲、钱大昕、阮元、江藩诸人讥宋儒空疏之学。

卷中上25条，凡引用汉学诸人之说，集中辨论以下几个问题：（一）关于宋儒所倡"人心惟危"等"十六字心传"，汉学家认为乃

---

[37] [清]方东树：《汉学商兑·凡例》，《万有文库》本，第2页。

[38] [清]方东树：《汉学商兑·凡例》，《万有文库》本，第4页。

出自《伪古文尚书》，且"心不待传"，宋儒所谓"用心于内"，为近世禅学之说；（二）汉学诸家反对言性与天道，认为"濂洛关闽之学，不究礼乐之源，独标性命之旨"，更大声疾呼"酷吏以法杀人，后儒以理杀人"；（三）《大学》一篇为七十子后学者所记，于孔氏为支流余裔，不言出自曾子，宋儒标《大学》以为纲，而驱天下从之，此宋以后门户之争；（四）学者治学应实事求是，不当空言穷理；（五）阮元主张"相人偶"为"仁"，凡"仁"必于身所行者验之而始见；五、颜子"克己"之"己"即"自己"之"己"，非如宋儒所解为"私欲"，且验诸他文可证。

卷中下亦25条，主要内容为：（一）钱大昕、戴震等以为治经必先小学，"由声音、文字以求训诂，由训诂以求义理"；（二）汉儒说经，遵守家法，训诂经传，不失先民之旨，自晋代尚清谈，宋儒衍义理，汉学尽失；（三）孔子治学，本于"古训是式"，古训即训诂，宋以来儒者薄训诂而弗为，语言之未能通，妄谓通圣人心志，乃惑之大者；（四）唐、虞、三代五经文字，毁于暴秦，而存于《说文》，不明《说文》，五经不得其本解，南宋俗儒，空谈道学，凡有用之书，至南宋而皆亡矣；（五）义理、文章、考核三者之关系，"义理、文章，未有不由考核而得者"；（六）秦汉大儒，专精雠校、训诂、声音，魏晋以来，颇改师法，宋元以降，师法尽失；（七）"谶纬之作，其来已久。孔子既叙六经，别立谶纬，以遗来世，纬与经实相表里，不为大儒所弃"；（八）清代顾炎武、阎若璩、惠栋、戴震诸儒崛起，接二千余年沉沦之绪，经学复明。

卷下10条，主要可归纳为两个方面：一是列举江藩《经师经义目录》所列汉学诸人研究六经之著作，驳其讹错；二是谓阮元、江藩诸人"及于文章，则以六朝骈俪有韵者为正宗，而斥韩、欧为伪体"，方氏斥之为"真无目而唾天"。

方东树对以上诸说，逐条批驳，并为宋儒辩护。全书卷上、卷中之上所辨，即其所谓"畔道罔说之源"。卷中之下即"辨其依附经义小学，似是而非者"。接下来便是"总论"，即是方氏全书攻击的核心。他综论汉学诸家攻宋儒之弊曰：

> 近世有为汉学考证者，著书以辟宋儒、攻朱子为本，首以言心、言性、言理为厉禁。海内名卿巨公，高才硕学，数十家递相祖述，膏唇拭舌，造作飞条，竞欲咀嚼。究其所以为之罪者，不过三端：一则以其讲学标榜，门户分争，为害于家国；一则以其言心、言性、言理，堕于空虚心学禅宗，为歧于圣道；一则以其高谈性命，束书不观，空疏不学，为荒于经术。[39]

围绕此"三端"，方氏在《商兑》中，引证立说，反复诘难；且不惮烦冗，又析之为汉学家"六蔽"，并兼具"七识"[40]。所谓"六蔽"，也就是上述"三端"再重言叠语而已。在总结"六蔽"之后，方东树进而痛责曰：

> 今汉学家首以言理为厉禁，是率天下而从于昏也。拔本塞源，邪说横议，较之杨、墨、佛、老而更陋，拟之洪水猛兽而更凶。何者？洪水猛兽害野人，此害专及学士大夫。学士大夫学术昧，则生心发事害政，而野人无噍类矣。[41]

方东树炮制出汉学家正在精心策划、处习积虑对程朱理学进行会攻的大场面，然后铺陈描绘，极度渲染汉学阵营"整兵骇鼓，壁垒旌旗，屯营满野，云梯、火牛、厌胜、五禁之术，公输、墨翟、

---

[39]［清］方东树：《汉学商兑·序例》，《万有文库》本，第1页。

[40]［清］方东树：《汉学商兑》卷下，《万有文库》本，第149—150页。

[41]［清］方东树：《汉学商兑》卷下，《万有文库》本，第161页。

田单、郦生之俦,纵横捭阖,苏、张游说之辨百出",而新学小生,随俗矜名,曳梃攘臂,扬风纵燎,欲以佐斗,"为鏖战而决胜,灭此朝食,廓清独霸","而程朱之门,独寂然不闻出一应兵"[42]。于是,好战善骂、难耐寂寞的方东树,终于挺身而出,单挑群敌了。

[42] [清]方东树:《汉学商兑》卷下,《万有文库》本,第147页。

[43] [清]方东树:《汉学商兑·凡例》,《万有文库》本,第3—4页。

四 《汉学商兑》——一部大言自壮的抄撮毒詈之书

《汉学商兑》是驳论体裁的书籍,就方东树文中所引史料而言,表面上看来内容非常庞杂繁富,凡六经子史及时人小学、文集、说部之书,皆大量征引。然而,仔细核对方氏引书,却发现貌似博学的方东树,其所读之书实际非常有限。他在《凡例》中称:

> 余此书援引事文,一字一语,必根柢典籍,不敢杜撰,凿空肊语。……至援引诸书,原书未见,第著所引之书,仿惠栋、王懋竑例,自注"未见原书"。[43]

这些堂皇之说,其实都是障眼遮羞之词,方东树全书攻驳汉学家,大多数引文并不出自被攻驳者的原著。如《商兑》攻驳宋人唯黄震为最,但其引用黄氏论《尚书》"人心惟危,道心惟微"条,驳《论语集注》"三省章"上蔡说条,皆引自顾炎武《日知录》卷十八"心学"条与同卷"内典"条,而《黄氏日钞》实际并未寓目(原文见黄震《黄氏日钞》卷五《读尚书》、《黄氏日钞》卷二《读论语》诸条);方氏驳责万斯同斥《宋史》分《道学》、《儒林》为二传,茅星来谓宋儒但求之身心性命之间，不复以通今学古为事，皆转引自《四库全书总目》卷五十八《史部十四》万斯同《儒林宗派提要》与卷九十二《子部二》茅星来《近思录集注提要》；又其驳阎若璩、段玉裁等人批评宋儒不精小学，所引系阎、段二氏为臧琳《经义杂记》所撰之序言；批宋鉴、孙星衍、庄炘之说，也是仅据宋氏《说文解字疏序》、孙星衍《大徐本说文叙》与庄氏《一切经音义序》。而诸家原书，方氏并未一一细读，真可谓"未见原书"，仅据序跋与他书所载零星数语，便下笔千言，喋喋不休，随意指斥，大肆攻驳。

前已屡述之，方东树重点攻击的标靶，是阮元、江藩、戴震、钱大昕、顾炎武、惠栋等，他引用诸家之书，主要有顾炎武《日知录》、惠栋《九经古义》、戴震《孟子字义疏证》、钱大昕《潜研堂文集》、阮元《揅经室集》、江藩《汉学师承记》与《经师经义目录》等书。尤其是《汉学师承记》与《经师经义目录》，是方东树摘引汉学家观点的资料渊薮，并非检视研究原书，然后才进行认真严肃的反驳。方氏甚至将朱筠、朱轼兄弟，一并纳入汉学家中进行攻驳，不知朱轼尊信程朱理学，并非汉学中人。他批评汉学家只知小学训诂，但《商兑》所引古书，常有识读破句之误、张冠李戴之失，至于断章取义，更比比皆是矣。

颇具讽刺意味的是，《四库全书总目》是以纪昀为代表的汉学家集体成果的结晶，却被方东树当作最权威的官方观点，常常用来证明他自己的正确与汉学家的荒谬，或者是他用以炫博逞奇的幌子，或为站在帝王立场上给汉学家扣大帽子的证言。如他在《汉学商兑·凡例》中所引有关湛若水《杨子折衷》、蔡节《论语集说》、李涪《刊误》、陈大昌《演繁露》、余萧客《古经解钩沉》等书的有关著书体例，也不是他亲自读书所获，而是从《四库总目》中摘抄而来。

笔者对《汉学商兑》引用的史料，一一做了核查，发现书中绝大部分史料的引用，基本上都是来源于二手材料，或抄自他书的只言片语，一部貌似资料丰富、引据详明的论辨书，不过是二手材料的抄撮汇聚。方氏既无新意创见，在攻驳他人观点时，也不过谩骂斥詈，强词夺理，大言以自壮。故豫师《汉学商兑赘言》也认为方氏"不求于学习之本务，而争论于文字之间，以讼解讼，仍是纸上学问，一番空话"[44]。"长言引证，词繁而意复，未免以多为贵"[45]。故综而论之，《汉学商兑》只不过是一部抄撮汇聚、乏善可陈的百衲篇而已。

方东树对汉学家的驳评，所采取的方式是追根溯源，一网打尽，全面开火，重点进攻。从汉代许慎、郑玄诸家，至唐人义疏，宋代黄震以降，清初顾炎武、黄宗羲、毛奇龄、钱谦益等，直到清中叶惠栋、戴震、钱大昕以及阮元、江藩、焦循、凌廷堪等扬州学者，凡汉学家中较著名者，莫不在其攻击的范围之内。方氏在谈到毛奇龄与惠栋时，曾曰：

（毛奇龄）指名而攻驳者，惟顾炎武、阎若璩、胡渭三人，以三人皆博学重望，足以攻击，而馀子则不足齿录也。又惠定宇教江声曰："罗愿非有宋大儒，不必辨。"按若是必择大儒而攻之，然后乃足立名，此近日学者著书攻朱子之本谋也。[46]

毛奇龄、惠栋本意所指如何，此不究论，但"择大儒而攻之"，却正是方东树最擅长并刻意追求的效果。《商兑》先大段征引汉学诸家之观点，然后一一加以驳斥，其中攻驳最力者为顾炎武、戴震、阮元、江藩、钱大昕诸家，如征引戴、阮、江观点各11次，文中引据各家论说驳斥者，凡顾炎武84次、戴震61次、惠栋45次、黄震

[44]〔清〕豫师：《汉学商兑赘言·序》，清光绪十四年(1888)刻本，第2a—2b页。

[45]〔清〕豫师：《汉学商兑赘言》卷3，第39a页。

[46]〔清〕方东树：《书林扬觯》卷下"著书争辨"，《四库未收书辑刊》本，子部第9辑第15册，第29页。

29次、毛奇龄27次、段玉裁32次、钱大昕27次、阮元17次、江藩15次，可谓穷追猛打，反复驳评而不已。

方东树对清代汉学的研究成果，基本上是全面否定，而攻击最力的则是汉学研究为世所认可的小学、训诂、名物、典制诸方面的成就，尤其是汉学家治《说文》及古音分部等。如《商兑》初刊本中，还称赞："近人说经，无过高邮王氏《经义述闻》，实足令郑、朱俯首，自汉唐以来，未有其比也。"[47] 此段文字为后世研究者广泛称引，但世人不知在《刊误补义》中，已经被方氏所删汰。他对汉学家小学成就的些微肯定，也是说他们"皆本之宋儒"[48]，只是在抄撮汉魏以来朱子成果的基础上，略有发明而已。

在攻驳汉学诸家时，方氏书中充斥着讥刺怒斥、谩骂毒诟之语。他认为汉学家反对程朱理学，"支离诪诞"，"粗谬已极"[49]，"欲自绝于日月"[50]。攻击汉学家品德有亏，"皆溺于货色，忿欲私曲，邪佞者众"[51]。怒责汉学家攻宋儒空虚，然"汉学之实，如饱乌头附子，鸩酒毒脯，裂肠洞胃，狂吼以死而已"[52]，原因是发狂后"神明乱而不可药矣"[53]；汉学诸说"蔽昧无知，殆由病狂丧其心之神识而谵语也"[54]，"真所谓诪痴符也"[55]。咒骂钱谦益为"浡畔之徒，人头畜鸣"[56]，怒斥戴震"为论披猖至此，肆无忌惮"[57]，"所谓兽死不择音者也"。讥刺汉学家"土苴韩、欧"乃"真无目而唾天"，"及观其自为，及所推崇诸家，类如屠酤计帐"[58]。方氏甚至喻汉学家"譬如荡姬淫女，而忧共姜之失节，致败坏风俗，而切切然苦争之，岂不可笑"[59]，"譬如人有嫱、施之淑姿，又被服都丽，而恣行凶德，飘忽背尊，章弃丈夫，引群不逞少年，放荡邪淫，则是岂可惜其色，俾任其伤风败俗，以乱大化也哉"[60]。最失厚道者，他还在批评茅星来、施朝幹时，特意注明二人"无子"[61]，以证其不宗程朱之学之报应。

桐城派学者，康熙时方苞称"自阳明以来，凡极诋朱子者，多

---

[47] [清]方东树：《汉学商兑》卷中之下，清道光十一年(1831)初刻本，第33b页。

[48] [清]方东树：《汉学商兑》卷下，《万有文库》本，第164—165页。

[49] [清]方东树：《汉学商兑》卷中之上，《万有文库》本，第74页。

[50] 同上，《万有文库》本，第60页。

[51] 同上，《万有文库》本，第68页。

[52] 同上，《万有文库》本，第39页。

[53] 同上，《万有文库》本，第42页。

[54] [清]方东树：《汉学商兑》卷上，《万有文库》本，第6页。

[55] [清]方东树：《汉学商兑》卷中之上，《万有文库》本，第73页。

[56] [清]方东树：《汉学商兑》卷上，《万有文库》本，第11页。[清]方东树：《汉学商兑刊误补义》，中国国家图书馆藏民间抄本。

[57] [清]方东树：《汉学商兑》卷中之上，《万有文库》本，第44页。

绝世不祀"[62]。姚鼐更以为"程朱犹吾父师",诋毁讪笑程朱,"是诋讪父师也。且其人生平不能为程朱之行,而其意乃欲与程朱争名,安得不为天之所恶,故毛大可、李刚主、程绵庄、戴东原,率皆身灭嗣绝,此殆未可以为偶然也"[63]。清代学者中,若顾炎武、颜元、李塨、戴震、余萧客、江藩诸人,皆伯道无儿,身灭嗣绝,姚鼐、方东树等人即以为攻驳程朱之报应。故杨向奎先生严斥方苞曰:"此不类学者言,乃巫祝语,是在巫祝间亦文网密布,一如康雍乾三代之罗致文人入狱者!"[64]方东树完全继承了方苞、姚鼐文风,且可谓后来居上矣。

不仅如此,在《汉学商兑》一书中,谩骂责难、轻蔑侮辱之语,遍布全书。诸如"谬误"、"邪说"、"愚昧"、"欺诬"、"诬诞"、"偏讥"、"妄庸"、"违戾"、"偏蔽"、"悖道"、"横逆"、"蔑理"、"翳障"、"邪妄"、"支离"、"穿凿"、"昏蔽"、"鄙陋"、"灭性"、"陷溺"之类的字词,刺眼触目,笔记统计多达1760余次(包括极少数引用他人文中的用语)。在一册约13万字的书中,咒语蔑词,随文即见,令人污目刺心,无法卒读。《商兑》一书,几乎成了此类恶语贬词的大全本和活用词典!

其实,对于学术批评应持什么态度,用什么语言,从道理上来说,方东树无比清晰,字面所言皆极中肯綮。如其曰:

> 凡不得已而著一书,辨论是非,惟争曲折,非有爱憎,须是辞气和平,期于义理明白便止,不得负恃才气,逞肛任情,呵斥诟詈,有市井攘袂之态。[65]

又曰:

58 [清]方东树:《汉学商兑》卷下,《万有文库》本,第146页。

59 同上,清道光十一年(1831)初刻本,第15b页。

60 同上,清道光十一年(1831)初刻本,第32b页。

61 [清]方东树:《汉学商兑》卷上,《万有文库》本,第20页;又卷中之上,第46页。

62 [清]方苞撰,刘季高校点:《方苞集》卷6《与李刚主书》,上海:上海古籍出版社2009年版,上册,第140页。

63 [清]姚鼐:《惜抱轩文集》卷6《再复简斋书》,北京:中国书店1991年缩印《惜抱轩全集》本,第78页。

64 杨向奎:《清儒学案新编》第三卷《望溪学案》,济南:齐鲁书社1994年版,第3册,第32页。

65 [清]方东树:《书林扬觯》卷上"著书伤物",《四库未收书辑刊》本,子部第9辑第15册,第20页。

余按，宋莒公通小学，好证人误书，以此招怨。盖人心多妄，大抵矜己妒名，罕能确然审是非之真，共尽理实，不惩其心，覆怨其正，义或颠踬，意则弥健，一语异同，诟詈成仇，门户水火。古人谓之儒枭学霸，不成气象。[66]

但好勇斗狠、轻率善变的性格，却使方东树无法做到言行合一，理智谨严。《汉学商兑》是一部驳辨之书，其所攻击有浓烈的火药味，甚至语有过激，言有愤慨，皆在所难免。但其所驳与辨，已远远超越了学术驳辨的范围，失去了学者应有的气度，甚至不惜人身攻击，手段拙劣，无所不用其极。方氏所谓"儒枭学霸，不成气象"者，恰成一幅自画像矣。

五 《汉学商兑》新论

《汉学商兑》自面世至今，对其评价即褒贬不一。褒扬者主要肯定《商兑》两方面的功绩：一是受到《汉学商兑》的猛烈攻击，汉学弊病尽显，从此衰微；一是《商兑》的面世，影响所及，起到了调和汉宋之争的作用，等等。

《汉学商兑》卷前，附有姚莹等诸家《题辞》，极尽赞誉之能事。如姚氏谓其"书成一家，义综百氏，洵斯文之木铎，为正学之明灯镫（灯）"，"有功圣道，其力量岂不越昌黎而上耶"。又如沈钦韩赞其书"真吾道干城"等[67]。至方东树弟子苏惇元、方宗诚诸人论其师，则以为《商兑》有灭汉学火焰之功。如方宗诚曰：

---

66 [清]方东树：《书林扬觯》卷下"著书争辨"，《四库未收书辑刊》本，子部第9辑第15册，第28页。

67 参《汉学商兑》卷首姚莹、沈钦韩诸家"题辞"，《万有文库》本，第1页。

时学者崇尚汉学,功诋程朱,多虚诬之辞,而其人又皆高才博学,负天下重望者。先生乃取汉学诸人之谬,及其诬程朱者,一一辨之,考证详晰,名为《汉学商兑》,于是汉学之气焰始衰。虽崇尚之者,亦无敢公然诋毁矫诬矣。嘉道间海内著述有功于圣道者,以此为第一。[68]

实际方氏所本,出自方东树之子方闻等为其父所撰《行略》。其曰:

是时阮文达公总督两粤,以汉学导世,府君在幕府,上书力辨,后书行,其风乃渐熄。[69]

比及方宗诚入吴棠、曾国藩、李鸿章等人幕中,竭力推荐东树著述,为曾、李等首肯,为刻《仪卫轩文集》诸书,《汉学商兑》遂盛行一时。至民国初,梁启超称:

方东树之《汉学商兑》,却为清代一极有价值之书。其书成于嘉庆间,正值正统派炙手可热之时,奋然与抗,亦一种革命事业也。其书为宋学辩护处,固多迂旧,其针砭汉学家处,却多切中其病,就中指斥言"汉易"者之矫诬,及言典章制度之莫衷一是,尤为知言。后此治汉学者颇欲调和汉宋,如阮元著《性命古训》。陈澧著《汉儒通义》,谓汉儒亦言理学,其《东塾读书记》中有《朱子》一卷,谓朱子亦言考证,盖颇受此书之反响云。[70]

钱穆也论《汉学商兑》"议论所到,实亦颇足为汉学箴砭者"[71]。

[68] [清]方宗诚:《柏堂师友言行记》卷1,《续修四库全书》本,史部第540册,第552页。又方东树《考槃集文录》卷首苏惇元《仪卫方先生传》,《续修四库全书》本,集部第1497册,第222页。

[69] 清《崇祀乡贤录附行略·皇清诰赠中议大夫文学显考仪卫府君行略》,《仪卫轩全集》第1函,第2册,第3a页。

[70] 梁启超:《清代学术概论》,上海:上海古籍出版社2005年版,第58页。

[71] 钱穆:《中国近三百年学术史》,下册,第518页。

近十余年来,也有接绪梁、钱二之说者,但大要不出此范围[72]。

对《汉学商兑》提出批评的,也主要针对两点:一是对《商兑》的恶劣文风进行批评;一是认为《商兑》只是一味尊朱,并无新见,其所起作用有限,甚至没起到什么作用。

《汉学商兑》刊行前后,对方东树这种讥刺谩骂、嘴无遮拦的文风,当时就有非议,如其好友姚莹一方面对方氏褒扬有加,但同时也认为,天下学术,当各行其是,仁智互见,"过为去取,则非道矣"[73]。

显然方东树并未接受好友的规劝。至民国间,桐城后学马其昶,为方东树辩护曰:

> 九流百家,各极不同之致,皆以明道,不相妨也。激则失当,至于相非,一彼一此,犹寒暑之必至。有江氏《汉学师承记》,即先生之《商兑》不能无作。[74]

马氏认为方东树纂《汉学商兑》以及其恚恨诟詈的原因,是为江藩《汉学师承记》所摧逼的结果。但清季湘籍学者皮锡瑞认为,江藩固然"未免小疵",而方氏则"纯以私意肆其谩骂","阳儒阴释,不可以训"[75]。光绪时,豫师对方东树轻视与攻击阳明学术大为不满,故撰《汉学商兑赘言》一书,以驳方氏之说,并对其文风进行斥责。其曰:

> 余论植之文章,讨论则有余,心性体认则不足也。只为一意尊朱,凡有与朱相异者,一概抹倒。孟子称夷、惠为圣,而不讳其隘与不恭,气象何等深稳,若参之意气,是以讼召讼,讲席之间,嚣陵不靖,乌足以教后学。噫![76]

---

[72] 参胡楚生:《方东树〈汉学商兑〉书后——试论"训诂明而义理明"之问题》,见胡氏《清代学术史研究》,台北:台湾学生书局1988年版,第258页;林庆彰:《方东树对扬州学者的批评》,见林氏《清代经学研究论集》,台北:台湾"中央研究院"文哲所2002年版,第372页;王汎森:《方东树与汉学的衰退》,见王氏《中国近代思想与学术的系谱》,台北:联经出版事业公司2003年版,第20—22页。近年来有关《汉学商兑》的研究论文较为少见,即偶或有之,亦新意无多,故本文不再赘述。

[73] [清]姚莹:《东溟文后集》卷7《与方植之书》(壬寅九月),《续修四库全书》本,集部第1512册,第549—550页。

[74] [清]马其昶:《桐城耆旧传》卷10《方植之先生传》,《续修四库全书》本,史部第547册,第645—646页。此前为方氏辩护者,有《汉学商兑》望三益斋刻本在卷首"题辞"部分增入"佟镜塘方伯曰"一条,详参《汉学商兑》卷首"题辞",《万有文库》本,第2页。

拾捌． 方东树《汉学商兑》新论

再后来，章炳麟多次提到桐城派，认为"桐城诸家，本未得程朱要领，徒援引肤末，大言自壮，故尤被轻蔑"，又谓方东树《汉学商兑》，不过"略识音声训故，其非议汉学，非专诋谰之言，然东树本以文辞为宗，横欲自附宋儒，又奔走阮元邓廷桢间，躬行佞谀，其行与言颇相反"[77]。而江苏学者李详以为，顾炎武、阎若璩、惠栋、江永为清代学界"四大宗，犹江淮河汉之四渎。渎者独也，谓能独自赴海也"，而《汉学商兑》"毛举细故，弹射诸老，至无完肤"[78]。今人汪绍楹在点校方东树《昭昧詹言》时，亦称方氏"标榜朱熹，以卫道自居。不过彼时理学已得不到封建统治阶级的有力支持，书中论据，又陈言无力，所以并未起什么作用"[79]。

如前所述，对《汉学商兑》的评价，赞之者以为其书出而汉学始衰，而反对者则认为其书并未起到什么作用。那么，《汉学商兑》是否真正起到了使汉学衰微，并起到汉宋调和的导向作用呢？

客观而言，方东树对汉学的攻驳，的确使人们更为清楚地认识到汉学弊病丛生，有一定的积极作用，但也极其有限。因为对汉学家的攻驳，并非始于姚鼐、方东树等人，而早在他们之前的袁枚、翁方纲、章学诚诸人，就已经对汉学弊端进行了相当严厉的批评。同时，在汉学家内部如戴震、钱大昕、段玉裁、焦循、凌廷堪、江藩、阮元诸人，也已经清醒地认识到汉学弊端并进行纠偏。因此方东树对汉学诸家及其学术的批评，并非始作俑者，而且其攻驳，只是一味谩骂，并无新意可言，因此称其为"革命事业"，显有夸大的嫌疑。

清代汉学发展到江藩、方东树的时代，早已过了全盛时期。汉学的两大中心是北京与江南，随着《四库全书》的纂成与惠栋、戴震、钱大昕、段玉裁、王念孙等人的凋谢，加之"太平天国"的扫荡，江南的南京、苏州、扬州、杭州等藏书之家经兵燹焚余之后，

[75] [清]皮锡瑞撰，周予同注：《经学历史》十《经学复盛时代》，第313—314页。

[76] [清]豫师：《汉学商兑赞言》卷2"会辅堂赞言"，第50a页。

[77] 参章炳麟撰，徐复注：《訄书·清儒》，上海：上海古籍出版社2000年版，第151页。又章氏《检论》卷4"清儒"条，及《汉学论》上下篇等，均议及方东树，可参。

[78] 李详：《药裹慵谈》卷1《方植之〈汉学商兑〉夏仲子乾隆以后诸君学术论》，《李审言文集》本，南京：江苏古籍出版社1989年版，上册，第596页。

[79] [清]方东树撰，汪绍楹校点：《昭昧詹言》汪绍楹《校点后记》，北京：人民文学出版社1961年版，第539页。

书籍流散,故家毁亡,汉学赖以生存的环境遭到极大的破坏。因此,汉学在北京与江南的"大本营"皆失去依托。学术界出现的新变化是:嘉、道之后,学术界少有惠、戴、钱那样的大师级人物,学者或治一经,或专一学,从事窄而深的研究;随着湘军的挺进江南,曾国藩、皮锡瑞、王先谦、叶德辉等人继起,湘学成为学术界的新兴力量;今文经学兴起,学者研究《公羊》、《三家诗》与诸子学等蔚然成风;而随着西方列强的侵略与家国兴亡的刺激,研究西北地理、海国疆域等方面的专题,成为时尚。汉学早已不复乾嘉全盛期的光景,已经走向了衰微。所以,汉学衰微与《汉学商兑》的攻驳,不存在任何的必然联系。

就汉宋调和而论,事实上主张此说也不始于阮元,乾隆朝纪昀等人,就主张汉宋持平与调和,阮元谓:"崇宋学之性道,而以汉儒经义实之。"[80] 但无论纪昀还是阮元等,其所谓"汉宋调和"只不过是一种官方味道的说辞而已,实际二人皆汉学中人,崇汉而弃宋。而且事实是方东树上书阮元,并未得到阮氏支持,更不存在阮氏受方东树的影响而转变观念的事实。即便勉强说主张义理、考证、词章、经济四分说的曾国藩等,受《商兑》的影响,但也不可能做到真正的汉宋调和甚至融合。随着西学的侵入,汉学、宋学都不可避免地受到挑战并退出主流。清季与民国初始,家国巨变,国将不国,学术界在找寻清朝衰亡与国力不济的原因时,认为汉学的发达与学者埋头考据是重要原因,因此对汉学进行全面清算,而《商兑》的适时流传,以及书中的极端攻击的言论,适足以迎合各方厌恶汉学的需要,达到了戏剧性的"效果",其书的作用被进一步夸大。究其实,汉学衰微与汉宋调和等,与《汉学商兑》并无任何的直接关联。

即就汉宋之争而论,方东树《汉学商兑》刊行之日,已是江藩故去一年之后,二人生前虽然论学不合,但尚未到"大打出手"的

---

[80] 赵尔巽等纂:《清史稿》卷480《儒林列传序》,北京:中华书局1991年点校本,第43册,第13099页。

程度。汉学诸家自惠栋、戴震、钱大昕以还，也未曾与桐城诸家或其他宋学人物，有过擂鼓攻杀、你死我活的血战场景。方东树所谓汉学家"整兵骇鼓，壁垒旌旗，屯营满野"，"为鏖战而决胜，灭此朝食，廓清独霸"的热闹场面，也是他想象烘托出来的战场效果。而方氏《汉学商兑》之作，也不过是在荒郊野外，自设擂台，赤膊上阵，空拳击影的独角戏而已。

附录

读书不谨的一次教训——关于拙文《俞樾〈古书疑义举例〉系袭江藩〈经解入门〉而成》之误[1]

[1] 本文原载姚小平主编《〈马氏文通〉与中国语言学史——首届中国语言学史研讨会论文集》，外国教育与研究出版社2003年版。

一

1995—1996年间，正值笔者撰写博士学位论文《乾嘉考据学研究》期间，当时在写第三章《乾嘉考据学方法》中有关"古书通例归纳法"的问题时，曾参考过旧题清嘉庆时学者江藩所编的《经解入门》一书。令笔者感兴趣的是，《经解入门》中卷一有"古书疑例"条，竟然与俞樾《古书疑义举例》之大纲细目有着惊人的相似，经笔者简单比勘后，发现二者之间的关系是：

（1）称名相同。江氏小题称"古书疑例"，俞书名《古书疑义举例》。（2）著录条例次序基本相同。俞仅改江之五、六两条而置于一、二条位置上，其余间有更动。（3）条例细目内容名称全同，个别微异。如江称"古人行文不嫌疏略，不可以疏略而疑"，俞改为"古人行文不嫌疏略例"，江繁而俞简，此更见俞袭江之迹。（4）条例数目相当。江氏85条，俞书88条，仅多3条而已。

有以上论证，笔者又对江、俞二氏之生活背景经过简单推理后认为：

附录：读书不谨的一次教训
——关于拙文《俞樾〈古书疑义举例〉系袭江藩〈经解入门〉而成》之误

江藩逝于道光十年（1830），当时的俞樾仅为10岁之学童，势不能独造一书，然则《古书疑义举例》全袭江书而成定无可疑，所贡献者在他于每条之下附入大量例证而已。

同时，有感于俞樾的身份，以及我们目前学术界抄袭之风盛行，学术风气不正的现状，笔者又对俞樾进行严责说：

> 江氏称自己受王引之启发而成，俞氏却无片言只语涉及江氏而独擅其美。俞书刊行后做为其代表作，不迳而走，为他赢得生前身后之盛誉。……张舜徽先生《清人文集别录》称俞书"融贯群籍，发蒙百代，足以梯梁来学，悬之日月而不刊"，"实千古奇作，发凡起例，祛惑释疑，裨益士林为最大"。然而，俞书实为窃江藩之书而成，此嘉誉美称，亦当分泰半归诸江氏，学者不可不知！……对于当时的学界泰斗俞樾而言，在书中不提江藩只字，此恐俞氏难逃其责，实堪惜之！[2]

在此期间，又将以上文字单另成文，投寄《中国语文》杂志社。之后，即倾全力于《全宋诗》的整理，笔者向来做事丢三落四，所写稿件，多不自留底稿，此后大约有两年左右的时间，因久无音讯，投稿一事，竟被忘却。

二

1999年开学初，业师孙钦善先生赐示笔者，本专业（北京大学

---

[2] 以上皆可参拙著《乾嘉考据学研究》，[北京]中国社会科学出版社1998年12月版，第95—97页；又《俞樾〈古书疑义举例〉系袭江藩〈经解入门〉而成》，载《中国语文》1999年第1期，第60—61页。其他对拙文进行纠误的相关论文，请参阅司马朝军、李若晖《俞樾〈古书疑义举例〉系袭江藩〈经解入门〉而成吗？——与漆永祥先生商榷》，载《中国语文》1999年第5期，第393—394页；谷建《〈经解入门〉辨伪》，载《北京大学古文献研究所集刊》(1)，北京燕山出版社1999年12月版，第406—420页；伏俊琏《〈古今疑义举例〉不是袭〈经解入门〉而成》，《古汉语研究》2000年第2期，第91—93页；傅杰《〈古今疑义举例〉袭〈经解入门〉说的始作俑者》，载《聆嘉声而响和》，华东师范大学出版社2001年版，第86—90页。

中文系古典文献专业）一年级硕士生谷建同学有篇"清代考据学"课的作业，题为《〈经解入门〉辨伪》，论此书大概是伪书，让笔者大吃一惊。不几天，谷建同级生李二民同学又告之，见到《中国语文》1999年第1期，上有笔者《俞樾〈古书疑义举例〉系袭江藩〈经解入门〉而成》一文，同时亦言及谷建之文。乍听此言，当时之感觉，可以用"惶恐莫名"四字来形容，粗心的我也才想起还有这件事，没想到事隔两年，拙稿蒙《中国语文》编辑部的先生们不弃，没有投诸纸篓而刊出。以《中国语文》的地位与影响，此一谬作很快就会遍知海内外。

于是，我当时极认真地阅读了谷建同学的全文，凭文章的内容，感觉尚不足以完全断定《经解入门》之伪，我向她建议：从版本渊源、诸家著录情况、具体抄袭自他书之条目以及书中矛盾等方面，对此书进行全面核检，从内证外证上皆用足够的证据来判定其真伪。不久，西北师范大学古籍所伏俊连教授兄也大札赐教，论拙文之谬。此后，在5月份，笔者应台湾"中央研究院"文哲所的邀请，去参加"乾嘉经学研究讨论会"，在会上特就此文做了解释并致以歉意！回来不久，就在当年第3期《中国语文》上拜读到了武汉大学司马朝军、李若晖两位先生驳正拙文的大作[3]，此可正所谓"吾将长见笑于大方之家"了！

三

今据上面提到的谷建、司马朝军与李若晖之文，就江书之伪作一简单说明[4]。

---

3 请参司马朝军、李若晖《俞樾〈古书疑义举例〉系袭江藩〈经解入门〉而成吗？——与漆永祥先生商榷》一文，载《中国语文》1999年第5期，第393—394页。

4 请参阅谷建《〈经解入门〉辨伪》，载《北京大学古文献研究所集刊》(1)，北京燕山出版社1999年12月版，第406—420页。此文著成时间在前，但公诸与学术界则在司马先生等文之后。

1. 著录情况

《经解入门》最早的本子，目前可考见者，为"光绪戊子（1888）鸿宝斋石印袖珍本"，而《古书疑义举例》早在同治十年（1871）就收入了俞氏《春在堂全书》中，较前者早了17年。

2. 阮元之《叙言》

《经解入门》前有阮元之叙，其疑颇多：其一，《叙言》末题为"协办大学士两广总督阮元"，但阮氏平日行文习惯，罕书官衔，且此叙写作时间为道光十二年（1832），时阮氏早已调任云贵总督；其二，叙作于道光十二年，而江藩逝于此前一年，阮叙中却了无伤感缅怀友人之情，文中语气，似江君宛然尚在；其三，阮氏《揅经室集》中有为江藩《汉学师承记》与《通鉴训纂》所作之序，却无本篇；其四，本《叙言》与《〈汉学师承记〉序》文字相近，阮氏为一人之书作序，断不至于挪用节取成文，塞责敷衍，实则《〈经解入门〉叙》当为抄撮补缀《〈汉学师承记〉序》而成。

3.《经解入门》中多记江氏身后之人与事

此书中，如卷三"国朝治经之儒"第十六，有"阮元谥文达"之语，而江氏逝时，阮氏尚康强在世，江氏何由知其谥号？他如书中收金锡龄《八蜡说》、陈奂《诗毛氏传疏》、马瑞辰《毛诗传笺通释》、胡培翚《仪礼正义》、宋翔凤《孟子赵注补正》以及书中出现如黄式三、刘宝楠、魏源、侯康、郑珍等人之名，这些人皆为江藩后辈，当时既无声名，又著述未成，江氏不可能采录他们的成果，足见此书当成于江藩之后，甚至在以上诸人成名之后。又江藩行文，第一人称惯用"藩"或"予"，然《经解入门》却一律用"余"，此一细微差别，又恰能证明此书非江氏之作。

4.《经解入门》为抄撮他书而成

此书多为抄当时名家之书而成：其一，有抄自江藩《汉学师承记》与《国朝经师经义目录》者：除前述阮元《叙言》外，如卷一"群经源流"、卷二"两汉传经诸儒"、卷三"近儒说经得失"等条，多为离析江藩《国朝经师经义目录》而成。其二，有抄自张之洞《书目答问》与《輶轩语》者：如卷三"国朝治经诸儒"条，即抄自《书目答问》所附《国朝著述家姓名略》中"经学家"、"小学家"等。卷五"有校勘之学"条抄自"校勘学家"条；卷七"平日读经课程"条抄自《輶轩语·语学篇》。其三，有抄自王引之《经义述闻》者。如卷七"方音异同不可不晓"条中有抄自阮元《经义述闻序》之痕迹；卷四"说经必先明假借"条抄自王氏书卷三十二"通说下·经文假借"；"不可增字解经"条，抄自王氏书"增字解经"条；"不可妄改经文"条抄自王氏书"后人改注疏释文"条等等。其四，有抄自俞樾《古书疑义举例》者。如卷一"古书疑例"条抄自俞书卷七，即笔者前文所云之内容。此外，《经解入门》书中与江藩《汉学师承记》及江氏本人学术观点大相径庭者，尚在在而有，兹不再举例。

5. 关于作伪者

关于作伪者，依前人说法，有崔适、缪荃孙、章太炎三人，皆为可疑之对象，然究竟为此三人中一人伪作，抑或属他人之作，则因无直接证据，难以确定，尚有进一步考究之必要。

四

如前所述,《经解入门》尽管作伪者身份尚不明确,但此书绝非出自江藩之手,却是定谳无疑,无从翻案。笔者拙文之观点,俞樾不服,江藩不受,说严重点,完全是本末倒置,甚至是厚诬前贤了。

如果对此次教训加以总结的话,首先当然是笔者学力不逮,用心不细,未能认真推敲,发言太易。究其实,《经解入门》之伪,前人已多有提及,像闵尔昌《江子屏先生年谱》、周予同《汉学师承记注》、慕恒义(Hummel)《清代名人传略》等书,笔者也皆有过翻检,他们虽然没有详细的考证,但都提到过此是一部伪书。然因读书灭裂,笔者并未注意于此,也没留意书中本身存在的矛盾与问题。其次,是受误本之害。笔者所持据的版本,是天津古籍书店1990年6月影印出版的方国瑜点校本,这个本子据出版说明,是根据1932年文化学社版影印。谷建同学曾将此本与北京大学所藏的光绪十九年广西桂垣书局刻本相比勘考证,发现方氏点校本删去了原书末冯德材的《跋》,而此跋已"绝其非先生(江藩)真本";原书52篇,方氏本只51篇,删省了"科场解经程式"第五十二;卷八"附选"的15篇文章皆为他人之作,原书各篇下均注明作者姓名,而方氏本却将这些姓名一律删省,给读者造成这些文章皆出江藩之手的错觉。如果从古籍整理的角度讲,文化学社的方氏点校本绝对是妄删古籍的典型例证。假设笔者初读此书即为广西本的话,相信就不会有此大误,当然这有推托责任之嫌,但也充分说明了选择好的版本,对于一个读者或研究者来说是多么的重要!

此事也使笔者不由得想起两位前界先辈:一位是乾嘉时期学者钱大昕,钱氏一生学博且精,为一代宗师,平日为人又谦恭豁达,胸襟宽广，但他的大舅子王鸣盛，却喜诋责古人及时贤，对清初学者如顾炎武、胡渭、何焯等皆深致不满，有所驳辨。钱大昕曾信札讽劝王氏云：

> 愚以为学问乃千秋事，订讹规过，非以訾毁前人，实以嘉惠后学。但议论须平允，词气须谦和，一事之失，无妨全体之善，不可效宋儒所云，一有差失，则余无足观耳。郑康成以祭公为叶公，不害其为大儒，司马子长以子产为郑公子，不害其为良史。言之不足传者，其得失固不足辨，既自命为立言矣，千虑容有一失，后人或因其言而信之，其贻累于古人者不少，去其一非，成其百是，古人可作，当乐有诤友，不乐有佞臣也。且其言而诚误耶，吾虽不言，后必有言之者，虽欲掩之，恶得而掩之。所虑者，古人本不误，而吾从而误驳之，此则无损于古人，而适以成吾之妄。王介甫、郑渔仲辈皆坐此病，而后来宜引以为戒也。[5]

笔者在讨论乾嘉学者对待学术争鸣的学风问题时，曾引用钱氏此段话，并指出"此不仅为王鸣盛一人说法，实乃万世之公论，不易之至理"[6]。无独有偶，笔者读硕士学位期间的业师李庆善先生在世时，也曾谆谆教诲愚顽如石之我说：

> 学术争鸣，固不可少，然不可轻与人争，尤不可轻与古人争。何者？古人已矣，喜笑怒骂，任汝评说，古人不能起于地下与汝争。即古人实有讹谬，亦当平心正其阙失，补所不逮，即所谓"前修未密，后出转精"。万不可逞一时之血气，与前贤争锋耳。

---

[5] [清]钱大昕撰，吕友仁校点：《潜研堂文集》卷35《答王西庄书》，上海：上海古籍出版社1989年11月版，第636页。

[6] 见拙著《乾嘉考据学研究》第九章，第280页。

于今想来，钱大昕之言与业师之语，似专为今日之我而设，我虽能读其书，听其言，然而却食之不化，未能真正理解他们的苦心，能言之而不能行之，教训斯深，亦足扼腕！笔者所为，愧对古人与先师，在此亦深深地向学界前辈与时贤及《中国语文》编辑部的先生们致歉！

需要说明的是，如果抛开《经解入门》是一部伪书这一性质，单说本书的内容而言，却不可轻易否定，正如谷建同学所云：

尽管《经解入门》是一部伪书，乃假托江藩之名行世，内中又有不少讹舛之处，但是书文字浅显，条目清晰，就其所抄各书而论，亦是名家所作，的确能起到指导治学门径的作用。……即使在今天，初入经学之门的读者，亦可获益匪浅，这也可以算做是作伪者的一点贡献吧！

在今天还没有一部好的"中国经学史"出现之前，此书与皮锡瑞《经学历史》一样，仍有助于学习者与研究者参考，因之对其正不可以伪书而弃置不问。

另外，如果说拙文也有一点作用的话，那就是此文的刊出，引起争鸣，有了谷建、司马朝军与李若晖之文的发表，经过他们细致详悉的论证，将《经解入门》一书之伪由怀疑而定为铁案。自今而往，将不会再有人相信此书是出自江藩之手，这也聊算是拙文的"一点贡献"吧！

补记：关于《经解入门》作者的考证，后经司马朝军教授多年来搜别辨，认为该书并非什么专著，而是一部资料汇编，其编纂者为"抉经心室主人"欧景岱，并纂成《《经解入门〉整理与研究》（三册）一书（武汉大学出版社 2016 年 10 月版），这一问题算是得到圆满的解答，而此一公案也算是得到圆满解决矣！

参考文献

（按作者姓名音序排次）

一　传统文献

1. ［清］蔡冠洛：《清代七百名人传》第五编《艺术类·金石书画·赵之谦》，周骏富主编：《清代传记丛刊》本，台北：明文书局1985年版。

2. ［清］陈康祺撰，晋石点校：《郎潜纪闻初笔》，北京：中华书局1984年版。

3. ［清］陈澧：《东塾读书记》，北京：三联书店1998年版。

4. ［清］陈用光：《太乙舟文集》，《清代诗文集汇编》本（据清道光二十三年孝友堂刻本影印），第489册。

5. ［清］程晋芳：《勉行堂文集》，《清代诗文集汇编》本（据清嘉庆二十五年刻本影印），第343册。

6. 曹允源、李根源纂：《民国吴县志》，民国二十二年（1933）苏州文新公司铅印本。

7. ［清］戴震撰，冒怀辛译：《孟子字义疏证全译》，成都：巴蜀书社1992年版。

8. ［清］戴震撰，赵玉新点校：《戴震文集》，北京：中华书局1980年版。

9. ［清］戴震撰，张岱年主编：《戴震全书》，合肥：黄山书社1994—1997年版。

10. ［清］戴震撰，戴震研究会等编：《戴震全集》，北京：清华大学出版社1991—1999年版。

11. ［清］丁日昌：《持静斋书目》，《江刻书目三种》本。

12. ［清］段玉裁撰，钟敬华点校：《经韵楼集》，上海：上海古籍出版社2007年版。

13. ［清］方苞：《周官集注》，《景印文渊阁四库全书》本，台北：台湾商务印书馆1982—1986年版；上海：上海古籍出版社1986—1990年重印本，经部第101册。

14. ［清］方苞：《仪礼析疑》，《景印文渊阁四库全书》本，台北：台湾商务印书馆1982—1986年版；上海：上海古籍出版社1986—1990年重印本，经部第109册。

15. ［清］方苞：《礼记析疑》，《景印文渊阁四库全书》本，台北：台湾商务印书馆1982—1986年版；上海：上海古籍出版社1986—1990年重印本，经部第128册。

16. ［清］方苞撰，刘季高校点：《方苞集》，上海：上海古籍出版社2009年版。

17. ［清］方东树：《汉学商兑》，清道光十一年（1831）初刻本。

18. ［清］方东树撰，漆永祥点校：《汉学商兑》，南京：凤凰出版社2016年版。

19. ［清］方东树：《汉学商兑》，《万有文库》本，上海：商务印书馆1937年版。

20. ［清］方东树：《未能录》，桐城方宗诚清同治七年（1868）刻《仪卫轩全集》本；清光绪十七年（1891）重刻《仪卫轩全集》本。

21. ［清］方东树：《书林扬觯》，《四库未收书辑刊》本（据清同治十年望三益斋刻本缩印），子部第9辑第15册。

22. ［清］方东树撰，汪绍楹校点：《昭昧詹言》，北京：人民文学出版社1961年版。

23.［清］方东树：《考槃集文录》，《清代诗文集汇编》本（据清光绪间刻《方植之全集》本影印），第507册；《续修四库全书》本（据华东师范大学图书馆藏光绪二十年刻本影印），集部第1497册。

24.［清］方东树：《仪卫轩文集》，清同治七年（1868）桐城方宗诚刻本。

25.［清］方宗诚：《柏堂师友言行记》，《续修四库全书》本（据上海古籍出版社藏民国十五年京华印书局铅印本影印），史部第540册。

26.［清］方宗诚：《吴竹如先生年谱》，《柏堂遗书》第26册，清光绪十一年（1885）季春刻本。

27.［清］方宗诚：《柏堂集前编》，清光绪六年（1880）刻《柏堂遗集》本。

28.［清］方宗诚：《柏堂集后编》，清光绪六年（1880）刻《柏堂遗集》本。

29.［清］傅椿修，王峻等纂：《乾隆苏州府志》，清乾隆十三年（1748）刻本。

30.［清］龚自珍：《龚定盦全集类编》，北京：中国书店1991年版。

31.［清］顾炎武撰，华忱之点校：《顾亭林诗文集》，北京：中华书局1959年版。

32.［清］顾炎武撰，王冀民笺释：《顾亭林诗笺释》，北京：中华书局1998年版。

33.［清］顾栋高：《万卷楼文稿》7册，清钞本，中国国家图书馆藏。

34.［清］顾广圻撰，王欣夫辑：《顾千里集》，北京：中华书局2007年版。

35. [清]洪亮吉撰，刘德权点校:《洪亮吉集》，北京:中华书局 2001 年版。

36. [清]胡虔:《柿叶轩笔记》，《续修四库全书》本（据上海辞书出版社藏民国五年赵氏刻《峭帆楼丛书》本影印），子部第 1158 册。

37. [清]黄丕烈撰，周少川点校:《士礼居藏书题跋记》，北京:书目文献出版社 1989 年版。

38. [清]黄式三:《儆居集》，清道光刻本。

39. [清]惠周惕:《砚溪先生诗说》，惠氏红豆斋刻本，复旦大学图书馆藏。

40. [清]惠周惕:《砚溪先生集》，《续修四库全书》本（据南京图书馆藏清康熙间惠氏红豆斋刻本影印），集部第 1421 册。

41. [清]惠周惕:《砚溪先生遗稿》，惠氏红豆斋钞本，中国国家图书馆藏。

42. [清]惠周惕:《砚溪先生遗稿》，红豆斋钞本，复旦大学图书馆藏。

43. [清]惠周惕:《砚溪先生遗稿》，民国二十九年铅印《庚辰丛编》本。

44. [清]惠周惕撰，王大隆辑:《砚溪先生文集补遗》，复旦大学图书馆藏。

45. [清]惠士奇:《易说》，《景印文渊阁四库全书》本，台北:台湾商务印书馆 1982—1986 年版;上海:上海古籍出版社 1986—1990 年重印本，经部第 47 册。

46. [清]惠士奇:《礼说》，《景印文渊阁四库全书》本，台北:台湾商务印书馆 1982—1986 年版;上海:上海古籍出版社 1986—1990 年重印本，经部第 101 册。

47.［清］鄂尔泰等修，惠士奇等纂：《钦定周官义疏》，《景印文渊阁四库全书》本，台北：台湾商务印书馆1982—1986年版；上海：上海古籍出版社1986—1990年重印本，经部第98—99册。

48.［清］鄂尔泰等修，惠士奇等纂：《钦定仪礼义疏》，《景印文渊阁四库全书》本，台北：台湾商务印书馆1982—1986年版；上海：上海古籍出版社1986—1990年重印本，经部第106—107册。

49.［清］鄂尔泰等修，惠士奇等纂：《钦定礼记义疏》，《景印文渊阁四库全书》本，台北：台湾商务印书馆1982—1986年版；上海：上海古籍出版社1986—1990年重印本，经部第124—126册。

50.［清］惠士奇：《惠氏春秋说》，《景印文渊阁四库全书》本，台北：台湾商务印书馆1982—1986年版；上海：上海古籍出版社1986—1990年重印本，经部第178册。

51.［清］惠士奇：《大学说》，清道光间刻《璜川吴氏经学丛书》本。

52.［清］惠士奇：《大学说》，手稿本，上海图书馆藏。

53.［清］鄂尔泰等修，惠士奇等纂：《八旗通志初集》，清乾隆四年（1739）内府刊本。

54.［清］惠士奇：《半农先生集》，惠氏红豆斋刻本。

55.［汉］郑玄撰，［清］惠栋增补：《郑氏周易》，清乾隆间刻《雅雨堂丛书》本。

56.［清］惠栋：《周易郑注爻辰图》，清乾隆间刻《雅雨堂丛书》本《郑氏周易》后附。

57.［清］惠栋：《周易述》，《景印文渊阁四库全书》本，台北：台湾商务印书馆1982—1986年版；上海：上海古籍出版社1986—1990年重印本，经部第52册；《四部备要》本。

58.［清］惠栋：《易微言》，《四部备要》本《周易述》附。

59.［清］惠栋:《易大义》,《节甫老人杂著》本《周易述补》附。

60.［清］惠栋:《易大谊》,钱熙祚辑《指海》本,民国二十四年（1935）上海大东书局影印本。

61.［清］惠栋:《易例》,清乾隆间刻《贷园丛书》本。

62.［清］惠栋:《明堂大道录》,清乾隆间镇洋毕氏刻《经训堂丛书》本。

63.［清］惠栋:《禘说》,清乾隆间镇洋毕氏刻《经训堂丛书》本。

64.［清］惠栋:《易汉学》,稿本,复旦大学图书馆藏。

65.［清］惠栋:《易汉学》,《景印文渊阁四库全书》本,台北:台湾商务印书馆1982—1986年版;上海:上海古籍出版社1986—1990年重印本,经部第52册;清乾隆间镇洋毕氏刻《经训堂丛书》本。

66.［清］惠栋:《周易本义辨证》,手稿本,上海图书馆藏;清钞本,翁方纲批,复旦大学图书馆藏;清乾隆间常熟蒋氏刻《省吾堂四种》本。

67.［清］惠栋:《周易讲义合参》,稿本,上海图书馆藏。

68.［清］惠栋:《周易述》,上海:上海古籍出版社1990年缩印文渊阁《四库全书》本。

69.［清］惠栋补辑:《尚书大传》四卷、《补》一卷,惠氏红豆斋钞本,翁方纲批校,中国国家图书馆藏。

70.［清］惠栋:《古文尚书考》,清乾隆间常熟蒋氏刻《省吾堂四种》本。

71.［清］惠栋:《周礼会最》不分卷,手稿本,北京大学图书馆藏。

72. [汉]贾逵、服虔等撰，[清]惠栋补辑：《古文春秋左传》不分卷，稿本，上海图书馆藏。

73. [清]惠栋：《左传补注》，手稿本，丁祖荫跋，上海图书馆藏；清乾隆间刻《贷园丛书》本；北京：中华书局1985年缩印《丛书集成初编》本，第3668册。

74. [清]惠栋、江声辑，宋翔凤补辑：《论语郑注》，清嘉庆四年（1799）浮溪精舍刊本。

75. [清]惠栋：《五经条辨义例》五种不分卷，清钞本，北京大学图书馆藏。

76. [清]惠栋：《九经古义》，清乾隆间常熟蒋氏省吾堂刊本；清乾隆间刻《贷园丛书》本。

77. [清]惠栋撰，江声参补：《惠氏读说文记》，北京：中华书局1985年缩印《丛书集成初编》本，第1081—1082册。

78. [清]惠栋撰，叶名澧辑：《说文校勘记》，道光十二年（1832）叶名澧钞本，上海图书馆藏。

79. [清]惠栋撰，江声批注：《更定四声稿》残稿不分卷，朱邦衡钞本，复旦大学图书馆藏。

80. [清]惠栋：《后汉书补注》，黑格钞本，稿本，北京大学图书馆藏；薛寿手校本，清嘉庆九年（1804）宝山李氏德裕堂刊本。

81. [清]惠栋：《范氏后汉书训纂》，朱邦衡钞本，北京大学图书馆藏。

82. [清]惠栋：《续汉志补注》，清光绪二十四年（1898）广东集古书屋刊清罗汝南编《历代地理志汇编》乙编本。

83. [清]惠栋辑：《汉事会最》，清钞本，周星诒跋，中国国家图书馆藏。

84. [清]惠栋辑：《汉事会最人物志》，[清]吴清如钞本，北京大学图书馆藏；清光绪间元和江标刻《灵鹣阁丛书》本。

85. ［清］惠栋：《山海经补注》，稿本，南京图书馆藏。

86. ［清］惠栋：《博物记》，稿本，上海图书馆藏。

87. ［清］惠栋：《荀子微言》，稿本，上海图书馆藏。

88. ［清］惠栋辑，任兆麟补遗：《尸子》三卷、《附录》一卷，乾隆五十三年（1788）任氏刻《心斋十种》本。

89. ［清］惠栋笺，俞樾等续：《太上感应篇集传》，光绪二十五年（1899）正定王氏刊本。

90. ［清］汪琬撰并注，惠栋增补：《说铃注》，清华氏刻本，上海图书馆藏；精钞本，上海图书馆藏。

91. ［清］惠栋：《松崖笔记》，清光绪间贵池刘氏刻《聚学轩丛书》本。

92. ［清］惠栋：《九曜斋笔记》，清光绪间贵池刘氏刻《聚学轩丛书》本。

93. ［清］惠栋：《九曜斋笔记》，《丛书集成续编》本，台北：新文丰出版公司1989年版，第20册。

94. ［清］惠栋：《渔洋山人精华录训纂》十卷、《精华录笺注辨讹》一卷，清乾隆间东吴惠氏红豆斋刻本。

95. ［清］惠栋：《渔洋山人精华录注》，稿本，中国国家图书馆藏。

96. ［清］惠栋：《渔洋山人精华录训纂补》，清乾隆间德州卢氏刻本。

97. ［清］惠栋《渔洋山人年谱注补》，清乾隆间东吴惠氏红豆斋刻本。

98. ［清］惠栋：《松崖文钞》，清光绪间贵池刘氏刻《聚学轩丛书》本；《丛书集成续编》本，上海：上海书店出版社1994年版，第 129 册。

99. [清] 惠栋撰, 王大隆辑:《松崖读书记》, 残稿本, 复旦大学图书馆藏。

100. [汉] 京房撰, [清] 惠士奇、惠栋评:《易传》, 朱邦衡钞跋本, 复旦大学图书馆藏本。

101. [清] 惠士奇、惠栋:《惠氏经说》, 清钞本, 中国国家图书馆藏。

102. [清] 惠士奇、惠栋:《汉书纂录》, 劳格钞本, 上海图书馆藏。

103. [清] 惠士奇、惠栋:《汉书校勘》, 钞校本, 浙江省图书馆藏。

104. [清] 惠士奇、惠栋等参编:《惠氏宗谱》, 民国三十六年(1947)续修本, 上海图书馆藏。

105. [清] 惠周惕、惠士奇、惠栋撰, 漆永祥整理:《东吴三惠诗文集》, 台北:"中央研究院"文哲所 2006 年版。

106. [清] 侯康:《后汉书补注续》, 北京:中华书局 1985 年缩印《丛书集成初编》本, 第 3782 册。

107. [清] 纪昀撰, 孙致中等校点:《纪晓岚文集》, 石家庄:河北教育出版社 1995 年版。

108. [清] 江永:《善余堂文集》, 钞本, 上海图书馆藏; 林胜彩整理本, 台北:台湾中研院文哲所 2013 年版。

109. [清] 江藩撰, 钟哲整理:《国朝汉学师承记(附:国朝经师经义目录、国朝宋学渊源记)》, 北京:中华书局 1983 年版。

110. [清] 江藩纂, [日] 近藤光男译注:《汉学师承记译注》, 日本明治书院 2001 年版。

111. [清] 江藩纂, 漆永祥笺释:《汉学师承记笺释》, 上海:上海古籍出版社 2006 年版。

112. ［清］江藩:《周易述补》,《节甫老人杂著》本。

113. ［清］江藩:《乐县考》,清道光九年(1829)江氏家刻本。

114. ［清］江藩撰,方国瑜点校:《经解入门》,天津:天津古籍书店 1990 年版。

115. 江锦波等纂:《江慎修年谱》,《北京图书馆藏珍本年谱丛刊》本,北京:北京图书馆出版社 1999 年版,第 92 册。

116. ［清］焦循:《雕菰楼集》,北京:中华书局 1985 年缩印《丛书集成初编》本,第 2194 册。

117. ［清］焦循撰,刘建臻点校:《焦循诗文集》,扬州:广陵书社 2009 年版。

118. ［清］焦廷琥:《蜜梅花馆文钞》,北京:中华书局 1985 年缩印《丛书集成初编》本,第 2532 册。

119. ［清］李富孙:《鹤征后录》,《四库未收书辑刊》本(据清嘉庆间漾葭老屋刻本影印),北京:北京出版社 2000 年版,第 2 辑第 23 册。

120. ［清］李慈铭撰,由云龙辑:《越缦堂读书记》,北京:中华书局 1963 年版;上海:上海书店出版社 2000 年版。

121. ［清］梁章钜撰,陈铁民点校:《浪迹丛谈》,中华书局 1981 年版。

122. ［清］凌廷堪撰,王文锦点校:《校礼堂文集》,北京:中华书局 1998 年版。

123. ［清］刘大櫆:《海峰文集》,《清代诗文集汇编》本(据清同治光绪间刻本影印),第 286 册。

124. ［清］刘开:《孟涂文集》,《清代诗文集汇编》本(据清道光六年姚氏檗山草堂刻本影印),第 543 册。

125. 刘声木：《桐城文学渊源考》，《丛书集成三编》本，台北：新文丰出版公司1997年版，第6册。

126. ［清］刘声木撰，刘笃龄点校：《苌楚斋随笔》，北京：中华书局1998年版。

127. ［清］卢文弨撰，王文锦点校：《抱经堂文集》，北京：中华书局1990年版。

128. ［清］陆以湉撰，崔凡芝点校：《冷庐杂识》，北京：中华书局1984年版。

129. ［清］马其昶：《桐城耆旧传》，《续修四库全书》本（据复旦大学藏宣统三年刻本影印），史部第547册。

130. ［清］缪荃孙纂：《续碑传集》，上海：上海书店出版社1988年影印《清碑传合集》本。

131. ［清］皮锡瑞撰，周予同注：《经学历史》，北京：中华书局1959年版、1963年版。

132. ［清］钱大昕：《十驾斋养新录》，上海：上海书店出版社1983年版。

133. ［清］钱大昕著，郭晋稀疏证：《声类疏证》，上海：上海古籍出版社1993年版。

134. ［清］钱大昕著，杨勇军整理：《十驾斋养新录》，上海：上海书店出版社2011年版。

135. ［清］钱大昕撰，吕友仁标校：《潜研堂集》，上海：上海古籍出版社1989年版。

136. ［清］钱大昕：《竹汀先生日记钞》，南京：江苏古籍出版社1998年版《嘉定钱大昕全集》本。

137. ［清］清高宗：《御制诗四集》，《景印文渊阁四库全书》本。

138. ［清］清高宗：《御制诗五集》，《景印文渊阁四库全书》本。

139. ［清］清高宗：《御制诗余集》，《景印文渊阁四库全书》本。

140. ［清］钱坫：《诗音表》，《续修四库全书》本（据民国二十年渭南严氏刻本影印）。

141. ［清］钱仪吉纂，靳斯标点：《碑传集》，北京：中华书局1993年版。

142. ［清］钱泳撰，张伟点校：《履园丛话》，北京：中华书局1997年版。

143. ［清］全祖望撰，朱铸禹汇校集注：《全祖望集汇校集注》，上海：上海古籍出版社2000年版。

144. ［清］阮元撰，邓经元点校：《揅经室集》，北京：中华书局1993年版。

145. ［清］沈德潜编：《清诗别裁集》，上海：上海古籍出版社1984年版。

146. ［宋］沈括著，胡道静校证：《梦溪笔谈校证》，上海：上海古籍出版社1987年版。

147. ［清］沈彤：《果堂集》，《清代诗文集汇编》本（据清乾隆间刻本影印），第264册。

148. ［清］孙星衍撰，骈宇骞点校：《问字堂集·岱南阁集》，北京：中华书局1996年版。

149. ［清］孙诒让撰，梁运华点校：《札迻》，北京：中华书局1989年版。

150. ［清］谭献：《复堂日记》，《丛书集成续编》本，台北：新文丰出版公司1989年版，第217册。

151. ［清］王夫之撰，舒士彦点校：《读通鉴论》，北京：中华书局1998年版。

152. ［清］王昶：《春融堂集》，《续修四库全书》本（据上海辞书出版社藏清嘉庆十二年塾南书舍刻本影印），集部第 1437 册。

153.［清］王鸣盛：《十七史商榷》，《续修四库全书》本。

154.［清］王鸣盛：《蛾术编》，《续修四库全书》本（据清道光二十一年世楷堂刻本影印），子部第 1150—1151 册。

155.［清］王鸣盛：《西庄始存稿》，《续修四库全书》本（据北京图书馆藏清乾隆三十年刻本影印），集部第 1434 册。

156.［清］王念孙：《王石臞先生遗文》，南京：江苏古籍出版社 200 年影印《高邮王氏遗书》本。

157.［清］王应奎撰，王彬等点校：《柳南续笔》，北京：中华书局 1983 年版。

158.［清］王引之：《王文简公文集》，罗振玉辑《高邮王氏遗书》本，民国十四年（1925）铅印本。

159.［清］王豫：《群雅集》40 卷，嘉庆十三年王氏种竹轩刻本。

160.［清］汪德钺：《四一居士文钞》，清嘉庆间刻本。

161.［清］汪辉祖：《佐治药言》，《续修四库全书》本（据上海图书馆藏清乾隆五十四年双节堂刻本影印），史部第 755 册。

162.［清］汪莱撰，李兆华校正：《衡斋算学校证》，西安：陕西科学技术出版社 1997 年版。

163.［清］汪中：《述学》，《续修四库全书》本（据清刻本影印），集部第 1465 册。

164.［清］汪敬源：《续修文清公年谱》不分卷，民国间钞本。

165.［清］翁方纲：《苏斋笔记》，《四库未收书辑刊》本（据清宣统二年北洋官报印书局刻本影印），第 4 辑第 9 册。

166.［清］翁方纲：《复初斋文集》，《清代诗文集汇编》本（据清道光间李彦章校刻本影印），第 382 册。

167. [清] 翁方纲:《复初斋诗集》,《续修四库全书》本（据清刻本影印），集部第 1454—1455 册。

168. [清] 翁方纲:《复初斋集外诗》,《清代诗文集汇编》本（据民国六年吴兴刘氏嘉业堂刻本影印），第 382 册。

169. [清] 吴德旋:《初月楼续闻见录》,《丛书集成三编》本，台北：新文丰出版公司 1997 年版，第 76 册。

170. [清] 吴德旋:《初月楼文续钞》,《清代诗文集汇编》本（据清光绪间蛟川张氏花雨楼刻本影印），第 486 册。

171. [清] 吴定:《紫石泉山房文集》,《清代诗文集汇编》本（据清庆元年京师鲍桂星刻本影印），第 408 册。

172. [清] 吴敏树:《柈湖文集》,《清代诗文集汇编》本（据清光绪十九年思贤讲舍刻本影印），第 620 册。

173. [清] 吴修纂:《昭代名人尺牍》,周骏富主编:《清代传记丛刊》本，台北：明文书局 1985 年版。

174. [清] 谢章铤:《赌棋山庄文集》,《续修四库全书》本（据上海辞书出版社藏清光绪间刻本影印），集部第 1545 册。

175. [清] 徐枋:《居易堂集》,《续修四库全书》本（据湖北省图书馆藏清康熙间刻本影印），集部第 1404 册。

176. 徐珂编:《清稗类钞》,北京：中华书局 1986 年版、2003 年重印本。

177. [清] 薛寿:《学诂斋文集》,《丛书集成续编》本，台北：新文丰出版公司 1989 年版，第 196 册。

178. [周] 荀况撰，[清] 惠栋评校:《荀子》,明万历刻本，复旦大学图书馆藏。

179. [清] 严荣:《述庵先生年谱》,台北：商务印书馆 1978 年版。

180. ［明］杨慎：《升庵文集》，《景印文渊阁四库全书》本。

181. ［清］姚鼐：《惜抱轩全集》，北京：中国书店 1991 年版。

182. ［清］姚鼐：《惜抱轩尺牍》，上海：商务印书馆民国十四年（1925）铅印本。

183. ［清］姚柬之：《伯山文集》，《清代诗文集汇编》本（据清道光二十八年内乡王检心刻《伯山先生全集》本影印），第 549 册。

184. ［清］姚莹：《东溟文后集》，《续修四库全书》本（据湖北省图书馆藏清同治六年姚浚昌安福县署刻《中复堂全集》本影印），集部第 1512 册。

185. ［清］叶昌炽撰，王欣夫补正：《藏书纪事诗附补正》，上海：上海古籍出版社 1999 年版。

186. ［明］叶盛撰，魏中平点校：《水东日记》，北京：中华书局 1980 年版。

187. ［清］佚名纂，王钟翰点校：《清史列传》，北京：中华书局 1987 年版。

188. ［清］永瑢等纂：《四库全书总目》，民国二十二年（1933）商务印书馆本；北京：中华书局 1965 年影印本；北京：中华书局 1997 年版四库全书研究所整理本。

189. 喻长霖、柯骅威等纂修：《民国台州府志》，见《中国地方志集成·浙江府县志辑》，上海：上海书店出版社 1993 年影印民国二十五年铅印本，第 44—45 册。

190. ［清］袁枚撰，王英志校点：《袁枚全集》，南京：江苏古籍出版社 1993 年版。

191. ［清］臧庸：《拜经日记》，清嘉庆间武进臧氏拜经堂刊本。

192. ［清］臧庸：《拜经文集》，《续修四库全书》本（据湖北省图书馆藏民国十九年宗氏石印本影印），集部第 1491 册。

193.［清］章学诚撰，仓修良编：《文史通义新编》，上海：上海古籍出版社1993年版。

194.［清］张澍：《养素堂文集》，台北：台湾联经出版事业公司1976年影印《张介侯所著书》本。

195.［清］张鉴等纂，黄爱平点校：《阮元年谱》，北京：中华书局1995年版。

196.［清］张星鉴：《仰箫楼文集》，清光绪间刻本。

197. 章炳麟撰，徐复注：《訄书详注》，上海：上海古籍出版社2000年版。

198.［清］昭梿：《啸亭杂录》十卷、《续录》五卷，北京：中华书局1997年版。

199.［清］赵慎畛撰，徐怀宝点校：《榆巢杂识》，北京：中华书局2001年版。

200.［清］赵之谦纂，漆永祥整理：《国朝汉学师承续记》（残稿）不分卷，见《中国典籍与文化论丛》第7辑，北京：北京大学出版社2002年版，第329—378页；又见林庆彰主编：《经学研究论丛》第12辑，台北："中央研究院"文哲所2004年版，第15—80页；又见［清］江藩纂，漆永祥笺释：《汉学师承记笺释》附录二，上海：上海古籍出版社2006年版，下册，第892—983页。

201. 赵尔巽等纂：《清史稿》，北京：中华书局1977年点校本。

202.［清］郑福照：《姚惜抱先生年谱》，《北京图书馆藏珍本年谱丛刊》本，第107册。

203.［清］郑福照：《清方仪卫先生东树年谱》，台北：台湾商务印书馆1978年影印本。

204.［清］周篈：《杜工部诗集集解》四十卷、《年谱》一卷、《附录》一卷，中国国家图书馆藏清钞本。

205.《清实录》，北京：中华书局影印本，1985—1987 年版。

二　近今人论著

1. 专书

1. [法]安田朴、谢和耐等著，耿昇译：《明清间入华耶稣会士和中西文化交流》，成都：巴蜀书社 1993 年版。

2. [日]本田成之著，孙俍工译：《中国经学史》，上海：上海书店出版社 2001 年版。

3. 陈鼓应等主编：《明清实学思潮史》，济南：齐鲁书社 1989 年版。

4. 陈寅恪：《金明馆丛稿二编》，北京：三联书店 2001 年版。

5. 陈秉才、张玉范编：《稿本丛书》（2），天津：天津古籍出版社 1996 年影印本。

6. 傅增湘：《藏园群书经眼录》，北京：中华书局 1983 年版。

7. 傅璇琮等主编，北京大学古文献研究所编：《全宋诗》，北京：北京大学出版社 1991—1998 年版。

8. 葛荣晋主编：《中国实学思想史》，北京：首都师范大学出版社 1994 年版。

9. 胡玉缙撰，吴格整理：《续四库提要三种》，上海：上海书店出版社 2002 年版。

10. 胡楚生：《清代学术史研究》，台北：台湾学生书局 1988 年版。

11. 黄爱平：《四库全书纂修研究》，北京：中国人民大学出版社1989年版。

12. 黄爱平主编：《西学与清代文化》，北京：中华书局2008年版。

13. ［日］近藤光男译注：《汉学师承记译注》，日本明治书院2001年版。

14. ［日］近藤光男：《清朝考证学の研究》，东京研文出版社1995年版。

15. 柯愈春：《清人诗文集总目提要》，北京：北京古籍出版社2002年2月版。

16. 孔凡礼：《孔凡礼古典文学论集》，北京：学苑出版社1999年版。

17. 李迪主编：《中国数学史大系》第七卷《明末到清中期》，北京：北京师范大学出版社2000年版。

18. 李详撰，李稚甫编校：《药裹慵谈》，《李审言文集》本，南京：江苏古籍出版社1989年版。

19. 李盛铎撰，张玉范整理：《木犀轩藏书题记及书录》，北京：北京大学出版社1985年版。

20. 李灵年、杨忠主编：《清人别集总目》，合肥：安徽教育出版社2000年7月版。

21. 李俨、杜石然：《中国古代数学简史》，北京：中华书局1964年版。

22. ［英］李约瑟主编：《中国科学技术史》（第二分册），北京：科学出版社1978年版。

23. 李兆华主编：《中国数学史大系》第八卷《清中期到清末》，北京：北京师范大学出版社2000年版。

24. 梁启超：《清代学术概论》，北京：东方出版社 1996 年版；上海：上海古籍出版社 2005 年版。

25. 梁启超：《中国近三百年学术史》，北京：商务印书馆 2011 年版。

26. 林庆彰：《清代经学研究论集》，台北："中央研究院"文哲所 2002 年版。

27. 刘师培：《近代汉学变迁论》，《刘师培论学论政》，上海：复旦大学出版社 1990 年版。

28. 潘景郑：《著砚楼书跋》，上海：上海古典文学出版社 1957 年版。

29. 漆永祥：《江藩与〈汉学师承记〉研究》，上海：上海古籍出版社 2006 年版。

30. 漆永祥：《乾嘉考据学研究》，北京：中国社会科学出版社 1998 年版。

31. 漆永祥：《清学札记》，北京：北京联合出版公司 2018 年版。

32. 钱宝琮：《中国数学史》，北京：北京科学出版社 1981 年版。

33. 钱穆：《中国近三百年学术史》，北京：中华书局 1986 年版。

34. 钱仲联主编：《清诗纪事》，南京：江苏古籍出版社 1987 年版。

35. 上海图书馆历史文献研究所编：《历史文献》第 1 辑，上海：上海社会科学院出版社 1999 年版。

36. 上海崇源艺术品拍卖有限公司编：《赵之谦〈论学丛札〉》，2002 年。

37. 司马朝军：《〈经解入门〉整理与研究》，武汉：武汉大学出版社 2016 年版。

38. 孙钦善：《中国古文献学史》，北京：中华书局 1994 年版。

39. 孙启治、陈建华编：《古佚书辑本目录》，北京：中华书局1997年版。

40. 台湾中央图书馆编：《中央图书馆善本题跋真迹》，台北：台湾中央图书馆1982年印行。

41. 台湾国家图书馆特藏组编：《国家图书馆善本书志初稿》，台北：台湾国家图书馆1996年印行。

42. 王欣夫辑：《嘉业堂群书序跋》，上海：上海古籍出版社1997年版。

43. 王欣夫撰，鲍正鹄、徐鹏整理：《蛾术轩箧存善本书录》，上海：上海古籍出版社2002年版。

44. 王绍曾主编：《清史稿艺文志拾遗》，北京：中华书局2000年版。

45. 王汎森：《中国近代思想与学术的系谱》，台北：联经出版事业公司2003年版。

46. 王达敏：《姚鼐与乾嘉学派》，北京：学苑出版社2007年版。

47. 武作成编：《清史稿艺文志及补编》，北京：中华书局1982年版。

48. 萧一山：《清代学者生卒及著述表》，北平文史政治学院讲稿本。

49. 许培基、叶瑞宝主编：《江苏艺文志·苏州卷》，南京：江苏人民出版社1996年版。

50. 杨向奎：《清儒学案新编》，济南：齐鲁书社1994年版。

51. 叶恭绰：《矩园遗墨》，沈阳：辽宁教育出版社1997年版。

52. 余嘉锡：《四库提要辨证》，昆明：云南人民出版社2004年版。

53. 余英时：《论戴震与章学诚：清代中期学术思想史研究》，北京：三联书店 2000 年版。

54. 章炳麟撰，徐复注：《訄书》，上海：上海古籍出版社 2000 年版。

55. 张舜徽：《清人文集别录》，北京：中华书局 1963 年版。

56. 张舜徽：《清人笔记条辨》，北京：中华书局 1986 年版。

57. 郑伟章：《文献家通考》，北京：中华书局 1999 年版。

58. 支伟成：《清代朴学大师列传》，长沙：岳麓书社 1986 年版。

59. 中国第一历史档案馆编：《雍正朝起居注册》，北京：中华书局 1993 年版。

60. 中国第一历史档案馆编：《纂修四库全书档案》，上海：上海古籍出版社 1997 年版。

61. 中国科学院图书馆整理：《续修四库全书总目提要》，北京：中华书局 1993 年版。

62. 周可真：《顾炎武年谱》，苏州：苏州大学出版社 1998 年版。

63. 周予同：《汉学师承记注》，民国二十三年（1934）上海商务印书馆《学生国学丛书》本。

64. 朱维铮：《求索真文明——晚清学术史论》，上海：上海古籍出版社 1996 年版。

2. 单篇论文

1. 姜广辉：《"实学"考辨》，载汤一介主编《国故新知：中国传统文化的再诠释》，北京：北京大学出版社 1993 年版。

2. 陈新：《由宋人别集浅论〈四库全书〉》，见北京大学中文系古典文献专业、古文献研究所编：《古典文献论丛》，北京：北京大学出版社 1995 年 3 月版，第 1—13 页。

3. 陈新：《四库馆臣改动底本的原因及其实例》，《古籍整理出版情况简报》1995 年第 3 期（总第 292 期）。

4. 陈新：《关于〈全宋诗〉的修纂》，《炎黄文化研究》第 7 期，2000 年 9 月出版。

5. 傅杰：《〈古今疑义举例〉袭〈经解入门〉说的始作俑者》，载《聆嘉声而响和》，华东师范大学出版社 2001 年版，第 86—90 页。

6. 伏俊连：《〈古书疑义举例〉不是袭〈经解入门〉而成》，《古汉语研究》2000 年第 2 期，第 91—93 页。

7. 伏俊连：《彰前修伟业 示后学津梁——读〈声类疏证〉》，《古汉语研究》1997 年第 4 期，第 42—45 页。

8. 谷建：《〈经解入门〉辨伪》，《北京大学古文献研究所集刊》第 1 辑，北京：北京燕山出版社 1999 年 12 月版，第 406—420 页。

9. ［日］鹤成久章：《〈国朝汉学师承记〉——书香馥郁たる的中国学の百科全书》，日本《东洋学集刊》第 87 号，2002 年 5 月版，第 83—90 页。

10. 蒋寅：《东瀛读书记》，《文献》1999 年第 1 期，第 29—44 页。

11. 梁一成：《吴门三惠所著书目》，台湾《书和人》第 70 期，1967 年 11 月版。

12. 林胜彩：《新发现戴震佚文与江、戴师生关系重探》，《文与哲》第 6 期，2005 年 6 月 30 日，第 219—237 页。

13. 梅毓：《续汉学师承记商例》，《国粹学报》第一年第二号，光绪三十一年（1905）十月二十日，第 3a—4a 页。

14. 漆永祥：《〈汉学师承记〉之续纂、注释与翻译》，原载漆永祥《江藩与〈汉学师承记〉研究》，上海：上海古籍出版社 2006 年版，下册第 338—360 页。

15. 漆永祥：《〈全宋诗〉的编纂与学术价值》，见全国高校古委会秘书处信息研究中心编：《高校古籍工作通报》第60期，1999年12月。

16. 漆永祥：《从〈汉学师承记〉看西学对乾嘉考据学的影响》，黄爱平主编《西学与清代文化》，北京：中华书局2008年版，第306—313页。

17. 漆永祥：《从〈全宋诗〉的编纂看〈四库全书〉的文献价值》，北京大学中国古文献研究中心、复旦大学中国古代文学研究中心、台湾淡江大学中文系主编：《海峡两岸古典文献学学术研讨会论文集》，上海：上海古籍出版社2002年版，第405—447页；又载田澍主编：《中国古代侃论萃——庆贺历史学家金宝祥先生九十华诞论文集》，兰州：甘肃人民出版社2004年版，第464—502页。

18. 漆永祥：《从科举功名、居官实绩与现实关怀看乾嘉考据学家的事功之学》，漆永祥、王锷主编《斯文不坠在人间——李庆善教授诞辰百周年纪念文集》，北京：北京联合出版公司2017年版，第299—334页。

19. 漆永祥：《从赵之谦〈论学丛札〉看〈汉学师承续记〉》，《中国典籍与文化》2004年第1期，第90—96页；又见拙著《汉学师承记笺释》附录三，上海：上海古籍出版社2006年版，第999—1016页。

20. 漆永祥：《东吴三惠著述考》，《国学研究》第13卷，北京：北京大学出版社2004年版，第363—427页。

21. 漆永祥：《读〈四库全书总目〉札记（20则）》，《北京大学中国古文献研究中心集刊》第10辑，北京：北京大学出版社2011年版，第184—197页。

22. 漆永祥：《方东树〈汉学商兑〉新论》，《文史哲》2013年第2期，第127—168页。

23. 漆永祥:《古籍稿本的文本解读：是学术专著？还是资料汇编？——以清代学者惠栋、戴震著述为例》,《北京大学中国古文献研究中心集刊》第 11 辑,北京：北京大学出版社 2011 年 12 月版,第 319—326 页。

24. 漆永祥:《简论〈全宋诗〉的编纂特色与学术价值》,见全国古籍整理出版规划领导小组办公室编:《古籍整理工作简报》,2000 年第 5 期（总第 351 期）。

25. 漆永祥:《论段、顾之争对乾嘉校勘学的影响》,《古籍整理研究学刊》1991 年第 3 期,第 13—16 页。

26. 漆永祥:《论江藩〈汉学师承记〉研究中的几个问题》,《北京大学古文献研究所集刊》第 1 辑,北京：北京燕山出版社 1999 年 12 月版,第 343—369 页。

27. 漆永祥:《论乾嘉考据学派别之划分与相关诸问题》,《国学研究》第 5 卷,北京：北京大学出版社 1998 年 4 月版,第 303—330 页。

28. 漆永祥:《论中国传统经学研究方法——古书通例归纳法》,蒋秋华主编:《乾嘉学者的治经方法》(上),台北：台湾"中央研究院"文哲所 2000 年月版,第 71—108 页。

29. 漆永祥:《钱大昕音韵学述论——兼谈钱氏对少数民族语言汉译的研究》,《西北师范大学学报》(哲学社会科学版) 1993 年第 6 期,第 34—38 页。

30. 漆永祥:《乾嘉考据学家与桐城派关系考论》,《文学遗产》2014 年第 1 期,第 94—115 页。

31. 漆永祥:《乾嘉考据学新论》,《北京大学学报》(哲学社会科学版) 2013 年第 3 期,第 104—111 页。

32. 漆永祥:《清代起居注官与钱大昕的〈讲筵日记〉》,《中国典籍与文化》2000 年第 3 期，第 122—124 页。

33. 漆永祥：《清人藏书印种类例析》，《北京大学中国古文献研究中心集刊》第 13 辑，北京：北京大学出版社 2014 年版，第 185—197 页。

34. 漆永祥：《清人稀见著述十五种提要》，《文献》2005 年第 3 期，第 189—199 页。

35. 漆永祥：《四库总目提要惠栋著述纠误》，《文史》2000 年第 4 辑（总第 53 辑），第 315—317 页。

36. 漆永祥：《王欣夫先生〈松崖读书记〉蠡测》，[兰州]《图书与情报》2004 年第 4 期，第 50—54 页。

37. 漆永祥：《新发现戴震〈江慎修先生七十寿序〉佚文一篇》，《中国典籍与文化》2005 年第 1 期，第 122—123 页。

38. 漆永祥：《俞樾〈古书疑义举例〉系袭江藩〈经解入门〉而成》，《中国语文》1999 年第 1 期，第 60—61 页。

39. 漆永祥：《再论戴震学术研究中的几个争议问题》，《学术界》总第 202 期，2015 年 3 月，第 191—202 页。

40. 漆永祥：《赵之谦〈国朝汉学师承续记〉整理记》，见台湾中山大学清代学术研究中心编：《第七届清代学术研讨会论文集》（上），2002 年 6 月版，第 35—48 页。

41. 司马朝军、李若晖：《俞樾〈古书疑义举例〉系袭江藩〈经解入门〉而成吗？——与漆永祥先生商榷》，《中国语文》1999 年第 5 期，第 393—394 页。

42. 王健庵：《"古无轻唇音"之说不可信》，《安徽大学学报》（哲社版）1983 年第 1 期，第 99—104 页。

43. 王献唐整理：《惠定宇先生所定考古应查之书》，《山东省立图书馆季刊》第 1 辑第 1 期，1931 年 3 月，第 71—76 页。

44. 徐道彬：《〈善余堂文集〉辨伪》，《中国典籍与文化》2010年第4期，第45—53页。

45. 杨晋龙：《"四库学"研究的反思》，见台湾"中央研究院"中国文哲研究所编：《中国文哲研究集刊》第4期，1994年3月，第349—394页。

46. 曾枣庄：《文章千古事，得失寸心知》，见四川大学古籍整理研究所、四川大学宋代文化研究资料中心编：《宋代文化研究》第三辑，成都：四川大学出版社1993年11月版，第1—10页。

47.［日］中山茂：《消长法研究——东西方观测技术的比较》，载李国豪等主编《中国科技史探索》，上海古籍出版社1986年版，第161—189页。

后 记

这本小集子的整理，初非本愿，是有些偶然因素的。2015年，北大中文系组织本系在职教授，凡手头有专著与论文集成稿的，系里可支持一定的经费予以出版，于是我也就勉强凑了15篇论文，结集交付出版社，但未曾想到今年因出版社爽约，稿子又退回到作者手中。于是我重新检审这些论文，并增入3篇，共有18篇并附录1篇，形成了这本新的小集。

从20世纪90年代初发表有关乾嘉考据学的论文至今，我拉拉杂杂也发表了百余篇相关文章，但真正要选出有分量让自己觉得满意的文章，竟然挑来挑去感到实在少之又少，现斗凑成册，以付梓人，实在是赧然无语，百般感愧！唯冀再鼓余勇，努力进学，能写出几篇像样的文章来，否则恐怕以后就不能再行走江湖，唯蒙面遮羞而面壁思过而已矣。

书后所附录的《读书不谨的一次教训——关于拙文"俞樾〈古书疑义举例〉系袭江藩〈经解入门〉而成"之误》，是记录我当年躁失气盛、孟浪荒疏的见证，特意将此文殿于书末，是想时时警醒自己，兢兢业业，慎重下笔，不再发生这样荒唐的事体。

因为本书所收的文章都是若干年来单独成篇发表的，现收在一册书中，在引例与论述诸方面，各篇之间会有不同程度的重复，删裁则文意不续，存之则时显烦冗，但为了保持每篇文章的独立性，仍不嫌琐屑，多所保留。所有这些，都是要请读者诸君谅解的。

后记

  近数年来，我的几册拙稿都是承蒙北京联合出版公司不弃予以出版的，而且双方的合作非常愉快，因此这本集子也交给他们印行，在传统纸本书籍遭遇冬日的今天，出版这样既不赚名亦不赚钱的书，我对他们是既感且佩的！

漆永祥匆识于二〇一九年大雪节前二日

图书在版编目（ＣＩＰ）数据

乾嘉考据学新论 / 漆永祥著 . — 北京：北京联合出版公司 , 2022.5
ISBN 978-7-5596-5234-8

Ⅰ.①乾… Ⅱ.①漆… Ⅲ.①考据学—研究—中国—清代 Ⅳ.① K092.49

中国版本图书馆 CIP 数据核字 (2021) 第 068120 号

乾嘉考据学新论

作　　者：漆永祥
出 品 人：赵红仕
责任编辑：张永奇
书籍设计：黄晓飞
出版发行：北京联合出版有限责任公司
　　　　　北京联合天畅文化传播有限公司
社　　址：北京市西城区德外大街 83 号楼 9 层
邮　　编：100088
电　　话：（010）64243832
印　　刷：北京富诚彩色印刷有限公司
开　　本：787mm×1092mm　1/16
字　　数：373 千字
印　　张：32
版　　次：2022 年 5 月第 1 版
印　　次：2022 年 5 月第 1 次印刷
ISBN 978-7-5596-5234-8
定　　价：98.00 元

文献分社出品
未经许可，不得以任何方式复制或抄袭本书部分或全部内容
版权所有，侵权必究